MARCO POLO

CITYGUIDE

Berlin für Berliner 2017

LIEBE LESERINNEN,
LIEBE LESER,

Wolkenhain ist ein schönes Wort. Es klingt nach: Sommertagen, freier Zeit, Natur. Das futuristische Gebilde am Eingang der Internationalen Gartenbauausstellung trägt diesen Namen – und passt damit perfekt zum Berlin des Jahres 2017, das sein grünes Herz entdeckt: Urban Gardening, Rad statt Auto, DIY-Workshops oder Ökoprojekte wie das Eckwerk in Friedrichshain, wo energetisch optimierte Hochhäuser mit Fischzucht und Garten auf dem Dach entstehen sollen. Gentrifizierung, Großstadtflughafen, Mietsteigerung? Kann keiner mehr hören. Stattdessen bitte: Produkte, für die keine Tiere sterben mussten (Vegan Berlin Tours! Veganz! Avesu!), »clean eating« (The Bowl!) oder Bio (Candy on Bone!). Aber auch: Original Bootcamps. Die Berliner stehen eben auf Fitnesstraining mit Personal Trainer. Und auf Kunst (Sammlung Boros!), Sandwiches (Fuchs & Fähe!), Trampolins (Jump Berlin!), Elektro (Weyde3!), Burger im Tattoostudio (White Trash Ballroom!), Street Food (Heißer Hobel!), Tanzen auf einem Telefonzellenquadratmeter (Teledisko!). Diese Trends und viele weitere Tipps und Adressen finden sich im neuen »Berlin für Berliner« und warten nur darauf, von Ihnen entdeckt zu werden! Starten Sie beim Wolkenhain, oder schauen Sie vorbei, wo's ebenfalls trendig wird, im Wedding etwa. Dort gibt's ein Café, da kommt das Essen aus dem Himmelbeet. Und das ist auch ein wunderschönes Wort ...

M. Zorn

MARION ZORN
Chefredakteurin

MARCO POLO

BERLIN FÜR BERLINER

STADTVIERTELÜBERSICHT 5

Mit Stadtviertelsymbolen ganz schnell die Adressen in Ihrer Umgebung finden.

Von A nach B 10

ANGESAGT 13

Kunst & Kultur 14
Essen & Trinken 16
Einkaufen 17
Wellness & Sport 18
Ausgehen 19

BERLIN ERLEBEN 21

Aussichtspunkte 22
Besondere Erlebnisse 23
Grüne Oasen 25
Stadtführungen 27

KUNST & KULTUR 31

Besondere Bauwerke 32
Galerien & Kunstvereine 33
Gedenkstätten 42
Kabarett, Kleinkunst & Musicals 43
Kino 46
Klassik 50
Kulturzentren 51
Literatur 53
Museen 53
Theater, Oper & Ballett 66

ESSEN & TRINKEN 73

Alpenländisch 74
Asiatisch 76
Aus aller Welt 79
Brunch & Frühstück 80
Später Hunger 82
Cafés 84
Deutsch 86
Eisdielen 90
Französisch 92
Gourmet 93
Griechisch 96
Gut & Schnell 97
Iberisch 99
International 100
Italienisch 102
Lateinamerikanisch 104
Mittagstisch 105
Open Air 109
Orientalisch 111
Russisch 112
Steaks 114
Street Food 116
Türkisch/Kurdisch 116
Vegan/Vegetarisch 118

EINKAUFEN 121

Accessoires 122
Ausgefallenes 124
Beauty 126
Dessous 127
Einrichten 128
Elektronik 129
Fabrikverkauf & Outlet 130
Flohmärkte 130
Kulinarisches 132
Mode 135
Sonntags einkaufen 136
Musik 141
Schmuck 142
Schuhe 142

SYMBOLE

- INSIDER TIPP — **MARCO POLO INSIDER-TIPPS** Von uns für Sie entdeckt
- ★ — **MARCO POLO HIGHLIGHTS** Berlins wichtigste Adressen
- NEU — **NEUERÖFFNUNG** Das ist neu in Berlin
- ÖKO — **ÖKOLOGISCH, BIOLOGISCH** Umweltbewusst genießen
- **LOW BUDGET** Viel erleben für wenig Geld
- **DRAUSSEN SITZEN** Frischluft-Empfehlung
- **STADTVIERTEL** Das ist in meiner Nähe
- (*) **KOSTENPFLICHTIGE TEL.-NR.**

Secondhand ... 145
Sport ... 147
Wochenmärkte ... 147

SPASS FÜR KINDER 149

Action ... 150
Ausflüge ... 153
Bei Regen ... 154
Besondere Erlebnisse ... 157
Essen & Trinken ... 157
Kultur für Kinder ... 159
Spiel & Zeug ... 160
Wanderungen in der Stadt ... 162

WELLNESS & SPORT 163

Bäder & Saunen ... 164
Beauty & Entspannung ... 167
Fitness ... 171
Friseure & Barbiere ... 172
Indoor ... 174
Kampfsport ... 176
Outdoor ... 177
Tanzen ... 180
Wassersport ... 181
Yoga ... 183

AUSGEHEN 185

Bars ... 186
Clubs & Diskos ... 193
Partymeilen ... 194
Kneipen ... 201
Selber feiern ... 205
Szene ... 207

LANDPARTIEN 209

Aktivtouren ... 210
Ausflüge ... 211
Badeseen ... 212
Leichte Wanderungen ... 213
Picknickplätze ... 214

FESTE, FESTIVALS & EVENTS 215

Ballett & Tanz ... 216
Film ... 216
Für Kinder ... 217
Klassik & Neue Musik ... 218
Kulturelle Events ... 220
Literatur ... 221
Messen ... 221
Oper ... 223
Rock, Pop, Jazz & Co. ... 224
Sport zum Mitmachen ... 225
Sport zum Zuschauen ... 225
Theater ... 225
Volksfeste ... 227

CITYATLAS 229

Blatteinteilung Cityatlas ... 230
Cityatlas ... 232
Umgebungskarte ... 252
Straßenregister ... 254
Kartenlegende ... 258

REGISTER 259

A–Z Register ... 260
Impressum ... 265

Berlin digital ... 266

ESSEN & TRINKEN
PREISKATEGORIEN*

€€€ = mehr als 25 Euro
€€ = 15 bis 20 Euro
€ = bis 15 Euro

*Hauptgericht ohne Getränke

RESTAURANT-BEWERTUNG

■□□ = bewährt ■■■ = sehr gut

KARTEN

(232 A1) **SEITENZAHLEN UND KOORDINATEN** im Cityatlas

U-/S-Bahn-Plan in der hinteren Umschlagklappe

AUTOREN

JULIANE WIEDEMEIER

Juliane Wiedemeier kam 2002 zum Studium nach Berlin und zog in den uncoolsten Bezirk, den man sich damals vorstellen konnte: Neukölln. Weil es dort weder Clubs noch Kneipen gab, wanderte sie kurz darauf nach Prenzlauer Berg aus, wo sie bis heute lebt – auch wenn die Szene mittlerweile den umgekehrten Weg genommen hat. Mit einem Abschluss für Publizistik und Geografie in der Tasche machte sie sich als freie Journalistin selbständig. Sie schreibt für Zeitungen und Magazine und verfolgt für diese auch die Veränderungen in ihrer Stadt.

THOMAS TRAPPE

Thomas Trappe wurde 1981 in Thüringen geboren. Seit 2011 lebt er in Berlin, am grünen Stadtrand, von dem er keine 20 Minuten ins lebendige Zentrum braucht. Die Mischung macht für ihn Berlin aus: Theater, Clubs und die besten Restaurants in der ganzen Stadt. Und eine fast schon dörfliche Idylle in manchen Kiezen, jeder für sich einzigartig. Am liebsten geht er in Friedrichshain aus und in Charlottenburg essen. Am Wochenende zieht es ihn häufig ins Brandenburgische, wo es, wie in Berlin, immer wieder Neues zu entdecken gibt.

Die Autoren kennen sich von den »Prenzlauer Berg Nachrichten«, einem ›hyperlokalen‹ Zeitungsprojekt.

Berlin ist immer in Bewegung: Verkehr auf der Oberbaumbrücke

Die Stadtviertel auf einen Blick

Schnell finden, was in Ihrer Nähe ist. So geht's: Stadtbezirk in der Karte auf der nächsten Seite suchen, Farbe einprägen und anhand der bunten Pfeile im Band nah gelegene Adressen auswählen.

Charlottenburg

Die City West ist zurück. Einst Epizentrum der Goldenen Zwanziger und erste Adresse West-Berlins, hatte der Stadtteil nach dem Fall der Mauer ein kleines Tief. Damals orientierte sich alles Richtung Osten. Doch mit der Sanierung des Bikini Berlins und des Zoopalasts sowie diversen Neubauten wie dem Waldorf Astoria kam die Wende. Mittlerweile ist auch die Schmuddelecke an der Joachimsthaler Straße mit dem Beate-Uhse-Museum verschwunden, um einem modernen Geschäftshaus mit Läden und Büros zu weichen. Zudem hat die Galerie C/O Berlin dem Amerika Haus neues Leben eingehaucht. Von diesem Aufschwung profitieren auch die Nebenstraßen mit ihren Galerien, Cafés und Restaurants. Sogar die langwierige Instandsetzung des Schlosses Charlottenburg nähert sich langsam einem Ende. Comeback geglückt.

Friedrichshain

Freundlich, bodenständig und entspannt: Friedrichshain ist der Lieblingsstadtteil vieler Studenten und Familien, mit Wasserkante und Szenekneipen an jeder Ecke. Während es auf der Halbinsel Stralau idyllisch zugeht, erzählen die prachtvolle sozialistische Architektur an der breiten Karl-Marx-Allee und die bunte East Side Gallery von der geteilten Geschichte der Stadt. Im ehemaligen Grenzgebiet aus DDR-Zeiten thronen die Neubauten des Projektgebiets Media-Spree. Mit rohem Industrie-Charme bestechen die angesagtesten Clubs und Cafés der Stadt rund um die Revaler Straße und den S-Bahnhof Warschauer Straße, besonders das RAW-Ge-

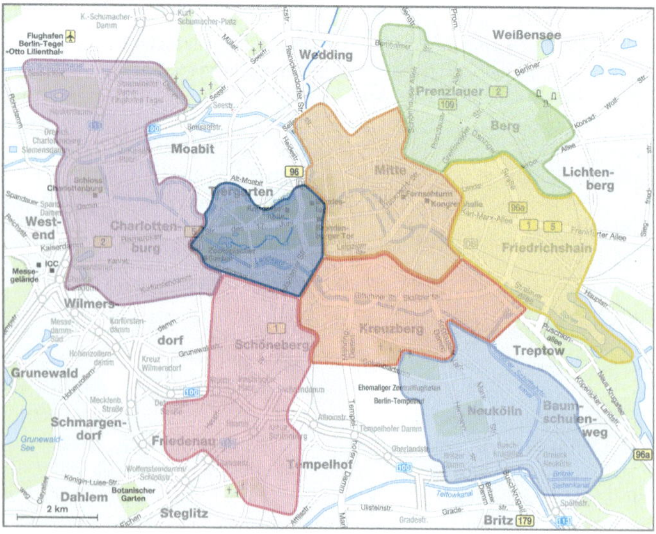

Charlottenburg
Friedrichshain
Kreuzberg
Mitte
Neukölln
Prenzlauer Berg
Schöneberg
Tiergarten
Andere Stadtviertel

Szenekiez, Kreativpool, beliebter Wohnort für Nachtschwärmer: Kreuzberg

lände bietet eine aufregende Clubkultur. Dazu hat der Bezirk mit dem Volkspark Friedrichshain einen tollen Stadtpark, dessen höchster Erhebung, dem Großen Bunkerberg, man längst nicht mehr ansieht, dass er einst aus aufgeschichtetem Bauschutt und Trümmern entstand – mehr braucht ein Stadtteil nicht!

Kreuzberg

Alternativer Szenekiez und beliebter Wohnort für alle, die gern abends ausgehen und die wilde Mischung aus türkischen Bäckereien, Clubs und Off-Kultur lieben. Der charakteristische Kreuzberger Anwohner-Mix rührt noch aus Mauerzeiten her, als sich im einstigen Arbeiterviertel westdeutsche Wehrdienstverweigerer, politisierte Künstler und Arbeitsmigranten niederließen. Heute könnten diese sich keine der sanierten Altbauwohnungen mehr leisten. Das Viertel wandelt sich; mittlerweile haben sich etliche Kreativ-Unternehmen, Start-ups und Agenturen niedergelassen. Im Kreuzberg 61 rund um die Bergmannstraße ist es mit ihnen schick geworden. Das östlich gelegene SO36 bleibt aber weiterhin übernächtigt und unrasiert.

Mitte

Die historische Mitte Berlins bricht alle Rekorde, wenn es um Kultur und Essen geht: Hier gibt es Galerien, Museen, Restaurants und Cafés ohne Ende. An der nächsten Ecke warten immer schon Sehenswürdigkeiten wie der Fernsehturm, das Brandenburger Tor, die Staatsoper, das Rote Rathaus und der Berliner Dom. Monatelang könnte man die Sammlungen durchstreifen, die in den fünf Museen der Museumsinsel zusammengetragen wurden – und hätte dann vermutlich immer noch nicht genug gesehen. Auch zum Shoppen lohnt sich ein Abstecher nach Mitte: Die Friedrichstraße lockt mit ihren Luxusquartieren und edlen Kaufhäusern wie den Galeries Lafayette. Für Touristen ist der ehemalige Grenzübergang Checkpoint Charlie der größte Anziehungspunkt. Etwas weiter Richtung Prenzlauer Berg geht es weniger touristisch und dafür szeniger zu: Hier präsentieren kleine, teils ziemlich schräge Läden Mode und Kunst von Berlinern.

Neukölln

Neukölln ist unfassbar groß! Der einstige Arbeiterbezirk reicht von Rudow im Süden mit dem angeblich größten Anwohneranteil an Polizisten in ganz Berlin bis zum bewegten Nord-Neukölln. »Kreuzkölln« wurde das an Kreuzberg grenzende Quartier um den Reuterplatz getauft. Und wer hätte vor zehn Jahren gedacht, dass aus dem räudigen Straßenkater Nord-Neukölln einmal ein entzückendes Kiezkätzchen werden würde? So ist die einst düstere Weserstraße heute die Pulsader der Neuköllner Gentrifizierung – eine neue Bar nach der anderen macht hier auf und heißt ein illustres Nachtschwärmer-Publikum willkommen. Auch wenn sich in Neukölln viel tut – als schick kann man den Bezirk nach wie vor nicht bezeichnen. Viele der Bewohner, vor allem im studentischen Milieu, hoffen darauf, dass das noch lange so bleibt.

Prenzlauer Berg

Was für ein Milieuwandel! Wenig erinnert heute noch an das ungeschliffene und szenige Prenzlauer Berg der Vor- und Nachwendezeit, das damals ein Spielplatz für eigenverantwortliche Kiezpolitik, Kunst und Untergrund-Clubkultur war. Kollwitz-, Wins- und Helmholtzkiez sind heute geprägt von edlen Loftwohnungen, schicken Familiencafés, Restaurants und niedlichen Läden für die gut verdienende Nachbarschaft. Ein Kontrapunkt zum Straßenbild ist der Mauerpark, hier sind sonntags Flohmarkt und Freiluft-Karaoke eine echte Institution. Zum Ausgehen und für Festivals ist die Kulturbrauerei perfekt. Die kleineren Clubs haben sich in den vergangenen Jahren zunehmend aus dem Viertel zurückgezogen.

Schöneberg

Erwachsen, tolerant und urban zeigt sich Schöneberg. Seit eh und je lädt am Wittenbergplatz der gehobene Einzelhandel zum Bummeln ein, allen voran das traditionsreiche KaDeWe. Während es im arrivierten Friedenau mit seinen Jugendstilbauten eher gediegen zugeht, ist im Kiez um die Fuggerstraße, die Motzstraße und den Nollendorfplatz seit Langem die schwule Szene mit zahlreichen Kneipen, Bars und Läden zu

Hause. Herzstück von Schöneberg ist der Winterfeldtplatz mit seinem üppigen Wochenmarkt, den kleinen Cafés und Läden. Dort flanieren viele Anwohner am Samstag entlang und greifen zu Biokäse und Törtchen.

Tiergarten

Für die Kurfürsten von Brandenburg wurde der Große Tiergarten, Namensgeber des Ortsteils, im Jahr 1527 als Jagdrevier angelegt. Das kann man sich gut vorstellen, denn der Park ist gigantisch groß. Noch heute bieten die Bäume und Wiesen im mit 210 ha größten Park der Innenstadt (das Tempelhofer Feld einmal ausgenommen) jede Menge Erholung. Südlich vom Stadtpark erstreckt sich das heute weitgehend saubere Quartier um Zoologischen Garten, Aquarium und Kurfürstenstraße, das in den 1970er- und 1980er-Jahren die Westberliner Heroinszene beherbergte. Das Haus der Kulturen der Welt, »Schwangere Auster« genannt, der Potsdamer Platz mit seiner modernen Architektur und die Szene rund um die Potsdamer Straße zeigen, was Berlin ist: eine internationale Metropole mit vielen Geschäften und Galerien.

Andere Stadtviertel

Auf über 891 km^2 Fläche erstreckt sich Berlin. Auch abseits der bekanntesten Stadtteile gibt es jede Menge Theater, Museen, Cafés oder Bars zu entdecken. So tut sich z. B. einiges im einwanderungsstarken Wedding. Grün und ruhiger dagegen wirken Grunewald, Steglitz, Wilmersdorf oder Köpenick. Hier finden sich tolle Restaurants oder Ausflugsadressen, die jede Menge Erholung am Wasser bieten.

Karaoke im Mauerpark zieht sonntags viele Hobbysänger an

VON A NACH B

In Berlin braucht man kein eigenes Auto. Davon sind immer mehr Hauptstädter überzeugt. Neben dem ÖPNV sind vor allem Fahrräder und Carsharing beliebte Alternativen.

CARSHARING

CAR2GO

Nach der Online-Registrierung erhält man eine ID und eine PIN. Über die kostenlose App oder auch telefonisch findet man das in kürzester Entfernung geparkte Auto. Abgestellt werden kann es auf allen verfügbaren Parkplätzen im Stadtgebiet, ohne dass man dafür eine Gebühr zahlen muss. Fürs Auftanken werden Freiminuten gutgeschrieben. Die Elektroautos der Flotte können an 104 Ladestationen der Stadt abgestellt werden.
Einmalige Anmeldegebühr 19 Euro, Tarife je Modell ab 29 Cent/Min., 19 Cent/Min. bei Zwischenstopp | www.car2go.com/de/berlin/

DRIVENOW

Die Anmeldung, Fahrzeugsuche und Buchung funktioniert genauso wie bei Car2Go. Praktisch: Die Autotypen sind so groß, dass mehrere Personen mitfahren können.
Einmalige Anmeldegebühr 29 Euro, Tarif je nach Modelltyp 31 oder 34 Cent/Min. | www.drive-now.de

FLINKSTER

Hier wird nach Stunden abgerechnet, vom Kleinwagen bis zum Transporter ist alles buchbar. Ein Nachteil ist die Abhängigkeit von bestimmten Abhol- und Abstellstationen wie S-, U- und Fernbahnhöfen sowie Flughäfen. Die Anmeldung und Fahrtabwicklung funktioniert ganz unproblematisch via App und ID. Statt mit einer PIN kann der Wagen klassisch mit einem im Handschuhfach deponierten Schlüssel gestartet werden. Bahncard-Besitzer bekommen ein Guthaben von 50 Euro sowie Punkte für das Bonusprogramm der Bahn.
Lokaltarif mit monatl. Grundgebühr (10 Euro), Mindestlaufzeit 12 Monate | Kosten je nach Modell (8–22 Uhr): 1,75–

4,75 Euro/Std., (22–8 Uhr) 0–1,50 Euro/ Std.; Verbrauchspauschale: 26 o. 29 Cent | www.flinkster.de

STADTMOBIL BERLIN

Autos verschiedener Klassen und Größen können per Smartphone, online oder telefonisch reserviert werden. Nutzer erhalten eine Zugangskarte, bei Bedarf kann man bargeldlos auf Kosten von stadtmobil tanken. Fahrzeuge müssen an einer der stadtmobil-Stationen zurückgegeben werden.

Prenzlauer Berg

Di, Mi 10–18, Do 10–19 Uhr | Tel. Mo–Fr 10–18 Uhr: 030 692 06 75 10 | Aufnahmegebühr 29 Euro, 2 Euro Teilnahmebeitrag/Monat, ab 1,50 Euro/Stunde oder ab 23 Euro/Tag | Hagenauer Str. 14 | www.berlin.stadtmobil.de | U 2 Eberswalder Straße (235 D4)

E-MOBILITÄT

E-BIKE-TOUREN

Pedelec-Verleih und geführte Touren.

Mitte

Touren März–Okt. tgl. 10.15 u. 15.15 Uhr | dreistündige Tour 29 Euro, Bikeleihe: 3 Std. 15 Euro, 25 Euro/Tag | Chausseestr. 124 | Tel. 0163 743 89 93 | www.e-bike-touren-berlin.de | U 6 Naturkundemuseum (234 A6)

E-MOTION E-BIKE WELT BERLIN

Verleih von E-Bikes und Pedelecs.

Steglitz

Mo–Fr 10–18, Sa 10–16 Uhr | Preis: ab 25 Euro/Tag | Unter den Eichen 58 | Tel. 030 522 815 55 (im Voraus reservieren) | www.emotion-technologies.de | S 1 Lichterfelde-West (251 D4)

MULTICITY

Mit der persönlichen Kundenkarte lässt sich jedes freie Multicity Elektroauto öffnen. Über die Website, die kostenlose App oder telefonisch (kostenpflichtig) erfährt man, wo ein freies Auto steht, und kann es reservieren. Kunden können nach Einwilligung in die jeweiligen AGB alle Flinkster- und e-Flinkster-Fahrzeuge sowie das »Call a Bike«-Angebot der Deutschen Bahn nutzen. Das kostet's: *Registrierung 9,90 Euro (inkl. Fahrtguthaben von 30 Min.) | Standard-Tarif z. B. 28 Cent/Min. bzw. 25 Euro/100 Min | www.multicity-carsharing.de*

LEIHRÄDER

BIKESURFBERLIN

Auf der Internetseite sucht man sich ein Bike aus, bekommt dann per SMS dessen Standort und den Code für das Schloss zugesendet. Zur Absicherung muss man nur eine Ausweiskopie hochladen oder ein Couchsurfing-Profil nachweisen. Im Winter können die Fahrräder maximal einen Monat, im Sommer eine Woche lang ausgeliehen werden. Um die bisher 750 Nutzer zu versorgen, arbeiten 15 Leute ehrenamtlich für den Verleih. BikeSurfBerlin ist kostenlos. *www.bikesurf.org*

NEXTBIKE BERLIN

Die Räder stehen an verschiedenen Verleihstationen in der Stadt bereit. Bei der Kundenhotline *(Tel. 030 69 20 50 46)* wird die Radnummer über die Handy-Tastatur eingegeben, woraufhin man per SMS den Zahlencode für das Schloss erhält. Die Rückgabe an einem der Nextbike-Standorte erfolgt ebenfalls per Handyanruf. Es gibt auch eine bemannte Station nahe dem Checkpoint Charlie – am Ballongarten in der Zimmerstraße. Dort können die Räder auch ohne vorherige Registrierung gemietet werden *(Aufschlag: 2 Euro). 30 Min. 1 Euro, 24 Std. 9 Euro | www.nextbike.de*

Angesagt

Kung-Fu-Workshops, Spaghetti handmade, Foodrausch global, Luftsprünge lokal und gleich zwei hollywoodreif sanierte Kinos – Berlin, das lieb' ich an Dir!

KUNST & KULTUR

ACUD KUNSTHAUS

1990 wurde die gleichnamige Kunstgalerie im Prenzlauer Berg gegründet. Nach turbulenten Jahren eröffnete 2004 in Mitte das Kunsthaus. Inzwischen gibt es hier Kino, Club, Galerie, Café und Theater, alles mit alternativem Charme. 2016 bekam das ACUD den Ritterschlag: Es wurde erstmals zur Teilnahme an der Berlinale zugelassen.

Mitte

Öffnungszeiten je nach Veranstaltung/ Vorführung | Veteranenstraße 21 | Tel. 030 44 35 94 98 | www.acud.de | U 8 Rosenthaler Platz (234 C5)

ALTE BÖRSE MARZAHN

Die Alte Börse bietet in schönen alten Backsteingebäuden Raum für Kunst und Kultur. Hier werden Kurzfilme gezeigt, es gibt Livemusik und Spieleabende. Im Biergarten wird das hausgebraute »Marzahner« ausgeschenkt.

Marzahn

Nach Vereinbarung | Beilsteiner Str. 51–85, Haus 22 | Tel. 030 55 07 40 74 | www.alte-boerse-marzahn.de | S 5, 7, 75 Friedrichsfelde Ost (253 E3)

DEUTSCHE BANK KUNSTHALLE

Als Nachfolge der »Deutschen Guggenheim« eröffnete der Stifter Deutsche Bank 2013 die KunstHalle. Drei bis vier Ausstellungen pro Jahr gibt es, bis März 2017 »You Can't Please All« des Inders Bhupen Khakhar. Vermehrt will man auf die Förderung zeitgenössischer Nachwuchskünstler setzen.

Mitte

Tgl. 10–20 Uhr | Eintritt 4 Euro, Mo kostenlos | Unter den Linden 13–15 | Tel. 030 20 20 93 19 | www.deutsche-bank-kunsthalle.de | U 6 Französische Straße (240 B3)

EISZEIT

NEU Auf eines war immer Verlass: Im Kino Eiszeit, etwas versteckt in einem Kreuzberger Hinterhof gelegen, wurden seit 1985 Independentfilme gezeigt – all diese wunderbaren Streifen, die Mainstreamkinos vernachlässigen. Dann kamen der große Um- und Neubau und die Neueröffnung. Das Kino beherbergt nach der Erweiterung, die sich länger hinzog als geplant, seit dem Sommer 2016 drei neue Kinosäle.

Kreuzberg

Zeughofstr. 20 | Tel. 030 6 11 60 16 | www.eiszeit-kino.de | U 1 Görlitzer Bahnhof (241 F5)

IMAGO FOTOKUNST

Galerie und Fotoschule in einem – hier wird Fotografie zur großen Kunst. Gezeigt werden nicht nur die Arbeiten der Jahresklasse, sondern regelmäßig auch

Werke internationaler Fotografen. Workshops, Laborkurse oder Einzelunterricht können auch von Laien und ambitionierten Hobbyfotografen gebucht werden.

Mitte

Di–Fr 14–19 Uhr, Sa nach Absprache | Veteranenstr. 20 | Tel. 030 28 04 59 99 | www.imago-fotokunst.de | U 8 Rosenthaler Platz (234 C5)

MINDPIRATES

Das Kollektiv wird bei den Mindpirates ganz großgeschrieben. Der als Verein organisierte Kreativenverbund verbindet Kunst und Musik mit gesellschaftlichen Themen aus Ökologie und Politik. Die Mindpirates verschließen sich dabei keinem Medium oder Format. Oft werden auch Veranstaltungen und Events außerhalb der Vereinsbasis im öffentlichen Raum organisiert.

Kreuzberg

Mi, Fr 18–0, Di, Do, Sa 13–19 Uhr | Schlesische Str. 38, Haus F, 3. HH | Tel. 030 81 70 88 95 | www.mindpirates.org | U 1 Schlesisches Tor (248 B3)

NEUE GESELLSCHAFT FÜR BILDENDE KUNST (NGBK)

Der Verein organisiert in Berlin seit 1969 Ausstellungen und Kunstprojekte. Die Veranstaltungen und Schauen sind für Besucher kostenlos. 2017 wird sich das Projekt »Necessità dei Volti« (dt. Die Notwendigkeit eines Antlitzes) mit der Frage der Menschenrechte anhand der Besetzung der Westsahara durch Marokko beschäftigen, durch die eine viertel Million Menschen ins Exil gezwungen wurde.

Kreuzberg

Ausstellungsraum tgl. 12–19 Uhr, Mi–Fr bis 20 Uhr | Eintritt kostenlos | Ora-

Mindpirates – hier wird Kunst gemeinschaftlich gedacht und gemacht

nienstr. 25 | Tel. 030 6 16 51 30 | www.ngbk.de | U 1, 8 Kottbusser Tor (241 E5)

WOLF KINO

NEU Ein Märchen ist wahr geworden – eines, in dem ein Wolf eine Rolle spielt. »Wolf« ist nämlich der Name des neuesten Neuköllner Kinos. Es ist dank Crowdfunding, viel Engagement von Macherin Verena von Stackelberg und der Hilfe von Freiwilligen entstanden. Früher war in dem Gebäude ein Bordell untergebracht. Nach einer provisorischen Ersteröffnung wurde das Kino 2016 erweitert und saniert, jetzt befinden sich hier zwei moderne Vorführsäle mit je 50 Sitzen.

Neukölln

Geöffnet je nach Veranstaltung | Weserstr. 59/Wildenbruchstr. 6 | www.wolfberlin.org | U 7 Rathaus Neukölln (248 B5)

ESSEN & TRINKEN

FAME RESTAURANT

Die am Spreeufer gelegene Bar 25 ist in Berlin legendär – und mittlerweile geschlossen. Ein Wiedergänger dieses Partyhotspots ist das FAME Restaurant: Es befindet sich auf dem gleichen Gelände und wird wie das nebenliegende Kater-Blau von ehemaligen Bar-25-Machern betrieben. Die Karte ist klein und fein – das FAME damit idealer Ausgangspunkt für lange Partynächte.

Friedrichshain

€€ Di–Sa 19–23 Uhr | Holzmarktstr. 25 | Tel. 030 51 05 21 34 | fame.kater-schmaus.de | S 5, 7, 75 Ostbahnhof (241 E3)

FUCHS & FÄHE

Stulle und Schnitte haben ausgedient: Hoch lebe das Sandwich! Jedenfalls,

Im Fuchs & Fähe kommen feine Sandwiches auf die Tische

wenn es so zubereitet wird wie hier. Die Inhaber Kerstin Beckmann und Vincent Fuchs sind keine Unbekannten. Beckmann war vorher in der Weinbar Rutz, weshalb man auch bei Fuchs & Fähe feine Tropfen ausgeschenkt bekommt. Fuchs hat vorher im Restaurant Volt, also in der gehobenen Gastronomie gearbeitet. Nun machen sie Sandwiches mit besten Zutaten. So ein Laden hatte in Berlin noch gefehlt.

Neukölln

€€ Mi–Mo 17–23 Uhr | Kienitzer Str. 93 | Tel. 030 28 50 30 71 | www.fuchsund faehe.de | U 8 Leinestraße, Bus 104, 166 Herrfurthstraße (247 F4)

NENI

Ganz schön abgehoben: Das Restaurant befindet sich auf dem Dach des 25hours Hotel Bikini. Gäste haben einen fantastischen Blick auf den Westen der Stadt. Auf ihren Tellern finden sie ein Mosaik der internationalen Küche. Unter anderem pflegt man im Neni persische, russische, arabische, israelische und österreichische Kochkunst. Die Einrichtung ist betont spartanisch, das Essen detailverliebt.

Charlottenburg

€–€€ Mo–Fr 12–23 Uhr, Sa/So 12.30–23 Uhr | Budapester Straße 40 | Tel. 030 120 22 12 00 | www.25hours-hotels.com | S, U Zoologischer Garten (238 B5)

PASTIFICIO TOSATTI

Hier staubt Mehl, und es wird noch von Hand geknetet: In der Nudelmanufaktur entstehen Pasta & Co. Ein schöner Laden, der gut in den Helmholtzkiez passt. Handgemachte Spaghetti, Ravioli und Gnocchi gibt es zum Glück nicht nur zum Mitnehmen – an nur zwei Tischen serviert Mario Tosatti verschiedene Pastagerichte zum Sofortessen. Wie bei Maaammma!

Prenzlauer Berg

€€ Di–Sa 12–22 Uhr | Schliemannstr. 14a | info@tosatti.de | www.tosatti.de | S-Bahn Prenzlauer Allee, U 2 Eberswalder Straße, S 5, 7, 75 Friedrichsfelde Ost (235 E3)

PFÖRTNER CAFÉ

Auf diesen Bus ist Verlass: In dem umgebauten Vehikel auf dem Gelände der ehemaligen BVG-Werkstätten wird italienisch inspirierte Küche serviert. Sehr gemütlich.

Wedding

€€ Mo–Fr 9–23, Sa 11–23 Uhr | Uferstr. 8–11 | Tel. 030 50 36 98 54 | www.pfoertner.co | U 8 Pankstraße (233 E2)

EINKAUFEN

UN AUTRE VOODOO

ÖKO Der einstige Pop-up-Store ist sesshaft geworden und bietet ein entschleunigtes Einkaufserlebnis. Wechselnde internationale, aber in Berlin lebende Designer stellen hier ihre lokal und fair produzierte Ware aus – denn es geht nicht nur ums Kaufen, sondern auch ums Gucken und darüber Austauschen.

Neukölln

Mo–Sa 12–18 Uhr | Tellstr. 7 | www.unautrevoodoo.com | U 7, 8 Hermannplatz (248 A5)

CANDY ON BONE

NEU ÖKO Rhabarbersalzflocken. Marshmallow-Riegel. Schinkenmarmelade. Die Macher des Mitte-Klassikers Katz Orange bieten in ihrem Konzeptstore kulinarische Entdeckungen aus aller Welt. Im Bistro gibt es dazu passend erlesene Sandwiches, Kuchen und Mittagstisch. Bei den Zutaten wird auf Nachhaltigkeit, Regionalität und Bio-Qualität geachtet. Regelmäßig werden INSIDER TIPP kostenlose Workshops angeboten, die mehr Aufmerksamkeit darauf lenken wollen, was wir essen.

Kreuzberg

Di–Sa 12–20, So 10–16 Uhr | Planufer 92b | www.candyonbone.com | U 1, 8 Kottbusser Tor (241 E6)

LOVECO

ÖKO Sich vegan zu ernähren, das geht mittlerweile ziemlich gut in Berlin. Bei Loveco kann man sich nun auch vegan einkleiden. Ein schönes Sortiment an Streetwear und auch High Fashion ist hier zu finden.

Friedrichshain

Mo–Fr 12–20, Sa 11–18 Uhr | Sonntagstr. 29 | Tel. 030 49 08 48 33 | www.loveco-shop.de | S-Bahn Ostkreuz (249 D1)

PAPIER TIGRE

NEU Das Pariser Label vertreibt seine Papeterie nun auch in Berlin. Kalender, Grußkarten oder Geschenkpapier – alles ist minimalistisch, aber farbenfroh. Für alle, die trotz Digitalisierung immer noch schönes Papier mögen. Zur Boutique gehört ein kleines Café.

Mitte

Di–Fr 11–19, Sa 11.30–19.30 Uhr, Café Di–Fr 9–18, Sa 11–19 Uhr | Mulackstr. 32 | Tel. 030 83 21 02 71 | www.papiertigre.de | U 8 Weinmeisterstraße (240 C1)

THONE NEGRÓN

ÖKO Designerin Ettina Berrios Negrón schneidert klassische Mode aus edlen Stoffen, die an die 1950er-Jahre erinnert, aber auch auf Cocktailpartys der 40er eine gute Figur gemacht hätte. Viel Seide und auch Biobaumwolle.

Mitte

Mo–Fr 12–19, Sa 12–18 Uhr | Linienstr. 71 | Tel. 030 53 16 11 16 | www.thonenegron.com | U 8 Rosenthaler Platz (234 C6)

WELLNESS & SPORT

HAUBENTAUCHER

Das RAW-Gelände in Friedrichshain ist seit Jahren als Club- und Partyareal bekannt. Inmitten der alten Backsteinbauten ist nun eine Bade- und Wellnessoase entstanden, die rund 1000 Menschen Platz bieten soll. Highlight ist der mehr als 200 m² große, beheizbare Pool, doch es gibt auch Bars und ausreichend Platz zum Feiern und für Events. INSIDER TIPP Donnerstags um 8 Uhr wird zudem Open Sky Yoga angeboten.

Friedrichshain

Tgl. ab 10 Uhr | Revaler Str. 99 | Tel. 030 2 97 76 67 70 | www.haubentaucher.berlin | U 1, S 5, 7, 75 Warschauer Straße (248 C1)

JUMP BERLIN

NEU Wem Joggen nicht anstrengend genug ist, der sollte dringend Trampolinspringen versuchen. Dabei verbrennt sich nicht nur der Schokoladenkuchen von gestern Nachmittag wie von selbst. Es macht auch wahnsinnig Spaß. In den USA ist es bereits Trendsport. Nun stehen auch in Reinickendorf 58 Trampoline bereit. Für Einsteiger gibt es auch Workshops.

Reinickendorf

Mo–Do 15–19, Fr 15–20, Sa 10–20 Uhr, So 10–19 Uhr | 60 Min. 13 Euro | Königshorster Str. 11–13 | Tel. 0179 2 77 41 48 | www.jump-berlin.de | S 1, 85, U 8 Wittenau (230 C1)

ORIGINAL BOOTCAMPS

Geschwitzt und geschuftet wird unter freiem Himmel, in Parks wie der Hasenheide, dem am Gleisdreieck und anderen Outdoorsportstätten, unter Anleitung eines Personal Trainers. Der Name ist dabei Programm: Wer das achtwöchige Bootcamp durchhält, ist danach sicher fitter. Die Kurse sind sehr beliebt, man sollte langfristig planen und buchen. Kostenloses Probetraining in einem laufenden Bootcamp möglich.

verschiedene Orte

Kurse und Anmeldung über die Website | 11 Euro/Stunde | www.original-bootcamp.com (249 D4)

AUSGEHEN

ANITA BERBER

Eine Kunst-Bar im dritten Hinterhof, die ausschließlich am Wochenende geöffnet hat und nur denen Zutritt gewährt, die zu klopfen wagen? Es ist offiziell: Der Wedding ist wirklich hip geworden! Drinks und Musik: sehr gut.

Wedding

Fr/Sa 23–8 Uhr | Pankstr. 17 | Tel. 0176 61817262 | www.facebook.com/Anita-Berber | S 1, 2, 25 Humboldthain (233 E3)

BRIO

Im Graefekiez haben die Italiener Giulia Evangelisti und Andrea Dell'Anna ihr Bistro eröffnet. Mittags servieren die beiden Köche hausgemachte Gerichte nach Rezepten aus dem südlichen Italien, abends werden Aperitivi gereicht – also kleine Portionen, die das Abendgetränk begleiten. Die Weinkarte umfasst ausgewählte italienische Sorten und gute Tropfen aus Deutschland.

Kreuzberg

Di–So 18–22.30 Uhr | Graefestr. 71 | Tel. 030 65702357 | www.brioberlin.de | U 8 Schönleinstraße (247 E2)

PRINZ CHARLES

Am Moritzplatz hat sich das Nachtleben im Hinterhaus auf dem Gelände der umgebauten Bechstein-Klavierfabrik etabliert. Eine tolle Location in einem ehemaligen Privatschwimmbad mit Bartresen auf Kniehöhe! House- und Elektro-Abende, regelmäßige experimentelle Klassikkonzerte und Lesungen ziehen Gäste an. Probieren: den Hausdrink Prince Charles mit Wodka, Cointreau, Zitrone, Kardamom, Earl Grey und Espuma.

Kreuzberg

Wein aus Italien genießen? Geht bestens im Brio

Do–Sa ab 19 Uhr | Eintritt 8–10 Euro | Prinzenstr. 85f | www.princecharlesberlin.com | U 8 Moritzplatz (241 D5)

WEYDE3

NEU Es war nur eine Frage der Zeit, dass Schöneweide sein schweineödes Images ablegt und die heruntergekommenen Industriebauten im tiefen Osten eine neue Bestimmung finden. Nun ist das Weyde in die Spreehöfe gezogen und bietet elektronische Musik am Spreeufer – also genau das, was Berlin zur Partyhauptstadt machte. Konzerte und Lesungen gehören auch zum Programm (und erklären die hochgestellte 3 im Logo).

Oberschöneweide

Sa ab 23 Uhr | Wilhelminenhofstraße 89 | Tel. 030 81722766 | www.weyde3.de | S-Bahn Schöneweide (231 F5)

WHITE TRASH BALLROOM

NEU Berlins bekanntester Burgerladen mit angeschlossenem Tattoostudio hat seine neue Heimat schon vor einigen Jahren neben der Arena in Treptow bezogen. Mit dem Ballroom ist 2016 endlich eine anständige Konzert- und Partylocation dazugekommen, gestaltet von den Architekten des Berghains/Panoramabar. Auch für Kung-Fu-Workshops und Performance-Kochen ist Platz.

Treptow

Veranstaltungen s. Website | Am Flutgraben 2 | Tel. 030 55150 65 87 | www.whitetrashfastfood.com | S-Bahn Treptower Park (248 C3)

Vielseitig begabt: Der White Trash Ballroom ist Burgerladen plus Tattoostudio plus Disko

Berlin erleben

Erst die Flucht aus dem Hipster Escape Room, dann per Floß übern Müggelsee, nachts ins Museum oder wie Banksy guerillamäßig Street Art sprayen – rasanter geht's nimmer!

Ob unter der Erde bei einer Fluchttunneltour oder hoch hinaus mit dem Fesselballon, in Berlin kann man Tag und Nacht Neues entdecken. Es lohnt sich, als Local einmal an einer Tour für Touristen teilzunehmen. Bei besonderen Stadtführungen rund um Graffiti-Streetart → **S. 24**, Kulinarik (Eat the World) → **S. 28** oder auf einem Solarboot → **S. 24** entdecken auch Einheimische ihre Stadt aus einer neuen Perspektive.

AUSSICHTSPUNKTE

CAFETERIA SKYLINE TU

Nicht jeder Student hat beim Mittagessen eine so gute Aussicht wie die der Technischen Universität. Im 20. Stock des Telefunkenhochhauses erwarten einen zwar keine kulinarischen Überraschungen (Mensa halt). Dafür ist die Aussicht umso besser. Nicht abschrecken lassen, dass unten am Haus kein Schild steht: einfach den Aufzug nehmen!

Charlottenburg

Mo–Fr 7.30–16 Uhr | warme Küche von 11.30 bis 15 Uhr | Eintritt frei | Ernst-Reuter-Platz 7 | Tel. 030 9 39 39 77 80 | www.studentenwerk-berlin.de | U 2 Ernst-Reuter-Platz (237 F4)

FESSELBALLONFAHRT

Einmal die Skyline von Mitte, die backsteinroten Kirchtürme Kreuzbergs und das Treiben auf dem Potsdamer Platz von oben sehen: Im »Hi Flyer«, einem der weltgrößten Fesselballons, können Schwindelfreie Berlin aus der Vogelperspektive erkunden. Von April bis Oktober finden Fahrten von 10 bis 22 Uhr statt, von November bis März von 11 bis 18 Uhr – wenn das Wetter mitspielt. Rund 15 Minuten dauert der Spaß auf 150 m Höhe.

Mitte

Sonntagsausflug in luftige Höhe: Der Zionskirchturm bietet einen Panoramablick auf Berlin

Kosten 19,90 Euro | Start: Zimmerstraße 95–100 | Tel. 030 53 21 53 21 (Tickets), 030 2 26 67 88 11 (Wind-Hotline) | www.air-service-berlin.de | U 6 Kochstraße, U 2, S 1, 2, 25 Potsdamer Platz (240 B4)

KOLHOFF HOCHHAUS

Der imposante 103 m hohe Backsteinbau des Architekten Hans Kolhoff erinnert an die berühmten Wolkenkratzer New Yorks. 1999 wurde er als Teil der Neubebauung des Potsdamer Platzes fertiggestellt. Im 24. und 25. Stock finden sich eine Aussichtsplattform und ein Panorama-Café. Diese erreicht man mit dem schnellsten Aufzug Europas in nur 20 Sekunden. Als Pendant zum Panorama-Café auf dem Fernsehturm bietet sie einen super Blick über die Stadt.

Mitte

Im Sommer tgl. 10–20 (letzte Auffahrt 19.30) Uhr, im Winter tgl. 10–18 (letzte Auffahrt 17.30) Uhr | Eintritt 6,50 Euro | Potsdamer Platz 1 | Tel. 030 25 93 70 80 | www.panoramapunkt.de | U 2, S 1, 2, 25, U 2 Potsdamer Platz (239 F4)

ZIONSKIRCHTURM

Sonntags lohnt sich ein Ausflug auf die 52 m hohe Anhöhe, auf der die Zionskirche (Bj. 1864–73) steht. Dann ist nämlich eine Turmbesteigung möglich. Über eine schmale Holztreppe geht es hinauf in nochmals 22 m Höhe. Von dort haben Sie einen herrlichen Blick über die Stadt. Eine kleine Ausstellung informiert über das Leben von Dietrich Bonhoeffer, der hier von 1931 bis 1932 Pfarrer war.

Mitte

So 12–17 Uhr | Zionskirchplatz | Eintritt frei | Tel. 030 4 49 21 91 | www.zionskirche-berlin.de | U 8 Bernauer Straße (234 C5)

BESONDERE ERLEBNISSE

BASE FLYING

Base Flying vom Dach auf der 40. Etage des Park Inn Hotels am Alexanderplatz – das bedeutet 98 m freien Fall! Ähnlich wie beim Bungee-Jumping hält eine Sicherung die Springer (ab 16 Jahren) und bremst den Fall aus, bevor es ernst wird. Gegen 19 Euro Aufpreis kann man sich beim Springen sogar filmen lassen. Termine gibt es auch am Abend: Base-Flying by Night, jeden Freitag bis 23 Uhr.

Mitte

April–Okt. Fr 15–23, Sa 12–21, So 11–17 Uhr | Kosten ab 49,90 Euro | Alexanderplatz 7 | Tel. 089 70 80 90 10 | www.base-flying.de | U-/S-Bahn Alexanderplatz (241 D2)

FLOSSTOUR ★

Berlin mit einem Floß unter den Füßen zu entdecken – das hat etwas von den

Abenteuern Huckleberry Finns. »Floß und los« bietet spannende Fahrten am Treptower Park für fünf Personen mit Tipi-Flößen an *(Di–Fr 120 Euro, an Wochenden 140 Euro pro Boot, jeweils 10–19 Uhr)*. Auf dem Müggelsee *(ab 150 Euro pro Tag und Boot)* nimmt das Entdeckerfloß sogar acht Passagiere mit.
Köpenick bzw. Treptow
Seebad Friedrichshagen bzw. 5 Tipi-Flöße im Treptower Park | Tel. 030 6 45 57 56 | www.flossundlos.de | S 3 Friedrichshagen, S-Bahn Treptower Park
(249 D3/253 F4)

INSIDER TIPP HIPSTER ESCAPE PARTY

Eine durchgefeierte Hipsterwohnung in Friedrichshain, 60 Minuten Zeit und eine Aufgabe: den Weg nach draußen zu finden. Doch den versperren ein paar knifflige Rätsel. Körperliche Fitness ist nicht vonnöten, dafür aber detektivischer Spürsinn. Größer als acht Personen sollte die Gruppe nicht sein.
Friedrichshain
Terminvereinbarung unter www.hipster-escape-party.de oder Tel. 030 965 35 85 40 | 20 Euro pro Person | Gürtelstraße 25 | S-Bahn Ostkreuz (249 D1)

SOLARBOOTTOUR

Wer weiß schon, dass der Reichstag u. a. mit Rapsöl und Sonnenenergie beheizt wird? Bei einer vierstündigen Solarboottour (bei 40 Pers. 20 Euro pro Kopf) können Teilnehmer Orte und Gebäude mit sparsamem Energieverbrauch kennenlernen. Start und Ziel ist die Schillingbrücke zwischen Friedrichshain und Kreuzberg, u. a. passiert man eine Parteizentrale mit transparenter Fassade und Photovoltaikanlage sowie das Regierungsviertel. Für kleinere Gruppen bietet der Betreiber die Solarenergie-Tour auch zu Fuß an.
Friedrichshain
Urbanhafen | Tel. 0151 54 22 80 44 | www.solarpolis.de | S 5, 7, 75 Ostbahnhof (248 A1)

STREET ART WORKSHOP

Ob Banksy, Blu oder Victor Ash: Viele Street-Art-Größen haben ihre Spuren in Berlin hinterlassen. Wer die wilde Straßenkunst-Szene der Stadt kennenlernen

MARCO POLO HIGHLIGHTS

★ Floßtour
Mit dem Floß unterwegs am Treptower Park oder auf dem Müggelsee → S. 23

★ Taschenlampen-Führung
Mit der Taschenlampe nachts die Dinosaurier im Naturkundemuseum besuchen: gruselig schön → S. 25

★ Park am Gleisdreieck
Immer etwas zu gucken: Neben Familien trifft man in der Grünanlage gern auch Skater oder Tangotänzer → S. 26

★ Berlin Musictours
Die Biografien vieler Musiker sind eng mit der Hauptstadt verwoben – spezielle Touren wandeln auf deren Spuren zu Lieblingskneipen und Wirkungsorten → S. 27

★ Querstadtein – Berlin anders sehen
Gute Gelegenheit, mal die Perspektive zu wechseln, die Stadtführung zeigt, wie Obdachlose und Flüchtlinge leben → S. 28

möchte, lässt sich auf einer viereinhalbstündigen Tour von Graffitikünstlern die bekanntesten Wandkunstwerke zeigen. Und das Beste: INSIDERTIPP Man kann sich dabei selbst im Sprayen ausprobieren. Buchungen sind nicht notwendig, das Material stellen die Veranstalter.

Mitte

Mo, Mi, Fr, Sa 12 Uhr | Kosten 18 Euro | Treffpunkt: Starbucks vor dem Fernsehturm am Alexanderplatz | Tel. 0162 8 19 82 64 | www.alternativeberlin.com | U-/S-Bahn Alexanderplatz (241 D2)

TASCHENLAMPEN-FÜHRUNG ★

Wie es nachts im Museum zugeht, kann man sich entweder im gleichnamigen Film oder im Naturkundemuseum ansehen. In den Wintermonaten werden dort nach Torschluss Taschenlampen-Führungen angeboten. Die Führungen um 22 Uhr sind ausschließlich für Erwachsene. Taschenlampen sollten Sie mitbringen. Unbedingt vorher anmelden!

Mitte

Okt.–März | Fr–So 18, 20 und 22 Uhr | Kosten inkl. Eintritt 15 Euro | Terminvereinbarung Tel. 030 20 93 85 50 | Invalidenstraße 43 | www.naturkundemuseum-berlin.de | U 6 Naturkundemuseum (234 A6)

TEMPELHOFER FREIHEIT

Segeln oder Kite-Surfen funktioniert auch auf Asphalt. Auf dem ehemaligen Flugplatzgelände Tempelhofer Freiheit kann man mit einem Board oder Buggy plus Drachen ordentlich auf die Tube drücken. Zweistündige Kurse, z. B. im Kitelandboarding, bieten Tim Retzlaff und sein Team von der Berliner Kiteschule (*www.berliner-kiteschule.de*) für 59 Euro inkl. Ausrüstung an.

Neukölln/Tempelhof

Tgl. zugänglich von Sonnenauf- bis -untergang | www.tempelhoferfreiheit.de | U 6 Platz der Luftbrücke, U-/S-Bahn Tempelhof (246–247 B–E 3–6)

GRÜNE OASEN

ARBORETUM UND BAUMSCHULE SPÄTH

Ein Paradies im Treptower Verkehrsgetümmel! Über 4000 Arten Kräuter und Bäume sowie ein Teich machen diesen Park, der zum Biologie-Institut der Humbold-Universität gehört, besonders. Zu verdanken ist das Idyll dem Baumschulinhaber Franz Späth, der das 3,5 ha große Areal vor 120 Jahren im englischen Stil bepflanzen ließ. Auch einen Steingarten sowie viele Arznei- und Gewürzpflanzen kann man bewundern. Der Stadtteilname Baumschulenweg erinnert übrigens an die einstige Bedeutung des Unternehmens Späth, denn viele Bäume in den Berliner Parks stammten von hier.

Treptow

April–Okt. Mi, Do, Sa, So 10–18 Uhr | Eintritt 1 Euro | Späthstr. 80–81 | Tel. 030 2 09 39 83 65 | short.travel/bfb4 | S-Bahn Baumschulenweg (231 F5)

BRITZER GARTEN

Eine kleine Eisenbahn rattert durch weitläufige Grünanlagen, Schafe und Ziegen trotten über Wiesen und in der Mitte liegt ein fast 10 ha großer See: Der Britzer Garten ist ein Idyll. Bekannt ist die Anlage vor allem für ihre Themengärten, die größte Sonnenuhr Europas und das Freilandlabor (*www.freilandlabor-britz.de*) → **S. 157**, in dem eine Ausstellung Wissenswertes über Botanik vermittelt. Im mittelalterlichen Hexengarten lässt sich bestens entspannen: Einfach die Augen schließen und sich vom Duft betören lassen. Bei Führungen können Sie hier aber auch lernen, welches Blümchen gegen welches Wehwechen hilft. Eine Attraktion ist zur

Blütezeit im April und Mai Deutschlands zweitgrößte Tulpenschau.

Britz

Nov.–Feb. tgl. 9–16, März/Okt. 9–18, April–Sept. 9–20 Uhr | Eintritt 3 Euro | Buckower Damm 146, Eingänge: Sangerhauser Weg, Tauernallee, Mohriner Allee | Tel. 030 7 00 90 60 | www.britzer-garten.de | Bus 179 Sangerhauser Weg (231 E5)

INSIDER TIPP COMENIUSGARTEN

Wenn sich das Gartentor geöffnet hat, spazieren Sie an einer kleinen Wiese mit Obstbäumen vorbei. Dahinter liegt ein schilfumsäumter Teich. Überall wachsen Blumen, im Sommer duften die Rosen, im Herbst wird Obst geerntet. Der kleine Garten im Häusermeer ist dem Universalgelehrten Johann Amos Comenius (1592–1670) gewidmet. Seine Philosophie, Ruhe in sich selbst zu finden, soll hier spürbar werden. Dabei hilft etwa das sogenannte Seelenparadies: eine lauschige Gartenlaube.

Neukölln

Bei schönem Wetter geöffnet (an der Pforte klingeln!) | Richardstr. 35 | Tel. 030 6 86 61 06 | www.comenius-garten.de | U 7 Karl-Marx-Straße (248 B6)

KIENBERGPARK

NEU Der Marzahner Kienberg ist das Tor zur Internationalen Gartenausstellung (IGA), die 2017 in Berlin gastiert. Von der Spitze des 110 m hohen Berges geht es noch einmal 30 m nach oben in den Wolkenhain – eine futuristische Aussichtsplattform, auf der Sie sich erst einmal einen Überblick über das Gelände verschaffen können. Wieder unten lohnt sich ein Trip mit der Seilbahn, die Sie bequem in die benachbarten Gärten der Welt kutschiert (im Eintrittpreis inkl.).

Marzahn

April–Okt. | Eintritt 20, Dauerkarte 90 Euro | Hellersdorfer Straße | Tel. 030 7 00 90 60 | gruen-berlin.de/kienbergpark | U 5 Kienberg – Gärten der Welt (vorher: Neue Grottkauer Straße) (253 E3)

NATUR-PARK SCHÖNEBERGER SÜDGELÄNDE

Der Wildwuchs zwischen Bahngleisen und Lokschuppen hat seinen eigenen Zauber. Teilweise führen stegartige Wege durch den Dschungel, um zu verhindern, dass Besucher der Natur zu nahe kommen. In der Lokomotivhalle arbeitet u. a. die Künstlergruppe Odious, die den Park mitgestaltet hat. Das Café Paresüd (*April–Okt. Sa/So 11–18 Uhr, Tel. 0173 2 08 30 23*) in der Brückenmeisterei bietet sonntags bis 14 Uhr Brunch oder sorgt für Entspannung bei Kaffee und Kuchen. Häufig Führungen.

Schöneberg

Tgl. ab 9 Uhr bis zur Dämmerung | Eintritt 1 Euro | Priesterweg, südlicher Ausgang des S-Bf. Priesterweg | short.travel/bfb5 | S 2, 25 Priesterweg (231 D5)

PARK AM GLEISDREIECK ★

Tangotänzer wirbeln im Sommer auf der Terrasse im Norden ihre Partnerinnen herum, während Zaungäste im Sonnenuntergang der Musik lauschen. Jüngere werden auf der Skateranlage glücklich. Große Liegewiese, Birkenwäldchen und viele Sitzmöglichkeiten.

Kreuzberg

Durchgehend geöffnet | Tempelhofer Ufer, Eingänge: Möckernstraße, Yorckstraße | U 1, 7 Möckernbrücke, S 1, 2, 25 Yorkstraße (240 A6)

VOLKSPARK PANKOW

Für alle, denen die Parks in der Innenstadt zu überfüllt sind, lohnt sich ein Ausflug in den Norden Berlins. Zwischen sattgrünen Wiesen und dichten Wäldern im Volkspark Blankenfelde-Pankow finden gestresste Großstädter Ruhe, können im Wildgehege Damhirsche beobachten und in drei rekonstruierten Gewächshäusern aus den 1920er-Jahren tropische Pflanzen bewundern.

Blankenfelde

Tgl. ab 9 Uhr | Eintritt 1 Euro | Blankenfelder Chaussee 5 | www.gruen-berlin.de/volkspark-pankow | Bus 107, 124 Nordend-Arena (231 D1)

VOLKSPARK PRENZLAUER BERG

Ruhe und menschenleere Wege sind das Letzte, was man mit Prenzlauer Berg verbindet. Doch genau das bietet der Volkspark gleichen Namens, der sich am nordöstlichen Rand des Stadtteils versteckt. Angelegt wurde er, um eine großen Halde mit Kriegstrümmern zu überdecken. Im Winter lässt sich dort deshalb hervorragend rodeln. An einem Hang wird zudem INSIDER TIPP Wein angebaut, der im Herbst gemeinsam gelesen wird (www.berliner-riesling.de). Außerdem gibt es Naturlehrpfad und Abenteuerspielplatz. Wer sich mitten in Berlin nach der Beschaulichkeit einer Kleinstadt sehnt, macht einen Abstecher ins Blumenviertel, wo sich schnuckelige Häuschen an den Berghang schmiegen.

Prenzlauer Berg

Schneeglöckchenstraße | S-Bahn Landsberger Allee

STADTFÜHRUNGEN

BERLIN MUSICTOURS ★

Auf einer Bustour beleuchtet das Team um Thilo Schmied die Verbindung von vielen bekannten Künstlern wie David Bowie oder den Beatsteaks zur Hauptstadt. Auch die Lieblingskneipen der Protagonisten werden angesteuert. Außerdem gibt es Spezialtouren zu U2, Depeche Mode oder den Hansa Tonstudios. Die drei- bis vierstündige Bowie-Tour kostet 89 Euro pro Person.

Kreuzberg

Start: Meistersaal, Köthener Str. 38 | Tel. 030 30 87 56 33 | www.musictours-

Eintauchen ins Grüne: der Comeniusgarten, ein kleines Idyll im Häusermeer

Auf Kulinarikstreifzug mit Eat the World

berlin.de | S-Bahn Potsdamer Platz
(239 F4)

EAT THE WORLD

Wie schmeckt's eigentlich in Friedrichshain, Schöneberg oder Kreuzberg? Dieser Frage wird auf den kulinarischen Stadtführungen nachgegangen. Je nach Kiez sind die Lokalitäten mal edel, mal hip, mal multikulti. Kostproben inklusive.

Neukölln

Kosten: 33 Euro | Treffpunkt erfahren Sie nach der Buchung | Tel. 030 2 06 22 99 90 | short.travel/bfb3

FLUCHTTUNNELTOUR (BERLINER UNTERWELTEN E. V.)

Wenn eine Mauer nicht überwunden werden kann, baut man eben einen Tunnel: Auf einer speziellen Tour mit einem Zeitzeugen folgen die Teilnehmer den spektakulärsten unterirdischen Fluchtversuchen im geteilten Berlin. Unbedingt warm anziehen, auch im Sommer ist es hier kühl! 2,5 Stunden ab 14 Euro.

Wedding

Fr–So 11, 14 Uhr, Sa, So sowie April–Okt. Do, Fr auch 12 u. 15 Uhr, Aug. auch Do 11 und 14 Uhr | Brunnenstr. 105 | Tel. 030 49 91 05 17 | www.berliner-unterwelten.de | U-/S-Gesundbrunnen **(234 A3)**

LITERARISCHE SPAZIERGÄNGE

Auf »Stadtführungen zu Schriftstellern und Schauplätzen« können auch Einheimische Berlin aus neuen Blickwinkeln kennenlernen. Brecht, Döblin, Grass, Tucholsky, Fallada, Kafka, Heine, Kästner, Kleist, Hoffman – jedem dieser Literaten ist mindestens eine Tour gewidmet.

Wedding

Termine s. Website | 2-stündige Führung 13 Euro | Liebenwalder Str. 35 a | Tel. 030 4 55 30 28 | www.stattreisenberlin.de | U 6 Seestraße, U 9 Nauener Platz
(233 E2)

QUERSTADTEIN – BERLIN ANDERS SEHEN ★

Wie sieht Berlin aus der Sicht eines Menschen aus, der auf der Straße lebt? (Ehemalige) Obdachlose führen durch ihre Kieze und erklären, nach welchen Kriterien Schlafplätze ausgesucht werden, und warum die meisten mit einem Becher schnorren, statt die Hand aufzuhalten. Alternativ gibt es Führungen mit Flüchtlingen, die erzählen, wie sie Berlin und ihre Ankunft dort erlebt haben, und welche Herausforderungen das Leben als Flüchtling ihnen stellt.
Termine und Touren s. Website | www.querstadtein.org

ROUTE 44

Migrantinnen führen durch den Neuköllner Kiez rund um den historischen

Richardplatz. Teilnehmer erfahren so aus erster Hand, wie Frauen und Mädchen hier leben. Mit Moscheebesuch und Kaffeepause in einer türkischen Bäckerei. Teilnahmegebühr nur 5 Euro! Alternativ geht es mit jungen Migranten durch den Wedding.

Neukölln

Termine s. Website, Dauer ca. 2 Std. | Tel. 030 70 22 20 23 | www.route44-neukoelln.de | U 7 Karl-Marx-Straße (248 B6)

STADT IM OHR

Wie war es, als 1953 auf der Stalinallee die Panzer rollten? Wie wurde aus einem 800 Tonnen schweren Findling die größte Suppenschüssel der Stadt? Und wo verstecken sich im Wedding die Künstler? Das verraten die verschiedenen Audiotouren, die Sie sich entweder unter www.stadt-im-ohr.de aufs Smartphone laden oder auf einem Abspielgerät ausleihen können, die in Läden an der jeweiligen Strecke hinterlegt sind. Es gibt auch spezielle Touren für Kinder.

verschiedene Stadtteile

Audioguide für die Tour durch Mitte im Kaufhaus ausberlin | Karl-Liebknechtstr. 9 | Mo–Sa 11–20 Uhr | 9 Euro | S-Bahn Alexanderplatz (241 D2) *| weitere Touren unter www.stadtimohr.de*

U-BAHN-CABRIO-TOUR

Wenn eine U-Bahn ohne Dach durch finstere Tunnel fährt, bekommt mancher Teilnehmer der Tour eine Gänsehaut. Zur Sicherheit gibt es einen Helm auf den Kopf und dazu spannende Geschichten über die unterirdischen Sehenswürdigkeiten zu hören, etwa über alte Bahnhöfe, Werkstätten etc. Frühzeitig anmelden! Von Mai bis Okt. freitags um 19 und 22.20 Uhr.

Mitte

Ticket 50 Euro | Start/Ziel: U-Bahn Alexanderplatz | Anmeldung: Tel. 030 25 62 52 56 | www.bvg.de (241 D2)

VEGAN BERLIN TOURS

ÖKO Berlin hat sich in den letzten Jahren zur Veganer-Hauptstadt gemausert. Die Tour wird in sechs Stadtteilen von Charlottenburg bis Friedrichshain angeboten und führt zu veganen Supermärkten, urbanen Farmern und den besten Seitan-Steaks der Stadt. Dazu gibt es Geschichten zur veganen Kultur. Vorher fragen, ob die Tour auf Deutsch oder Englisch ist!

verschiedene Stadtteile

Termine werden aktuell unter www.vegantoursberlin.com bekannt gegeben | Kosten auf Spendenbasis | Essen und Trinken ist nicht inklusive

Kunst & Kultur

Kunst! Und nochmal: Kunst! Zum Gucken. Zum Machen. Aber vor allem auch: zum Kaufen. Berlin ist nämlich heiß, für Sammler und für alle, die kreativen Input lieben.

Berlin gilt im Moment weltweit als der Top-Ort, um Kunst zu kaufen. In den rund 350 Galerien, die sich in Mitte (u. a. Sammlung Boros → **S. 40**) oder in der City West (z. B. Kienzle Art Foundation → **S. 39**) angesiedelt haben, findet man junge, vielversprechende Künstler ebenso wie zahlreiche etablierte. Doch in Berlin wird nicht nur Kunst verkauft, sondern auch im großen Stil produziert: Etwa 20 000 bildende Künstler leben hier, dazu noch Tausende von professionellen Musikern und Schauspielern. Und so prägen dann auch etliche Theater, Opern und Kinos das außergewöhnliche kulturelle Klima der Stadt.

BESONDERE BAUWERKE

ERNST-THÄLMANN-PARK

Auf den ersten Blick gehört der 25 ha große Wohnpark mit seinen Punkthochhäusern und dem monströsen Ernst-Thälmann-Denkmal nicht zu den architektonischen Schönheiten. Doch hier hat die DDR-Führung in den 1980er-Jahren ihr Idealbild einer sozialistischen Stadt verwirklicht. Daher steht das Areal heute unter Denkmalschutz. Das Biotop hinter dem Denkmal ist eine grüne Oase im Häusermeer des Prenzlauer Bergs. Auch das frisch sanierte Planetarium (→ **S. 156**) lohnt einen Besuch.

Prenzlauer Berg

Areal zwischen Danziger, Greifswalder Straße und S-Bahn-Ring | S-Bahn Greifswalder Straße (235 F4)

MIES-VAN-DER-ROHE-HAUS

Ein Kleinod der klassischen Moderne: Wer durch die geschosshohen Terrassentüren schaut, taucht ein in die Parklandschaft am Obersee. Der damalige Bauhaus-Direktor Ludwig Mies van der Rohe hat hier eine Architektur geschaf-

Die Wilmersdorfer Moschee ist die älteste Deutschlands

fen, die den Menschen mit der Natur verbindet. Der Druckereibesitzer und Bauherr Karl Lemke bewohnte diesen schmucken Bungalow bis 1945. Regelmäßige Kunstausstellungen bieten immer mal wieder einen Anlass, diesen atmosphärischen Ort zu besuchen.

Hohenschönhausen

Di–So 11–17 Uhr | Eintritt frei, Führungen nach Anmeldung 5 Euro pro Pers. (ab 16 Jahren) | Oberseestr. 60 | Tel. 030 97 00 06 18 | www.miesvanderrohehaus.de | S 75 Hohenschönhausen (231 F2)

SPANDAUER ZITADELLE

Die Renaissance-Festung ist das Wahrzeichen Spandaus. Der wuchtige, 30 m hohe Juliusturm stammt sogar aus dem 13. Jh. und darf erklommen werden. Heute finden auf dem Gelände regelmäßig Konzerte und Ausstellungen statt. Führungen zwischen März und Oktober samstags und sonntags um 11, 13 und 15 Uhr. Der Fledermauskeller des Berliner Artenschutz Teams BAT e. V. im Haus 4 ist täglich von 12 bis 17 Uhr geöffnet. Fledermausführungen nach Anmeldung *(Tel. 030 36 75 00 61)*.

Spandau

Tgl. 10–17 Uhr | Eintritt 4,50 Euro | Am Juliusturm 64 | Tel. 030 3 54 94 40 | www.zitadelle-berlin.de | U 7 Zitadelle, S 5 Spandau (230 A3)

WILMERSDORFER MOSCHEE

Die beiden Minarette und die mächtige Kuppel lassen an die Geschichten aus 1001 Nacht denken. Doch steht diese Moschee mitten in Wilmersdorf und ist zudem die älteste Deutschlands. Auch das farbenfrohe Interieur des 1927 fertiggestellten Gebäudes ist sehenswert. Besucher aller Glaubensrichtungen sind willkommen, eine vorherige Anmeldung ist empfehlenswert.

Wilmersdorf

Tgl. 10–17 Uhr | Briener Str. 7–8 | Tel. 030 8 73 57 03 | www.berlin.ahmadiyya.org | U 3, 7 Fehrbelliner Platz (243 F2)

GALERIEN & KUNSTVEREINE

BLAIN/SOUTHERN

Die Galeristen Harry Blain und Graham Southern aus London zählen zu den herausragendsten Kunstverkäufern Europas. Installationen im Erbe von Marcel Duchamp, Fotoprints von Nasan Tur und Videokunst von Bill Viola beleben das ehemalige Verlagsgebäude. Weitere vertretene Künstler sind Rachel Howard, Jeroen Verhoven, Wim Wenders und der verstorbene Maler Lucian Freud, der Enkel Sigmund Freuds.

Tiergarten

Di–Sa 11–18 Uhr | Eintritt frei | Potsdamer Str. 77–87 | Tel. 030 6 44 93 15 10 | www.blainsouthern.com | U 1 Kurfürstenstraße (239 E6)

BLAUE STUNDE
Schwerpunktmäßig beschäftigt sich die Galerie Blaue Stunde in Prenzlauer Berg mit abstrakter Malerei, aber auch mit anderen Bereichen und Medien der zeitgenössischen Kunst. Clea Elle zeigt nach eigenen Angaben Kunst, die sie berührt – und die sie mit einem kunstinteressierten Publikum teilen möchte.
Prenzlauer Berg
Do 16–19, Sa 13–16 | Eintritt frei | Liselotte-Herrmann-Str. 36 | Tel. 030 53 14 25 12 | www.blauestunde-galerie.com | S 8, 9, 41, 42, 85 Greifswalder Straße (235 F 5)

CAMERA WORK
Hier sind neben Klassikern der Modefotografie wie Helmut Newton oder Peter Lindbergh mit David Lachapelle, Russel James oder Ellen von Unwerth auch aktuelle Stars der Szene vertreten. Im Camera Work Contemporary (CWC) werden zeitgenössische Werke in der renovierten Jüdischen Mädchenschule gezeigt.
Charlottenburg
Di–Sa 11–18 Uhr | Eintritt frei | Kantstr. 149 | Tel. 030 3 10 07 73 | www.camerawork.de | S 5, 7, 75 Savignyplatz (237 F5)
Mitte
CWC Gallery | Di–Sa 11–19 Uhr | Eintritt frei | Auguststr. 11–13 | Tel. 030 24 04 86 14 | S 1, 2, 25 Oranienburger Straße (240 B1)

C/O BERLIN
Die Kult-Galerie hat sich an ihrem relativ neuen Standort längst fest etabliert. Auch im Amerika Haus ziehen Kultfotografen wie Martin Parr, André Rival, Bettina Rheims oder Larry Clark Besuchermassen an und sorgen dafür, dass die Fotografie als Kunstform kein Ni-

MARCO POLO HIGHLIGHTS

Fotogalerie Friedrichshain
1985 in Ostberlin gegründet. Immer wieder gibt es Ausstellungen noch unbekannter Nachwuchsfotografen → S. 37

Galerie Thomas Fischer
Eine der jüngsten und innovativsten Galerien Berlins → S. 37

Intimes
Ein kleines Kino mit gutem Programm und einer Atmosphäre, wie man sie in Multiplexhäusern nie findet → S. 49

Bauhaus-Archiv – Museum für Gestaltung
In dem futuristisch aussehenden Gebäude werden Exponate rund um die Bauhaus-Epoche gezeigt: u. a. Möbel, Architekturmodelle, Fotografien und Zeichnungen → S. 55

Museum für Naturkunde
Eine Reise in die Vergangenheit unserer Erde: mit einem der am besten erhaltenen Skelette eines Tyrannosaurus rex → S. 63

Neues Museum
Im mächtigen Bau ist Nofretete kunstvoll inszeniert → S. 64

Neuköllner Oper
Sie bietet vor allem jungen Künstlern die Möglichkeit, sich zu präsentieren – die produktivste Bühne Berlins → S. 69

schendasein mehr führt. Mit Retrospektiven und Kinderworkshops.

Charlottenburg

Tgl. 11–20 Uhr, Führungen Mo–Fr 18, Sa/So 14 u. 16 Uhr | Eintritt 10 Euro | Hardenbergstr. 22–24 | Tel. 030 28 44 41 60 | www.co-berlin.org | U-/S-Bahn Zoologischer Garten (238 A4)

DAIMLER CONTEMPORARY

Rund 1800 Arbeiten von 600 Künstlern umfasst die Kunstsammlung des Autobauers, eine Auswahl davon kann am Potsdamer Platz bewundert werden. Jeff Koons Balloonflower etwa ziert den Platz vor dem Musicaltheater. Ein paar Schritte davon entfernt werden u. a. Werke von Oskar Schlemmer, Max Bill, Andy Warhol und Walter de Maria in wechselnden Ausstellungen gezeigt. Der Eingang ist am Weinhaus Huth.

Tiergarten

Tgl. 11–18 Uhr | Eintritt frei | Alte Potsdamer Str. 5 | Tel. 030 25 94 14 20 | art.daimler.com | U 2, S 1, 2, 25 Potsdamer Platz (239 F4)

EVA POLL

Die Galerie der Grande Dame der Berliner Kunstszene, gegründet 1968. Eva Poll erhielt sogar schon das Bundesverdienstkreuz, weil sie sich immer wieder für die europäischen Figurativen eingesetzt hat. Ihr Programm umfasst Künstler wie Reinhard Lange, Joachim Schmettau, Schang Hutter, Arno Mohr, Harald Duwe. Auch Grafiken von Bettina von Arnim, Maxim Kantor und Ulrich Baehr sind vertreten. Seit fast 50 Jahren eine der interessantesten Galerien der Stadt.

Mitte

Di–Sa 12–18 Uhr | Eintritt frei | Anna-Louisa-Karsch-Str. 9 | Tel. 030 2 61 70 91 | www.poll-berlin.de | S 5, 7, 75 Hackescher Markt (240 B2)

Eva Poll ist mit ihrer Galerie und ihrer Kunststiftung die Pionierin im Kunstbetrieb der Hauptstadt

FOTOGALERIE FRIEDRICHSHAIN

1985 gegründet, war die Fotogalerie Friedrichshain die erste Galerie der DDR, in der ausschließlich Fotos ausgestellt wurden. Eröffnet wurde sie damals mit einer Ausstellung des Nachkriegsfotografen Richard Peter, im Beirat des Hauses saß unter anderem Roger Melis. Nach der Wende geriet die Galerie immer wieder in finanzielle Schwierigkeiten, konnte sich aber auch nach Wegfall kommunaler Förderung behaupten. Inzwischen ist der Kulturring in Berlin e. V. Träger. Vor allem, wer sich für Werke noch unentdeckter Nachwuchsfotografen interessiert, kann hier fündig werden.

Friedrichshain

Di, Mi, Fr, Sa 14–18 Uhr, Do 10–18 Uhr | Eintritt frei | Helsingforser Platz 1 | Tel. 030 2 96 16 84 | S 5, S 7, S 75, U 1 Warschauer Straße (248 B1)

GALERIE AEDES

Architektur ist hier in über zehn Ausstellungen pro Jahr das Thema. Anhand von Plänen, Skizzen und Modellen machen Kristin Feireiss und Hans-Jürgen Commerell seit über 25 Jahren die urbanen Visionen großer Architekturbüros, etwa von Rem Koolhaas, ebenso nachvollziehbar wie die Träume junger Talente. Im Studio werden Ideen und Konzepte von Nachwuchsarchitekten gezeigt. Dazu gibt es Workshops und Seminare.

Prenzlauer Berg

Di–Fr 11–18.30, So/Mo 13–17 Uhr | Eintritt frei | Christinenstr. 18–19 | Tel. 030 2 82 70 15 | www.aedes-arc.de | U 2 Senefelderplatz (235 E4)

GALERIE IM TURM

Die an der Karl-Marx-Allee gelegene Galerie im Turm wurde bereits 1965 gegründet und widmet sich in erster Linie in Berlin lebenden Künstlern. Begleitend zu den Ausstellungen finden Konzerte und Performances statt. Die Galerie ist der kommunale Ausstellungsraum von Friedrichshain-Kreuzberg.

Friedrichshain

Di–So 12–19 Uhr | Eintritt frei | Frankfurter Tor 1 | Tel. 030 4 22 94 26 | www.galerie-im-turm.net | U 5 Frankfurter Tor (231 E3)

GALERIE MAX HETZLER

Galeriegründer Max Hetzler engagiert sich seit 40 Jahren für die Gegenwartskunst. Vor allem fördert Hetzler die minimalistische und konzeptuelle Kunst. Zu seinen Favoriten gehören Martin Kippenberger, Cady Noland oder Darren Almond ebenso wie Mona Hatoum und Rebecca Warren. Malerei, Skulpturen, Fotografie und Installationen.

Charlottenburg

Di–Sa 11–18 Uhr | Eintritt frei | Goethestr. 2/3 u. Bleibtreustr. 45 | Tel. 030 3 46 49 78 50 | www.maxhetzler.com | S 5, 7, 75 Savignyplatz, U 2 Ernst-Reuter-Platz (237 F4)

GALERIE PERES PROJECTS

Seit mehr als zehn Jahren unterhält Javier Peres schon seine Galerien in Berlin. Derzeit logieren die Peres Projects in der Karl-Marx-Allee. Der gebürtige Kubaner betreibt seine Geschäfte von Los Angeles aus, wo er seinen ersten Galeriestandort entwickelt und schon manchen Künstler zum Shootingstar gemacht hat.

Friedrichshain

Mo–Fr 11–18 Uhr und nach Vereinbarung | Eintritt frei | Karl-Marx-Allee 82 | Tel. 030 2 75 95 07 70 | www.peresprojects.com | U 5 Weberwiese (231 E3)

GALERIE THOMAS FISCHER

Die Galerie Thomas Fischer ist eine der jüngsten in der Stadt, leicht kann sie mit einem Besuch der in unmittelbarer

Ein Projekt des KW Institute: Kunstwerk von Biennale-Besuchern in der St. Elisabeth-Kirche

Nachbarschaft befindlichen Blain/Southern (→ S. 33) verbunden werden. Das Markenzeichen der Galerie ist medienübergreifende Kunst. Malerei trifft hier auf Installationen, Fotos und Videokunst. INSIDER TIPP **Sollten Sie Thomas Fischer vor Ort antreffen, können Sie ihn gerne ansprechen.** Fischer, so ist immer wieder zu hören, tausche sich sehr gerne mit Besuchern aus.

Tiergarten

Di–Sa 11–18 Uhr | Eintritt frei | Potsdamer Straße 77–87, Haus H | Tel. 030 74 78 03 85 | www.galeriethomasfischer.de | U 1 Kurfürstenstraße (239 E5)

HAUS AM KLEISTPARK

Das Haus am Kleistpark hat eine bewegte Geschichte. 1880 als Königlich Botanisches Museum errichtet und als Hochschulstandort genutzt, wurde ein Drittel des Gebäudes am Ende des Zweiten Weltkriegs zerbombt – der Nordostflügel fehlt bis heute. 1967 zog das Kunstamt Schöneberg ein, mit einer Galerie unter Ägide des Bezirks. Mit rund 300 m^2 Ausstellungsfläche ist sie seitdem eine der größten kommunalen Galerien in Berlin. Neben Ausstellungen finden auch Lesungen statt.

Schöneberg

Di–So 11–18 Uhr | Eintritt frei | Grunewaldstraße 6–7 | Tel. 030 9 02 77 69 64 | www.hausamkleistpark.de | U 7 Kleistpark (245 D2)

HAUS AM WALDSEE

Bis 1989 galt die Villa mit ihrem idyllischen Garten und einem Café als einer der wichtigsten Berliner Standorte für Kunst. Käthe Kollwitz, Hannah Höch, Karl Schmidt-Rottluff, Pablo Picasso – sie alle waren bereits mit großen Ausstellungen vertreten. Vor etwa zehn Jahren hat ein Verein die Organisation des Hauses übernommen. Bis zu fünf Ausstellungen laufen hier jährlich, darunter viele mit Werken der Nachkriegsmoderne. Außerdem gibt es Künstlergespräche, Konzerte und Kunstworkshops für Erwachsene, Kinder und Jugendliche.

Zehlendorf

Museum: Di–So 11–18 Uhr, Skulpturenpark: tgl. 11–18 Uhr, Café: Di–So 12–18 Uhr | Eintritt 7 Euro | Argentinische Allee 30 | Tel. 030 8 01 89 35 | www.hausamwaldsee.de | U 3 Krumme Lanke (230 A5)

KIENZLE ART FOUNDATION

Jochen Kienzles erklärtes Ziel: den Mainstream infrage stellen. Unterschätzte Werke sind die Leidenschaft des Kunstsammlers; mit Vorliebe widmet er sich unbekannten oder vergessenen Künstlern. In den Räumen der Foundation in Charlottenburg präsentiert er Konzeptkunst von den 1960er-Jahren bis heute.

Charlottenburg

Do–Fr 14–19, Sa 11–16 Uhr | Eintritt frei | Bleibtreustraße 54 | Tel. 030 31 50 70 13 | www.kienzleartfoundation.de | S 5, 7, 75 Savignyplatz (237 E5)

KW INSTITUTE FOR CONTEMPORARY ART

Früher wurde an diesem Ort Margarine produziert, heute ist die einstige Fabrik mit 2000 m^2 Ausstellungsfläche auf fünf Etagen zu einem Labor für maßgebliche Kunst der Gegenwart geworden – ob Videokunst, Klanginstallationen oder Fotoausstellungen. Die KW ist zudem Veranstaltungsort und Initiator der alle zwei Jahre stattfindenden Berlin-Biennale.

Mitte

Mi–Mo 12–19, Do 12–21 Uhr | Eintritt 6 Euro | Auguststr. 69 | Tel. 030 2 43 45 90 | www.kw-berlin.de | S 1, 2, 25 Oranienburger Straße (240 B1)

MAERZGALERIE

Die Ausstellungsräume im früheren Tagesspiegel-Verlagsgebäude zeugen vom Aufbruch im Kiez. Dazu passen junge, eigensinnige Malerei, Skulpturen und Installationen von Kai Klahre, Sebastian Schrader, Hans Aichinger u. a. Die Hauptgalerie befindet sich in Leipzig in der Wollspinnerei *(Spinnereistr. 7, Halle 6)*.

Tiergarten

Di–Sa 11–18 Uhr | Eintritt frei | Potsdamer Str. 81b | Tel. 030 27 58 13 97 | www.maerzgalerie.com | U 1 Kurfürstenstraße (239 E6)

ME COLLECTORS ROOM BERLIN

Die Sammlung mit Werken von Beginn des 16. Jhs. bis zur jüngsten Gegenwart in der Wunderkammer von Thomas Olbrecht kommt im Obergeschoss des Neubaus bestens zur Geltung. Außerdem wechselnde Ausstellungen. Mit angeschlossenem Café und einem Veranstaltungsprogramm wird das Haus zum Treffpunkt für Kunstinteressierte. Kinder können in der Wunderkammer auf Schnitzeljagd gehen: Mit einem Fragebogen werden die Kleinen durch die Räume geführt – vorherige Anmeldung nicht erforderlich.

Mitte

Di–So 12–18 Uhr | Eintritt 7 Euro | Auguststr. 68 | Tel. 030 86 00 85 10 | www.me-berlin.com | S 1, 2, 25 Oranienburger Straße (240 B2)

ROSALUX

An die kämpferische Rosa Luxemburg erinnert der Name dieses Kunstraums nicht zufällig: Seine Macher setzen sich für freie Kunst in der Stadt ein und frischen als Teil des Vereins »Kolonie Wedding« die Kunstszene jenseits der etablierten Kieze in Mitte auf. Videoscreenings, Performances und Konzeptkunst gibt es im Rosalux zu sehen, spezialisiert hat man sich auf Künstler aus Portugal.

Wedding

Öffnungszeiten s. Website | Eintritt frei | Wriezener Str. 12 | Tel. 0171 8 35 91 47 | www.rosalux.com | U 8 Pankstraße, S 1 Bornholmer Straße (234 A1)

SAMMLUNG BOROS

Der Medienunternehmer und Kunstmäzen Christian Boros hat den ehemaligen Reichsbahnbunker mit seiner Privatsammlung an der Friedrichstraße zu einem Museum gemacht. Gezeigt wird zeitgenössische Kunst internationaler Künstler ab 1990. Teilweise werden die Stücke eigens für diese Räume angefertigt. INSIDER TIPP Unbedingt rechtzeitig online anmelden, meist ist schon vier bis sechs Wochen im Voraus ausgebucht.

Mitte

Führungen Do–So nach Voranmeldung im Internet (max. 12 Pers. pro Führung) | Eintritt 12 Euro | Reinhardtstr. 20 | Tel. 030 2 40 83 33 00 | www.sammlung-boros.de | U 6 Oranienburger Tor (240 B1)

SAMMLUNG HOFFMANN

Als das Ehepaar Hoffmann in den 60ern begann, zeitgenössische Kunst zu sammeln, sollte dies ursprünglich eine Privatangelegenheit bleiben. Heute führt die inzwischen verwitwete Erika Hoffmann einmal pro Woche Besucher durch ihre Wohn- und Arbeitsräume. Entsprechend familiär geht es hier zu. »Das Tragen von Filzpantoffeln ist obligatorisch«, heißt es in der Hausordnung.

Mitte

Führung Sa 11–16 Uhr | Eintritt 10 Euro, einige Tage vorher anmelden | Sophie-Gips-Höfe, 2. Hof, Aufgang C, Sophienstraße 21 | Tel. 030 28 49 91 20 | www.sammlung-hoffmann.de | U 8 Weinmeisterstraße (240 C1)

INSIDER TIPP SCHAU FENSTER

Rapper, Partyveranstalter, Moderator, Autor und nun auch Kurator: Der Berliner Jan Kage alias Yaneq ist ein Tausendsassa.In seiner Ein-Raum-Galerie Schau Fenster zeigt er nicht nur Kunst aus der Graffitiszene. Yaneq gelingt es, bildende Kunst, Musik und Literatur auf unkonventionelle Weise miteinander zu verbinden.

Kreuzberg

Öffnungszeiten variabel | Lobeckstr. 30–35 | Tel. 030 24 08 81 08 | www.schaufenster.info | U 8 Moritzplatz (241 D 5)

SCHINKEL PAVILLON

Der Pavillon im Garten des Kronprinzenpalais gilt als ungewöhnlichster Off-Space der gegenwärtigen Berliner Kunstszene. Zu sehen sind Skulpturen und Performances, die sich gerne mal mit diesem Ausstellungsort befassen. Der 1969 erbaute Pavillon wird als ein gelungenes Beispiel der DDR-Architektur gefeiert. Mit seiner Rundumverglasung lässt er auf die Friedrichswerdersche Kirche, den Dom und den Fernsehturm blicken.

Mitte

Do–So 12–18 Uhr | Eintritt frei | Oberwallstr. 1 | Tel. 030 20 88 64 44 | www.schinkelpavillon.de | U 2 Spittelmarkt (240 C3)

SCHWARZ CONTEMPORARY

Anne Schwarz war eine der Ersten, die im einstigen Problembezirk Neukölln eine Galerie eröffneten. Inzwischen haben hier etliche Künstler, z. B. Monika Goetz, Ulrich Hakel und Marlon Wobst, ihr Spiel mit Abstraktionen, Surrealismus und kubistischem Erbe betrieben.

Neukölln

Mi–Sa 11–18 Uhr | Eintritt frei | Sanderstr. 28 | Tel. 030 61 28 99 02 | www.schwarz-contemporary.com | U 8 Schönleinstraße (247 E1)

SUPERMARKT

Im Brunnenviertel, einem unscheinbaren Weddinger Wohnkiez nahe der ehemaligen Grenze, würde man hippe Künstler eher nicht vermuten. Und doch trifft sich hier, wo früher tatsächlich Lebensmittel verkauft wurden, die kreative Szene. Da wird zusammen gefrühstückt oder gearbeitet. Der Supermarkt versteht sich aber nicht nur als Treffpunkt für Künstler. Workshops, Diskussionen und Vorträge, etwa über Prokrastination, stehen allen Interessierten offen.

Wedding

Mo–Sa 10–18 Uhr | Eintritt frei | Brunnenstr. 64 | Tel. 030 6 09 87 59 05 | www.supermarkt-berlin.net | U 8 Voltastraße (234 B4)

TCHOBAN FOUNDATION

Allein schon das kubistisch verschachtelte Gebäude mit dem vollverglasten Obergeschoss ist ein Hingucker. Das Museum für Architekturzeichnung der Tchoban Foundation befindet sich auf dem alten Brauereigelände am Pfefferberg. Der russische Architekt Sergei Tchoban, der seit Anfang der 1990er-Jahre in Deutschland arbeitet, hat die Stiftung ins Leben gerufen und ihr einen Teil seiner Sammlung übertragen, darunter herausragende Blätter von Architekten des 16. Jhs. bis in die Gegenwart.

Prenzlauer Berg

Mo–Fr 14–19, Sa/So 13–17 Uhr | Eintritt frei | Christinenstr. 18 a | Tel. 030 43 73 90 90 | www.tchoban-foundation.de | U 2 Senefelderplatz (234 C5)

UQBAR

In einer Kurzgeschichte des argentinischen Autors Jorge Luis Borges ist Uqbar ein Ort, der in einem Lexikon auftaucht, ohne wirklich zu existieren. Beinahe schon philosophisch mutet es an, dass das engagierte Kuratorenteam, das hinter dem kleinen Kunstraum im Wedding steckt, seine Institution nach diesem fiktionalen Ort benannt hat – beschäftigen sich die Macher doch intensiv mit der (Un-)Sichtbarkeit von Minderheiten.

Wedding

Geöffnet nach Vereinbarung | Eintritt frei | Schwedenstr. 16 | www.projectspace.uqbar-ev.de | U 8, 9 Osloer Straße (233 F2)

URBAN SPREE

Auf insgesamt 1700 m² widmen sich Street Artists, Fotografen, Illustratoren,

Die ganze Bandbreite der Kunst gibt es bei Urban Spree – aus aller Welt und aus allen Sparten

Geschichte hautnah erleben: die Gedenkstätte Berliner Mauer

Autoren und Musiker dem Urbanen im Allgemeinen und der Stadt Berlin im Besonderen. Die Bandbreite der Künstler, die bei Urban Spree eine Heimat gefunden haben, ist groß, viele kommen aus dem Ausland. Galerien, Kunstladen und regelmäßige Workshops.

Friedrichshain

Zeiten je n. Progr. | Revaler Str. 99 | Tel. 030 74 07 85 97 | www.urbanspree.com | U 1, S 5, 7, 75 Warschauer Straße (248 C1)

GEDENKSTÄTTEN

DENKMAL FÜR DIE ERMORDETEN JUDEN EUROPAS

2711 verschieden hohe Betonpfeiler, Stelen genannt, wurden nach Plänen des New Yorker Architekten Peter Eisenman auf einem 19 000 m² großen Gelände neben dem Brandenburger Tor angeordnet. Man kann von allen Seiten in die begehbare Struktur eintauchen, die außerdem von jedem Standort aus anders wahrgenommen wird. Im Untergeschoss befindet sich der Ort der Information mit einer Holocaust-Ausstellung. Samstags um 15 Uhr (englisch) und sonntags um 15 Uhr (deutsch) finden kostenlose öffentliche Führungen statt, zu denen Sie sich nicht extra anmelden müssen. Treffpunkt ist der Fahrstuhl Cora-Berliner-Straße/Ecke Hannah-Arendt-Straße.

Mitte

Infozentrum April–Sept. Di–So 10–20, Okt.–März 10–19 Uhr | Eintritt frei | Wilhelm-/Behrenstraße | Tel. 030 2 63 94 30 | www.holocaust-mahnmal.de | U 55, S 1, 2, 25 Brandenburger Tor (240 A3)

GEDENKSTÄTTE BERLINER MAUER

Nirgendwo anders in der Hauptstadt kann man besser nachvollziehen, wie das Leben vor und hinter den beiden Mauern, zwischen denen sich der Minengürtel befand, aussah. Ein Originalstück davon ist erhalten und durch symbolisch angeordnete Stahlstreben erweitert worden. Welche architektonischen Wunden die Teilung der Stadt geschlagen hat, kann man von der Plattform des Aussichtsturms aus sehen. Interessant ist auch die Ausstellung u. a. mit Originaltönen von Politikern und historischem Filmmaterial. Die Versöhnungskapelle auf dem ehemaligen Mauerstreifen steht auf den Resten der 1985 abgerissenen Versöhnungskirche und wurde aus deren Steinresten sowie Lehm errichtet.

Mitte

Besucherzentrum Di–So 10–18, Gedenkstättenareal tgl. 8–22 Uhr | Eintritt frei, Führung 3 Euro | Bernauer Str. 119 | Tel. 030 4 67 98 66 66 | www.berliner-mauer-gedenkstaette.de | S 1, 2, 25 Nordbahnhof (234 A6)

GEDENKSTÄTTE BERLIN-HOHENSCHÖNHAUSEN

Auf den Stadtplänen von Berlin-Ost war dieser Ort ein weißer Fleck. Heute wird in dem einstigen Stasigefängnis über die Geschichte aufgeklärt. Eindrucksvoll sind vor allem die Führungen und Berichte der ehemaligen Insassen über Zustände und Verhörmethoden in der Untersuchungshaftanstalt. Eine kleine Ausstellung gibt einen Überblick über die Geschichte des Geländes.

Lichtenberg

Besichtigung nur im Rahmen einer Führung: stündlich April–Okt. tgl. 10–16 Uhr, Nov.–März Mo–Fr 11, 13, 15 Uhr, Sa/So stündlich 10–16 Uhr | Eintritt 6 Euro | Genslerstr. 66 | Tel. 030 98 60 82 30 | www.stiftung-hsh.de | Bus M 5 Freienwalder Straße (231 F3)

SOWJETISCHES EHRENMAL IM TREPTOWER PARK

Die Gedenkstätten zu Ehren der im Zweiten Weltkrieg gefallenen Sowjetsoldaten gehören zu den weniger präsenten in der Erinnerungskultur Berlins – und sind doch unabdingbarer Bestandteil der Geschichte einer geteilten Stadt. Das größte der drei Ehrenmale befindet sich im Treptower Park, in mitunter beklemmender Atmosphäre wird hier an die mehr als 80 000 gefallenen sowjetischen Soldaten im Kampf um Berlin erinnert. Das 30 m hohe Ehrenmal wurde im Mai 1949 fertiggestellt.

Treptow

Durchgehend geöffnet | Eintritt frei | Puschkinallee | S 9 Treptower Park (249 D4)

TOPOGRAPHIE DES TERRORS

Die Freiluft-Dokumentation informiert über die dort zwischen 1933 und 1945 ansässigen Zentralen von Gestapo, SA, SS und Reichssicherheitshauptamt. Von hier aus wurde der NS-Terror koordiniert und der Holocaust geplant. Die Gestapo unterhielt an dieser Stelle ihr gefürchtetes »Hausgefängnis«. Jährlich informieren sich mehr als 900 000 Besucher am authentischen Ort über die NS-Schreckensherrschaft. Kostenfreie Führungen für Einzelbesucher sonntags 14 Uhr (deutsch) und 15.30 Uhr (englisch).

Kreuzberg

Tgl. 10–20 Uhr | Eintritt frei | Niederkirchnerstr. 8 | Tel. 030 2 54 50 90 | www.topographie.de | S 1, 2, 25 Anhalter Bahnhof (240 A4)

KABARETT, KLEINKUNST & MUSICALS

BAR JEDER VERNUNFT

Das schöne alte Spiegelzelt neben dem Haus der Berliner Festspiele bietet ein stimmungsvolles Ambiente für Chansons, Kabarett und Comedy. An kleinen runden Tischen wird zum Drei-Gänge-Menü mit Champagner einiges geboten. Die Gesangsartisten »Muttis Kinder«, das Kabarett-Trio »Geschwister Pfister« oder Lästerzunge Desirée Nick kann man im intimen Rahmen erleben und das Zelt auch für eigene Feste mieten.

Wilmersdorf

Kasse Mo–Sa 12–18.30, So 15–17.30 Uhr | Karten 19–39,50 Euro | Schaperstr. 24 | Tel. 030 8 83 15 82 | www.bar-jeder-vernunft.de | U 3, 9 Spichernstraße (244 A1)

CHAMÄLEON THEATER

Modernes Varieté wird in den Hackeschen Höfen geboten: Artistik, Musik, Tanz – das Chamäleon Theater zeigt, inspiriert durch den »Cirque Nouveau«, modernen, nonverbalen Zirkus in Shows internationaler Künstler, die nicht nur innovativ, sondern auch witzig sind.

Mitte

Kasse Mo 11–18, Di–Fr 11–20, Sa 11–21.30, So 12–18 Uhr | Karten ab 39 Euro | Rosenthaler Str. 40–41 | Tel. 030 4 00 05 90 | www.chamaeleonberlin.com | S 5, 7, 75 Hackescher Markt (240 C1)

CHARLY M.

Kleines, aber feines Ensemble, das nicht nur für das politische Kabarett verantwortlich ist, sondern auch gleich noch Karten, Snacks und Getränke verkauft. Mehr Wohnzimmeratmosphäre geht nicht. Die Ost-Berliner Wurzeln (Gründung 1990 als Kabarett Kartoon in Mitte) sind zudem nicht zu überhören – sowohl inhaltlich als auch sprachlich.

Friedrichshain

Vorstellungsbeginn 20 Uhr, Programm s. Website | Karten ab 18 Euro | Karl-Marx-Allee 133 | Tel. 030 42 02 04 34 | www.kabarettcharly-m.de | U 5 Frankfurter Tor (231 E3)

DISTEL

Nomen est omen, denn die Distel sieht sich auch nach sechs Jahrzehnten noch als »Stachel am Regierungssitz«. Das einstmals wichtigste und älteste Kabarett der DDR ist deutschlandweit bekannt und arbeitet mit zwei eigenen Ensembles, die selbst geschriebene Programme in satirisches Theater umsetzen. Die Stücke sind witzig und tiefgründig!

Mitte

Tageskasse Mo–Fr 11–18 Uhr, Sa/So 11–17 Uhr | Karten 15–35 Euro | Friedrichstr. 101 | Tel. 030 2 04 47 04 | www.distel-berlin.de | U-/S-Bahn Friedrichstraße (240 B2)

INSIDER TIPP HAUS DER SINNE

Theater, Tanz, Konzerte und Shows: Beim Ganovenball geben sich die Gangster gegenseitig ein Bier aus, an Tangoabenden rückt eher der Rotwein in den Vordergrund. Das kleine, feine Kulturzentrum, das ursprünglich als ein auf drei Monate befristetes Projekt entstand, beeindruckt mit einem vielfältigen Programm. Auch internationale Theaterensembles und prominente Gäste sind öfter hier zu Gast. Eintritt frei heißt es beim »Open Mic« jeden letzten Sonntag im Monat. Jeder, der sich traut, kann ans Mikrofon treten und singen oder etwas darbieten.

Prenzlauer Berg

Zeiten je n. Veranstaltung | Eintritt 5–10 Euro | Ystader Str. 10 | Tel. 030 44 04 91 55 | www.hausdersinneberlin.de | U-/S-Bahn Schönhauser Allee (235 E2)

MEHRINGHOF THEATER

Kreuzberger Programmtheater seit über 30 Jahren. Hier singt Fil gemeinsam mit seiner Puppe Sharky, und bekannte Fernsehgesichter wie Max Uthoff oder Horst Evers präsentieren ihr Soloprogramm. Freie Platzwahl, also früh genug da sein!

Kreuzberg

Vorstellungsbeginn 20 Uhr, Programm s. Website | Karten ab 15 Euro | Gneisenaustr. 2a | Tel. 030 6 91 50 99 | www.

mehringhoftheater.de | U 6/7 Mehringdamm (246 B1)

QUATSCH COMEDY CLUB

Im Untergeschoss des Friedrichstadtpalasts präsentieren sich mehrmals wöchentlich Stand-up-Comedians aus ganz Deutschland. Während die Zuschauer an ihren Getränken nippen, kalauern im Sekundentakt Profis wie Atze Schröder, Olaf Schubert oder Matze Knop, aber auch Amateure um die Wette. Bei der Talentschmiede dürfen jeden ersten Freitag im Monat zehn Neulinge auf der Bühne testen, ob sie das Publikum zum Lachen bringen können. Nicht nur Cindy aus Marzahn ist hier groß rausgekommen.

Mitte

Shows Do–Fr 20, Sa 19 u. 22, So 19 Uhr, weitere Shows auf der Website | Tickets ab 25 Euro | Friedrichstr. 107 | Tel. 030 47 99 74 13 | www.quatsch-comedy-club.de | U 6 Oranienburger Tor (240 A1)

Im Quatsch Comedy Club laufen Spaßmacher heiß

DIE STACHELSCHWEINE

Das West-Pendant zur »Distel«. Ein bisschen Insulanermentalität aus der Westberliner Vergangenheit ist auch im Keller des Europacenters noch greifbar. Vielleicht erscheinen genau deswegen hier regelmäßig die Busladungen von Berlinbesuchern, denn Lokalkolorit wird in den Produktionen des hauseigenen Ensembles großgeschrieben. Kabarett mit Berliner Schnauze.

Charlottenburg

Tageskasse Mo–Sa 11–20 Uhr | Karten ab 17 Euro | Europacenter | Tauentzienstr. 9–12 | Tel. 030 2 61 47 95 | www.diestachelschweine.de | U 1–3 Wittenbergplatz (238 B5)

STAMMZELLFORMATION

Ihr Musical »Mamma Macchiato« über das Leben von Eltern im Prenzlauer Berg ist über die Kiezgrenzen hinaus ein Hit. Aber auch »Alma und das Genie«, »Dr. Ich« und »Drei«, ein Stück über die Sehnsucht, mit Kunst viel Geld zu verdienen, und den Preis, den man dafür zahlt, ist beeindruckend und unterhaltsam zugleich. Sympathisch ist vor allem, wie das Trio fast ohne Requisiten eine Geschichte auf die Bühne zaubert. Musical, ja, aber böse.

Prenzlauer Berg

Zeiten je n. Veranstaltung | Tickets 16 Euro | wechselnde Spielorte, etwa: Kookaburra Comedy Club, Schönhauser Allee 184 | Tel. 030 92 37 93 77 | www.stammzellformation.de | U 2 Eberswalder Straße (235 D5)

THEATER DES WESTENS
Eines der schönsten Theaterhäuser Deutschlands: das Foyer elegant und prunkvoll, die Shows spektakulär. Höhepunkt 2016 war das Musical zum »Tanz der Vampire«. Vorab können Gäste für 14,90 Euro die »Open Bar« buchen und bekommen dafür dort dann in der Pause Getränke (all you can drink) und Knabbergebäck.

MEINE STADT

▶ Berlin besteht aus zwölf Bezirken, jeder von ihnen hat die Größe einer mittleren Großstadt. Der größte Bezirk ist Treptow-Köpenick. Mit einer Fläche von knapp 170 km^2 ist er so groß wie Manhattan – dort leben aber fast sieben Mal so viele Menschen.

▶ Überblick über die mannigfaltige Theaterlandschaft Berlins kann man sich bestens über Theaterscoutings verschaffen. Scouts begleiten ins Theater und organisieren Gespräche mit Künstlern. Die »Kulturhelfer« sind an verschiedenen Spielstätten aktiv, mehr Informationen gibt es auf www.theaterscoutings-berlin.de.

Tiergarten
Theaterkasse Di, Do–So 11–19.30, Mi 11–18.30 Uhr | Karten ca. 45–105 Euro | Kantstr. 12 | Tel. (*) 01805 44 44 | www.stage-entertainment.de | U-/S-Bahn Zoologischer Garten (238 A5)

TIPI AM KANZLERAMT
Chansons, Kabarett, Varieté, Artistik, Musical oder Comedy – in der größten stationären Zeltbühne Europas treten deutsche und internationale Künstler auf. Vorbild ist dabei oft die Kunst der 1920er-Jahre. Regelmäßige Stars sind hier neben Götz Alsmann und Gitte Haenning auch Gayle Tufts, Rainald Grebe oder Ennio.

Tiergarten
Vorverkauf Mo–Sa 12–18.30, So 15–17.30 Uhr | Karten 20–60 Euro | Große Querallee | Tel. 030 39 06 65 50 | www.tipi-am-kanzleramt.de | U 55, S 5, 7, 75 Hauptbahnhof, U 55 Bundestag (239 E2)

WERKSTATT DER KULTUREN
Das Kulturzentrum ist ein Forum für Kleinkunst, türkisches Theater, politische Diskussionen und Bands aus aller Welt. Aber auch mit Bollywood-Filmreihen, kreolischen Konzerten und dem alljährlichen Karneval der Kulturen hat die Werkstatt überregional Beachtung gefunden.

Neukölln
Büro Di–Fr 9–18 Uhr | Eintritt 0–20 Euro, Sonderveranstaltungen teurer | Wissmannstr. 32 | Tel. 030 6 09 77 00 | www.werkstatt-der-kulturen.de | U 7, 8 Hermannplatz (247 E2)

KINOS

ARSENAL 1 + 2
Seit mehr als 40 Jahren zeigt Das Arsenal – Institut für Film und Videokunst e. V. das anspruchsvollste Kinoprogramm der Stadt. Die Mischung aus Klassikern, experimentellen Filmen sowie Länder-, Personen- und Themenreihen hat schon viele Preise gewonnen. Das Arsenal organisiert auch das Internationale Forum des Jungen Films auf der Berlinale sowie die Bereiche Experimentalfilm und Videokunst im Kino und bietet einen Filmverleih an. Regelmäßig INSIDER TIPP öffnet der Filmvorführer sein Refugium für interessierte Besucher; Termine und

Anmeldung für den »Offenen Vorführraum« telefonisch erfragen/vornehmen.
Tiergarten
Mo–Fr ab 19, Sa/So ab 15.30 Uhr | Eintritt für Gäste 7,50, für Mitglieder 5 Euro | Potsdamer Str. 2 | Tel. 030 26 95 51 00 | www.arsenal-berlin.de | U 2, S 1, 2, 25 Potsdamer Platz (239 F4)

ASTOR FILM LOUNGE

Champagner statt Popcorn, so kann man das Konzept des Komfort-Kinos zusammenfassen. Die Sessel bieten viel Beinfreiheit und lassen sich zurückklappen, es werden Häppchen und Getränke serviert. Solcher Luxus hat seinen Preis: Im ehemaligen Filmpalast kostet die Karte abends im Separee ab 18 Euro.
Charlottenburg
Kasse tgl. ab 14.30 Uhr | Kurfürstendamm 225 | Tel. 030 8 83 85 51 | www.astor-filmlounge.de | U 1, 9 Kurfürstendamm (238 A5)

BABYLON MITTE

Mit einer Mischung aus Filmraritäten, Programmkino, Premieren und Partys betreiben Timothy Grossman und Tobias Hackel das kommunale Haus. Praktisch: das Kinderwagenkino mittwochs um 11 Uhr. Cineasten mit Nachwuchs nutzen den Wickeltisch und freuen sich über die reduzierte Lautstärke sowie etwas mehr Helligkeit. Kindervorstellungen kosten nur 4 Euro. Häufig finden hier auch thematische Filmreihen sowie -festivals und Partys statt. In der Reihe »Die Russen kommen!« laufen donnerstags ab 19.30 Uhr russische Filme im Original mit Untertiteln – mit anschließender Diskussion; dazu gibt es Pelmeni, Tee aus dem Samowar und ein Glas Wodka.
Mitte
Ab 17 Uhr u. ab 30 Min. vor der 1. Vorstellung | Eintritt 7 Euro | Rosa-Luxemburg-Str. 30 | Tel. 030 2 42 59 69 (ab 17 Uhr) | www.babylonberlin.de | U 2 Rosa-Luxemburg-Platz (235 D6)

INSIDER TIPP B-WARE!LADENKINO

Ausgewählte Filme, viele davon in Originalversion mit Untertiteln, werden hier gezeigt. Bekannte Streifen gehören genauso dazu wie weniger prominente

Russische Filme oder Kinderwagenkino: Im Babylon sind Cineasten an der richtigen Adresse

Filmkunst mit Anspruch bietet das Delphi in Charlottenburg

Werke. Achtung: Im Winter kann es im Vorführraum auch mal etwas kälter werden, günstiger Eintritt *(4–6 Euro)*.

Friedrichshain

Vorstellungen ab 11 Uhr | Gärtnerstr. 19 | Tel. 030 63413115 | www.ladenkino.de | U 5 Samariterstraße (231 E3)

CINEMA PARIS

Das traditionsreiche Kino ist im »Maison de France« am Ku'damm untergebracht. Es wurde von den französischen Alliierten im typischen Kurvenstil der 1950er-Jahre errichtet. Gezeigt werden überwiegend französische Filme von Regisseuren wie François Ozon, Alain Resnais und Eric Rohmer. Ideal für alle Frankophilen und zum Französischlernen: Die Originalfassungen sind deutsch untertitelt.

Charlottenburg

Abendkasse: 30 Min. vor Beginn 1. Vorstellung | Tickets ab 6,50 Euro | Kurfürstendamm 211 | Tel. 030 8813119 | www.cinema-paris.de | U 1 Uhlandstraße (238 A5)

CINESTAR ORIGINAL

Inmitten der modernen Architektur des Sony Centers befindet sich das Cinestar Original. Mit über 2000 Plätzen und acht Leinwänden ist das Premierenkino das größte Kino für Originalversionen in Deutschland. Hier erscheinen schon mal Stars zu ihren Filmpremieren.

Tiergarten

Sony Center | Tickets ab 6,50 Euro | Potsdamer Str. 4 | Tel. 030 26066260 | www.cinestar.de | U 2, S 1, 2, 25 Potsdamer Platz (239 F4)

DELPHI-FILMPALAST

Im Delphi Filmpalast huldigt man der Vergangenheit. Im Treppenhaus lacht einem ein Plakat von Billy Wilders Film »Eins, Zwei, Drei« entgegen, der hier wiederentdeckt wurde. Und der Saal besitzt den Chic eines klassischen alten Kinos, obwohl er mit modernster Technik, unter anderem für Sehbehinderte und Gehörlose, bestückt ist. Sonntags finden regelmäßig Matineen mit internationalen Klassikern statt. Auch Filme jenseits des Mainstreams bekommen in diesem Uraufführungstheater ihr Publikum.

Charlottenburg

Abendkasse: 30 Min. vor Beginn 1. Vorstellung | Kantstr. 12 a | Tel. 030

3 12 10 26 | www.delphi-filmpalast.de | U-/S-Bahn Zoologischer Garten (238 A5)

KINO DURCHSFENSTER

Wer dieses Kino besucht, muss darauf gefasst sein, zu scheitern. Denn das »Durchsfenster« hat weder ein festes Kinoprogramm noch ist es ein echtes Kino: Hier werden Filme in einer Privatwohnung gezeigt, ohne festes Programm, ohne Aushang. Um hereinzukommen, muss man nach vorherigem Anklopfen durch ein Fenster kriechen. So wird der Kinoabend Glückssache. Im Kino darf geraucht werden.

Friedrichshain

Mo–Sa ab 9 Uhr, So ab 19.15 Uhr | Eintritt 2 Euro | Kreutziger Str. 18 | U 5 Frankfurter Tor (248 C1)

FREILUFTKINO INSEL

Freiluftkino auf der urbanen Brache des RAW-Geländes: Zwischen Kletterfelsen, Clublandschaft und Biergarten werden hier den Sommer über Blockbuster, anspruchsvolle Filme und Klassiker gezeigt. Dabei ist auch der eine oder andere Film in Originalsprache. Das Programm wird kurzfristig bekannt gegeben.

Friedrichshain

Mai–Mitte Sept. | Revaler Str. 99 | Tel. 030 6 94 11 47 | www.freiluftkino-insel.de | U 1, S 5, 7, 75 Warschauer Straße (248 C1)

FSK AM ORANIENPLATZ

Künstlerisch wertvolle Filme haben es oft schwer, ein Publikum zu finden, häufig gibt es nicht einmal einen Verleih. Deshalb hat das engagierte fsk-Kino selbst einen gegründet. So kamen z. B. die Cannes-Gewinner »L'humanité« und »Rosetta« ins deutsche Kino. Das fsk ist der Berliner Treffpunkt für Liebhaber französischer Filme. Aber auch andere europäische und amerikanische Independent-Produktionen werden gezeigt. Klar, dass die Filme in der untertitelten Originalfassung laufen.

Kreuzberg

Segitzdamm 2 | Tel. 030 61 40 31 95 | www.fsk-kino.de | U 1, 8 Kottbusser Tor (241 D5)

INTERNATIONAL

Zu DDR-Zeiten das Premierenkino Nummer eins. In der Nacht, in der die Mauer fiel, wurde der Schwulenfilm »Coming Out« uraufgeführt. Noch heute beeindrucken der tolle Glittervorhang und der 1950er-Jahre-Charme des Hauses. Moderne Technik bringt dennoch ein prima Leinwanderlebnis in den ehrwürdigen Saal. Montags ist Kinotag, Tickets kosten dann nur 6,50 Euro. Ebenfalls immer montags ab 22 Uhr ist Mongay im International, dann werden schwul-lesbische Filme gezeigt.

Mitte

Kasse ab ca. 30 Min. vor der 1. Vorführung | Karl-Marx-Allee 33 | Tel. 030 24 75 60 11 | www.yorck.de | U 5 Schillingstraße (241 E2)

INTIMES ★

Das winzige Kiezkino hat schon zwei Weltkriege, die Nazi-Zeit, die DDR und die Wendejahre überstanden. In den letzten Jahren hat es sich auch erfolgreich gegen den Multiplex-Boom und Immobilienspekulationen behauptet. Der Name lässt an Pornofilme denken, doch die werden hier nicht gezeigt. Das gemütliche Kino wird übrigens noch mit einem Kachelofen beheizt. Nebenan im Café Intimes wird sonntags Brunch serviert.

Friedrichshain

Kino tgl. ab 13.30 Uhr | Boxhagener Str. 107 | Tel. 030 29 77 76 40 | www.kino-intimes.de | U 5 Frankfurter Tor (249 D2)

INSIDER TIPP **TILSITER LICHTSPIELE**

Das 1908 gegründete Kino ist das zweitälteste der Stadt und mit nur 66 Sitzplätzen auch eines der kleinsten. Die Besucher müssen eine urige Kneipe durchqueren, bevor sie in den Zuschauersaal gelangen. Auf dem Weg dorthin können sie sich mit hauseigenem Bier versorgen. Auf dem Programm stehen überwiegend ältere Filme. Auch kleinere und unabhängige Filmprojekte finden hier bei Premieren ihren Weg auf die Leinwand. Kinderkino 3,90 Euro.

Friedrichshain

Tgl. ab 14 Uhr | Richard-Sorge-Str. 25 a | Tel. 030 4 26 81 29 | www.tilsiter-lichtspiele.de | U 5 Weberwiese (231 E3)

ZOO PALAST BERLIN

1957 wurde das Kino in Charlottenburg eröffnet, bis 1999 war es das zentrale Wettbewerbskino der Berlinale und hat damit viele internationale Stars nicht nur auf der Leinwand beherbergt. 2011 musste es vorläufig schließen, 2013 wurde es nach liebevoller Restaurierung und mit deutlichen Anklängen an die großen Zeiten der West-Berliner Lichtspielhäuser wiedereröffnet. Mit modernster Technik und in klassischer Einrichtung kommen hier vor allem Familien auf ihre Kosten.

Charlottenburg

Vorstellungen ab 11 Uhr | Eintritt ab 11 Euro | Hardenbergstraße 29a | Tel. (*) 01805 22 29 66 | www.zoopalast-berlin.de | S, U Zoologischer Garten (238 B5)

KLASSIK

BERLINER PHILHARMONIE

Das Starorchester der Stadt: Ex-Chefdirigenten wie Wilhelm Furtwängler oder Herbert Karajan sind Markenzeichen weltweit. Der aktuelle Pultpromi Sir Simon Rattle weiß, wie man auch junges Publikum in die Konzertsäle zieht, und bittet regelmäßig andere Orchester, Chöre und Solisten zum Gastspiel in sein Haus. Bei den kostenlosen INSIDER TIPP **Lunchkonzerten,** die von September bis Juni dienstags um 13 Uhr stattfinden, spielen u. a. Mitglieder der Berliner Philharmoniker und Stipendiaten der Orchester-Akademie. Ein Höhepunkt des gesamten Jahres ist das Musikfest Berlin → **S. 219.** Tipp fürs kleine Budget: Stehplätze gibt es ab 7 Euro.

Tiergarten

Kasse Mo–Fr 15–18, Sa/So 11–14 Uhr | Karten ab 23 Euro | Herbert-von-Karajan-Str. 1 | Tel. 030 25 48 89 99 | www.berliner-philharmoniker.de | U 2, S 1, 2, 25 Potsdamer Platz (239 F4)

HANNS EISLER MUSIK-HOCHSCHULE

Musikstudenten geben mehrmals wöchentlich ihr Bestes, etwa beim Vortragsabend der Gesangsklasse mit Werken von Bach im historischen Marstall in der Nähe vom Berliner Dom oder im Hauptgebäude am Gendarmenmarkt. Die Termine finden Sie im Internet oder in der Programmbroschüre, die in den Foyers der Hochschule ausliegt.

www.hfm-berlin.de, Telefonischer Kartenservice Mo–Sa 10–19, So u. Fei 12–18 Uhr Tel. 030 2 03 09 21 01

Mitte

Eintritt oft frei | Charlottenstr. 55 | U 2, 6 Stadtmitte (240 B3)

Mitte

Marstall | Schlossplatz 7 | U 2 Hausvogteiplatz (240 C3)

KONZERTHAUS BERLIN

Das von Karl Friedrich Schinkel am schönsten Platz der Stadt entworfene Schauspielhaus wurde 1821 eingeweiht. Das Interieur ist nicht weniger prächtig und wurde schon zu DDR-Zeiten aufwendig saniert. Hausorchester ist das Berliner Sinfonie-Orchester (BSO). Spezielle Konzerte für Kinder. Jeden Sommer findet vor dieser Kulisse das Classic Open Air → **S. 219** statt, bei dem sich namhafte Künstler die Ehre geben.

Mitte

Karten online oder ab 1 Std. vor Veranstaltungsbeginn an der Abendkasse | Karten Großer Saal ab 10 Euro | Gendarmenmarkt | Tel. 030 2 03 09 21 01 | www.konzerthaus.de | U 2, 6 Stadtmitte (240 B4)

RUNDFUNK-ORCHESTER UND -CHÖRE GMBH (ROC)

Hinter diesem Titel verbirgt sich eine künstlerisch schlagkräftige Armada aus vier Rundfunk-Klangkörpern. Es sind das Deutsche Symphonie-Orchester Berlin, das Rundfunk-Sinfonieorchester Berlin, der Rundfunkchor Berlin und der Rias-Kammerchor. Die Ensembles treten an verschiedenen Orten wie der Philharmonie, dem Konzerthaus am Gendarmenmarkt oder im Schlüterhof des Deutschen Historischen Museums auf. »Klassik im Grünen« heißt eine beliebte Konzertreihe während der Sommersaison im Botanischen Garten, u. a. mit Musikern des Deutschen Symphonie-Orchesters Berlin. Mit mehr als 200 Auftritten im Jahr ist das ROC der größte Musikveranstalter der Hauptstadt.

Mitte

Karten Mo–Fr 9–18 Uhr | Tickets je n. Veranstaltung ca. 18–130 Euro | Charlottenstr. 56 | Tel. 030 20 29 87 10 | www.roc-berlin.de | U 2, 6 Stadtmitte (240 B4)

KULTURZENTREN

ADMIRALSPALAST

Einer der wenigen verbliebenen Vergnügungstempel der Vorkriegszeit. Das wunderbare Art-déco-Theater war nach seiner Eröffnung 1911 ein Freizeitparadies ersten Ranges: mit Eislaufarena, Luxustherme und prunkvollen Revuen. Vor einigen Jahren ist das Haus auf-

Art-déco-Theater für Konzerte, Shows und Musicals: der Admiralspalast

Hat den Beinamen »Schwangere Auster« nicht von ungefähr: Haus der Kulturen der Welt

wendig saniert worden. Bei der Wiedereröffnung schlug ein Auftritt von Johannes Heesters die Brücke zurück in die 1930er-Jahre. Heute trifft hier Hochkultur auf Clubszene, Musikalisches auf Theater.

Mitte

Kasse Mo–Sa 11–19, So 11–17 Uhr | Karten ab 21,90 Euro | Friedrichstr. 101 | Tel. 030 47 99 74 99 | www.admiralspalast.de | U-/S-Bahn Friedrichstraße (240 A1)

CHINESISCHES KULTURZENTRUM

Das weitgehend unbekannte Haus im Berliner Botschaftsviertel bietet neben einer Leihbibliothek im ersten Stock auch Workshops in Kalligrafie oder Tuschemalerei sowie Tai-Chi- und Qigong-Trainings. Sprachkurse werden ebenso angeboten, und es gibt Ausstellungen zeitgenössischer chinesischer Künstler. INSIDER TIPP Mehrmals im Monat finden Kochkurse statt *(35 Euro pro Teilnehmer).*

Tiergarten

Je n. Veranstaltung | Klingelhöferstr. 21 | Tel. 030 26 39 07 90 | www.c-k-b.eu | U-/S-Bahn Zoologischer Garten (238 C4)

HAUS DER KULTUREN DER WELT

Hier werden künstlerische Produktionen aus aller Welt präsentiert: bildende Kunst, Musik, Literatur, darstellende Künste, Film, dazu wissenschaftliche Diskurse. 2017 läuft die Ausstellung »Schools of Tomorrow«, die sich mit dem Schulsystem der Zukunft beschäftigt. Das architektonisch interessante Gebäude – auch »Schwangere Auster« genannt – entstand 1957 nach den Entwürfen des Amerikaners Hugh Stubbins.

Tiergarten

Tgl. 10–19, Ausstellungen Mi–Mo 11–19 Uhr | John-Foster-Dulles-Allee 10 | Tel. 030 39 78 71 75 | www.hkw.de | U 55 Bundestag, S 5, 7, 75 Hauptbahnhof (239 E3)

HUMBOLDTFORUM

Dort, wo einst das Berliner Stadtschloss stand, soll künftig ein großes Zentrum für Kunst, Kultur, Wissenschaft und Bildung entstehen. Es ist angelegt als Langzeitprojekt, das innerhalb dieses Jahrzehnts fertiggestellt werden soll. Der Bau ist noch nicht abgeschlossen, doch bereits jetzt finden Ausstellungen *(in der Humboldt Box)*, Führungen und Werkstattgespräche statt. Das Humboldt Lab Dahlem erarbeitet und erprobt die Präsentation späterer Ausstellungen am Standort.

Mitte

Schlossplatz 5 | www.humboldt-box.com | U 2 Hausvogteiplatz (240 C2)

UFA FABRIK

1979 sollte das ehemalige UFA-Film-Kopierwerk abgerissen werden. Dann übernahm eine Gruppe von rund 40 Leuten das Gelände und etablierte ein selbst verwaltetes Kulturzentrum. Heute ist das Programm bunter denn je: Im Theatersaal gibt es Theater und Comedy, im Sommer wird die Terrasse zur Bühne. ÖKO Besonderer Wert wird hier auf Nachhaltigkeit gelegt: Die UFA-Fabrik bezeichnet sich als »ökologische Kulturoase«.

Tempelhof

Mo–Sa 10–19, So 14–19 Uhr | Viktoriastr. 10–18 | Tel. 030 75 50 30 | www.ufafabrik.de | U 6 Ullsteinstraße (231 D5)

LITERATUR

KANTINENLESEN

In der Alten Kantine der Prenzlauer Berger Kulturbrauerei findet jeden Samstag das »Gipfeltreffen der Berliner Lesebühnen« statt: ein Best of der auf verschiedenen Bühnen der Stadt vorgetragenen Kurzgeschichten, Gedichte und Lieder. Mit Überraschungen ist immer zu rechnen. Zu sehen sind unter anderem Delegierte der Lesebühnen »Surfpoeten«, »LSD« und der »Chaussee der Enthusiasten«. Keine Kartenvorbestellungen, man sollte pünktlich erscheinen.

Prenzlauer Berg

Sa 20 Uhr | 8 Euro | Knaackstr. 97 (Kulturbrauerei) | Tel. 030 53 00 57 66 | www.alte-kantine.de, www.kantinenlesen.de | U 2 Eberswalder Straße (235 D4)

LITERARISCHES COLLOQUIUM

Autoren aus aller Welt reisen für öffentliche Lesungen und Diskussionen an. Das Literarische Colloquium ist eine der ältesten literarischen Instanzen der Stadt, gegründet vor gut 50 Jahren von Walter Höllerer. Es ist ebenso Schreibwerkstatt und Talentschmiede für Autoren und Übersetzer wie Veranstaltungsforum und Gästehaus. Die Betreiber haben auch die neuen Medien im Blick, wie die hier entstehende Zeitschrift »Sprache im technischen Zeitalter« beweist.

Wannsee

Je nach Veranstaltung | Am Sandwerder 5 | Tel. 030 8 16 99 60 | www.lcb.de | S 7 Wannsee (252 C4)

LITERATURHAUS BERLIN

In der ehemaligen Villa aus dem Jahr 1890 widmet man sich der zeitgenössischen Literatur – nicht nur aus Deutschland. Gedichte, Prosa, aber auch Essays, Tagebücher und Briefe sind Gegenstand von Ausstellungen, Diskussionen oder Lesungen. Mehr als 80 Veranstaltungen finden hier im Lauf des Jahres statt. Angeschlossen sind eine Buchhandlung und ein Café-Restaurant.

Tiergarten

Büro Mo–Do 10–17, Fr 10–14 Uhr | Fasanenstr. 23 | Tel. 030 8 87 28 60 | www.literaturhaus-berlin.de | U 1 Uhlandstraße (238 A6)

MUSEEN

Der Eintritt für alle Häuser der Staatlichen Museen (SMB) ist für Kinder und Heranwachsende bis 18 Jahre gratis. Online erworbene Tickets sind einen Euro günstiger als an der Museumskasse.

ALTE NATIONALGALERIE

Kunst des 19. Jhs. ist hier zu sehen. Das zieht nicht nur Fans des Impressionismus an. Auch berühmte Malerei der Romantik, des Klassizismus und Biedermeier hat hier eine Heimstatt. Dazu gibt es interessante Berliner Stadtansichten, u. a. von Adolph Menzel. Willkommen zu einem Rendezvous mit Rodin, Liebermann, Monet und Feuerbach in einem der schönsten Museen der Stadt, errichtet 1867 bis 1876 nach Plänen von August Stüler.

Mitte

Di–So 10–18, Do 10–20 Uhr | Eintritt 12 Euro | Bodestr. 1–3 | Tel. 030 2 66 42 42 42 | www.smb.museum | S 5, 7, 75 Hackescher Markt (240 C2)

ALTES MUSEUM

Von Schinkel im Stil des Klassizismus entworfen, ist das Haus der drittälteste Museumsbau Deutschlands. Die wunderschöne Rotunde ist dem Pantheon in Rom nachempfunden. Hier werden Kunst und Skulpturen der Griechen und Römer gezeigt. Nach der erfolgreichen Etrusker- und Römerausstellung präsentiert das Haus nun im Hauptgeschoss seine weltberühmte Sammlung griechischer Kunst in völlig neuer Form mit Kleinkunst und antiken Skulpturen. Monatlich gibt es einen Workshop für Kinder von acht bis zwölf Jahren: Bei einem Streifzug durch die Ausstellung wird spielerisch in das Thema Antike eingeführt *(vorherige Anmeldung notwendig)*.

Mitte

Fr–So, Di, Mi 10–18, Do 10–20 Uhr | Eintritt 10 Euro | Am Lustgarten | Tel. 030 2 66 42 42 42 | www.smb.museum | S 5, 7, 75 Hackescher Markt (240 C2)

ANNE FRANK ZENTRUM

Das Museum widmet sich dem von den Nationalsozialisten ermordeten Mädchen. In ihren Tagebüchern erzählte Anne Frank auch über Berliner Freunde. Deren Leben ist ein eigener Ausstellungsteil gewidmet: »Anne Frank. Hier & heute« (Eintritt 5 Euro).

Mitte

Di–So 10–18 Uhr | Eintritt frei | Rosenthaler Str. 39 | Tel. 030 2 88 86 56 00 | www.annefrank.de | S 5, 7, 75 Hackescher Markt (240 C1)

BAUHAUS-ARCHIV – MUSEUM FÜR GESTALTUNG ★

Das futuristisch anmutende Gebäude von 1979, selbst entworfen von Walter Gropius, zeigt die umfangreichste Bauhaus-Sammlung der Welt. Das gesamte Spektrum der Schule ist abgedeckt: Zu sehen sind Möbel und Textilien, Architektur und Fotografie, Grafik und vieles mehr. Das Archiv verwahrt Zeichnungen und Modelle von Mies van der Rohe, Paul Klee und Kandinsky. Im Shop kann man Originale kaufen.

Tiergarten

Mi–Mo 10–17 Uhr | Eintritt ab 7 Euro | Klingelhöferstr. 14 | Tel. 030 2540020 | www.bauhaus.de | U1–4 Nollendorfplatz (239 D5)

BERLINISCHE GALERIE

2015 feierte die Berlinische Galerie ihr 40-jähriges Bestehen. Das Haus wurde saniert und ist erst seit Juni 2015 wieder geöffnet. Es ist eines der jüngsten Museen der Hauptstadt und zeigt in Berlin entstandene Kunst von 1870 bis heute, darunter expressionistische Werke von Erich Heckel oder Ernst Ludwig Kirchner. Auch die großen Namen der Neuen Sachlichkeit sind vertreten. Die wertvollsten Stücke sind die von Hannah Höch, Eugen Spiro und Otto Dix.

Kreuzberg

Mi–Mo 10–18 Uhr | Eintritt 10 Euro | Alte Jakobstr. 124–128 | Tel. 030 78902600 | www.berlinischegalerie.de | U 1, 6 Hallesches Tor (240 B6)

Im Bauhaus-Archiv dreht sich alles um den gleichnamigen Baustil

SCHLOSS BIESDORF

NEU Nach umfangreicher Sanierung sollen ab Herbst 2016 im Schloss Exponate realistischer Kunst der DDR gezeigt werden, Grundlage sind ausgewählte Werke des Kunstarchivs Beeskow. Die Ausstellung ist Teil einer umfassenden Neukonzeptionierung, die das Schloss zum berlinweit einmaligen Zentrum für »Kunst und öffentlichen Raum« machen soll. In der Ausstellung werden Werke aus der DDR jenen der westdeutschen und europäischen Kunstgeschichte gegenübergestellt. 2017 wird das Schloss anlässlich der Internationalen Gartenausstellung zudem zu einem wichtigen Schauplatz der »IGA-Kunst« werden.

Biesdorf

Park: tgl. 6.30–23 Uhr, Schloss: Mo–Do 9–19, Fr 9–16 Uhr, Sa/So bei Veranstaltungen | Alt-Biesdorf 55 | Tel. 030 700 90 60 | gruen-berlin.de/schloss-biesdorf | S 5, 7 Biesdorf (0)

BLACK BOX KALTER KRIEG

In einer großen, schwarzen Infobox auf dem Gelände, auf dem einmal ein neuer Museumsbau stehen soll, werden Originaldokumente gezeigt. Es gibt 16 Medienstationen und ein kleines Kino. Die Ausstellung ist spannend: Vom Sieg der Alliierten über die Aufrüstung bis zum Zusammenbruch der kommunistischen Regime erfährt man so einiges. Ein Plan zeigt die vier Sektoren der Siegermächte, die Berlin nach dem Krieg aufteilten.

Kreuzberg

Tgl. 10–18 Uhr | Eintritt 5 Euro | Friedrichstr., Ecke Zimmerstr. | Tel. 030 2 16 35 71 | www.bfgg.de | U 6 Kochstraße (240 B4)

BODE-MUSEUM

Kunstfreunde bewundern hier unter anderem Holzschnitzarbeiten von Tilman Riemenschneider. Schätze der Gemäldegalerie Alter Meister, des Byzantinischen Museums, der Skulpturensammlung und des Münzkabinetts sind ebenfalls zu sehen. Besonders beeindruckend ist der Blick vom Erdgeschoss bis hinauf in die Kuppel.

Mitte

Fr–Di, Mi 10–18, Do 10–20 Uhr | Eintritt 12 Euro | Am Kupfergraben 1, Eingang: Monbijoubrücke | Tel. 030 20 90 55 77 | www.smb.museum | U-/S-Bahn Friedrichstraße (240 B2)

BRÖHAN-MUSEUM

Kunsthandwerk und bildende Kunst des Jugendstils, des Art-déco und des Funktionalismus sind in einem spätklassizistischen ehemaligen Kasernengebäude untergebracht, das zum Charlottenburger Schloss-Ensemble gehört. Museumsgründer Karl H. Bröhan, der 2000 verstarb, schenkte seine Privatsammlung der Stadt Berlin. Jeden ersten Mittwoch im Monat ist der Eintritt frei.

Charlottenburg

Di–So 10–18 Uhr | Eintritt 8 Euro | Schloßstraße 1a | Tel. 030 32 69 06 00 | www.broehan-museum.de | U 7 Richard-Wagner-Platz, S 41, 42 Westend (230 B3)

SCHLOSS CHARLOTTENBURG

Das Schloss ist mit seinem angrenzenden Park nicht zu übersehen. Gezeigt wird hier im passend prunkvollen Ambiente die höfische Geschichte Brandenburg-Preußens von der Barockzeit bis ins frühe 20. Jh. Gebaut wurde das Schloss Ende des 17. Jhs., erweitert von Friedrich dem Großen. Zu sehen sind in der Ausstellung barocke Paradekammern, ein Porzellankabinett, die Ahnengalerie und eine Schlosskapelle. Außerdem findet sich in dem Bau das Museum für Vor- und Frühgeschichte und die Galerie der Romantik.

Charlottenburg

Di–So 10–17 Uhr, April–Okt. 10–18 Uhr | Innenbesichtigung 10 Euro | Spandauer Damm 10–22 | Tel. 030 32 09 10 | www.spsg.de | S 41, 42, 46 Westend (236–237 C–D 2–3)

DDR-MUSEUM

Auf 1000 m^2 wird hier der Alltag in der DDR dargestellt. Besucher sollen angeregt werden, Klischees zu überdenken, betont das Museum. Vitrinen sucht man vergeblich, das Anfassen und Durchstöbern der Ausstellungsstücke gehört zum Konzept. In einem Trabi-Fahrsimulator kann ein Ausflug durch ein DDR-Plattenbaugebiet unternommen werden, Fahrgeräusche inklusive.

Mitte

So–Fr 10–20, Sa 10–22 Uhr | Eintritt 7 Euro, online 4 Euro | Karl-Liebknecht-Str. 1 | Tel. 030 847123731 | www.ddr-museum.de | S 5, 7, 75 Hackescher Markt (240 C2)

DEUTSCHES CURRYWURSTMUSEUM

Die Geschichte der Berliner Erfindung ist nicht unumstritten, auch die Hamburger behaupten, die typische Berliner Currywurst erfunden zu haben. Dennoch: Die Multimedia-Dokumentation nebst appetitlichem Duft vom integrierten Imbiss unterhält die Besucher. Der Museumsshop führt Souvenirs rund um die Wurst.

Mitte

Tgl. 10–18 Uhr | Eintritt 11 Euro | Schützenstr. 70 | Tel. 030 88718647 | www.currywurstmuseum.de | U 6 Kochstraße (240 B4)

DEUTSCHES HISTORISCHES MUSEUM

Im ehemaligen preußischen Zeughaus dokumentiert eine mit modernen Mitteln gestaltete Dauerausstellung 1500 Jahre Geschichte – u. a. ist etwa der Zweispitz, den Kaiser Napoleon während der Schlacht von Waterloo verloren hatte, zu sehen. Über 700 000 Exponate sind im Gebäude versammelt. Im futuristisch anmutenden Erweiterungsbau, der von Stararchitekt Ieoh Ming Pei entworfen wurde, werden wechselnde Sonderausstellungen, etwa über die Hugenotten, gezeigt.

Mitte

Tgl. 10–18 Uhr | Eintritt 8 Euro | Unter den Linden 2 | Tel. 030 20304444 | www.dhm.de | S 5, 7, 75 Hackescher Markt (240 B2)

DEUTSCH-RUSSISCHES MUSEUM BERLIN-KARLSHORST

Das imposanteste Ausstellungsstück ist sicherlich das Haus selbst. Im ehemaligen Hauptquartier der Sowjetarmee in Berlin-Karlshorst unterzeichnete die Wehrmacht die bedingungslose Kapitulation: Heute erinnert eine Dauerausstellung an die fatale Vernichtungspolitik der Nazis. Nicht die Schlachten des Zweiten Weltkriegs stehen im Fokus, sondern das Leiden Einzelner. Kostenlose öffentliche Führung sonntags 15 Uhr, ohne Voranmeldung.

Es geht um die Wurst – im Currywurstmuseum

Lichtenberg
Di–So 10–18 Uhr | Eintritt frei | Zwieseler Str. 4 | Tel. 030 50 15 08 10 | www.museum-karlshorst.de | S 3 Karlshorst (231 F3)

DEUTSCHES TECHNIKMUSEUM

Auf 25 000 m² wird die Kulturgeschichte der Verkehrs-, Kommunikations-, Produktions- und Energietechnik dargelegt. Seit März 2015 gibt es einen 1,5 km langen LED-Laufsteg, mit dem Museum die Themen Licht und Energie stärker in den Fokus rücken will. Der Steg in der Ladestraße ist dabei sowohl Demonstrations- als auch Forschungsstrecke. In der Dauerausstellung des Science Centers Spectrum laden 150 Experimentierstationen aus acht Themenbereichen zum Aktivwerden ein.

Kreuzberg
Di–Fr 9–17.30, Sa/So 10–18 Uhr | Eintritt 8 Euro | Trebbiner Straße 9 | Tel. 030 90 25 40 | www.sdtb.de | U 1, 2 Gleisdreieck (239 F6)

GEMÄLDEGALERIE

Eines der wertvollsten Museen Deutschlands, dessen schlichter Eingang am Kulturforum in keinem Verhältnis zu seinem prächtigen Inhalt steht. Der 2 km (!) lange Rundgang führt durch 72 Säle mit niederländischer, italienischer, französischer und englischer Malerei: Ausgestellt sind Werke von Dürer, Cranach, Holbein und vieler anderer mehr. Sehenswert ist auch der Rembrandt-Saal. In sechs Räumen wird die italienische, französische, deutsche und englische Malerei des 18. Jhs. präsentiert. Rund 1000 Meisterwerke sind im Hauptgeschoss, noch einmal 400 in der Studiengalerie zu bestaunen.

Tiergarten
Di–So 10–18, Do 10–20 Uhr | Eintritt 10 Euro | Matthäikirchplatz 4–6 | Tel. 030 2 66 42 42 42 | www.smb.museum | U 2, S 1, 2, 25 Potsdamer Platz (239 E5)

HAMBURGER BAHNHOF MUSEUM FÜR GEGENWART

Das Museum für Gegenwartskunst, direkt am Hauptbahnhof gelegen, ist ein Muss für jeden, der sich auch nur entfernt für moderne und zeitgenössische Kunst interessiert. Werke von Joseph Beuys oder Roy Lichtenstein sind nur einige der Highlights, die den Hamburger Bahnhof berühmt gemacht haben. Die Privatsammlung von Erich Marx mit Jahrhundertwerken von Baselitz bis Rauschenberg und Warhol bildet den Grundstock der Sammlung. Der Hamburger Bahnhof bietet derzeit in Wechselausstellungen Exil für Werke der klassischen Moderne aus der Neuen Nationalgalerie. Dort wird nämlich gerade saniert.

Tiergarten
Di–Fr 10–18, Do 10–20, Sa/So 11–18 Uhr | Eintritt 14 Euro | Invalidenstr. 50–51 | Tel. 030 2 66 42 42 42 | www.smb.museum/ | U 55, S 5, 7, 75 Hauptbahnhof (239 E1)

JÜDISCHES MUSEUM BERLIN

Mit seiner Sammlung, aktuellen Ausstellungen und einem vielfältigen Veranstaltungsprogramm ist das Jüdische Museum Berlin ein lebendiges Zentrum für deutsch-jüdische Geschichte und Kultur. In dem spektakulären Museumsbau des New Yorker Architekten Daniel Libeskind entsteht unter Einsatz von moderner Multimediatechnik, durch Lichteffekte und die bizarren Grundrisse der Ausstellungsräume ein emotionaler Bezug zwischen Besuchern und Exponaten. Thema ist u. a. die Geschichte und Verfolgung der Juden in Deutschland vom frühen Mittelalter bis zur Gegenwart.

Kreuzberg
Di–So 10–20, Mo 10–22 Uhr | Eintritt 8 Euro | Lindenstr. 9–14 | Tel. 030

Neue Perspektiven eröffnet das Jüdische Museum

25 99 33 00 | www.jmberlin.de | U 1, 6 Hallesches Tor (240 B5)

KÄTHE-KOLLWITZ-MUSEUM

Wenige Schritte vom Ku'damm entfernt fanden viele Arbeiten der Künstlerin, die 50 Jahre lang in Berlin lebte und arbeitete, eine Heimat. Das private Museum für Deutschlands bedeutendste Bildhauerin und Grafikerin des 20. Jhs. erstreckt sich über vier Etagen in einem wilhelminischen Stadtpalais. Gründungsdirektor war der Maler Hans Pels-Leusden, der seine Sammlung von Grafiken, Zeichnungen und Skulpturen gestiftet hat.

Charlottenburg

Tgl. 11–18 Uhr | Eintritt 6 Euro | Fasanenstr. 24 | Tel. 030 8 82 52 10 | www.kaethe-kollwitz.de | U 1 Uhlandstraße (238 A6)

KUNSTGEWERBEMUSEUM

Mode, Möbel und anderes Design. Das Museum ist eine Zeitreise durch die Jahrhunderte, die mit dem prunkvollen Gefäß aus dem 17. Jh. beginnt und über das poppige Design der 1960er- in die 1980er-Jahre führt. Obwohl die Sammlung im Krieg arg gelitten hat, zählt sie zu den wichtigsten Archiven für europäisches Kunsthandwerk. Zweiter Standort ist das hübsche Barockschloss Köpenick, das Stücke aus den Epochen Renaissance, Barock und Rokoko beherbergt.

Tiergarten

Di–Fr 10–18, Sa/So 11–18 Uhr | Eintritt 8 Euro | Matthäikirchplatz | Tel. 030 266 42 42 42 | www.smb.museum | U 2, S 1, 2, 25 Potsdamer Platz (239 E4)

Köpenick

Di–So 10–18 Uhr, im Winter teilweise geschl. | Eintritt 6 Euro | Schlossinsel 1 | Tram Schlossplatz Köpenick (253 E4)

KUPFERSTICHKABINETT

Das Kupferstichkabinett wird oft unterschätzt, dabei zählt es zu den bedeutendsten Sammlungen der Welt. Es birgt die größte grafische Sammlung in Deutschland mit 110 000 Zeichnungen, Aquarellen, Ölskizzen sowie ca. einer halben Mio. Druckgrafiken aus 1000 Jahren Kunstgeschichte. Werke bedeutender Künstler wie Sandro Botticelli und Albrecht Dürer sind zu sehen, neben Rembrandt und Adolph Menzel auch Pioniere der Moderne wie Pablo Picasso und Andy Warhol.

Tiergarten

Di–Fr 10–18, Sa/So 11–18 Uhr | Eintritt 6 Euro | Matthäikirchplatz 8 | Tel. 030 2 66 42 42 42 | www.smb.museum | U 2, S 1, 2, 25 Potsdamer Platz (239 E4)

LIEBERMANN-VILLA AM WANNSEE

Max Liebermanns einstiger Sommersitz am Wannsee ist heute ein liebenswertes Museum. Der Garten wurde nach dem Vorbild seiner gemalten Impressionen wiederhergerichtet. Eine Ausstellung dokumentiert das Leben des Künstlers, dessen Werk den Beginn der Moderne in Deutschland markiert. 40 Originale Liebermanns gibt es zu sehen. Hübsches Museumscafé mit Gartenterrasse.

Zehlendorf

April–Sept. Mi–Mo 10–18, Do, So 10–19, Okt.–März Mi–Mo 11–17 Uhr | Eintritt 7 Euro | Colomierstr. 3 | Tel. 030 80 58 59 00 | www.liebermann-villa.de | Bus 114 Liebermann-Villa (252 C4)

MADAME TUSSAUDS BERLIN

Das weltberühmte Wachsfigurenkabinett zeigt in seiner Berliner Filiale auf 2500 m^2 nahe des Brandenburger Tors rund 90 lebensgroße Modelle. Täuschend echte Doppelgänger u. a von Klaus Wowereit, Johnny Depp, Madonna, den Beatles und Manuel Neuer begeistern und verwirren die Besucher. Die Figuren wirken derart authentisch, dass man schwören könnte, Brad Pitt habe einem gerade zugezwinkert. Als erster Bundespräsident steht Joachim Gauck als Wachsfigur bei Madame Tussauds. 2016 kam u. a. Taylor Swift als neueste Figur zur Sammlung dazu. Highlight ist die interaktive Star-Wars-Ausstellung mit elf Figuren.

Mitte

Tgl. 10–19, Aug. 10–20 Uhr | Eintritt ab 18 Euro, online bis zu 20 Prozent Rabatt | Unter den Linden 74 | Tel. (*) 01806 54 58 00 | www.madametussauds.com/berlin | U 55, S 1, 2, 25 Brandenburger Tor (240 A3)

MARTIN-GROPIUS-BAU

Der nach einem seiner Architekten benannte Bau wurde ursprünglich als Kunstgewerbemuseum errichtet. Im Stil eines Renaissance-Gebäudes gehalten,

besitzt er einen eindrucksvollen Lichthof. Nach einer Generalsanierung gehört er heute zu den renommierten Ausstellungshäusern Berlins und bietet u. a. Werkschauen bekannter Künstler wie Elvira Bach und Brassaï sowie Ausstellungen zu historischen Themen. Eine Buchhandlung, ein Kinosaal und eine Bibliothek laden zum Verweilen ein.

Kreuzberg

Mi–Mo 10–18.30 Uhr | Eintritt je nach Ausstellung ab 7 Euro | Niederkirchnerstr. 7 | Tel. 030 25 48 60 | www.gropiusbau.de | U 2, S 1, 2, 25 Potsdamer Platz

(240 A4)

MENSCHEN MUSEUM

Im Februar 2015 eröffnet, ist dies eines der jüngsten Museen Berlins und gleichzeitig eines der umstrittensten. Lange und äußerst erfolgreich tourte Gunther von Hagens mit seinen »Körperwelten«, die Plastinate von menschlichen Körpern und Körperteilen zeigen, durch die Welt. Nun ist er – nach langen Protesten – am Fuß des Fernsehturms sesshaft geworden. Statt Körperwelten heißt es nun Menschen Museum.

Mitte

Tgl. 10–19 Uhr | Eintritt 14 Euro | Panoramastr. 1a, Sockelgebäude des Fernsehturms am Alexanderplatz | www.memu.berlin | U-/S-Bahn Alexanderplatz

(241 D2)

MUSEUM BERGGRUEN

Der aus Berlin stammende und in Paris verstorbene Kunstsammler und Mäzen

Martin-Gropius-Bau: schon architektonisch sehenswert, von den Ausstellungen mal ganz abgesehen

Im Westteil des Gebäudes von Friedrich August Stüler befindet sich das Museum Berggruen

Heinz Berggruen verkaufte der Stiftung Preußischer Kulturbesitz seine Sammlung zum Freundschaftspreis. 165 Arbeiten mit Kunst vom Feinsten: Picasso, Braque, Cézanne, Klee etc. Besonders Picassos Frühwerke faszinieren, aber auch viele unbekanntere Werke. Damit gehört das Museum zu den wichtigsten Standorten der Klassischen Moderne in Berlin. Sehenswert: der Bettina-Berggruen-Garten, er ist zu den Öffnungszeiten des Museums öffentlich zugänglich.

Charlottenburg

Di–So 10–18 Uhr | Schlossstr. 1 | Eintritt 10 Euro | Tel. 030 2 66 42 42 42 | www.smb.museum | S 41, 42 Westend (236 C3)

MUSEUM BLINDENWERKSTATT OTTO WEIDT

Ein kleines Museum gedenkt dem Besen- und Bürstenfabrikanten Otto Weidt, der blinde und gehörlose jüdische Mitbürger beschäftigte und später vor den Nazis versteckte. Zahlreiche Dokumente erzählen von den verschiedenen Lebensgeschichten und der Tragik der damaligen Zeit. Nebenan lädt die Gedenkstätte Stille Helden ein, weitere Mutige kennenzulernen, die Juden halfen. Führungen sonntags um 15 Uhr.

Mitte

Tgl. 10–20 Uhr | Eintritt frei | Rosenthaler Str. 39 | Tel. 030 28 59 94 07 | www.blindes-vertrauen.de | S 5, 7, 75 Hackescher Markt (240 C1)

MUSEUM DER UNERHÖRTEN DINGE

Schrauben eines Flugzeugabsturzes, Schlacke aus einem Hochofen oder der rote Faden, der durchs Leben führt. Eine skurrile Sammlung hat Museumsdirektor Roland Albrecht angelegt. Zu jedem Ding gibt es eine Geschichte, die Albrecht erforscht und dokumentiert hat.

Sehr charmant und informativ werden die Kleinigkeiten des Alltags in den Vordergrund gerückt.

Schöneberg

Mi–Fr 15–19 Uhr | Eintritt frei | Crellestr. 5–6 | Tel. 030 78149 32 | www.museumderunerhoertendinge.de | S 1 Julius-Leber-Brücke **(245 E2)**

MUSEUM FÜR FOTOGRAFIE

Dem Großmeister der Fotografie Helmut Newton wird hier großformatig gehuldigt. Im historischen Landwehrkasino (1908/09) direkt gegenüber vom Bahnhof Zoologischer Garten werden die Modebilder des verstorbenen Meisterfotografen ausgestellt. Zum Schatz des staatlichen Museums, das nach und nach weiter ausgebaut wurde, kommen noch rund zwei Millionen historische Aufnahmen der Stiftung Preußischer Kulturbesitz sowie Sonderausstellungen.

Charlottenburg

Di/Mi, Fr 10–18, Do 10–20, Sa/So 11–18 Uhr | Eintritt 10 Euro | Jebensstr. 2 | Tel. 030 266 42 42 42 | smb.museum/mf | U-/S-Bahn Zoologischer Garten **(238 B4)**

MUSEUM FÜR NATURKUNDE

2015 wurde die Ankunft des Tyrannosaurus rex in Berlin mit großem Medienrummel gefeiert: Seitdem zeigt das Museum eines der am besten erhaltenen Skelette weltweit. Dem Dinosaurier ist eine eigene Sonderausstellung gewidmet, parallel finden Forschungsarbeiten statt. Auf 6000 m² Fläche zeigt das Museum zudem seltene, ausgefallene Objekte zur Entwicklung des Lebens und zur Vielfalt der Natur. Die riesige Fossiliensammlung und etliche Dioramen sowie präparierte Tiere machen das Museum zu einem Archiv der Naturgeschichte. Fische, Spinnen, Krebse, Amphibien und Säugetiere der Forschungssammlung im Ostflügel lagern in 276 000 Gläsern mit 81 880 l Alkohol!

Mitte

Di–Fr 9.30–18, Sa/So 10–18 Uhr | Eintritt 8 Euro | Invalidenstr. 43 | Tel. 030 20 93 85 91 | www.naturkundemuseum.berlin | U 6 Naturkundemuseum **(234 A6)**

MUSIKINSTRUMENTEN-MUSEUM

Das Haus neben der Philharmonie zeigt rund 3500 zum Teil noch spielbare Instrumente aus dem 16. bis 20. Jh., die bei kostenlosen oder günstigen Konzerten des Hauses auch vorgeführt werden. Unbedingt ansehen sollten Sie sich die Querflöte Friedrich II. und die »Mighty Wurlitzer« von 1929, die zu

Stummfilmzeiten im Einsatz war. Führungen finden samstags um 11 Uhr und donnerstags um 18 Uhr statt. Die INSIDERTIPP riesige Wurlitzerorgel wird jeden Samstag um 12 Uhr vorgeführt.

Tiergarten

Di/Mi, Fr 9–17, Do 9–20, Sa/So 10–17 Uhr | Eintritt 6 Euro | Tiergartenstr. 1, Eingang Ben-Gurion-Str. | Tel. 030 25 48 10 | www.mim-berlin.de | U 2, S 1, 2, 25 Potsdamer Platz (239 F4)

NEUES MUSEUM ★

Hier ist die ägyptische Sammlung mit ihrer fantastischen Papyruskollektion und natürlich der Büste Nofretetes beheimatet. Auch ein Teil des Museums für Ur- und Frühgeschichte befindet sich in dem mächtigen Bau, der vom Architekten David Chipperfield neu gestaltet wurde. Beeindruckend ist auch die teilweise rekonstruierte Wandmalerei des im Zweiten Weltkrieg stark beschädigten Stülerbaus. Eintrittskarten sind auch online erhältlich (wegen des großen Besucherandrangs empfehlenswert).

Mitte

Tgl. 10–18, Do bis 20 Uhr | Eintritt 12 Euro | Bodestr. 1–3 | Tel. 030 266 42 42 42 | www.neues-museum.de | S 5, 7, 75 Hackescher Markt (240 C2)

INSIDERTIPP OTTOBOCK SCIENCE CENTER BERLIN / MEDIZINTECHNIK

Prothesen, Rollstühle und andere medizinisch-orthopädische Erfindungen, die

Im Ottobock Science Center geht es um Bewegung – dementsprechend interaktiv ist die Ausstellung

Menschen mit körperlichen Beeinträchtigungen helfen, werden in der Ausstellung des Science Centers des Medizintechnikunternehmens vorgestellt. Besucher können hier ausprobieren, wie der Gleichgewichtssinn des Menschen funktioniert, oder es wird erklärt, wie gedankengesteuerte Prothesen arbeiten. »Begreifen, was uns bewegt« bietet über drei Etagen Gelegenheit, interaktiv und spielerisch mehr über den eigenen Körper zu erfahren.

Tiergarten

Do–Mo 10–18 Uhr | Eintritt frei, Führungen nach Vereinbarung | Ebertstr. 15a | Tel. 030 3 98 20 60 | www.ottobock.com/science-center | U 2, S 1, 2, 25 Potsdamer Platz (239 F4)

PERGAMONMUSEUM

Der Klassiker unter den Museen Berlins. Heute beherbergt das Haus drei Sammlungen: das Vorderasiatische Museum, das Museum für Islamische Kunst und die Antikensammlung. Dank der Rekonstruktionen archäologischer Bauensembles ist das Museum weltweit anerkannt. Allerdings wird bis mindestens 2019 umfangreich saniert. Der beeindruckende Pergamonaltar ist bis dahin nicht zu besichtigen.

Mitte

Fr–Mi 10–18, Do 10–20 Uhr | Eintritt 12 Euro | Am Kupfergraben 5 | Tel. 030 2 66 42 42 42 | www.smb.museum | S 5, 7, 75 Hackescher Markt (240 B2)

INSIDER TIPP RAMONES MUSEUM

Ein Ort für Fans der US-amerikanischen Punkrockband, aber auch ein sehr gemütliches Café. Hier erfährt man eine Menge über die Begründer des Punk. Doch auch Fanartikel aus den letzten Jahrzehnten gibt es hier und natürlich Porträts der Gründungsmitglieder: John Cummings an der Gitarre, Douglas Colvin (Bass), Tamás Erdélyi (Schlagzeug) und Jeffrey Hyman (Sänger).

Mitte

Tgl. 10–22 Uhr | Eintritt 3,50 Euro | Krausnickstr. 23 | Tel. 030 75 52 88 90 | www.ramonesmuseum.com | S 5, 7, 75 Hackescher Markt (240 B1)

DAS VERBORGENE MUSEUM

Das Museum ist nicht etwa schwer auffindbar. Vielmehr macht es Künstlerinnen der letzten Jahrhunderte wieder sichtbar, die aus der öffentlichen Wahrnehmung verschwunden sind. Die Lebenswerke und -geschichten jener Frauen, die es oft nicht leicht hatten, ihre Passion auszuleben, werden hier wissenschaftlich aufgearbeitet. Ihre Arbeiten sind immer wieder in Ausstellungen zu sehen. Die Liste der

Künstlerinnen, die bereits vorgestellt wurden, ist lang – sie beweist die Notwendigkeit dieses Hauses.

Charlottenburg

Ausstellungen Do–Fr 15–19, Sa/So 12–16 Uhr | Eintritt 2 Euro | Schlüterstr. 70 | Tel. 030 3 13 36 56 | www.dasverborgenemuseum.de | S 5, 7, 75 Savignyplatz, U 1, 2, 12 Ernst-Reuter-Platz (237 F5)

INSIDERTIPP WOHNEN UM 1900

Die Ausstellung »Zimmermeister Brunzel baut ein Mietshaus« veranschaulicht in einer Altbauwohnung das Arbeiterleben um 1900. Das Museum stand in den letzten Jahren immer wieder kurz vor dem Aus, auch heute freut man sich hier über jede Spende. Ein Besuch vermittelt Kiezgeschichte gleich zweifach: Das Museum ist angeschlossen an einen Seniorentreff, in dem sich alteingesessene Prenzlauer Berger treffen.

Prenzlauer Berg

Do–Di 11–16.30 Uhr und nach Vereinbarung | Eintritt 2 Euro | Dunckerstr. 77 | Tel. 030 4 45 23 21 | www.ausstellung-dunckerstrasse.de | S Prenzlauer Allee (235 E3)

THEATER, OPER & BALLETT

BALLHAUS NAUNYNSTRASSE

Theater mit türkischen Regisseuren und Schauspielern ist bislang die Ausnahme, nicht jedoch im Ballhaus Naunynstraße. Der Ballsaal von 1863 wurde 2008 unter der Schirmherrschaft des türkischstämmigen Regisseurs Fatih Akin eröffnet. Seitdem ist er ein Forum für Stücke von und mit Migranten. Die Zeitschrift »Theater heute« wählte das Haus zu den überzeugendsten Off-Theatern bundesweit.

Kreuzberg

Vorverkauf an Spieltagen 17.30–20 Uhr | Eintritt 14 Euro | Naunynstr. 27 | Tel. 030 75 45 37 25 | www.ballhausnaunynstrasse.de | U 1, 8 Kottbusser Tor (241 E5)

BERLINER ENSEMBLE

Das ehemalige Theater am Schiffbauerdamm wurde mit der Uraufführung der »Dreigroschenoper« weltberühmt. Nach dem Krieg gründeten Bertolt Brecht und Helene Weigel in dem Haus das Berliner Ensemble. Seit 1999 leitet Claus Peymann das BE, 2017 wird er von Oliver Reese abgelöst, der verstärkt auf internationale Autoren setzen will. Die Theaterkantine steht auch Besuchern offen, da sieht man vor der Vorstellung den einen oder anderen geschminkten Schauspieler beim Kaffeetrinken.

Mitte

Kasse Mo–Fr 8–18, Sa/So 11–18 Uhr | Karten ab 5 Euro | Bertolt-Brecht-Platz 1 | Tel. 030 28 40 81 55 | www.berliner-ensemble.de | U-/S-Bahn Friedrichstraße (240 A2)

BERLINER KRIMINALTHEATER

Krimifans, aufgepasst! Dieses Theater im ehemaligen Umspannwerk Ost bringt Klassiker von Agatha Christie bis Alfred Hitchcock auf die Bühne. Im angrenzenden Restaurant kann anschließend beim Essen über das Stück sinniert werden; Dinnershows mit Varieté und Gesang finden im Keller statt.

Friedrichshain

Tickets Mo–Sa 15–19 Uhr u. online | Eintritt 19–36 Euro | Palisadenstr. 48 | Tel. 030 47 99 74 88 | www.kriminaltheater.de | U 5 Weberwiese (231 E3)

Mitte

Kartenabholung auch in der Kneifzange | Mo–Fr 14–19 Uhr | Friedrichstr. 176–179 | U 6 Französische Straße (240 B3)

BIMAH

Jahrelang war die Deutsch-Jüdische Bühne Bimah in Neukölln beheimatet, seit Kurzem in der Nähe des Ku'damms. Gespielt wird vor allem Humoristisches, die Atmosphäre ist familiär. Auf dem Programm stehen u. a. Stücke von Ephraim Kishon oder Kurt Tucholsky. Das Bimah trägt den Beinamen »Theater Größenwahn« – eine Hommage an das legendäre »Kabarett Größenwahn«, in den 20ern ein Zentrum des Berliner Geisteslebens.

Charlottenburg

Kasse Mo–Fr 10–18 Uhr | Eintritt ab 24 Euro | Meinekestr. 24 | Tel. 030 2 51 10 96 | www.deutsch-juedisches-theater.de | U 1, 9 Kurfürstendamm (238 A6)

DEUTSCHE OPER BERLIN

Mit mehr als 1800 Plätzen ist die Deutsche Oper das größte Opernhaus in Berlin. Ein Schwerpunkt des Programms liegt bei den großen Werken des 19. Jhs. So steht immer wieder Verdi auf dem Programm, aber auch Mozart und Puccini gehören zu den Standards auf der Bühne. Beliebt: das Kinderprogramm. Samstags regelmäßig INSIDER TIPP Führungen hinter die Kulissen. Spannend ist auch die »Junge Deutsche Oper« mit Stücken für Kinder und Jugendliche.

Charlottenburg

Kasse Mo–Fr 11–18, Sa–So 11–16 Uhr | Karten ab 18 Euro | Bismarckstr. 35 | Tel. 030 34 38 43 43 | www.deutscheoperberlin.de | U 2 Deutsche Oper (237 E4)

DEUTSCHES THEATER UND KAMMERSPIELE

Das wichtigste und älteste Theater der Stadt wurde 1883 als Theater mit Unterhaltungsprogramm gegründet. Der berühmte Intendant Max Reinhardt prägte das Haus vor 100 Jahren. Das Repertoire der großen Bühne umfasst vor allem Klassiker von Kafka bis Kleist. In den Kammerspielen werden moderne Stücke gezeigt, u. a. auch vom hauseigenen Jugendtheater. Auf die Experimen-

Wo Zuschauer auch hinter die Kulissen blicken dürfen: die Deutsche Oper in Charlottenburg

tierbühne »Box & Bar« kommen Dramen für ein jüngeres Publikum.

Mitte

Kasse Mo–Sa 11–18.30, So 15–18.30 Uhr | Karten 5–50 Euro | Schumannstr. 13 a | Tel. 030 28 44 12 25 | www.deutschestheater.de | U-/S-Bahn Friedrichstraße (240 A1)

F40 THIKWA/ETB

Theatergruppe mit behinderten und nicht behinderten Darstellern, die mit Schauspiel, Tanz, Musik und Performance experimentiert. Die Bühne F40 wird auch vom englischsprachigen Ensemble English Theatre Berlin (ETB) genutzt. Comedy und Dramen mit britischem Humor.

Kreuzberg

Kartenvorverkauf nur telefon. | Karten 8–20 Euro | Fidicinstr. 40 | Thikwa: Tel. (*) 01805 70 07 33 | www.thikwa.de, www.etberlin.de | U 6 Platz der Luftbrücke (246 B2)

FRIEDRICHSTADTPALAST

Das Revuetheater mit der weltweit größten Bühne hat sogar ein eigenes Kinderensemble. Neben technisch aufwendigen Inszenierungen glänzen Tänzer und Tänzerinnen mit Höchstleistungen und Akrobatik. Die Kleinen meistern ihren Auftritt in schillernden Kostümen mit Hingabe. Neu im Programm ist die Show »The One«. Darin geht es um »die Suche nach dem wichtigsten Menschen in unserem Leben«.

Mitte

Kasse tgl. 10–18.30 Uhr | Karten 16,90–109,90 Euro | Friedrichstr. 107 | Tel. 030 23 26 23 26 | www.palast-berlin.eu | U 6 Oranienburger Tor (240 A1)

HEBBEL AM UFER (HAU 1, 2, 3)

Eine reife Leistung: Intendant Matthias Lilienthal hat das *Hebbeltheater (Hau 1)* gemeinsam mit dem *Theater am Halleschen Ufer (Hau 2)* und dem *Theater am Ufer (Hau 3)* erfolgreich zusammengeführt. Alle drei Spielstätten sind seither als Kreativlabor für avantgardistisch-moderne Produktionen und Gastauftritte dies- und jenseits des klassischen (Tanz-)Theaters bekannt. Zu den Highlights des Hauses gehört das internationale Festival »Tanz im August« → **S. 216**, das jedes Jahr stattfindet. Im Übrigen ist das Hau auch architektonisch eines der schönsten Theater der Stadt.

Kreuzberg

Kasse Mo–Sa 15–19 Uhr im Hau 2 | Karten 8–30 Euro | Hau 1: Stresemannstr. 29 | Hau 2: Hallesches Ufer 32 | Hau 3: Tempelhofer Ufer 10 | Tel. 030 25 90 04 27 | www.hebbel-am-ufer.de | U 1, 6 Hallesches Tor (240 B6)

HEIMATHAFEN NEUKÖLLN

Im prachtvoll-historischen Saalbau hat das Volkstheater der neuen Art Einzug gehalten. Nicht nur Döblins »Alexanderplatz« wurde hier neu adaptiert, auch moderne Gattungen wie Revue, Comedy, Poetry-Slam, Impro-Theater und Boxkampf stehen hier auf dem Programm. Jeden dritten Dienstag findet der größte Dichterwettstreit Neuköllns statt. Das Publikum bestimmt den Gewinner.

Neukölln

Kasse Mo–Fr 10–17 Uhr | Karten ab 10 Euro | Karl-Marx-Str. 141 | Tel. 030 56 82 13 33 | www.heimathafen-neukoelln.de | U 7 Karl-Marx-Straße (248 B6)

KOMISCHE OPER BERLIN

Die kleinste unter den drei großen Opern. Ursprünglich befand sich an dieser Stelle das legendäre Metropol-Theater. Heute widmet sich das Haus dem modernen Musiktheater. Intendant Barrie Kosky setzt auf lebendige Inszenierungen und ein Kinderprogramm, auch

Diese produktive Bühne hat nichts Elitäres: Neuköllner Oper

für kleine Besucher mit türkischen Wurzeln, mit eigenen Inszenierungen. Die Bestuhlung bietet eine integrierte Übersetzungsanlage.

Mitte

Kartenvorverkauf an der Opernkasse (Unter den Linden 41) Mo–Sa 11–19, So 13–16 Uhr | Eintritt ab 15 Euro | Behrenstr. 55–57 | Tel. 030 47 99 74 00 | www.komische-oper-berlin.de | U 6 Französische Straße (240 A–B3)

MAXIM GORKI THEATER

Das kleinste der Berliner Staatstheater ist längst über die Berliner Stadtgrenzen hinaus bekannt. Geboten wird ein Mix aus klassischen Inszenierungen und Experimenten. Es ist übrigens das erste interkulturell arbeitende Ensemble bundesweit. Um auf Tuchfühlung mit den Schauspielern zu gehen, bietet sich vor oder nach der Vorstellung die Theaterkantine an.

Mitte

Kasse Mo–Sa 12–18.30, So ab 16 Uhr | Eintritt 10–34 Euro | Am Festungsgraben 2 | Tel. 030 20 22 11 15 | www.gorki.de | U-/S-Bahn Friedrichstraße (240 B2)

NEUKÖLLNER OPER ★

Wer die Oper liebt, aber nichts mit dem elitären Ambiente der großen Häuser anfangen kann, der gehört hierhin. Ein Unterschied zwischen E- und U-Musik wird hier nicht gemacht. Übrigens ist keine Bühne der Stadt so produktiv: So kommt dieses Unikum auf 160 Premieren und Uraufführungen innerhalb von 36 Jahren. Vor allem junge Künstler treten gern hier auf. Seit Sommer 2016 läuft »Stella«, ein Stück über Berliner Juden, die für die Gestapo arbeiteten.

Neukölln

Kasse Di–Fr und an Spieltagen 15–19 Uhr | Eintritt 13–24 Euro | Karl-Marx-Str. 131–133 | Tel. 030 68 89 07 77 | www.neukoellneroper.de | U 7 Karl-Marx-Straße (248 A5)

Übergangsheimat der Staatsoper Unter den Linden: das Schiller-Theater in Charlottenburg

PRIME TIME THEATER

Eine Seifenoper auf der Bühne stellt allwöchentlich den Weddinger Kiez geistreich in den Mittelpunkt. In »Gutes Wedding, schlechtes Wedding« wird gnadenlos witzig mit dem benachbarten Szenebezirk Prenzlauer Berg abgerechnet und die türkische Community im Dönerimbiss auf die Schippe genommen. Der Autorin und Schauspielerin Constanze Behrends gehen nie die Ideen aus.

Wedding

Mi–Mo 16–19 Uhr | Eintritt ab 15 Euro | Müllerstr. 163, Eingang Burgsdorfstr. | Tel. 030 49 90 79 58 | www.primetimetheater.de | U 6, S 41, 42 Wedding (233 E4)

RADIALSYSTEM V

Der Veranstaltungsort im ehemaligen Pumpwerk am Spreeufer ist einer der Austragungsorte des Festivals »Tanz im August« → **S. 216**. Klassische Kammerkonzerte sowie Musiktheateraufführungen internationaler Ensembles stehen ebenfalls regelmäßig auf dem Programm. Der einzige Ort, an dem man INSIDER TIPP bei manchen Konzerten liegen darf!

Friedrichshain

Kasse Di–Fr 10–19, Sa 12–19 Uhr | Eintritt ab 15 Euro | Holzmarktstr. 33 | Tel. 030 28 87 88 50 | www.radialsystem.de | S 5, 7, 75 Ostbahnhof (241 F3)

RENAISSANCE-THEATER

Der Schriftsteller Theodor Tagger, alias Ferdinand Bruckner (u. a. bekannt durch »Krankheit der Jugend«), gründete 1922 dieses Theater im Art-déco-Stil. Der Intendant Horst-H. Filohn setzt auf unterhaltsame Stücke und prominente Namen wie Schauspielerin Helen Schneider. Preisgekrönte Autoren aus aller Welt bieten dem Haus ihre Manuskripte für Erstaufführungen an. Auch Lesungen und musikalische Unterhaltung.

Charlottenburg

Kasse Mo–Fr ab 10.30, Sa ab 10, So ab 13 Uhr bis 1 Std. vor Vorstellungsbeginn | Eintritt 10–48 Euro | Knesebeckstr. 100, Eingang Hardenbergstraße | Tel. 030 3 12 42 02 | www.renaissance-theater.de | U 2 Ernst-Reuter-Platz (237 F4)

SCHAUBÜHNE AM LEHNINER PLATZ

Der künstlerische Leiter der Schaubühne, Thomas Ostermeier, interpretiert als Regisseur unter anderem Stücke von Shakespeare und Henrik Ibsen neu, aber auch eigene Produktionen wie »Christiane F.« werden vom Ensemble gespielt. Das sozialpolitisch engagierte Haus zeigt vor allem gesellschaftskritische Stücke. Am Theatertag sind die Tickets vergünstigt.

Wilmersdorf

Kasse Mo–Sa 11–18.30, So ab 15 Uhr | Eintritt ab 7 Euro | Kurfürstendamm 153 | Tel. 030 89 00 23 | www.schaubuehne.de | U 7 Adenauerplatz (237 D6)

SOPHIENSAELE

Das bekannte Off-Theater ist in einem denkmalgeschützten ehemaligen Handwerkervereinshaus untergebracht. Zeitgenössisches Theater, Tanz- und Musikprojekte ziehen ein internationales Publikum an. Hat man Glück, erlebt man einen tollen Abend – oder beginnt bald, an den anschließenden Kneipenbesuch zu denken.

Mitte

Kassenöffnung 2 Std. vor Vorstellungsbeginn | Eintritt ab 11 Euro | Sophienstr. 18 | Tel. 030 2 83 52 66 | www.sophiensaele.com | U 8 Weinmeisterstraße (240 C1)

STAATSOPER IM SCHILLER-THEATER

Generalmusikdirektor Daniel Barenboim bestimmt das Repertoire, das Klassiker wie »Die Zauberflöte« und internationale Gastspiele umfasst. Das im 17. Jh. errichtete Stammhaus *(Unter den Linden 7)* war in die Jahre gekommen und wird umfangreich renoviert. Die Baumaßnahmen sind etliche Millionen teurer geworden als geplant, und der Termin für die Wiedereröffnung wurde immer wieder verschoben – aktuell wird der Herbst 2017 genannt. Solange spielt das Ensemble in den Räumen des Schiller-Theaters.

Charlottenburg

Karten tgl. 12–19 Uhr, Abendkasse öffnet 1 Std. vor Vorstellungsbeginn | Karten ab 14 Euro | Bismarckstr. 110 | Tel. 030 20 35 45 55 | www.staatsoper-berlin.de | U 2 Ernst-Reuter-Platz (237 F4)

THEATER IM NIKOLAIVIERTEL

Hier erleben Sie Schauspielkunst frei nach Berliner Schnauze in einem kleinen, mittelalterlichen Bürgerhaus. Vor bis zu 50 Gästen wird in diesem Volkstheater im Keller der Gedenkbibliothek zu Ehren der Opfer des Kommunismus in Berlin in kleiner Besetzung gesungen, getanzt und gespielt, was das Zeug hält. Nach dem Besuch lohnt sich ein kleiner Spaziergang durch das Nikolaiviertel.

Mitte

Karten Mo–Sa 9.30–20 Uhr | Tickets ab 18,50 Euro | Nikolaikirchplatz 5–7 | Tel. 030 24 14 63 5 | www.theater-im-nikolaiviertel.de | U 2 Klosterstraße (240 C2)

THEATER UND KOMÖDIE AM KURFÜRSTENDAMM

Mutter der Berliner Komödien, in der immer wieder populäre FernsehschauspielerInnen wie Marion Kracht, Katharina Thalbach oder Herbert Herrmann auf der Bühne stehen. Zwischenzeitlich sollte die Berliner Theaterinstitution einem Immobilienprojekt weichen, doch erst einmal wird munter weitergespielt. Leichte Unterhaltung mit Niveau. Mittwochs gibt es eine Vorstellung um 16 Uhr.

Charlottenburg

Kasse Mo 10–18, Di–Sa 10–19, So ab 11 Uhr bis Vorstellungsbeginn | Eintritt ab 13 Euro | Kurfürstendamm 206–209 | Tel. 030 88 59 11 88 | www.komoedie-am-kurfuerstendamm.de | U 1 Uhlandstraße (238 A5)

THEATER UNTERM DACH

Freie Schauspielgruppen zeigen in dieser kommunalen Spielstätte zum kleinen Eintrittspreis zeitgenössische Dramen. Regisseure wie Jo Fabian oder Sebastian Hartmann feierten vor einem rund 80-köpfigen Publikum erste Erfolge, auch Corinna Harfouch ist hier schon aufgetreten. Viele der Ur- und Erstaufführungen haben Preise gewonnen. Das Haus ist Teil des Kulturzentrums Ernst-Thälmann-Park – und leider nicht barrierefrei.

Prenzlauer Berg

Abendkasse ab 19 Uhr | Eintritt 12 Euro | Danziger Str. 101 | Kartenvorverkauf Tel. 030 9 02 95 38 17 | www.theaterunterm dach-berlin.de | Tram M10 Winsstraße (235 F4)

THEATERDISCOUNTER

Schon seit über zehn Jahren brilliert das Off-Theater mit temporeichen, frischen Aufführungen von internationalen Theaterensembles. Der Name rührt von der Idee her, der »Aldi« unter den Spielstätten zu sein. Kein Stück wird länger als drei Wochen geprobt. Die Qualität stimmt und Frischware ist auch im Programm: Über die Hälfte der jährlich gezeigten Stücke sind Eigenproduktionen.

Mitte

Kartenreservierung nur tel. oder per E-Mail | Tickets 13 Euro | Klosterstr. 44 | Tel. 030 28 09 30 62 | www.theaterdiscounter.de | U 2 Klosterstraße (241 D2)

VOLKSBÜHNE

Bis 2017 hatte der provokationsfreudige Frank Castorf hier das Sagen, ablösen wird ihn der Londoner Museumsmacher Chris Dercon. Die Multimedia-Technik sowie schockierende und teils nicht ganz jugendfreie Szenerien begeistern vor allem junges Publikum. Berühmt ist das Haus auch für seine namhaften Schauspieler: Sophie Rois und Martin Wuttke sind nur einige von vielen. Lesungen, Partys, Tanz- und Filmabende ergänzen das Programm der Volksbühne. Sehenswert sind auch die oft politisch geprägten Veranstaltungen im Roten und Grünen Salon, die über die Seiteneingänge zu erreichen sind.

Mitte

Kasse tgl. 12–18 Uhr | Eintritt ab 12 Euro | Rosa-Luxemburg-Platz | Tel. 030 24 06 57 77 | www.volksbuehne-berlin.de | U 2 Rosa-Luxemburg-Platz (235 D6)

Vielseitig und hochqualitativ: Die Volksbühne genießt einen ausgezeichneten Ruf

Essen & Trinken

Schlips im Sternelokal oder Straßenschick am Foodtruck? Geht beides, selbst die Bulette wird zum aufgehübschten Star. Und Leckerlis in vegan sind immer noch der Renner.

Bulette, Eisbein, Currywurst – das sind typische Berliner Gerichte, die es seit einigen Jahren in der Hauptstadt auch auf allerhöchstem Niveau gibt – traditionelle Küche neu interpretiert, nennt man das dann. Überhaupt hat sich in Berlin gastronomisch viel getan: Es gibt heute rund 5000 Restaurants und mehr Dönerläden als in Istanbul. In Sachen Michelin-Sterne ist die Hauptstadt mit sechs Zwei-Sterne- und 14 Ein-Stern-Restaurants deutschlandweit sowieso beispiellos. Doch nicht nur die Gourmetküche hat hier Spannendes zu bieten. Noch interessanter ist das, was sich auf der Straße abspielt. Hier gibt es etwa handwerklich wunderbar gemachtes Essen auf Rädern: Street Food → **S. 116**, serviert aus sogenannten Foodtrucks wie dem Heißen Hobel oder Bite Club. Viele dieser kreativen Imbissköche bereiten ihre schnellen Speisen fleischfrei und in Bioqualität zu. Denn darauf legen die Hauptstädter zunehmend Wert. Und nicht nur das: Mittlerweile hat sich Berlin zur heimlichen Metropole der Veganer entwickelt. Was als Bewegung einiger Idealisten begann, ist zur innovativsten Foodszene der Stadt geworden. Mit Strickpullis und Latschen tragenden Langweilern hat das längst nichts mehr zu tun. Im Emma Pea → **S. 82** oder Glück to Go → **S. 97** wird auf höchstem Niveau in stilvollem Ambiente gekocht. Da vermissen selbst ausgemachte Fleischfans nichts.

ALPENLÄNDISCH

ALPENSTUECK

Wiener Schnitzel, Apfelstrudel, Maultaschen sowie eine große Auswahl an Weinen aus dem Süden Deutschlands

Appetit auf Leberkäs oder Schweinsbraten? Deftig Bayerisches serviert das Engelbecken

und aus Österreich sind das Rezept für den Erfolg des Lokals. Angeschlossen sind eine Bäckerei und Manufaktur, ÖKO hier wird besonders Wert auf regionale Produkte gelegt.

Mitte

€€ tgl. 18–1, Küche bis 23.30 Uhr | Gartenstr. 9 | Tel. 030 21 75 16 46 | www.alpenstueck.com | S 1, 2, 25 Nordbahnhof (234 B6)

Essen ■■■ Ambiente ■■□ Service ■■□

GASTHAUS ALT WIEN

Das Restaurant im Herzen Prenzlauer Bergs wirbt mit klassischer k.-u.-k.-Küche. Auf der Karte stehen also nicht nur österreichische Spezialitäten, sondern auch ungarische. Zu empfehlen sind die Schnitzel mit Kartoffelsalat oder das ungarische Saftgulasch – und natürlich die Desserts. Besonders Familien mit Kindern fühlen sich in dem Restaurant wohl. Für Gruppen ab zehn Personen werden spezielle Menüs angeboten.

Prenzlauer Berg

€€ Di–Sa 18–24, So ab 12 Uhr | Hufelandstr. 22 | Tel. 030 70 12 96 10 | www.altwien-berlin.de | Tram 4 Hufelandstraße (235 F5)

Essen ■■■ Ambiente ■■■ Service ■■□

ENGELBECKEN

ÖKO Gerade im Sommer lassen sich am Lietzensee deftige Köstlichkeiten wie Kalbsgulasch mit Spätzle und Salat, Leberkäs mit Händlmaiersenf und Brezen oder Schweinsbraten mit Knödeln und Blaukraut genießen. Das Fleisch stammt von Tieren aus artgerechter Haltung. Beliebt bei Vegetariern sind Gnocchi in Salbeibutter.

Charlottenburg

€€ Mo–Fr 17–1, Sa ab 16, So 12–1 Uhr | Witzlebenstr. 31 | Tel. 030 6 15 28 10 | www.engelbecken.de | U 2 Sophie-Charlotte-Platz (236 C5)

Essen ■■■ Ambiente ■■□ Service ■■□

OTTENTHAL

Österreichische Delikatessen wie frische Hirschpastete oder Bärlauchcremesuppe mit Nussschöberl sind auch für »Piefkes« ein Hochgenuss, sehr lecker auch die Gerichte ohne Fleisch. Im angeschlossenen Weinhandel gibt es Produkte aus allen österreichischen Anbaugebieten. Tipp für die Mittagspause: das Bistro Ottenthal Spezial in der Knesebeckstraße mit kleiner Karte und schnellem Service.

Charlottenburg

€€ tgl. 17–1, Küche bis 23 Uhr | Kantstr. 153 | Tel. 030 3 13 31 62 | www.ottenthal.com | S 5, 7, 75 Savignyplatz (238 A5)

Charlottenburg
€€ *tgl. 10–18, im Winter Mi–Mo 9–18 Uhr | Knesebeckstr. 26 | Tel. 030 88 92 92 26 | www.ottenthal.com | S 5, 7, 75 Savignyplatz* (238 A5)

Essen ■■□ Ambiente ■■□ Service ■■□

ASIATISCH

CHÉN CHÈ ★

☀ So entspannt kann eine Mittagspause sein: essen wie im Norden Vietnams, Tee trinken und sich ausruhen. Etwas versteckt in einem Hinterhaus mit lauschigem Hofgarten befindet sich dieses vietnamesische Teehaus mit täglich wechselnder Küche. Besonders lecker: zweierlei vom Huhn in roter Curry-Kokos-Creme oder warmer Reisnudelsalat mit Tofu, Koriander und Zitronengras. Auf Anfrage kann man an einer vietnamesischen Teezeremonie teilnehmen.

Mitte
€–€€ *tgl. 12–24 Uhr | Rosenthaler Str. 13 | Tel. 030 28 88 42 82 | www.chenche-berlin.de | U 8 Rosenthaler Platz, Weinmeisterstraße* (240 C1)

Essen ■■■ Ambiente ■■□ Service ■■□

GOODTIME

Die Zutaten für die thailändisch-indonesische Küche werden frisch aus Asien

MARCO POLO HIGHLIGHTS

★ **Chén Chè**
Entspanntes Teehaus mit kleiner, aber feinster Speisekarte. Auf Vorbestellung kann man einer Teezeremonie beiwohnen → S. 76

★ **Cevicheria**
Gesund und authentisch: Hier kann man das peruanische Nationalgericht Ceviche bestellen – halb roher Fisch, frisch serviert → S. 79

★ **Viasko**
Vielleicht eines der größten veganen und vegetarischen Brunchbüfetts der Stadt. Besonders gut laufen hier die veganen Pancakes → S. 81

★ **Rembrandt Burger**
Handgeformte Burgerscheiben, verpackt in Brötchen vom Kiezbäcker. Dazu gibt es leckere Pommes aus Süßkartoffeln → S. 83

★ **Bullys Bakery**
Eine französische Bulldogge saß Modell für das Logo. Verschiedene Sorten knusprigen Flammkuchens werden hier angeboten, aber auch Muffins, Cupcakes und köstliche Kuchen aus aller Welt → S. 85

★ **Eins 44**
Die »Kantine Neukölln« im Eins 44 ist hip und gemütlich eingerichtet. Französisch inspirierte Küche serviert in Industriecharme-Ambiente → S. 93

★ **Industry Standard**
Ein Koch kommt aus Kanada, ein anderer aus Mexiko, und sie servieren französisch inspirierte Gerichte in fantastischer Qualität → S. 101

★ **Filetstück Pigalle**
Eines der besten Steakhäuser Deutschlands, sagt die Fachzeitschrift »Feinschmecker« → S. 114

Ungewöhnlich: Das Kimchi Princess hat den Look eines Containers

eingeflogen, der Küchenchef verzichtet explizit auf Glutamat. Entenfleisch mit Pflaumensauce im Teigmantel gibt es hier ebenso wie köstliche vegetarische Gerichte. Besonders beliebt sind die zahlreichen Vorspeisen, gelobt wird auch der schnelle Service beim abwechslungsreichen Mittagstisch.

Mitte

€–€€ tgl. 12–24 Uhr | Hausvogteiplatz 11 | www.goodtime-berlin.de | Tel. 030 20 07 48 70 | U 2 Hausvogteiplatz (240 B3)

Zehlendorf

€–€€ tgl. 12–24 Uhr | Teltower Damm 46 | Tel. 030 84 59 18 52 | S 1 Zehlendorf (230 B6)

Essen ■■■ Ambiente ■■□ Service ■■■

KIMCHI PRINCESS

Der Hit in dem Kreuzberger Szene-Restaurant sind Gerichte, die auf dem gusseisernen Tischgrill zubereitet werden. Dabei wird das Fleisch nach koreanischer Art mit der Schere in kleine Häppchen zerteilt und mit Saucen, Reis und gedämpftem Gemüse angerichtet. Kreatives Design im Container-Style.

Kreuzberg

€–€€ tgl. 12–23 Uhr | Skalitzer Str. 36, Eingang in der Manteuffelstr. | Tel. 0163 4 58 02 03 | www.kimchiprincess.com | U 1, Bus M 29 Görlitzer Bahnhof (241 F5)

Essen ■■□ Ambiente ■■■ Service ■■□

MIYAKI

Vegetarisches Sushi gibt es nicht überall. Im Miyaki wird es in erstklassiger Qualität serviert, dazu gibt es hausgemachte Sojasauce. Für Nicht-Vegetarier werden raffinierte Fischkombinationen angeboten.

Friedrichshain

€–€€ tgl. 11–23 Uhr | Boxhagener Str. 121 | Tel. 030 50 56 57 10 | www.miyaki-sushi.de | U 5 Frankfurter Tor (231 E3)

Essen ■■□ Ambiente ■■□ Service ■■□

Feine japanische Küche bekommen die Gäste im Sasaya serviert

INSIDER TIPP **SAIGON TODAY**
Der Koch des Restaurants, Tuan Dung, ist in Saigon aufgewachsen. Schon seine Mutter habe in Vietnam große Gesellschaften bekocht, wirbt das Restaurant, das bei allen Gerichten auf frische Zutaten setzt. Auf einem Familienrezept beruht auch die traditionelle Pho-Suppe, die hier angeboten wird. Kosten sollte man auch den Glasnudelsalat.

Charlottenburg
€ Mo–Sa 12–23, So ab 13 Uhr | Wilmersdorfer Str. 69 | Tel. 030 32 76 60 81 | www.saigon-berlin.de | U 7 Wilmersdorfer Straße (237 E5)

Essen ■■■ Ambiente ■■■ Service ■■□

SASAYA
Lichtes Ambiente und freundlicher Service kombiniert mit feinen, preiswerten Gerichten. Die Qualität der rohen Fischgerichte spricht für sich, zieht sie doch auch anspruchsvolle japanische Gäste an. Die Besitzer bieten auch Japanisch-Kochkurse an verschiedenen Orten in Berlin an.

Prenzlauer Berg
€ Do–Mo 12–15 u. 18–23.30 Uhr | Lychener Str. 50 | Tel. 030 44 71 77 21 | www.sasaya-berlin.de | U 2 Eberswalder Straße (235 D3)

Essen ■■■ Ambiente ■■□ Service ■■□

ZENKICHI
Die japanische Küche hat noch viel mehr zu bieten als Sushi. Nach New York ist Berlin der zweite Standort des Restaurants, das seinen Gästen eine »Reise nach Tokio« verspricht. Auf diese kann man sich gut bei einem Acht-Gänge-Menü begeben *(65 Euro pro Pers.)*. Der Tofu ist hausgemacht, auf der Karte stehen gegrillter Fisch, Rinderfilet, Thunfisch-Sashimi oder frische französische Austern. Gute Sake-Auswahl, schönes Ambiente.

Mitte

€€ *Di–Sa 18–23 Uhr | Johannisstr. 20 | Tel. 030 27 58 28 77 | www.zenkichi.de | S 1, 2, 25 Oranienburger Straße* (240 B1)

Essen ■■■ Ambiente ■■■ Service ■■■

AUS ALLER WELT

BEJTE ETHIOPIA

Es duftet nach exotischen Gewürzen: Ein Besuch hier ist wie eine kleine Urlaubsreise. Gegessen wird nach äthiopischer Tradition mit Fingern und Fladenbrot. Lecker ist das Hühnerfleisch in scharfer Paprikasauce. Verpassen Sie nicht die INSIDER TIPP Kaffeezeremonie mit frisch gerösteten Bohnen.

Schöneberg

€ *Mo–Fr 16–2, Sa/So ab 14 Uhr | Zietenstr. 8 | Tel. 030 2 62 59 33 | www.bejte-ethiopia.de | U1–4 Nollendorfplatz* (239 D6)

Essen ■■■ Ambiente ■■■ Service ■■□

CEVICHERIA ★

Ceviche ist ein peruanisches Nationalgericht: ein Fischsalat aus rohem, in Zitronensaft mariniertem, dünn geschnittenem Weißfisch. Der schmeckt leicht säuerlich, etwas salzig und zugleich süßlich. Eine kalorienarme Eiweißbombe, die zum neuen kulinarischen Sommerhit taugt.

Kreuzberg

€€ *Mo 13–22, Di–Do 12–22, Fr 12–23, Sa 14–23 Uhr | Dresdener Str. 120 | Tel. 030 55 62 40 38 | www.cevicheria-berlin.com | U 1, 8 Kottbusser Tor* (241 E5)

Essen ■■■ Ambiente ■■□ Service ■■■

LA GOURMETTERIE

Anders als der Name vermuten lässt, handelt es sich bei dem Restaurant nicht um ein französisches. Hier gibt es kreolische Küche, Kochkunst mit afrikanischen, indischen und chinesischen Einflüssen. Die Zutaten kommen zum größten Teil von der Insel La Réunion, einer ehemaligen französischen Kolonie im Indischen Ozean. Von Dienstag bis Samstag werden in der Gourmetterie kreolische Snack-Menüs serviert, zum Beispiel Sandwiches und vegane Eintöpfe – alles auch zum Mitnehmen. Ein besonderes Erlebnis sind die INSIDER TIPP Kochkurse, die zwei Mal pro Woche angeboten werden. Hier lernt man u. a., wie man selbst ein Hähnchen-Carri zaubert.

Prenzlauer Berg

€ *Di/Mi 11–18.30, Do/Fr 11–19.30, Sa 12–19.30 Uhr | Heinrich-Roller-Straße 8 | Tel. 030 49 08 64 90 | www.gourmetterie.de | M 4 Am Friedrichshain* (235 E5)

Essen ■■■ Ambiente ■■□ Service ■■□

INSIDER TIPP MASEL TOPF

»Masel« bedeutet Glück, Erfolg und »tov« heißt gut. »Masel Topf« ist also ein Wortspiel und bedeutet glücklicher Topf. Ähnlich kreativ ist der junge Gastgeber Konstantin Pinskij beim Kochen. Er bietet moderne jüdische Küche mit israelischen, deutschen und amerikanischen Einflüssen: Gefillte Fisch, Momes Fläischrulet (Kalbsroulade), Borschtsch und Blini. Seit Kurzem kann sonntags von 10 bis 15 Uhr gebruncht werden.

Prenzlauer Berg

€€ *Mo–Sa 18–24, So 10–24 Uhr | Rykestr. 3 | Tel. 030 44 31 75 25 | www.restaurant-maseltopf.de | U 2 Senefelderplatz, Tram M 2 Marienburger Straße* (235 E5)

Essen ■■□ Ambiente ■■■ Service ■■■

NAMASKAR

Wie facettenreich die indische Küche sein kann, zeigt dieses mehrfach preisgekrönte Restaurant. Dank der frischen Zutaten und pikanten Noten wird ein Besuch schnell zu einer kulinarischen Entdeckungsreise über den Subkontinent. Das Lammgericht Hareesa Rashmi schmeckt genauso lecker wie das vegetarische Bhutte Ka Kees – Mais mit Kokosnuss und grünen Chilischoten.

Wilmersdorf

€ Mo 17–24, Di–So 12–24, Küche bis 23.30 Uhr | Pariser Str. 56–57 | Tel. 030 88 68 06 48 | www.restaurant-namaskar.de | U 3, 9 Spichernstraße (244 A1)

Essen ■■■ Ambiente ■□□ Service ■■□

LA TIA RICA

In der chilenischen Küche haben Einwanderer aus der ganzen Welt Spuren hinterlassen – hier trifft indianische auf französische, italienische, spanische und deutsche Cuisine. Nachdem Gäste im »la tia rica« chilenische Spezialitäten probiert haben, lohnt ein Blick in den angeschlossenen Weinhandel, wo man z. B. den in Deutschland sonst schwer erhältlichen Carménère kaufen kann.

Charlottenburg

€€ Mo–Sa 17–23 Uhr | Knesebeckstraße 92 | Tel. 030 31 51 86 93 | www.latiarica.de | U und S Zoologischer Garten (238 A5)

Essen ■■□ Ambiente ■■■ Service ■■■

BRUNCH & FRÜHSTÜCK

BEAKERS

Für alle, die es schon morgens etwas rockig angehen lassen wollen, ist das Beakers die erste Adresse. Rockmusik untermalt das Frühstück, das nicht in Menüs angeboten, sondern von den Gästen selbst zusammengestellt wird. Abends finden im Beakers regelmäßig ganz im Stil des Cafés Unplugged-Konzerte statt.

Prenzlauer Berg

€ tgl. 9 Uhr bis open end, Frühstück bis 16 Uhr | Dunckerstraße 69 | Tel. 030 55 57 58 50 | www.beakers.de | S Prenzlauer Allee (235 E3)

Essen ■■□ Ambiente ■■■ Service ■■□

THE CALIFORNIA BREAKFAST SLAM

Amerikanisches Frühstück bietet dieses hippe Lokal. Im angesagten Kreuzköllner Kiez trifft das einen Nerv. Auch Langschläfer kommen bei French Toast, Eggs Benedict, fluffigen Pancakes, Bacon und frisch gepressten Säften gut in den Tag. Kreationen wie das Bacon-and-Banana-Marshmallow-Fluff-Sandwich mit Joghurt und Müsli sollte man unbedingt probieren. Preis und Leistung stehen hier im Einklang.

Neukölln

€€ tgl. 10–24 Uhr | Innstr. 47 | Tel. 030 6 86 96 24 | www.cabslam.com | U 8 Boddinstraße (248 B5)

Essen ■■■ Ambiente ■■□ Service ■■□

FRÄULEIN DICKES

Ob Katerfrühstück oder einfach nur ein paar Appetitstiller für den Start in den Tag: Die Karte des kleinen Lokals mit Vintage-Flair bietet für jeden Geschmack und Hunger etwas. Hervorzuheben sind die – nicht kalorienarmen – Kuchen, die von der Café-Besitzerin selbst gebacken werden.

Prenzlauer Berg

€€ Mo–Sa 9–19, So 10–19 Uhr | Stargarder Str. 60 | Tel. 030 77 90 49 00 | www.frauleindickes.de | U-/S-Bahn Schönhauser Allee, S-Bahn Prenzlauer Allee (235 E3)

Essen ■■■ Ambiente ■■■ Service ■■■

CAFÉ TASSO

ÖKO Biozertifiziert, fair, preiswert. Das Kulturcafé Tasso serviert köstliches Frühstück und bietet in einem Nebenraum ein Antiquariat mit Büchern. Im Café arbeiten Menschen mit und ohne Handicap. Ein Klassiker auf der Frühstückskarte ist die »Allee« mit Salami, Schinken, Käse und Marmelade. Doch auch die Varianten »Alm« und »Brandenburg« bieten Genuss für rund 7 Euro.

Friedrichshain

€–€€ *Mo–So 9.30–20 Uhr | Frankfurter Allee 11 | Tel. 030 48 62 47 08 | www.cafe-tasso.de | U5 Frankfurter Tor* (231 E3)

Essen ■■□ Ambiente ■□□ Service ■□□

VAN LOON

ÖKO ☀ Fisch und Meeresfrüchte gehören natürlich auf einen holländischen Frachtensegler, selbst wenn der am Landwehrkanal vor Anker liegt. Zum Frühstück gibt es hier Matjes, Krabben, Vollkornbrot und Eier vom Biohuhn. Im Sommer ist die Sonnenterrasse zwischen Schiff und Festland ideal, um an einem idyllischen Platz in den Tag zu starten. Wer keinen Fisch mag, nimmt etwa das Van-Loon-Frühstück mit Schwarzwälder Schinken, Südtiroler Bergkäse und Obstsalat. Am Wochenende gibt es INSIDER TIPP Brunchfahrten *(10–13 Uhr | 36,50 Euro, inkl. Büfett)* mit den Schwesterschiffen Phillippa oder Josephine.

Kreuzberg

€€ *tgl. 9–1, Küche bis 23, Frühstück tgl. 9–15, Brunchbüfett So 10–15 Uhr | Carl-Herz-Ufer 7 | im Urbanhafen, Höhe Baerwaldbrücke | Tel. 030 6 92 62 93 | www.vanloon.de | U 1 Prinzenstraße* (241 D6)

Essen ■■□ Ambiente ■■■ Service ■■□

VIASKO ★

ÖKO Im veganen Lokal gibt es Samstag und Sonntag ein großes Brunchbüfett

Ein Cappuccino und was zum Schmökern: Das Café Tasso ist auch ein Buchantiquariat

SPÄTER HUNGER

BISTRO BAGDAD

Direkt im Epizentrum der Clubszene am Schlesischen Tor gelegen, ist das Bistro eine willkommene Adresse für hungrige Partygänger auf dem Weg beispielsweise ins Watergate. Ob Lamm, Rind oder Kalb (manchmal wird auch Pute angeboten), Knoblauch- oder Kräutersauce, die Auswahl ist groß, das Essen lecker und die Bedienung sehr nett.

Kreuzberg

€ durchgehend geöffnet | Schlesische Straße 2 | Tel. 030 6 12 69 62 | U1 Schlesisches Tor (248 B2)

Essen ■■□ Ambiente ■■□ Service ■□□

INSIDER TIPP EMMA PEA

Wer sagt, dass Nachtschwärmer nur fettige Currywurst oder knoblauchlastigen Döner verdrücken? Im Emma Pea kann man bis in die frühen Morgenstunden guten Gewissens und dazu noch schmackhaft speisen. Das vegane Bistro serviert z. B. Kichererbsencurry oder mit Linsen gefüllte Paprika.

Friedrichshain

€ Mi–Fr 17–23, Sa 16–23, So 14–23 Uhr | Revaler Straße 99 | Tel. 030 27 49 29 40 | www.emmapea.com | U 1, S 5, 7, 75 Warschauer Straße (248 C1)

Essen ■■□ Ambiente ■■□ Service ■■□

HAIN & FRIEDRICHS

Der Imbiss im Party-Distrikt ist vor allem nachts eine wahre Goldgrube. Dann werden Currywürste (auch aus Tofu!) und Buletten im Minutentakt über den Tresen geschoben, dazu frische Pommes oder Bratkartoffeln. Burger und Salate kommen auch gut an.

Friedrichshain

€ So–Do 11.30–2, Fr/Sa 11.30–5 Uhr | Simon-Dach-Str. 37 | Tel. 030 22 43 88 32 | www.facebook.com/Hain Friedrichs| U 5 Samariterstraße (248 C1)

Essen ■■□ Ambiente ■□□ Service ■□□

HOT DOG & BURGER WORLD

ÖKO Qualitätsfleisch aus besonders artgerechter und umweltschonender Tierhaltung: Bei Burger World schaut man explizit auf die Herkunft der Burger-Hauptzutat. Beliebt ist das Restaurant übrigens nicht nur bei Fleischessern. Auch Vegetarier bekommen hier ansprechende Burger serviert, etwa eine Variante mit paniertem Mozzarella und Rucola für 4 Euro. Ab 5 Euro ist überdies ein ganzes Burger-Menü erhältlich.

Prenzlauer Berg

€ So–Mi 10–3, Do 10–4, Fr/Sa 11–5 Uhr | Kastanienallee 100 | Tel. 030 34 39 47 31 | U 2 Eberswalder Straße (234 C4)

Essen ■■□ Ambiente ■■□ Service ■■□

KUDAMM 195

Schon Harald Juhnke wusste die legendäre Wurst hier zu schätzen. In Kombination mit der hausgemachten scharfen Currysauce ist diese ein ernster Konkurrent für so manche Berliner Currywurst-Institution. Auf prominente bzw. gut verdienende Gäste ist man vorbereitet – mit Dom Perignon.

Charlottenburg

€€ Mo–Do 11–5, Fr/Sa 11–6, So 12–5 Uhr | Kurfürstendamm 195 | Tel. 030 8 81 89 42 | U 1 Uhlandstraße (237 F6)

Essen ■■■ Ambiente ■■■ Service ■■□

REMBRANDT BURGER ★

Der Rembrandt Burger ist eine der beliebtesten Fleischbräter in der Stadt. Die Burgerscheiben aus Neuland-Rindfleisch werden handgeformt und in vom Kiezbäcker gelieferte Brötchen verpackt.

Friedrichshain

€ Di–So 12–22 Uhr | Richard-Sorge-Straße 21 | Tel. 030 89 99 72 96 | www.rembrandt-burger.de | U 5 Frankfurter Tor (0)

Essen ■■■ Ambiente ■■□ Service ■□□

für 13 Euro pro Person. Frühzeitig zu reservieren empfiehlt sich, denn viele der Gäste verweilen gerne und sehr lange im Viasko, auch nach 15 Uhr wird hier niemand rausgeschmissen. Zum Angebot zählen deftige und süße, warme und kalte Speisen. Für ständigen Nachschub am Büfett wird gesorgt. Besonders beliebt: die veganen Pancakes.

Kreuzberg

€ Sa/So 11–15 Uhr | Erkelenzdamm 49 | Tel. 030 88 49 97 85 | www.viasko.de | U 1, 8 Kottbusser Tor (241 D6)

Essen ■■□ Ambiente ■■■ Service ■■□

CAFÉS

BLUMENCAFÉ

ÖKO Der Besuch in diesem Café ist wie ein kleiner Ausflug in einen tropischen Garten: Hier krächzen Papageien, Blumen und Palmen aller Art verschönern den Raum. Da kommt Urlaubsstimmung auf! Für die Kuchen und Sandwiches werden gern ökologisch produzierte Zutaten verwendet.

Prenzlauer Berg

€€ Mo–Do 10–18, Blumenladen Fr/Sa bis 20, So bis 16.30 Uhr | Schönhauser Allee 127 a | Tel. 030 44 73 42 26 | www.blumencafe-berlin.de | U-/S-Bahn Schönhauser Allee (234 B6)

Essen ■■□ Ambiente ■■■ Service ■■□

BONANZA COFFEE ROASTERS

In Sachen guter Kaffee gehen Yumi Choi und Kiduk Reus keine Kompromisse ein. Mit Hingabe wird hier vor allem auf die Bohnensorten Wert gelegt. Aber auch die richtige Zubereitung und die Qualität der Maschinen sind entscheidend. Diesen hohen Anspruch an Kaffeegenuss teilen mit den Berlinern auch Gäste aus aller Welt, die gern in die gemütliche Kaffeerösterei in unmittelbarer Nähe zum Mauerpark kommen.

Wie ein kleiner Ausflug in die Tropen: ein Besuch im Blumencafé

Prenzlauer Berg

€€ Mo–Fr 8.30–18, Sa/So 10–18 Uhr | Oderberger Straße 35 | www.bonanza coffee.de | Tel. 0171 5 63 07 95 | U 2 Eberswalder Straße (234 C4)

Essen ■■■ Ambiente ■■■ Service ■■□

BULLYS BAKERY ★

Spezialisiert hat sich die Neuköllner Bistro-Bäckerei auf Kaffeespezialitäten und hausgemachte Backkreationen. Neben verschiedenen Muffins ist der New York Cheesecake immer ein Renner. Gleichzeitig lässt das Team seinen Fantasien freien Lauf und überrascht etwa mit karamellisierten Guanaja-Orange-, Walnuss- und Apfel-Muffins sowie knusprigen Flammkuchen. Fans sind außerdem überzeugt: Bullys Bakery macht die besten Croissants der Stadt!

Neukölln

€ tgl. 8–18 Uhr | Friedelstr. 7 | Tel. 030 25 32 55 00 | U 7 Hermannplatz (247 F2)

Essen ■■■ Ambiente ■■□ Service ■■□

CAFÉ AM ENGELBECKEN

☀ Das Engelbecken war bis vor 100 Jahren Teil des Luisenstädter Kanals, der Mitte und Kreuzberg voneinander trennte. Übrig ist heute noch ein kleiner Teich, direkt vor dem Café. Im Winter wird er zur öffentlichen Eisfläche.

Kreuzberg

€–€€ tgl. 10–24 Uhr | Michaelkirchplatz/Engelbecken | Tel. 0157 75 43 17 95 | www.cafe-am-engelbecken.de | U 8 Heinrich-Heine-Straße (241 E4)

Essen ■■□ Ambiente ■■■ Service ■□□

COMPANION COFFEE

Shawn Barber and Chris Onton lieben Kaffee so sehr, dass sie ihren 2013 eröffneten Laden als »Cafe Showroom« bezeichnen. Nicht nur Kaffee, sondern auch Tee stehen im Mittelpunkt ihrer Arbeit, beide gelten auf ihrem Gebiet als absolute Experten. Angeschlossen an das Café, das sich im Voo Store befindet, ist auch ein Tee- und Kaffeeverkauf.

Kreuzberg

€€ Mo–Sa 10–19 Uhr | Oranienstraße 24 | www.companioncoffee.com | U 1, 8 Kottbussser Tor (241 E5)

Essen ■■■ Ambiente ■■■ Service ■■□

GODSHOT

Man möchte meinen, Kaffee kann eine Religion sein, schaut man den Baristas im Godshot über die Schulter. Um einen Espresso optimal zuzubereiten, betonen sie, brauche es viel Erfahrung – im Idealfall entstehe der perfekte Kaffee, ein »Godshot«. Das Café ist Mitglied der Speciality Coffee Association of Europe.

Prenzlauer Berg

€ Mo–Fr 8–18, Sa 9–18, So 10–18 Uhr | Immanuelkirchstraße 32 | Tel. 0179 5 11 26 43 | www.godshot.de | S Greifswalder Straße (235 E5)

Essen ■■■ Ambiente ■■□ Service ■■■

KAHRMANN'S OWN

ÖKO Der (Bio-)Kaffee ist weit und breit der beste – zu äußerst fairen Preisen. Für hungrige Gäste sind die pikanten Suppen und verschiedenste Crêpes-Variationen das Richtige. Das Café gehört dem Ex-Lindenstraßen-Schauspieler Christian Kahrmann (Benny Beimer), der hier auch oft den Laden ganz allein schmeißt. Gemütliche und familiäre Stimmung. Guter Kuchen und selbst gemachtes Eis!

Prenzlauer Berg

€€ tgl. 10–19 Uhr | Bötzowstr. 21 | Tel. 030 33 02 90 26 | www.kahrmannsown.

de | Tram M 2 Marienburger Straße (235 F5)

Essen ■■□ Ambiente ■■□ Service ■□□

KUCHENLADEN

Schon im Schaufenster präsentiert das Café seine aufwendig gestalteten Torten und Kuchen, die auch gerne für Hochzeiten bestellt werden. Einige Nummern kleiner, aber genauso lecker sind die Cupcakes mit Sahne oder Buttercreme, die im Café oder im Sommer auch davor zum Kaffee genossen werden können.

Charlottenburg

€€ *Okt.–März 10–20, April–Sept. 10–22 Uhr | Kantstraße 138 | Tel. 030 31 01 84 24 | www.derkuchenladen.de | S 5, 7, 75 Savignyplatz* (238 A5)

Essen ■■■ Ambiente ■■■ Service ■■■

MAL SO MAL SO

In dem gemütlichen Stübchen gibt's durchweg sehr günstige und trotzdem gute Speisen. Die Öffnungszeiten nimmt der Besitzer nicht so eng: Wer etwas später einkehren will, sollte vorher einfach anrufen. Idealer Anlaufpunkt nach einem Bummel durch das dörfliche Neukölln am historischen Richardplatz.

Neukölln

€ *Di–Fr 10–21, Sa/So 10–20 Uhr | Böhmische Str. 14 | Tel. 030 53 08 08 29 | www.malso-malso.de | S 41, 42 Sonnenallee* (248 C6)

Essen ■■□ Ambiente ■■□ Service ■■□

WAHRHAFT NAHRHAFT

Die täglich neu kreierten Variationen frisch belegter Bagels und selbst gebackener Kuchen machen Feinschmecker genauso glücklich wie Gäste mit Heißhunger. Zur Auswahl stehen darüber hinaus Suppen, Salate und frisch gepresste Säfte. Inhaberin Betty Muschen geht es um Kreativität und Experimentierfreudigkeit. ÖKO Das selbst gebackene Brot gibt es auch vegan und glutenfrei. Eine Besonderheit: Hier dürfen sich auch die vierbeinigen Begleiter stärken – mit Hundecrackern.

Friedrichshain

€–€€ *Mo–Fr 9–19 Uhr, Sa/So 10–19 Uhr | Revaler Str. 16 | Tel. 0174 9 48 20 75 | www.wahrhaftnahrhaft.de | U 1, S 5, 7, 75 Warschauer Straße* (248 C1)

Essen ■■■ Ambiente ■■■ Service ■■■

DEUTSCH

BUNTSPECHT

Kleine, wechselnde Karte mit erlesenen Gerichten. Die gehobene Küche hat ihren Preis, rechtfertigt ihn aber auch. Ob Tafelspitz oder Kartoffelrösti mit Mohrrüben-Vanille-Creme – die Kreationen sind immer wieder überraschend. Ein Hauptgericht kostet um die 20 Euro.

Prenzlauer Berg

€€ *Di–Sa ab 18 Uhr | Senefelderstr. 30 | Tel. 0176 79 75 46 77 | www.restaurant-buntspecht.de | U 2 Eberswalder Straße* (235 E4)

Essen ■■■ Ambiente ■■■ Service ■■□

FLORIAN

Seit fast 30 Jahren ist das Florian eine gute Adresse für deutsche Küche mit kreativen Einsprengseln. Unschlagbar gut ist das Meerrettichsüppchen mit Rote-Bete-Mousse. Auch das Wildschweingulasch mit Steinpilzen und Spätzle sorgt für leuchtende Augen bei den Gästen. Die Speisekarte wechselt täglich. Modernes Interieur mit weiß

Gute regionale Küche im kommunistischen Zweckbau bietet das Haus Berlin

eingedeckten Tischen. ÖKO Viele Zutaten in Bioqualität.
Charlottenburg
€€ tgl. 18–3 Uhr | Grolmanstr. 52 | Tel. 030 3 13 91 84 | www.restaurant-florian.de | S 5, 7, 75 Savignyplatz (237 F5)

Essen ■■■ Ambiente ■■□ Service ■□□

HAUS BERLIN

Stammgäste und Touristen schätzen die regionale Küche aus Berlin und Brandenburg, bei der hier ostdeutsche und -europäische Akzente betont werden. Es gibt u. a. Soljanka, Königsberger Klopse, Kohlroulade, Eisbein mit Petersilienkartoffeln. Wochentags 12–15 Uhr 25 % Rabatt auf Speisen.
Friedrichshain
€–€€ tgl. ab 12 Uhr | Strausberger Platz 1 | Tel. 030 2 42 56 08 | www.haus-berlin.net | U 5 Straußberg Platz (241 E2)

Essen ■■■ Ambiente ■□□ Service ■■□

HENNE

Knuspriges Hähnchen mit Kartoffelsalat – mehr braucht es nicht, um satt und glücklich zu werden. Dazu ein kühles Bierchen, das die Gäste im Sommer auch gern unter Bäumen im lauschigen Biergarten genießen. Bei Kälte ist es urgemütlich im alten Gemäuer. Die Henne ist seit mehr als 100 Jahren am Platz!
Kreuzberg
€ Di–Sa ab 18, So ab 17 Uhr | Leuschnerdamm 25 | Tel. 030 6 14 77 30 | www.henne-berlin.de | U 1, 8 Kottbusser Tor (241 E5)

Essen ■■□ Ambiente ■■□ Service ■■□

MARJELLCHEN

In Ostpreußen nannte man die jungen Mädchen Marjellchen. Inhaberin Ramona Azzaro erinnert sich gerne an die Erzählungen ihrer Großmutter aus der alten Heimat. Ein Stück davon hält die

Enkelin nun im »Marjellchen« am Leben. Es kommen Spezialitäten aus Preußen, Pommern und Schlesien auf den Tisch.

Charlottenburg

€€ tgl. ab 17 Uhr | Mommsenstraße 9 | Tel. 030 8 83 26 76 | www.marjellchen-berlin.de | S Savignyplatz (237 E5)

Essen ■■□ Ambiente ■■□ Service ■■□

MARTHA'S

Hier wird vorwiegend deutsch gekocht, doch die einstigen Köche des »Reinstoff« stecken die Grenzen nicht zu eng ab, und so sind auch asiatische oder italienische Einflüsse erkennbar. Folglich stehen neben einem Lamm-Leberkäse-Sandwich auch Gambas oder Zander mit Yamswurzel auf der Karte. Abends wird das Restaurant zur Bar. Gute Auswahl an feinen Obstbränden.

Schöneberg

€€–€€€ tgl. 18–23 Uhr | Grunewaldstr. 81 | Tel. 030 78 00 66 65 | www.marthas.berlin | U 7 Eisenacher Straße (245 D2)

Essen ■■■ Ambiente ■■□ Service ■■■

NOBELHART & SCHMUTZIG

Inhaber Billy Wagner nennt seine Küche »brutal regional«. Denn die Regionalität treibt man hier so weit, dass in der Küche auch auf Zimt, Vanille, Zitrone, Pfeffer und Schokolade verzichtet wird. Die Flugente kommt aus der Prignitz, der Fisch aus der Müritz oder Ostsee. Koch Michael Schäfer hat vorher in einem Zwei-Sterne-Restaurant gekocht, in Berlin nun ist er angetreten, den Begriff »Fine Dining« zu revolutionieren. Zur »Mahlzeit« sitzt man um die offene Küche, serviert wird jeden Abend ein Zehn-Gänge-Menü *(80 Euro)*, dazu gibt es gefiltertes Leitungswasser. Natürlich kann auch Wein bestellt werden, schließlich ist Billy Wagner einer der berühmtesten Sommeliers Deutschlands.

Mitte

€€–€€€ Di–Sa ab 18.30 Uhr | Friedrichstr. 218 | Tel. 030 25 94 06 10 | www.nobelhartundschmutzig.com | U 6 Kochstraße (240 B5)

Essen ■■■ Ambiente ■■■ Service ■■■

INSIDER TIPP PFEFFERBRÄU

Längst hat sich der Pfefferberg einen Namen als Ausgehort für den Abend gemacht. Früher waren hier Brauereien angesiedelt, kurzzeitig etwa die Bierproduzenten von Schultheiss. In der restaurierten Schankhalle wird diese Tradition nun fortgesetzt. Braumeister Thorsten Schoppe bietet hier sein Pfefferbräu an: ein kräftiges Pilsner mit markanter Hopfennote und leicht würzigem Aroma. Auch naturtrübes dunkles Malzbier wird hier gezapft. Zum Selbstgebrauten passt die Karte, auf der regionale Spezialitäten wie Schnitzel oder Leber stehen. Für das selbst gebackene Treberbrot wird Biermaische aus der Brauerei genutzt.

Prenzlauer Berg

€€ Di–So ab 17.30, Küche bis 23 Uhr | Schönhauser Allee 176 | Tel. 030 4 73 77 36 40 | www.pfefferbraeu.de | U 2 Senefelderplatz (235 D5)

Essen ■■■ Ambiente ■■□ Service ■■□

SAUVAGE

ÖKO Essen wie in der Steinzeit, das heißt: getreide-, gluten- und zuckerfrei. Das Fleisch, u. a. ein fabelhaftes Filet vom Charolais-Rind, stammt aus Biohaltung, das verarbeitete Gemüse hat Ökoqualität. Ein kulinarischer Volltreffer ist die Kombination der regionalen Küche mit der französischen. Das Wichtigste: Es schmeckt ausgezeichnet! Lecker ist auch

das Paleobrot, das zu allen Speisen gereicht wird. Die Einrichtung mit Holztischen und Kerzenlicht wirkt schlicht und schummrig, ein wenig wie in einer Höhle.
Neukölln
€€–€€€ Do–So 18–23 Uhr | Pflügerstr. 25 | Tel. 030 53 16 75 47 | www.sauvageberlin.com | U 8 Schönleinstraße (247 F1)

Essen ■■□ Ambiente ■■□ Service ■□□

www.schnitzelei.de | U 7 Richard-Wagner-Platz (237 E3)

Essen ■■□ Ambiente ■■□ Service ■■□

WEINGALERIE UND CAFÉ NÖ!

Mitten im Bezirk Mitte findet sich das Café NÖ. In mehr als 100 Jahre alten Räumen strahlt es eine entsprechende Gemütlichkeit aus, hier verweilt man gerne. Die Speisekarte ist nicht spektakulär, unter anderem gibt es Flammkuchen und gratinierte Maultaschen. Highlight des NÖ sind die Getränke: 20 offene und 150 Flaschenweine werden angeboten.
Mitte
€–€€ Mo–Fr 12–1 Uhr | Glinkastraße 23 | Tel. 030 2 01 08 71 | www.cafe-noe.de | U 2 Stadtmitte (240 A3)

Essen ■■■ Ambiente ■■■ Service ■■□

Interessante »Höhlenmalerei« im Sauvage – steinzeitlich wird hier auch gekocht

SCHNITZELEI

Eine moderne Interpretation deutscher Küche verspricht das Restaurant und setzt auf Tapas – auch für die Königsberger Klopse und Rouladen. Für Vegetarier bietet sich das Ziegenkäseschnitzel oder einer der zahlreichen Salate als Alternative an.
Charlottenburg
€€ Mo–Fr 16–24, Sa/So 12–24 Uhr | Röntgenstraße 7 | Tel. 030 34 70 27 77 |

ZUR LETZTEN INSTANZ

☀ Bereits seit 1621 existiert Berlins ältestes Restaurant. Berühmtheiten wie Charlie Chaplin, Heinrich Zille oder Wilhelm Raabe speisten hier in den 1920er-Jahren, auch Clara Zetkin war zu Gast. Man sagt, selbst Napoleon habe sich einst am Kachelofen in der Gaststube bedienen lassen. Koch und Inhabersohn André Sperling hat sein Handwerk in Schweizer Sternehäusern gelernt. Mit seinem Wissen und hochwertigen Zutaten veredelt er Berliner Klassiker wie Kohlrouladen und Schweinebauch. Die liebevoll gestaltete Speisekarte spielt wie auch der Name des Restaurants auf die Nähe zum Gericht an, auf dem Menü stehen etwa »Kreuzverhör« (Kalbsleber, süßer Apfel, Kartoffelstampf), »Justizirrtum« (Kabeljau, pochiertes Senf-Ei, Spinat) oder »Einstweilige Verfügung« (Grillhaxe, Gewürzrotkohl, Kartoffelkloß).

Mitte

€€–€€€ Mo 17–1, Di–Sa 12–1, So 12–22 Uhr | Waisenstr. 14–16 | Tel. 030 2425528 | www.zurletzteninstanz.com | U 2 Klosterstraße (241 D2)

Essen ■■■ Ambiente ■■■ Service ■■■

EISDIELEN

EISBOX

ÖKO Die Sorbets, die frisch aus den Früchten der Saison zubereitet werden, schmecken besonders gut. Immer auf der Karte stehen köstliches Vanille- und Schokoladeneis. Alle Eissorten werden selbst produziert und haben Bioqualität.

Tiergarten

Saisonöffnungszeiten auf Website | Elberfelder Str. 27 | Tel. 030 54484652 | www.eisbox.eu | U 9 Hansaplatz (238 B2)

Essen ■■■ Ambiente ■□□ Service ■■□

EISLABOR

ÖKO Das beste Bioeis am Helmholtzplatz sorgt an Sommertagen für lange Schlangen vor dem Tresen. Für Veganer gibt es auch mehrere INSIDER TIPP Sorten aus Sojamilch. Die Portionen sind schön groß, da reicht auch eine Kugel für den Knirps oder die Kleene.

Prenzlauer Berg

Mo–Sa 12–20 Uhr | Raumerstr. 32 | Tel. 030 7071381 | Tram 12, M 1 Raumerstraße (235 E3)

Essen ■■■ Ambiente ■□□ Service ■■□

ERSTE SAHNE – OTIVM

ÖKO Klasse statt Masse lautet hier das Motto. Hier schmeckt das Eis nicht nur fabelhaft, sondern es ist auch bio, außerdem werden etliche vegane und glutenfreie Leckereien angeboten. Im Sommer gibt's ab 10 Uhr Sonntagsfrühstück.

Neukölln
Di–So 12–20 Uhr | Kienitzer Str. 116 | Tel. 030 99544197 | www.facebook.com/ErsteSahneOtivm | U 8 Boddinstraße, Leinestraße (247 E4)

Essen ■■■ Ambiente ■□□ Service ■■□

HOKEY POKEY

Das Hokey Pokey schaffte es 2013 in die lokale Presse, weil es zu beliebt war. Damals musste es die Preise erhöhen, weil zu viele Kunden vor dem Pokey die Anwohner störten. Zeitweise stand sogar eine Schließung zur Debatte. Inzwischen hat sich der Ärger gelegt, das Eis ist immer noch eines der besten in der Stadt. 2016 neu im Angebot: Weiße Schokolade mit gesalzenen Pistazien und Karamell-Toffee-Sauce.

Prenzlauer Berg
€ *tgl. 12–19 Uhr | Stargarder Str. 72 | Tel. 0176 80103080 | www.hokey-pokey.de | S Schönhauser Allee* (235 D3)

Essen ■■■ Ambiente ■□□ Service ■□□

SCHOKOLADENEIS-MANUFAKTUR

Die ganzjährig geöffnete Eismanufaktur bietet ein großes Sortiment an frischen Eisdelikatessen. Selbst in der kalten Jahreszeit haben Sie hier noch die Auswahl aus diversen Sorten. Aber auch selbst gemachte Pralinen und Trüffeln sind im Angebot. Neu ist der eingebaute Backofen im Hof. Hier werden immer dienstags und freitags ab 12 Uhr INSIDER TIPP Sauerteigbrote gebacken.

Lichtenberg
Tgl. 12–20 Uhr | Kaskelstr. 15 | Tel. 030 74393721 | S-Bahn Ostkreuz (249 E2)

Essen ■■■ Ambiente ■■□ Service ■■□

Ökologisch, saisonal, frisch – in der Eisbox werden Naschkatzenträume wahr

Kreuzberger Paradies für Süßschnäbel: Bei Wonder Waffel gibt es den Obst-Döner

WONDER WAFFEL

Angeblich wurde hier der Obst-Döner erfunden: eine heiße Klappwaffel gefüllt mit Früchten, verschiedenen Saucen, Eis, Smarties, Schokoraspeln oder Zuckerperlen. Am Wochenende müssen die Gäste häufig Schlange stehen!

Kreuzberg

Mo–So 11.30–23, Fr/Sa bis 24 Uhr | Adalbertstr. 88 | Tel. 030 91437053 | www.wonderwaffel.de | U 1, 8 Kottbusser Tor (241 E5)

Essen ■■□ Ambiente ■□□ Service ■■□

FRANZÖSISCH

BANDOL SUR MER

Seit 2016 trägt das Restaurant einen Michelin-Stern, es gibt hier wie in vielen französischen Lokalen der Stadt eher gehobene Küche mit entsprechenden Preisen. Die Köche legen Wert auf französische Raffinesse und regionale Zutaten. Wer es eine Nummer kleiner mag, der braucht nur eine Tür weiter zu schauen. Wegen der enormen Beliebtheit hat das Bandol sur mer nämlich inzwischen erweitert: Im »3 Minutes sur mer« wird seitdem gehobene Bistroküche angeboten. Reservierungen empfehlen sich in beiden Restaurants.

Mitte

€€€ *Do–Mo ab 18 Uhr | Torstraße 167 | Tel. 030 67302051 | www.bandolsurmer.de | U 8 Rosenthaler Platz* (234 B6)

Essen ■■■ Ambiente ■■□ Service ■■■

CHEZ MAURICE

Das Restaurant mit angeschlossenem Feinkostgeschäft hat sich mit authentischen deftigen Gerichten wie etwa Blutwurst *(Boudin noir)* mit Thymianäpfeln und Kartoffelpüree in die Herzen der Gourmets gespielt. Auch Bundeskanzlerin Angela Merkel ist hier öfter zu Gast. Mittags sind drei Gänge für um die

16 Euro zu haben, abends kann man etwa das Zehn-Gänge-Amuse-Bouche-Menü probieren *(nur bei vorheriger Reservierung)*, es kostet 95 Euro. Dienstags bis samstags gibt es einen Mittagstisch im Feinkostladen *(12–15.30 Uhr)*.

Prenzlauer Berg

€€ – €€€ *Restaurant tgl. ab 18 Uhr, Feinkostladen Di–Fr 11–19, Sa 10–17 Uhr | Bötzowstr. 39 | Tel. 030 4 25 05 06 | www.chez-maurice.com | Tram M 10 Arnswalder Platz* (235 F5)

Essen ■■■ Ambiente ■■■ Service ■■□

EINS 44 ★

Die »Kantine Neukölln« im Eins 44 ist einer der Gründe, warum der einstige Arbeiterbezirk mittlerweile als hip gilt. Im zweiten Hinterhof einer stillen Straße ist das stilsicher eingerichtete Restaurant mit Industrieanmutung zu finden. Über zwei Etagen kann man hier feine, französisch inspirierte Gerichte genießen.

Neukölln

€€ *Di–Fr 12–15 (Lunch) u. Di–Sa 19–24 Uhr | Elbestr. 28/29 | Tel. 030 62 98 12 12 | www.eins44.com | U 7 Rathaus Neukölln* (248 B5)

Essen ■■□ Ambiente ■■■ Service ■■□

LA KÄSERIE

Käse so weit das Auge reicht. Hier werden an die 50 feine, ausgewählte Käsespezialitäten angeboten. Romain Domond und Bastien Slovinski, beide gebürtige Franzosen, widmen sich in ihrem netten Feinkostbistro mit Leidenschaft dem schönen und umfangreichen Thema Käse – ob in Form von Fondue, Raclette, Sandwich oder Käseplatte. Probieren und kennenlernen!

Prenzlauer Berg

€€ *Mo–Do 11–21, Fr 11–22, Sa 10–22 Uhr | Lychener Str. 6 | Tel. 030 34 72 34 00 | www.lakaeserie.de | U 2 Eberswalder Straße* (235 D4)

Essen ■■■ Ambiente ■□□ Service ■■□

GOURMET

5 – CINCO BY PACO PÉREZ

Der Katalane Paco Pérez ist einer der besten Köche Europas und begeisterte mit seinem Restaurant Miramar in Llança schon Feinschmecker aus aller Welt. Auch in Berlin hat er sich einen Michelin-Stern erkocht. Das Experience-Menü hat 21 (!) Gänge.

Tiergarten

€€€ *Cinco: Di–Sa 19–22.30, The Casual: Mo–Fr 6.30–11, 12–15, 18–23, Sa/So 7.30–12.00, 12.30–15 u. 18–23 Uhr | Drakestr. 1 | Tel. 030 3 11 72 20 | www.5-cinco.com | Bus 200 Corneliusbrücke* (238 C4)

Essen ■■■ Ambiente ■■■ Service ■■■

FACIL

Im fünften Stock des The Mandala Hotel dinieren Sie ☀ im Sommer unter freiem Himmel. Das Glasdach wird zur Seite geschoben – et voilà, Loup de Mer oder Brotsalat mit Wachteln werden von Sonne oder Mond gekitzelt. Küchenchef ist Sternekoch Michael Kempf.

Tiergarten

€€€ Mo–Fr 12–15 u. ab 19 Uhr | Potsdamer Str. 3 | Tel. 030 590 05 12 34 | www.facil.de | U 2, S 1, 2, 25 Potsdamer Platz (239 F4)

Essen ■■■ Ambiente ■■□ Service ■■■

FISCHERS FRITZ

Chefkoch Christian Lohse, ausgezeichnet mit zwei Michelin-Sternen, verwöhnt die Gäste im klassisch gediegenen Ambiente des Hotels The Regent mit exklusiven Fischgerichten, etwa Tranche vom Steinbutt mit Safran-Krustentier-Jus und provenzalischem Püree.

Mitte

€€–€€€ Frühstück tgl. 6.30–11.30, Dinner 18.30–22.30 Uhr | Charlottenstr. 49 | Tel. 030 20 33 63 63 | www.fischersfritzberlin.com | U 6 Französische Straße (240 B3)

Essen ■■■ Ambiente ■■□ Service ■■■

HUGOS

Kaninchen mit Kraut und Rüben oder Reh aus der Schorfheide: Sternekoch Eberhard Lange, Restaurantleiter Jan Schulze Köhling und Sommelier Man-

In der Nähe des Hauptbahnhofs lockt das Paris-Moskau mit regionalen Spezialitäten

fred Welter vertrauen auf regionale Produkte, die nach den besten Standards internationaler Küche verarbeitet werden. Die angeschlossene Weinstube ist eine der hochgelobten in Berlin.

Tiergarten

€€€ Restaurant Di–Sa 18.30–22.30 Uhr, Weinbar 15–22.30 | Budapester Str. 2 (Hotel Intercontinental) | Tel. 030 26021263 | www.hugos-restaurant.de | U 1, 2, 3 Wittenbergplatz (238 C5)

Essen ■■■ Ambiente ■■■ Service ■■■

LORENZ ADLON ESSZIMMER

Das Lokal von Henrik Müller ist erste Adresse für Gourmets in der Stadt. Die Berliner Restaurant-Rangliste setzte das Esszimmer 2016 bereits zum zweiten Mal in Folge an die Spitze. Der mit zwei Michelin-Sternen ausgezeichnete Müller und sein Team servieren im Adlon Kempinski europäisch inspirierte Küche. Aufs Geld schauen sollte man an einem Abend hier lieber nicht. Reservierung empfohlen.

Mitte

€€€ Mi–Sa 19–23.30 Uhr | Unter den Linden 77 | Tel. 030 22 61 19 60 | lorenzadlon-esszimmer.de | S, U Brandenburger Tor (240 A3)

Essen ■■■ Ambiente ■■■ Service ■■■

PARIS-MOSKAU

In dem alten Fachwerkhaus, das die Umbauten im Regierungsviertel knapp überlebt hat, wird seit vielen Jahren Gourmetküche der bodenständigen Art serviert, u. a. gibt es Havelzander auf »Himmel und Erde« mit gebratener Blutwurst von Küchenchef Robert Kettner. Ein Menü mit vier Gängen kostet 59 Euro.

Tiergarten

€€–€€€ Mittagstisch Mo–Fr 12–15, Dinner tgl. ab 18 Uhr | Alt-Moabit 141 | Tel. 030 3 94 20 81 | www.paris-moskau.de | U 55, S 5, 7, 75 Hauptbahnhof (239 E2)

Essen ■■■ Ambiente ■■□ Service ■■■

RUTZ RESTAURANT

☀ Sternekoch Marco Müller versteht es, Produkte aus der Region mit ungewöhnlichen Aromen zu besonderen Geschmackserlebnissen zu verbinden. Unter dem in der ersten Etage gelegenen Restaurant befindet sich die Rutz-Weinbar mit einem stolzen Sortiment. An lauen Sommerabenden sitzt man angenehm auf der ruhigen Terrasse.

Mitte

€€€ Di–Sa ab 18.30, Küche bis 22.30 Uhr | Chausseestr. 8 | Tel. 030 24 62 87 60 | www.rutz-weinbar.de | U 6 Naturkundemuseum, Oranienburger Tor (240 A1)

Essen ■■■ Ambiente ■■■ Service ■■■

SPINDLER

☀ Draußen fließt träge der Landwehrkanal, im Spindler dagegen schwingt Nicolas Gemin flink den Kochlöffel. Das Ambiente mit altem Holz und historischen Fliesen ist wunderbar. Die Speisen sind anspruchsvoll und lecker: Lamm mit Topinambur z. B., Zander mit Romanesco und Couscous oder Polenta mit Knollenziest.

Kreuzberg

€€–€€€ Mo–Fr Café 9–18, Restaurant tgl. ab 18.30, Sa/So Brunch 10–16, Tea Time 16–18 Uhr | Paul-Lincke-Ufer 43 | Tel. 030 69 59 88 80 | www.spindler-berlin.com | U 1, 8 Kottbusser Tor (241 E6)

Essen ■■■ Ambiente ■■■ Service ■■■

GRIECHISCH

ACH! NIKO ACH!

Traditionslokal auf dem Kurfürstendamm und ein Muss für alle Freunde der griechischen Küche. »Bei uns sitzt man quasi in der ersten Reihe, mit dem Blick direkt auf den Ku'damm«, sagt Inhaber Dimitrios Karafillidis.

Wilmersdorf

€€ *tgl. 12–24 Uhr | Kurfürstendamm 97–98 | Tel. 030 3 24 97 79 | www.achnikoach.de | U 7 Adenauerplatz, S 41, 42, 46 Halensee* (243 D1)

Essen ■■□ Ambiente ■□□ Service ■■□

Schon das Blau der Tischdecken und der Markise verrät's: Im Ach! Niko Ach! wird griechisch aufgetischt

BLAUE TISCHE

Inhaberin Monika Wasiek bietet in ihrem Restaurant mit dem ungewöhnlichen Namen einerseits bekannte griechische Speisen wie die deftige Moussaka. Andererseits wird man aber auch mit leichten, fleischfreien Gerichten wie dem Halloumi-Salat mit Honig und Walnüssen überrascht. Auf der Tageskarte stehen jeweils drei oder vier zusätzliche Gerichte, alle unter zehn Euro.

Neukölln

€ *Mi–Mo ab 18 Uhr | Friedelstr. 56 | Tel. 030 23 47 25 92 | www.blaue-tische.de | U 7, 8 Hermannplatz* (247 F2)

Essen ■■□ Ambiente ■□□ Service ■■□

PIKILIA

Gemütliche Taverna mit karierten Tischtüchern und Holzmobiliar. Das Essen ist landestypisch, Fisch und Lamm werden frisch zubereitet. Am besten bestellt man das wöchentlich wechselnde Menü mit Vorspeise, Hauptgericht und Dessert. Dazu werden gute griechische Weine serviert. Schöner Wintergarten,

☀ im Sommer essen die Gäste auf der Terrasse. Besser vorher reservieren.

Zehlendorf

€€ *Mo–Fr 16–24, Sa/So 12–24 Uhr | Spanische Allee 72 | Tel. 030 80 58 82 07 | www.pikilia.de | S 1 Schlachtensee* (230 A6)

Essen ■■■ Ambiente ■■□ Service ■■□

PRATIRIO

Das Restaurant erinnert nicht an die typische Einrichtung vieler griechischer Restaurants, denn es befindet sich in einer alten Tankstelle. Auf der Karte stehen teilweise orientalisch geprägte Speisen aus Zypern und natürlich griechische Klassiker wie Moussaka. Vielfalt wird hier großgeschrieben.

Charlottenburg

€–€€ *Mo–Fr 17–24 Uhr, Sa/So ab 12 | Knesebeckstr. 22 | Tel. 030 54 71 09 30 | www.pratirio.de | S Savignyplatz* (237 F5)

Essen ■■□ Ambiente ■□□ Service ■■□

GUT & SCHNELL

CHUPENGA

NEU Im für Mitte typischen hippen Interieur werden die »besten Burritos der Stadt« (Eigenwerbung) direkt vor den Augen der Gäste zubereitet, außerdem gibt es hausgemachte Limonade. Wer es fleischlos mag, bekommt vegetarische und vegane Alternativen angeboten. Auch für Menschen mit Gluten-Unverträglichkeit sind fast alle Menüs geeignet.

Mitte

€ *Mo–Fr 11.30–20 Uhr | Mohrenstr. 42 | Tel. 030 23936961 | www.chupenga.com | U2 Hausvogteiplatz* (240 B3)

Essen ■■□ Ambiente ■■□ Service ■■□

CURRY WOLF

Eine Spezialität des Geschäftsführers Matthias Wolf ist die Sauce mit dem bezeichnenden Namen »Opium« – laut Wolf macht sie süchtig. Der Berliner erfand sie vor Jahren im Urlaub in der Karibik, von dort lässt er sich das süßscharfe Gewürz liefern. Viele Kunden schwören darauf.

Charlottenburg

€ *Mo–Sa 9–22, So 11–22 Uhr | Rankestraße 36 | Tel. 030 2 14 02 62 | curry-wolf.de | U 1 Kurfürstendamm* (238 B5)

Essen ■■□ Ambiente ■■□ Service ■□□

GLÜCK TO GO

ÖKO Moment mal: Fast Food, das gesund ist? Das gibt es. Im Glück to go. »Alle Burger sind vegetarisch und vegan, ayurvedisch inspiriert und werden mit indischen Masalas gewürzt«, sagt Inhaberin Kirsten Peters. Anstelle von Weizen werden für die Brötchen Dinkel und Mungobohnen verwendet, und statt traditioneller Frikadellen gibt es vegetarische Gemüsepuffer. Die Anregungen für ihre Küche holte sich Kirsten Peters in einem indischen Kloster.

Kreuzberg

€€ *Mo–Sa 11–21, So 12–19 Uhr | Friesenstr. 26 | Tel. 030 89 62 02 52 | www.glueck-to-go.de | U 7 Gneisenaustraße* (246 C2)

Essen ■■■ Ambiente ■■■ Service ■■■

RÄUCHEREI GLUT & SPÄNE

ÖKO Glut und Späne hat einen festen Platz in der angesagten Markthalle Neun. Räuchermeister Michael Wickert räuchert den Fisch direkt am Stand. Fischwissenschaften hat er mal studiert, das kommt ihm jetzt zugute. Glut & Späne ist die erste nachhaltige Räu-

Bio und selbstgemacht sind im Witty's auch die Currywurst und die Fritten

cherei in Berlin, denn Fisch, der als bedroht eingestuft wurde, gibt's hier nicht.

Kreuzberg

€ tgl. wechselnde Öffnungszeiten, s. Website | Eisenbahnstr. 42/43 | Tel. 0163 256 42 16 | www.glutundspaene.de | U 1 Görlitzer Bahnhof (248 A2)

Essen ■■■ Ambiente ■■□ Service ■■■

INSIDER TIPP SOUP ART

ÖKO Suppen gehen immer, erst recht, wenn sie täglich frisch zubereitet werden. Im Soup Art sind sie noch dazu auch vegetarisch oder vegan zu haben, selbst für Allergiker findet sich immer eine Lösung. Alle zwei bis drei Wochen wechselt das Angebot. ☀ Wenn das Wetter schön ist, sitzt man auf der Gartenterrasse und lässt sich dort sein Essen schmecken.

Wedding

€ Mo–Fr 11–16 Uhr | Liebenwalder Str. 11 | Tel. 030 45 97 68 59 | www.soup-art.de | U 9 Nauener Platz (233 D2)

Essen ■■□ Ambiente ■■□ Service ■■□

WITTY'S ORGANIC FOOD

ÖKO Witty's Organic Food, ein gut besuchter Kiosk am Wittenbergplatz, ist ein zertifizierter Biolandbetrieb. Sogar das Bier, das man hier ausschenkt, wurde Prüfungen unterzogen. Aber auch Buletten und Currywurst lassen sich mit gutem Gewissen verspeisen. Sie sind selbst produziert.

Schöneberg

€ Mo–Do 11–21.30, Fr/Sa 11–22, So 12–20.30 Uhr | Wittenbergplatz, Ecke Ansbacher Str. | Tel. 030 2 11 94 94 | www.wittys-berlin.de | U 1–3 Wittenbergplatz (238 C5)

Essen ■■■ Ambiente ■□□ Service ■■□

IBERISCH

EL BORRIQUITO

Seit den 70ern gibt es das Restaurant, beliebt ist es bei alteingesessenen spanischstämmigen Berlinern. Besitzer José Antelo García mag es bodenständig, auf der Karte stehen neben Fisch- auch viele Grillfleischgerichte. Zur Begrüßung wird ein Glas Sherry gereicht.

Charlottenburg

€€ tgl. 18–5 Uhr | Wielandstraße 6 | Tel. 030 3 12 99 29 | www.el-borriquito.de | U 7 Wilmersdorfer Straße (237 F6)

Essen ■■□ Ambiente ■■□ Service ■■□

CARLOS CARAVELA

Fast könnte man meinen, am Meer zu sein. Denn das Carlos Caravela serviert beste Fischgerichte, Meeresfrüchte und Schalentiere – seit fast 20 Jahren am gleichen Standort und in gleich guter Qualität. Portugiesische Küche kann so leicht und raffiniert sein! Ein Highlight sind die Tapas. Geschmackvolle Einrichtung mit weiß gedeckten Tischen.

Schöneberg

€€ Mo–Sa 17–24 Uhr | Dickhardtstr. 27 | Tel. 030 8 52 26 60 | www.carlos-tapas.de | U 9 Friedrich-Wilhelm-Platz, S 1 Feuerbachstraße (244 B6)

Essen ■■■ Ambiente ■■□ Service ■■□

MARIONA

Wie wär's mal mit karamellisiertem Oktopus, Ente an Salat mit Birne oder getrüffeltem Rührei mit Pinienkernen? Hört sich gut an? Genauso schmeckt es auch. Im Mariona in der Skalitzer Straße serviert Inhaber Josep Troiano katalanische Küche. Die Karte wechselt fast täglich. Die Gerichte werden mit frischen saisonalen Produkten zubereitet.

Kreuzberg

€€ tgl. ab 18 Uhr | Skalitzer Str. 94b | Tel. 030 61 67 12 14 | www.mariona-berlin.de | U 1 Görlitzer Bahnhof (248 A3)

Essen ■■■ Ambiente ■■■ Service ■■□

BAR RAVAL

Tapas-Bar am Görlitzer Park. Auf der Karte stehen Spezialitäten wie Patatas bravas (Kartoffeln mit einer Knoblauchmayonnaise) oder Pimientos de padrón (gebratene Paprikaschoten mit Meersalz). Selbstverständlich kann der Gast auch spanische Tortillas bestellen. Schauspieler Daniel Brühl ist Mitinhaber und hin und wieder hier anzutreffen.

Kreuzberg

€–€€ So–Do 18–23, Fr/Sa 18–24 Uhr | Lübbener Str. 1 | Tel. 030 53 16 79 54 | www.barraval.de | U 1 Schlesisches Tor (248 A3)

Essen ■■■ Ambiente ■■■ Service ■■□

A TELHA

Portugiesische Küche von ihrer besten Seite: Klassiker wie Stockfisch mit gratiniertem Gemüse oder Fischspieß werden »im Ziegelstein« serviert. Als Vorspeise munden Tapas. Manchmal finden INSIDER TIPP **Fado-Abende** mit Drei-Gänge-Menü statt. Angenehm schlichte Einrichtung.

Wilmersdorf

€–€€ tgl. ab 17 Uhr | Holsteinische Str. 17 | Tel. 030 75 52 53 16 | www.restaurant-a-telha.de | U 3 Hohenzollernplatz (244 A2)

Essen ■■□ Ambiente ■□□ Service ■□□

TXOKOA

Ein junges spanisches Restaurant – und ja, natürlich werden hier Tapas serviert. Köstliche obendrein. Basis ist die baskische Küche, aber die Köche lassen viele kulinarische Einflüsse zu. Es gibt baskisches Entrecôte, gebratenes Hirschsteak (aus Brandenburg) oder pochierten Oktopus mit Zimt-Kartoffeln. Gemäß dem Konzept der spanischen Gastrobars sind die Preise moderat, Schweinebauch mit Pilzen gibt es z. B. für 7,90 Euro.

Neukölln

€–€€ Mo–Do 18–23, Fr/Sa 18–23.30 Uhr | Weserstr. 6 | Tel. 0157 87513568 | www.txokoa.de | U 7, 8 Hermannplatz (247 F2)

Essen ■■□ Ambiente ■■□ Service ■■□

INTERNATIONAL

CANTINA IM TAUSEND

Die Cantina versteckt sich im Hinterzimmer der angesagten Bar Tausend. Gäste erwartet hier eine wahrhaft internationale Küche: Es wird asiatisch-iberisch-amerikanisch gekocht. Küchenchef ist niemand Geringerer als Duc Ngo, Berliner mit vietnamesischen Wurzeln, der schon im asiatischen Spitzenrestaurant Shiro i Shiro Erlesenes auf die Teller zauberte.

Mitte

€€–€€€ Di–Sa ab 19.30 Uhr | Schiffbauerdamm 11 | Tel. 030 27582070 | U-/S-Bahn Friedrichstraße (240 A2)

Essen ■■■ Ambiente ■■■ Service ■■■

E.T.A HOFFMANN

Hier kann man sich auf einen Streifzug durch die moderne europäische Küche begeben. Der gebürtige Badener und seit den 80ern in Berlin kochende Thomas Kurt ist Inhaber und Küchenchef. Die Restaurantleiterin Heike Seebaum wurde als Berliner Maître 2011 ausgezeichnet. Entsprechend gelobt wird von Gästen sowohl Küche als auch Service in dem Restaurant. Auf der Karte findet man Fünf-Gänge-Menüs, unter anderen Taubenbrust und die von den Gästen hochgelobten Jakobsmuscheln.

Kreuzberg

€€€ Mi–Mo ab 17 Uhr | Yorckstraße 83 | Tel. 030 78098809 | www.restaurant-e-t-a-hoffmann.de | U 6, 7 Mehringdamm (246 B1)

Essen ■■■ Ambiente ■■□ Service ■■■

FABRICS

Das schrille Pop-Art-Design des Nhow-Hotelrestaurants am Osthafen lenkt erst mal vom Essen ab, aber wenn sich das Auge an den bunten Stilmix des Designers Karim Rashid gewöhnt hat, rückt das Essen wieder in den Vordergrund. Hummerravioli, Filet vom Winterkabeljau oder getrüffelte Brust vom Schwarzfederhuhn – Chefkoch Patrick Rexhausen weiß die Gäste gekonnt zu verwöhnen. Das hat allerdings seinen Preis. Gute Weinauswahl.

Friedrichshain

€€–€€€ Frühstück Mo–Fr 6.30–10.30, Sa/So 6.30–12, Dinner Mo–Sa 18–23 Uhr | Stralauer Allee 3 | Tel. 030 2902994107 | www.nhow-hotels.com | U 1, S 5, 7, 75 Warschauer Straße (248 B2)

Essen ■■■ Ambiente ■■■ Service ■■□

GENDARMERIE

Dieses Restaurant ist in die Räume einer ehemaligen Bank eingezogen. Gleich wenn man eintritt, fällt der Blick auf ein imposantes Holzrelief: Mit einem Format von 14 x 5 m stellt das »Bacchanal« das größte Kunstwerk dieser Art dar. Nicht minder beeindruckend ist hier die Speisekarte, auf der etwa hausgemachte Bratwürste, weißer Heilbutt oder perfekt gegarte Lammkoteletts zu finden sind. Zu vorgerückter Stunde lockt ein weiteres Highlight – dann werden an der 17 m langen Bar Cocktails gemixt.

Mitte

€€€ *tgl. 11–2, Küche 12–24, Mittagstisch 12–15 Uhr | Behrenstr. 42 | Tel. 030 76 77 52 70 | www.gendarmerie-berlin.de | U 6 Französische Straße* (240 B3)

Essen ■■■ Ambiente ■■■ Service ■■■

GRACE

Schön und edel wie zu besten West-Berliner Zeiten: Das geschmackvoll eingerichtete Restaurant Grace im Hotel Zoo am Kurfürstendamm zeigt, wie sexy dieser Teil der Stadt wieder ist. Und das Essen wird nicht nur kunstvoll angerichtet, sondern schmeckt auch. Im Grace kann man außerdem wunderbar frühstücken, das Büfett kostet 27 Euro pro Person, reservieren ist nicht nötig.

Tiergarten

€€ *Di–Sa ab 19 Uhr | Kurfürstendamm 25 | Tel. 030 8 43 77 50 | www.grace-berlin.com | U 1, 9 Kurfürstendamm* (238 A5)

Essen ■■□ Ambiente ■■■ Service ■■■

INDUSTRY STANDARD ★

Schweinebauch, Knochenmark, Foie gras – dieses Restaurant ist definitiv französisch inspiriert. Doch es sind auch andere Einflüsse spürbar. So gibt es z. B. Matjeshering oder Orientalisches. Als Barsnacks werden Soleier, Gewürzgurken oder Schweinezunge auf Toast serviert. Kulinarik auf gehobenem Niveau, die dennoch wunderbar geerdet ist. Experimentierfreudige wagen sich an den INSIDER TIPP Blutkuchen mit Spiegelei!

Neukölln

€€–€€€ *Mi–So 18–23 Uhr | Sonnenallee 83 | Tel. 030 62 72 77 32 | www.industry-standard.de | U 7 Rathaus Neukölln* (248 B5)

Essen ■■■ Ambiente ■■■ Service ■■■

Draußen phänomenale Aussicht und innen schrilles Design: Fabrics

SAGE RESTAURANT

Industriearchitektur trifft auf Pizza und Bachsaibling: In einem riesigen Backsteinbau direkt an der Spree breitet sich eine Restaurantlandschaft aus, die zwischen gehobener Gastronomie und Stammtisch changiert. Je nachdem, wie viel Zeit und Geld Sie mitbringen, haben Sie die Wahl zwischen einfachen Pizzen und feinen Drei-Gänge-Menüs aus der kreativen Küche dieser angesagten Kreuzberger Lokalität. Schöne Kaminlounge für Raucher. Im Sommer lassen sich die Kreationen auch auf der Strandterrasse direkt am Wasser genießen.

Kreuzberg

€€ *Di–So ab 18, Strand u. Strandpavillon im Sommer tgl. ab 14 Uhr | Köpenicker Str. 18–20 | Tel. 030 75549 4071 | www.sage-restaurant.de | U 1 Schlesisches Tor* (241 F4)

Essen ■■■ Ambiente ■■■ Service ■■□

ITALIENISCH

AIDA

Feine italienische Küche in elegantem Ambiente. In der warmen Jahreszeit nimmt man Platz auf der Sonnenterrasse. Täglich zwischen 12 und 16 Uhr gibt es ein zweigängiges Businesslunch für zehn Euro, inklusive Espresso.

Charlottenburg

€€–€€€ *Mo–Sa 11.30–24, So 16–24 Uhr | Knesebeckstr. 83 | Tel. 030 31806750 | www.aida-restaurant.de | S 5, 7, 75 Savignyplatz* (237 F5)

Essen ■■■ Ambiente ■■■ Service ■■■

BOSCO

Mitten im Wrangelkiez wird beste italienische Kochkunst zelebriert. Mit duftenden Trüffeln, zarten Kalbsbäckchen, saftigem Vitello tonnato, würzigem Gorgonzola-Risotto. Sonntag bis Diens-

Mit Strandterrasse an der Spree: das Sage Restaurant

tag kann das INSIDER TIPP Bosco-Team auch nach Hause bestellt werden – telefonisch anfragen.

Kreuzberg

€€ Mi–Sa 19–24 Uhr | Wrangelstr. 42 | Tel. 030 69 56 70 79 | www.boscoberlin.com | U 1 Schlesisches Tor (248 B3)

Essen ■■■ Ambiente ■■■ Service ■■■

GRÜNFISCH

ÖKO Im angesagten Graefekiez ist die Konkurrenz groß. Küchen aller Länder buhlen hier um Gäste. Der Grünfisch kann da gut mithalten und bietet italienische Küche mit asiatischen Anklängen: gegrillte Jakobsmuscheln mit Garnelen auf Kohlrabicarpaccio beispielsweise. Aber auch Sauerbraten vom Seeteufel mit Anismöhren und Sellerie-Kartoffelpüree bekommt man in hervorragender Qualität. Die Eigentümer des Restaurants sind ein Berliner mit vietnamesischen Wurzeln und ein Sizilianer. INSIDER TIPP Hauseigener Biowein.

Kreuzberg

€€ Mo–Sa 18–24, Küche bis 23 Uhr | Graefestr. 26a | Tel. 030 61 62 12 52 | www.gruenfisch.de | U 7 Südstern (247 E1)

Essen ■■■ Ambiente ■■□ Service ■■□

LAVANDERIA VECCHIA

Mehr Waschküche als Küche: Dieser Eindruck drängt sich den Gästen beim Betreten auf, denn die Trattoria befindet sich in einem ehemaligen Wäschereibetrieb. Daran erinnert bewusst die Inneneinrichtung, Laken trennen die Tische voneinander. Abends wird ordentlich aufgetischt, das mehrgängige Menü kostet 58 Euro pro Person. Weit günstiger ist der Mittagstisch: Vor-, Haupt- und Nachspeise gibt es schon für insgesamt zehn Euro.

Neukölln

€–€€€ Mittagstisch Mo–Sa 12–14.30 Uhr, Abendmenü ab 19.30 Uhr | Flughafenstraße 46 | Tel. 030 62 72 21 52 | lavanderiavecchia.wordpress.com | U 8 Boddinstraße (248 A5)

Essen ■■■ Ambiente ■■□ Service ■■□

MONDO SARDO

Die sardische Prägung macht dieses Restaurant zu einem ganz besonderen Italiener. Vor allem der täglich frische und in einer Kühlvitrine präsentierte Fisch ist ein Genuss. Aber auch die mit einer eigenen Note versehenen italienischen Klassiker. Gereicht wird dazu sardischer Wein.

Prenzlauer Berg

€–€€ tgl. ab 17 Uhr | Winsstr. 1 | Tel. 030 95 59 05 05 | Tram 2 Prenzlauer Allee/Metzer Straße (235 E5)

Essen ■■□ Ambiente ■■□ Service ■■□

NUDO

Jeden Abend wird ein anderes Vier-Gänge-Menü für 28 Euro pro Person serviert. Dabei gibt es auch immer eine vegetarische Alternative. Gäste schätzen hier die entspannte Atmosphäre und das feine Essen. Man fühlt sich wie bei Freunden.

Kreuzberg

€€ tgl. ab 18.30 Uhr | Lausitzer Platz 10 | Tel. 030 61 07 43 23 | www.nudoberlin.de | U 1 Görlitzer Bahnhof (241 F5)

Essen ■■□ Ambiente ■■■ Service ■■□

LA PECORA NERA

Die Trattoria La Pecora Nera verwandelt den Herrfurthplatz in eine italienische Piazza. Tolles Flair und ebensolche Speisen. Täglich zwischen 18 und 20 Uhr ist Spritz Happy Hour (Spritz-Aperol für

2,50 Euro). INSIDER TIPP Jeden Dienstag werden fleischfreie Pasta serviert, jeden Freitag marktfrischer Fisch.

Neukölln

€€ Di–So ab 18, Küche bis 23 Uhr | Herrfurthplatz 6 | Tel. 030 68 83 26 76 | www.pecoraberlin.de | U 8 Boddinstraße (247 E4)

Essen ■■■ Ambiente ■■□ Service ■■■

SIGISMONDO

Inhaber Salvatore stammt aus Neapel. Schon als Kind hat er in der Salumeria – das ist ein Wurstwarengeschäft – seines Onkels und seiner Oma mitgeholfen. Im Prenzlauer Berg hat er einen Feinkostladen eröffnet, in dem frische Wurstspezialitäten, Antipasti, Käse, Pasta und feinster Kaffee zu bekommen sind. Wechselnder Mittagstisch mit Suppen, drei Pastagerichten und verschiedenen Salaten.

Prenzlauer Berg

€€ Mo–Fr 8–19, Sa 9.30–18, Mittagstisch Mo–Sa 12–16 Uhr | Kopenhagener Str. 6 | Tel. 030 81 70 01 32 | www.barsigismondo.com | U-/S-Bahn Schönhauser Allee (234 C2)

Essen ■■■ Ambiente ■■□ Service ■■■

VINO & BASILICO

Hier wird nicht nur Belegtes zum Mittag serviert und abends gibt es Pasta und Fisch – hier kann man auch frühstücken. Die drei Restaurantinhaber kommen aus Ligurien, dort betreiben sie ebenfalls zwei Restaurants. Ausgerechnet am italienischen Strand hatten sie die Idee, ein Lokal in Berlin zu eröffnen. Und so bringen die drei etwas Bella Italia in die deutsche Hauptstadt. Auch zum Mitnehmen übrigens, denn es werden zudem Weine und Feinkost wie Pesto und Olivenöl verkauft.

Mitte

€€ Mo–So 8–1 Uhr | Tucholskystr. 18/20 | Tel. 030 27 87 88 85 | S 1, 2, 25 Oranienburger Straße (240 B1)

Essen ■■■ Ambiente ■■□ Service ■■□

LATEINAMERIKANISCH

OJO DE AGUA

Warum nicht: Ein Schweizer eröffnet ein argentinisches Restaurant in Berlin. Konzeptkünstler Dieter Meier weiß genau, was er tut. Denn es ist nicht sein erstes Restaurant, nur eben sein erstes in Berlin. In argentinischem Ambiente werden erlesene ÖKO Bioweine und bestes argentinisches Fleisch serviert.

Wilmersdorf

€€–€€€ Mo–Do 17–23, Fr–So ab 11 Uhr | Ludwigkirchstr. 10a | Tel. 030 88 62 56 14 | www.ojodeagua.de | U 3, 9 Spichernstraße (244 A1)

Essen ■■□ Ambiente ■■■ Service ■■□

SUDAKA

Allen, denen der bekannte Fernsehkoch Chakall ein Begriff ist, sei ein Besuch in dessen südamerikanischen Lokal empfohlen – allen anderen natürlich auch. Auf dem Grill werden dicke Fleischscheiben auf den Punkt geröstet, dazu, davor oder danach gibt es Ceviche amazónico – einen Fisch, der auf einer Schiefertafel mit dünnen Zwiebeln, Chili, Mangowürfeln, Limetten und Koriander serviert wird. Bunt wie die Speisen ist auch das Ambiente: ein Ausflug nach Südamerika, mit feuriger Musik und guter Laune.

Schöneberg

€€ Di–Do 18–23, Fr–Sa 17–24 Uhr | Goltzstr. 36 | Tel. 030 21 91 31 78 | www.sudaka.de | U 7 Eisenacher Straße (245 D1)

Essen ■■□ Ambiente ■■□ Service ■■□

TIN TAN

NEU Das mexikanische Restaurant hatte als »Papalotl« bis Ende 2015 seinen Sitz in Prenzlauer Berg, jetzt ist es nach Mitte umgezogen, man setzt nun auf Mexican-Street-Food-Kultur. Authentische Küche jenseits von Fast Food im Texmex-Style gibt es hier weiterhin – etwa in Milch eingelegtes Rindfleisch und die Taco Alambres mit Kaktus. Die Tortillas werden frisch zubereitet, sehr zu empfehlen ist die Guacamole.

Mitte

€ *Mo–Fr 11–23, Sa 16–23 Uhr | Chausseestraße 124 | Tel. 030 28 09 62 23 | facebook.com/tintan.berlin.taqueria* | U 6 Naturkundemuseum (234 A6)

Essen ■■■ Ambiente ■■□ Service ■□□

MITTAGSTISCH

BLUTWURST-MANUFAKTUR

Marcus Benser nennt sich stolz Blutwurstritter: Mit der Wurst aus der Neuköllner Fleischerei werden Spitzenrestaurants der Stadt beliefert, auch in der Kochshow von Tim Mälzer war Benser schon zu Gast. Es gibt eine täglich wechselnde Mittagskarte, auf der die Blutwurst aber in der Regel gar nicht auftaucht. Die Spezialität kann man sich nach Hause mitnehmen.

Neukölln

€ *Mo–Fr 8–18, Sa 8–13 Uhr | Karl-Marx-Platz 9–11 | Tel. 030 6 87 20 04 | www.blutwurstmanufaktur.de | S, U Neukölln* (248 B6)

Essen ■■□ Ambiente ■□□ Service ■□□

FLEISCHEREI BÜNGER

ÖKO Lammbraten, Roastbeef in Kräuterkruste oder der knusprige Jungschweinerücken – alles, was hier zur Mittagszeit angeboten wird, lässt sich auch für zu Hause kaufen. Alle Produkte, das Fleisch und die Wurst, gibt es hier in Neuland-Qualität. Das Mittagsangebot wechselt täglich, jeweils drei Gerichte stehen auf der Karte, alle für unter 6 Euro.

Wilmersdorf

Die Spezialität aus der Blutwurst-Manufaktur kommt in vielen Berliner Lokalen gut an

€ Mo–Fr 8.30–18.30, Sa 8–13.30, Küche ab 11.30, Mittagstisch Mo–Fr 11–14 Uhr | Westfälische Str. 53 | Tel. 030 8 91 64 32 | www.fleischerei-buenger.de | S 41, 42, 46 Halensee (242 C1)

Essen ■■□ Ambiente ■□□ Service ■■□

FLEISCHEREI GOTTSCHLICH

Bereits in sechster Generation wird der Prenzlauer Berger Familienbetrieb geführt, die Fleisch- und Wurstwaren stammen aus eigener Herstellung. Für Freunde deftiger Mittagsgerichte.

Prenzlauer Berg

MEINE STADT

▶ Die Berliner Gastronomen haben sich ein Dankeschön verdient: Nach dem Zweiten Weltkrieg wollten diese nämlich an das Berlin der 1920er-Jahre anknüpfen und der Stadt wieder zu einem richtig anständigen Nachtleben verhelfen. Daher brachten sie den Wunsch bei den Alliierten vor, ihren Gästen möglichst lange Öffnungszeiten bieten zu dürfen. Diese willigten ein und bis heute ist in Berlin das Abfeiern ohne Ende angesagt.

€ Mo–Fr 8–18, Sa 8–13 Uhr | Prenzlauer Allee 219 | Tel. 030 4 42 57 75 | www.fleischerei-gottschlich.de | Tram 2 Marienburger Straße (235 E5)

Essen ■■□ Ambiente ■□□ Service ■□□

HUMMUS & FRIENDS

NEU 1993 eröffnete das erste Café der Franchise-Kette in der Jerusalemer Altstadt, seit August 2015 gibt es nun auch eine Niederlassung in Berlin. Die auf püriertem Kichererbsen basierende Speise Hummus ist eine der Hauptgrundlagen der israelisch-arabischen Küche, außerdem gibt es im Friends u. a. Quinoa-Kichererbsenbällchen und Aubergine in Tahina. Alle Gerichte sind koscher und vegetarisch.

Mitte

€–€€ tgl. ab 9.30 Uhr | Oranienburger Str. 27 | Tel. 030 55 47 14 54 | www.hummus-and-friends.com | S 1, 2, 25 Oranienburger Straße (240 B1)

Essen ■■□ Ambiente ■■□ Service ■■□

DIE MAULTASCHE

Finja Rosebrock, die Chefin in der Maultasche, serviert schwäbische Küche mit original schwäbischen Produkten. Ein Highlight auf der Karte sind die geschmälzten Maultaschen mit Spinat und Hackfleisch, dazu gibt's Kartoffelsalat.

Mitte

€ Mo–Sa 11–22, So 12–18 Uhr | Charlottenstr. 35/36 | Tel. 030 31 01 16 86 | www.die-maultasche.de | U 6 Französische Straße (240 B3)

Essen ■■□ Ambiente ■□□ Service ■■□

MICHELBERGER

ÖKO Die neu entstandene Mediaspree ist Anziehungspunkt für viele junge Menschen. Ganz in der Nähe zu MTV hat das Hotelrestaurant Michelberger eröffnet, in dem regelmäßig Musiker und Künstler absteigen, sodass man mit Glück ein spontanes Unplugged-Konzert zu hören bekommt oder einen Star in der Lobby sitzen sieht. Die Mittagskarte bietet saisonale und regionale Speisen, sie wechselt wöchentlich, gekocht wird vegetarisch und vegan, stets mit wenig Weizen und Milchprodukten.

Friedrichshain

€€ Frühstück Mo–Fr 7–11, Sa/So 8–12, Mittag Mo–Fr 12–15, Abendessen Di–So 19–23 Uhr | Warschauer Str. 39–40 | Tel. 030 29 77 85 90 | www.michelberger hotel.com | U 1, S 5, 7, 75 Warschauer Straße (248 B2)

Essen ■■□ Ambiente ■■□ Service ■■□

NAZUNA

Im Nazuna kommen sowohl japanische Delikatessen als auch typische Alltagsgerichte auf den Tisch; alle Speisen gibt es auch zum Mitnehmen. Rettich und Schwarzwurzel sind beliebte Zutaten für die herzhaften Gerichte. Zum Nachtisch gibt's kleine Küchlein. Auf Bestellung werden auch mehrstöckige Torten angefertigt.

Tempelhof

€ Mo–Fr 12–20, Sa 12–18 Uhr (jeden 3. Sa im Monat geschl.) | Tempelhofer Damm 209 | Tel. 0176 34 05 02 09 | www.nazuna-berlin.com | U 6 Kaiserin-Augusta-Straße (231 D5)

Essen ■■□ Ambiente ■■□ Service ■■□

ÖLWEIDE BIOBISTRO

ÖKO Egal, ob vor oder nach dem Einkauf oder aber über Mittag: Für die Bewohner des Kurfürstenstraßenkiezes ist das Ölweide Biobistro eine feste Adresse, an der man eine leckere Pause einlegen kann. Zur Mittagszeit kommen Suppen und Salate aus gesunden Zutaten auf den Tisch, die man bei schönem Wetter auch draußen genießen kann.

Tiergarten

€ Mo–Fr 9–17, Mittagstisch Mo–Fr 11–15 Uhr | Pohlstr. 61 | Tel. 0163 2 33 10 06 |

Die Maultasche – ein kulinarischer Ausflug ins Schwabenländle

Die Fischerhütte am Schlachtensee hat einen sehr beliebten Biergarten

www.facebook.com/bio.bistro.oelweide | U 1 Kurfürstenstraße (239 E6)

Essen ■■□ Ambiente ■■□ Service ■■□

PIEROGARNIA
Piroggen, also kleine gefüllte Teigtaschen, sind die Spezialität des Restaurants von Lidia Kozlowska. Neben vielen herzhaften gibt es auch es auch süße Varianten. Zusätzlich stehen hier polnische Gerichte wie Kohlrouladen und täglich frische Suppen auf der Karte. Gelegentlich finden im Restaurant auch INSIDER TIPP Konzerte statt.
Wedding
€ Di–Sa 16–22 Uhr | Turiner Str. 21 | Tel. 030 89626927 | www.pierogarnia.de | U 8, 9 Leopoldplatz (233 D3)

Essen ■■■ Ambiente ■■■ Service ■■□

INSIDER TIPP **TSCHÜSCH**
ÖKO Der Koch stammt aus Nord-Indien und hat sich auf vegetarische, zumeist sogar vegane Gerichte spezialisiert. Dal-Suppe ist hier zu haben oder Banana Curry mit Kartoffeln und Erbsen, alles fein mit original indischen Gewürzen abgeschmeckt. Dazu trinkt man einen der vielen Mate-Tees, einen Bio-Hanf-Tee oder Kaffee.

Neukölln
€ *Di–Fr 12–15 und 17–22, Sa/So 15–22 Uhr | Fuldastr. 12 | Tel. 030 54 48 44 14 | www.tschuesch.de | U 7 Rathaus Neukölln* (248 A5)

Essen ■■□ Ambiente ■■□ Service ■□□

WATERLILY

Auch im Waterlily stehen Gerichte für Veganer auf der Karte. Aber Fleischesser sind ebenso gerne gesehen: Durch die offene Küche kann man beim Grillen des Rindfleischs zusehen, dazu gibt es Reisnudeln mit Limonen-Fisch-Sauce. Alle Speisen kommen ohne Glutamat aus.

Friedrichshain
€ *Mo, Sa 17–22.30, Di–Fr, So 12–22.30, Mittagstisch 12–17 Uhr | Karl-Marx-Allee 113 | www.waterlily-berlin.de | Tel. 030 31 17 25 52 | U 5 Weberwiese* (231 E3)

Essen ■■■ Ambiente ■□□ Service ■■□

OPEN AIR

ALTER DORFKRUG LÜBARS

Einer der schönsten Biergärten im Berliner Norden. Wanderer und Radler vergessen hier die Großstadtnähe und können bei bayerischen und Berliner Schmankerln rasten – inklusive Ziegengemecker, wie es sich auf dem Land eben gehört. Bier vom Fass, Schorle und Brezeln machen die Ausflügler wieder fit für die Weiterfahrt durch das Tegeler Fließ.

Reinickendorf
€€ *Do–So 12–22 Uhr | Alt-Lübars 8 | Tel. 030 92 21 02 30 | www.gasthof-alter-dorfkrug.de | Bus 222 Alt-Lübars* (253 D3)

Essen ■■□ Ambiente ■■■ Service ■■□

DECKSHAUS

Auf schwankenden Planken gegenüber der holländischen Botschaft im Historischen Hafen sitzen – mit Blick auf die schöne Fischerinsel und etliche weitere Botschaften. »Jeseniky« heißt der betagte Heckradschlepper mit Kombüse, aus der den Gästen warme Sprotten, Matjes, Buletten, Bier und Kaffee serviert werden. Gerade bei gutem Wetter urgemütlich!

Mitte
€–€€ *tgl. 12–20 Uhr | Märkisches Ufer 1, Ecke Fischerinsel | Tel. 030 21 79 14 04 | www.deckshaus.de | U 2 Märkisches Museum* (241 D3)

Essen ■■□ Ambiente ■■■ Service ■■□

EMILS BIERGARTEN

Vom Anfang des 20. Jhs. bis zum Ende der DDR befand sich auf dem Gelände eine von Emil Willner gegründete Brauerei. Danach gab es Teilabrisse, viele Jahre einen regelmäßigen Flohmarkt – und seit 2012 nun »Emils Biergarten«. Im Sommer sitzt man hier auf Bänken oder gemütlichen Sonnenliegen, Stärkung gibt es in der hauseigenen Pizzeria. Die angeschlossenen Gebäude der alten Willner-Brauerei werden kulturell genutzt, auch für Events.

Pankow
€ *April–Okt. bei schönem Wetter ab 15, sonst ab 17 Uhr | Berliner Straße 80–82 | www.wbb-pankow.de | U 2 Vinetastraße* (235 D1)

Essen ■■□ Ambiente ■■■ Service ■□□

DIE FISCHERHÜTTE AM SCHLACHTENSEE

Idyllisch gelegenes Refugium mit Biergarten am beliebten Badesee. Die Küche hebt sich angenehm vom Ausflugsgaststätten-Einerlei ab, unter anderem gibt es Backhendl. Große Sonnensegel sorgen auf der Terrasse für Schatten. Auf dem Spielplatz können Kinder toben. Im Biergarten heißt es allerdings bei gutem Wetter Schlange stehen vor der Essensausgabe. Es gibt auch ein Restaurant mit regionaler Küche.

Zehlendorf

€€ *Biergarten tgl. ab 9 (im Sommer bis 22), Restaurant tgl. ab 10, Küche bis 23 Uhr | Fischerhüttenstr. 136 | Tel. 030 80 49 83 10 | www.fischerhuette-berlin.de | S 1 Mexikoplatz* (230 A5)

Essen ■■□ Ambiente ■■□ Service ■■□

HIMMELBEET

NEU ÖKO Der Wedding gilt nicht unbedingt als der grünste Stadtteil Berlins, im Himmelbeet-Areal nimmt man das aber schon ganz anders wahr. Auf rund 300 Hochbeeten bauen Kiezbewohner Gemüse und Obst an. Gedüngt werden die Beete mit Kaffeesatz – der seit dem Frühjahr 2015 auch aus dem neu eröffneten Café kommt. Hier gibt es neben dem Fair-Trade-Kaffee und Biolimonade auch Speisen mit Zutaten von den hauseigenen Beeten, zudem selbst gebackenes Brot. Frischer geht es im Wedding nirgends.

Wedding

€ *Di–Fr 16–20, Sa/So 12–20 Uhr | Ruheplatzstraße 12 | Tel. 0162 2 98 72 05 | www.himmelbeet.de | U 6, 9 Leopoldplatz* (233 D3)

Essen ■■□ Ambiente ■■■ Service ■□□

PRATER GARTEN

Einer der ältesten und größten Biergärten Berlins. Bei schönem Wetter sitzt man entspannt unter hohen, schattigen Bäumen bei Bier und Snacks.

Prenzlauer Berg

€ *Biergarten April–Sept. tgl. ab 12, Gaststätte Mo–Sa ab 18, So ab 12, Küche tgl. bis 23 Uhr | Kastanienallee 7–9 | Tel. 030 4 48 56 88 | www.pratergarten.de | U 2 Eberswalder Straße* (235 D4)

Essen ■■□ Ambiente ■■□ Service ■■□

SCHLEUSENKRUG

Gäste können beim Verzehr von Spareribs oder Salaten unter Bäumen den Ausflugsdampfern auf dem Landwehrkanal beim Schleusen zuschauen. Anstehen vor der Getränke- und Essensausgabe gehört bei schönem Wetter dazu. ÖKO Feinschmecker freuen sich über Grillfleisch mit Bioqualität.

Tiergarten

€€ *April–Okt. tgl. 10–23, Küche bis 21, Nov.–März Mo–Fr 11–18, Küche bis 17.30, Sa/So 10–19, Küche bis 18.30 Uhr | Müller-Breslau-Str./Tiergartenschleuse | Tel. 030 3 13 99 09 | www.schleusenkrug.de | U-/S-Bahn Zoologischer Garten* (238 B4)

Essen ■■□ Ambiente ■■□ Service ■□□

SPREEARCHE

Uriges Blockhaus auf einem Floß ganz in der Nähe des Müggelsees. Hier kann man herrlich den Tag unter freiem Himmel vertrödeln oder nach einem Spaziergang am Ufer der Müggelspree auf einen Kaffee und leckeren Kuchen einkehren. Von Friedrichshagen kommend durchquert man den Spreetunnel, dann ca. 100 m rechts halten bis zum Anleger.

Friedrichshagen/Köpenick

€€ *April–Okt. tgl. ab 12, Nov.–März Sa/So ab 12 Uhr und nach Vereinbarung | Müggelschlößchenweg | Tel. 0172 3 04 21 11 | www.spreearche.de | Tram 60, 61 Müggelseedamm/Bölschestraße* (253 E4)

Essen ■■□ Ambiente ■■■ Service ■■□

Die Getränke- und Essensausgabe des Schleusenkrugs direkt am Landwehrkanal

VILLA RIXDORF

»In Rixdorf ist Musike ...«, so beginnt ein Gassenhauer. Bis heute verströmt der Neuköllner Kiez noch echtes Dorfflair und die Villa Rixdorf mit ihrem schönen Biergarten fügt sich da perfekt ein. Legendär: die Riesenpizza (Durchmesser 1 m!).

Neukölln

€ tgl. 11–1 Uhr | Richardplatz 6 | Tel. 030 68 08 60 00 | www.villa-rixdorf.com/villa | U 7 Karl-Marx-Straße (248 B6)

Essen ■■□ Ambiente ■■■ Service ■□□

ORIENTALISCH

AL ANDALOS

Der Name soll an die arabisch geprägte Epoche Spaniens erinnern. Auf der Speisekarte stehen viele vegetarische Speisen, z. B. Falafel. Besonders beliebt ist bei vielen Stammkunden das Schawarma-Fleisch. Bei Studenten im Kiez erfreut sich der Laden, wohl auch wegen der üppigen und preiswerten Portionen, einer sehr großen Beliebtheit.

Neukölln

€ tgl. 9–2, Sa. bis 3 Uhr | Sonnenallee 40 | Tel. 0174 2 62 14 15 | U 7, 8 Hermannplatz (247 F2)

Essen ■■■ Ambiente ■□□ Service ■■□

KASBAH

Ein Hauch von Moschus liegt in der Luft, dazu duftet das mit vielen frischen Kräutern gewürzte Essen aus der marokkanisch-arabischen Küche. Couscous gibt es in vielen Varianten, Tajines und Blätterteigspezialitäten schmecken hervorragend. Dazu passt das orientalische Interieur des Lokals. Vor dem Essen werden die Hände der Gäste in Zitronenwasser getaucht.

Mitte

€ Di–So 18–24 Uhr | Gipsstr. 2 | Tel. 030 27 59 43 61 | www.kasbah-berlin.de | U 8 Weinmeisterstraße (240 C1)

Essen ■■□ Ambiente ■■□ Service ■■□

AL MUNDO

Willkommen im Libanon heißt es hier mit Halloumi an Blattsalaten, mit Hackfleisch gefüllten Kafta-Rollen, arabischen Lammwürstchen oder Hummus. Dazu passt am besten frischer Minztee. Freundlicher deutsch-arabischer Familienbetrieb, der neben der orientalischen Küche auch mediterrane Gerichte serviert. Gemütliche Atmosphäre.

Charlottenburg

€–€€ Mo–Fr 16–24, Sa/So 10–24 Uhr | Horstweg 5 | Tel. 030 32 67 93 18 | www.al-mundo.de | U 2 Sophie-Charlotte-Platz (236 C4)

Essen ■■□ Ambiente ■■□ Service ■■□

DER PHÖNIZIER

Die Vielfalt der libanesischen Küche wird beim Phönizier zur echten Offenbarung. Verschiedene Köstlichkeiten wie Schawarma, Halloumi, Falafel oder Makali können hier in Kombination bestellt werden, etwa das reichhaltige Tellergericht mit Brot, Reis, Hummus, verschiedenen Saucen, Salat und Knoblauch für 7 Euro.

Prenzlauer Berg

€–€€ So–Mi 12–24, Do–Sa 12–1 Uhr | Eberswalder Str. 34 | Tel. 0175 4 20 86 67 | www.der-phoenizier.de | U 2 Eberswalder Straße (234 C4)

Essen ■■□ Ambiente ■□□ Service ■□□

WOLFF & EBER

NEU Definitiv eine der INSIDER TIPP ungewöhnlichsten Neueröffnungen orientalischer Küche im Jahr 2016: Oder haben Sie schon mal von märkisch-syrischer Küche gehört? Im Wolff & Eber gibt es sie, Küchenchef Hadi Nsreeny aus Aleppo vereint arabische Kochkunst mit lokalen und saisonalen Zutaten aus Brandenburg. Unbedingt probieren sollte man eines der zahlreichen Wildgerichte – und die orientalischen Vorspeisen.

Wilmersdorf

€€ Di–Do 18–23, Fr/Sa 18–24, So 18–23 Uhr | Kulmbacher Str. 15 | Tel. 030 68 81 10 18 | www.wolffundeber.de | U Spichernstraße (244 B1)

Essen ■■■ Ambiente ■■□ Service ■■■

RUSSISCH

BM BAR

Ein riesiges Restaurant auf zwei Etagen mit drei Küchen und einer schönen Bar. Serviert werden Borschtsch oder Blinis als Vorspeise und als Hauptgang etwa Bœuf Stroganoff oder Wiener Schnitzel. Echten russischen Stör-Kaviar *(25 Gramm für 57 Euro)* bekommen Sie hier auch.

Mitte

€€–€€€ Mo 10–18, Di–Do, So 10–23, Fr/Sa 11.30–ca. 5 Uhr | Unter den Linden 52 | Tel. 030 20 05 89 68 | www.berlinmoscow.net | U 55, S 1, 2, 25 Brandenburger Tor (240 A3)

Essen ■■□ Ambiente ■■□ Service ■■□

GORKI PARK

Besonders im Winter wird es im Gorki Park richtig gemütlich. Wenn es draußen frostig ist, schmecken die hausgemachten Pelmeni-Teigtaschen, Blini mit unterschiedlichen Füllungen oder Pfannkuchen mit Spinat oder Lachs erst recht. Auch zum Frühstück und zum

Lunch lohnt sich ein Besuch im Gorki Park.

Mitte

€€ So–Do 8–1, Küche bis 23, Fr/Sa 8–3, Küche bis 24 Uhr | Weinbergsweg 25 | Tel. 030 4 48 72 86 | www.gorki-park.de | U 8 Rosenthaler Platz (234 C6)

Essen ■■□ Ambiente ■■□ Service ■■□

PASTERNAK

☀ Bœuf Stroganoff mal anders. Im Pasternak, das nach dem Autor von »Doktor Schiwago« benannt ist, wird die wohl bekannteste Speise der russischen Küche, ein Essen aus Rindfleisch mit Zwiebeln und saurer Sahne, mit Kartoffelpuffern serviert. Auch die anderen Gerichte, z. B. Lachskaviar mit Blini, sind zu empfehlen. Der Geschmack entfaltet sich am besten bei einem Glas Wodka oder Krimsekt.

Prenzlauer Berg

€€ tgl. 9–1, Küche bis 24, Brunch So 9–15 Uhr | Knaackstr. 22–24 | Tel. 030 4 41 33 99 | www.restaurant-pasternak.de | U 2 Senefelderplatz (235 D5)

Essen ■■□ Ambiente ■■□ Service ■□□

SAMOWAR

Die russischstämmige Bevölkerung Berlins schätzt seit über 30 Jahren die große Auswahl an Speisen aus ihrer Heimat im Samowar: Wareniki, Blini, Schaschlik und Zanderfilet nach Kosakenart. Die INSIDER TIPP Zarentafel *(35 Euro pro Pers.)* mit dem Besten, was das Haus zu bieten hat, ist buchbar ab sechs Personen.

Das nach dem Autor von »Doktor Schiwago« benannte Pasternak steht für echte russische Küche

Charlottenburg
€€ tgl. ab 11 Uhr | Luisenplatz 3 | Tel. 030 3414154 | www.restaurant-samowar.de | U 7 Mierendorffplatz (237 D2)

Essen ■□□ Ambiente ■□□ Service ■■□

STEAKS

STEAKHOUSE ASADOR

Die Steaks von Rind, Schwein und Huhn werden auf dem Lavasteingrill zubereitet, gereicht werden dazu Ofenkartoffeln, Babyspinat oder auch Grilltomaten. Auf der Karte stehen neben Fischgerichten auch wechselnde saisonale Angebote.

Kreuzberg
€€ Mo–Fr 16–20, Sa 12–24, So 12–22 Uhr | Wilhelmstraße 22 | Tel. 030 25931818 | www.restaurant-asador.de | U6 Kochstraße/Checkpoint Charlie (240 B5)

Essen ■■■ Ambiente ■■□ Service ■■□

BROOKLYN BEEF CLUB

Hierher zieht es Steakliebhaber, die bereit sind, für ein sehr gutes Stück Fleisch ein Vermögen auszugeben. Ein T-Bone-Steak kostet locker um die 70 Euro, der Black Angus Filet Burger wird für 28 Euro serviert. Stilvolles Ambiente, INSIDER TIPP über 150 Sorten Whisk(e)y!

Mitte
€€€ Mo–Sa 18–24 Uhr | Köpenicker Str. 92 | Tel. 030 20215820 | www.thebrooklyn.de | U8 Heinrich-Heine-Straße (241 D3)

Essen ■■□ Ambiente ■□□ Service ■■□

ENTRECÔTE

Steakliebhaber werden hier bestens bedient. Doch nicht nur sie: Denn die Karte hält neben den Spezialitäten vom Lavasteingrill auch Leckeres wie Kalbsnieren in Madeirasauce oder Lammkarree mit Kräuterbutter bereit. Auch der Schwertfisch vom Grill ist empfehlenswert, und während der Saison werden sogar Fines de claire serviert – beste französische Austern. Toller Service und nettes Ambiente sind das i-Tüpfelchen.

Mitte
€€–€€€ Mo–Fr 11.30–24, Sa/So 17.30–24 Uhr | Schützenstr. 5 | Tel. 030 20165496 | www.entrecote.de | U 2, 6 Stadtmitte (240 B4)

Essen ■■■ Ambiente ■■■ Service ■■■

FILETSTÜCK PIGALLE ★

NEU In einem alten Nachtclub eröffnete im März 2016 die dritte Berliner Filiale des Restaurants »Filetstück«, das von der Fachzeitschrift »Feinschmecker« 2015 zu einem der 40 besten Steakhäuser Deutschlands gekürt wurde. Das Fleisch ist exquisit, der eigenwillige Clubcharme des Restaurants wird ergänzt durch eine Wandmalerei über die anatomische Lage der Fleischstücke.

Kreuzberg
€€€ Mo–Sa 12–22.30 Uhr | Sanderstraße 17 | Tel. 030 23939663 | www.filetstueck-berlin.de | U 8 Schönleinstraße (247 F1)

Essen ■■■ Ambiente ■■■ Service ■■□

FRANCUCCI'S

ÖKO Biofleischrestaurant mit Lavasteingrill und familiärem Charme. Die Francuccis beziehen ihr Fleisch von einem Biohof in der Toskana. Herausragend sind auch die Beilagen, u. a. hausgemachte Pasta und Kartoffelpüree mit Trüffeln.

Charlottenburg

€€ tgl. 12–24 Uhr | Kurfürstendamm 90 | Tel. 030 3 23 33 18 | www.francucci.de | U 7 Adenauerplatz (237 D6)

Essen ■■■ Ambiente ■■□ Service ■■■

MIDTOWN GRILL

Ein echter Hingucker ist die Showvitrine. Darin kann das am Haken hängende Fleisch bestaunt werden, das wenig später perfekt zubereitet auf dem Teller landet. Ein Rib-Eye am Knochen ab 400 Gramm oder das Wagyu-Beef ab 200 Gramm machen Appetit aufs Wiederkommen. Ebenso wie die Fischgerichte, die mit Salaten oder Tagessuppen serviert werden.

Tiergarten

€€–€€€ Mo–Fr 6.30–11 u. 12–23, Sa/So 7–23 Uhr | Ebertstr. 3 | Tel. 030 2 20 00 54 15 | www.midtown-grill.de | U 2, S 1, 2, 25 Potsdamer Platz (239 F4)

Essen ■■■ Ambiente ■■□ Service ■■■

RUBEN CARLA

Zwei Küchenkonzepte unter einem Dach: Tagsüber gibt es New York Reuben Sandwiches mit Pastrami, abends Roastbeef im sogenannten »Tagliata Style« in dünnen Scheiben, serviert mit hausgemachten Pommes und Grillgemüse. ÖKO Das Fleisch hat teilweise Bioqualität. Gemütliches Lokal.

Mitte

€–€€€ Mo–Sa 12–23 Uhr | Linienstr. 113 | Tel. 030 27 90 96 83 | www.rubencarla.com | U6 Oranienburger Tor (234 B6)

Essen ■■□ Ambiente ■■□ Service ■■□

SABOR CON TRADICIÓN

Hier fühlt man sich Argentinien verpflichtet, schließlich hat die Familie Gallardo seit den 1960er-Jahren dafür gesorgt, dass die argentinische Küche nach Deutschland kam – zunächst nach Hamburg, später nach Berlin. Klar, hier werden gute Steaks serviert. Aber nicht nur das: Auch vegetarische Gerichte, die Maiscremesuppe, Salate und Empanadas schmecken gut. Sehr moderate Preise.

Wilmersdorf

€€ Mo–Fr 17–23, Sa 12–23 Uhr | Karlsruher Str. 16 | Tel. 030 23 90 29 46 | www.sabor-con-tradicion.de | S 5, 7, 75 Charlottenburg (237 D6)

Essen ■■□ Ambiente ■■□ Service ■■□

Ob Riesensteak, Fisch, Salat oder Tagessuppe – im Midtown Grill wird jeder Appetit befriedigt

STREET FOOD

Das moderne Essen auf Rädern ist handwerklich gut gemachtes Fast Food, das aus witzig aufgemachten Fahrzeugen verkauft wird.

BITE CLUB

Treptow
Eichenstr. 4 | Tel. 0176 84 82 65 36 | www.biteclub.de | U 1 Schlesisches Tor, S-Bahn Treptower Park (248 C3)

BUNS MOBILE

Grillkäse, Sandwiches, Burger; Standorte und Stationen im Internet.
Tel. 0170 160 86 46, 0176 86 92 80 09 | www.bunsmobile.com

POJANGMACHA

Einmal im Monat findet in der Platoon Kunsthalle das »Pojangmacha« statt – koreanisch für Straßenhändler. In Ständen und kleinen Zelten mit offenen Küchen werden südkoreanische Gerichte angeboten, dazu der landestypische Reislikör.
Prenzlauer Berg
€–€€ *18 Uhr bis open end | Eintritt 2 Euro | Termine auf der Hompepage der Kunsthalle | Schönhauser Allee 9 | Tel. 030 28 88 21 60 | www.platoon.org | U 2 Senefelderplatz* (235 D6)

STREET FOOD AUF ACHSE

Seit Januar 2015 bieten auf dem Gelände der Kulturbrauerei jeden Sonntag Food-Trucks auch experimentelle Küche an.
Prenzlauer Berg
€ *So 11–18 Uhr | Schönhauser Allee 36 | Tel. 030 44 31 07 37 | www.streetfoodauf achse.de | U 2 Eberswalder Straße* (235 D4)

STREET FOOD THURSDAY

Wird regelmäßig in der Markthalle Neun zelebriert.
Kreuzberg
Eisenbahnstr. 42 | Tel. 030 61 07 34 73 | www.markthalleneun.de | U 1 Görlitzer Bahnhof (248 A2)

TÜRKISCH/KURDISCH

HADIGARI

Hier steht der angeblich größte Holzkohlegrill Berlins, er misst imposante 2,50 m. Das türkisch-griechische Restaurant bietet mediterrane Grillgerichte, oft bis in die Morgenstunden. Das charmante Lokal mit den unverputzten Backsteinwänden ist zudem sehr geräumig – es finden auch mehrere Großfamilien ohne Probleme gleichzeitig Platz. Unbedingt den gegrillten Fisch probieren!
Kreuzberg
€–€€ *tgl. 14–24 Uhr | Schönleinstr. 2 | Tel. 030 50 56 79 44 | www.hadigari-berlin.de | U8 Schönleistraße* (247 E1)

Essen ■■□ Ambiente ■■□ Service ■■□

HASIR

Über die Stadtgrenzen hinaus ist das u. a. auch von der persischen Küche beeinflusste Restaurant für seine kulinarischen Spezialitäten bekannt. In verschiedenen Variationen wird gegrilltes Lamm serviert. Außerdem sehr beliebt: der gegrillte Fisch.
Mitte
€€ *tgl. 12–1 Uhr | Oranienburger Str. 4 | Tel. 030 28 04 16 16 | www.hasir.de | S 5, 7, 75 Hackescher Markt* (240 C1)

Essen ■■■ Ambiente ■■□ Service ■■□

HONCA

Türkische Küche von ihrer edelsten Seite: Das ist das Honca. Die Köche schlagen hier eine kulinarische Brücke von Istanbul nach Berlin. Dabei werden

Im Hadigari kommen die mediterranen Speisen vom riesigen Grill

moderne und traditionelle Kochkünste raffiniert miteinander vereint.
Wilmersdorf
€€ – €€€ *Di–Fr 17–23, Sa/So 13–23 Uhr | Ludwigkirchplatz 12 | Tel. 030 5 59 94 34 | www.honca.de | U 3, 9 Spichernstraße* (244 A1)

Essen ■■□ Ambiente ■■■ Service ■■■

KONAK GRILL

Den besten Köfte-Burger Berlins verspricht der »Izmir Köftecisi« seinen Gästen. Seit 1993 werden hier einfache, aber sehr köstliche türkische und arabische Speisen angeboten. Sicher, das Ambiente ist nicht unbedingt das edelste, doch das Essen entschädigt dafür.
Kreuzberg
€ *tgl. ab 10.30 Uhr bis tief in die Nacht | Reichenberger Str. 10 | Tel. 030 615 92 66 | www.konakgrill.de | U 1, 8 Kottbusser Tor* (241 E5)

Essen ■■□ Ambiente ■■□ Service ■□□

MEY

Elegante Einrichtung und gehobene Küche mit orientalischen Gewürzen: Das Mey gehört zu den guten türkischen Restaurants der Stadt. Hier schmecken Sie, was Anatolien alles zu bieten hat. Und das ist nicht etwa ein Döner, denn der ist ja eher eine Berliner Erfindung.
Charlottenburg
€€ *Mo–Sa 10–23, So 14–23 Uhr | Bleibtreustr. 47 | Tel. 030 88 68 15 85 | www.meythegrill.de | S 5, 7, 75 Savignyplatz* (237 F5)

Essen ■■■ Ambiente ■■□ Service ■■□

OSMANS TÖCHTER

Arzu Bulut und Lale Yanik zeigen hier eindrucksvoll, was türkische Küche zu bieten hat. Die Köche schicken Gerichte, wie man sie aus den innovativen Restaurants Istanbuls kennt. Besonders empfehlenswert sind die zahlreichen Vorspeisen. Natürlich fehlen auch klassische Fleischgänge nicht, sie kommen äußerst elegant daher.

Prenzlauer Berg

€€ *tgl. 17.30–1 Uhr | Pappelallee 15 | Tel. 030 32 66 33 88 | www.osmanstoechter.de | U 2 Eberswalder Straße* (235 D3)

Essen ■■■ Ambiente ■■□ Service ■■■

VEGAN/VEGETARISCH

AVRIL

Auch unter Vegetariern gibt es genügend, die oft nur wenig Zeit fürs Essen haben. Das hat auch das Avril erkannt und wendet sich mit seiner täglich wechselnden Mittagskarte an gestresste Fleischverächter. Dass fünf verschiedene Gerichte zur Auswahl stehen, ist Standard. Sonntags gibt es einen ausgiebigen INSIDER TIPP vegetarischen Brunch.

Kreuzberg

€ *Mo–Sa 9–2, So 10–2 Uhr, Küche bis 24, in der Woche bis 23 Uhr | Graefestr. 83 | Tel. 030 62 73 53 98 | www.cafe-avril.com | U 1, 8 Kottbusser Tor, U 8 Schönleinstraße* (247 E1)

Essen ■■□ Ambiente ■□□ Service ■□□

INSIDER TIPP THE BOWL

NEU ÖKO Das Restaurant setzt nicht nur auf vegane und ausschließlich biozertifizierte Produkte, sondern auch auf »Clean Eating«. Dahinter verbirgt sich

Im Avril: leckere vegetarische Küche und Sonntagsbrunch

das Konzept, die verwendeten Lebensmittel so naturbelassen wie möglich anzubieten. Das schließt u. a. Zucker aus, der raffiniert ist. »Die Natur ist unser Guru«, wirbt das Restaurant, das sowohl herzhafte als auch süße Speisen anbietet.

Kreuzberg

€€ tgl. 10–23.30, Mo ab 12 Uhr | Warschauer Straße 33 | www.thebowl-berlin.com | S 5, 7 Warschauer Straße (248 B1)

Essen ■■■ Ambiente ■■□ Service ■■□

BUDDHA HAUS

Die gute und traditionell tibetanisch-nepalesische Küche lässt auch Nepals Diplomaten in Berlin regelmäßig vorbeischauen. Das Essen kommt ayurvedisch mit Koriander und Kardamom gewürzt auf den Tisch. Die Palette an vegetarischen Gerichten ist groß. Für das passende Ambiente sorgen eine Menge buddhistischer Figuren und Holzmasken an den Natursteinwänden. Die authentische Küche, auch nach Thai-Rezepten, wird zudem im Winter- und Hofgarten serviert.

Schöneberg

€–€€ tgl. 12–24 Uhr | Akazienstr. 27 | Tel. 030 70 50 99 59 | www.buddhahaus.com | U 7 Kleistpark (245 D2)

Essen ■■■ Ambiente ■■□ Service ■■■

COOKIES CREAM

ÖKO Gehobene vegetarische Küche mit regionalen Zutaten, serviert als Drei-Gänge-Menü: Im Cookies Cream legt man Wert auf qualitativ hochwertiges, ausgewogenes Essen. Leckerer Kartoffelstrudel mit Pinienkernen, Schwarzwurzeln mit Quinoa und Parmesanknödel im legierten Sud sind nicht selten die Favoriten der Saison.

Mitte

€€ Okt.–April Di–Sa ab 18, sonst ab 19, Küche bis 24 Uhr | Behrenstr. 55 | Tel. 030 27 49 29 40 | www.cookiescream.com | U-/S-Bahn Friedrichstraße, U 6 Französische Straße (240 A3)

Essen ■■■ Ambiente ■■□ Service ■■■

GOODIES

Für Veganer ein Paradies. Besonders das wechselnde Suppenangebot und hauseigene Salatkreationen wie der Kichererbsen-Granatapfel-Salat locken Gäste hierher. Die natürlich ebenfalls veganen Desserts, etwa Chocolate Cake oder der Rohkost-Cheesecake, haben das Potenzial zu Klassikern. Inzwischen haben in Berlin ganze fünf Filialen geöffnet, u. a. in Friedrichshain und Steglitz.

Prenzlauer Berg

€ Mo–Fr 8–20, Sa 9–20, So 10–18 Uhr | Schivelbeiner Str. 34 | Tel. 030 44 03 60 48 | www.goodies-berlin.de | U-/S-Bahn Schönhauser Allee (234 C2)

Essen ■■■ Ambiente ■■□ Service ■■□

LUCKY LEEK

Nach einem Besuch des Markts am Kollwitzplatz der ideale Ort zum Einkehren. Probieren sollten Sie die hausgemachten Limonaden. Saisonale vegane Gerichte zeichnen die monatlich wechselnde Karte aus.

Prenzlauer Berg

€€–€€€ Mi–So 18–22 Uhr | Kollwitzstr. 54 | Tel. 030 66 40 87 10 | www.luckyleek.com | U 2 Senefelderplatz (235 D5)

Essen ■■□ Ambiente ■■□ Service ■■□

MOMOS

ÖKO Wer Ausschau nach gesunden Snacks hält, ist hier richtig. In Snack-Boxes werden Variationen von Teigtaschen mit Dips zusammengestellt. Die Zutaten sind nicht nur vegetarisch und frisch, sondern erfüllen auch Bioansprüche. Ihre Inspiration fanden Martin Fehre und Marc Thomas in der nepalesischen Küche. Davon zeugen Füllungen wie Tofu-Sesam mit Lauch oder Kartoffel-Kohl-Karotte mit Chili und Ingwer. Auch der Klassiker Spinat-Schafskäse ist zu haben.

Mitte

€ Mo–Sa 12–21 Uhr | Fehrbelliner Str. 5 | Tel. 0160 2 68 81 77 | www.momos-berlin.de | U 2 Senefelderplatz (235 D5)

Essen ■■■ Ambiente ■■□ Service ■■■

OHLÀLÀ

Angeblich gibt es hier die besten veganen Crêpes Deutschlands, je nach Wunsch von Clarissa Orsini süß oder pikant zubereitet. Die veganen Kuchen und Tartes sind ein Gedicht! Zudem sind INSIDER TIPP 80 Prozent der angebotenen Speisen glutenfrei, wie die Inhaberin betont. Auch die Heißgetränke fallen aus der Reihe: Kuh-, Soja- und Mandelmilch gehören zur Auswahl. Durch die offene Küche kann man beim Zubereiten der Speisen zuschauen.

Friedrichshain

€–€€ Di–Fr 12–19, Sa/So 11–19 Uhr | Mainzer Str. 18 | Tel. 030 97 08 67 66 | www.my-ohlala.com | U 5 Samariterstraße (231 E3)

Essen ■■□ Ambiente ■■□ Service ■□□

MEINE STADT

▶ Für die einen ist die Berliner Weiße nur bonbonbuntes Bier mit Himbeer- oder Waldmeistersirup, für die anderen ein regionales Relikt. Als ein schützenswertes traditionelles Produkt wurde das Sauerbier von der Slow Food Stiftung für Biodiversität in die »Arche des Geschmacks« aufgenommen. Damit ist die Berliner Weiße das erste Bier auf dieser Liste, auf der etwa auch Teltower Rübchen aus Brandenburg oder Münchner Brotzeitsemmeln stehen.

YOYO FOODWORLD

Vegane Fast-Food-Fans finden hier in der Nähe des Boxhagener Platzes alles, was das Herz begehrt: Currywurst, Pizza, Burger und Wraps. Äußerst lecker ist der Sumatra-Burger mit Erdnusssauce. Zum Burgermenü bekommt man eine Bionade für nur einen Euro dazu (sonst 1,80 Euro).

Friedrichshain

€–€€ tgl. 12–24 Uhr | Gärtnerstr. 27 | www.yoyofoodworld.de | U 5 Samariterstraße, S-Bahn Ostkreuz (248 C1)

Essen ■■□ Ambiente ■■□ Service ■□□

CAFÉ V

Das V steht, es überrascht nicht, für vegetarisch. Das Café war eines der ersten fleischlosen Lokale in der Stadt. Angeboten werden Pasta, Pizza, schwäbische Nudelgerichte oder auch Saitanschnitzel und -curry. Von 10 bis 15 Uhr gibt es außerdem jeden Tag eine große Frühstückskarte. Darauf findet sich auch Deftiges wie gebratene Tofuwurst mit Rührei, Bohnen und Schafskäse.

Kreuzberg

€ tgl. 10–24 Uhr | Lausitzer Platz 12 | Tel. 030 6 12 45 05 | facebook.com/cafev | U 1 Görlitzer Bahnhof (241 F5)

Essen ■■□ Ambiente ■■□ Service ■■□

Einkaufen

Kein Konzept ist zu ausgefallen, um es nicht mal zu probieren. Zur Not wird's eben ein Pop-up-Store – und wir jubeln, denn damit bleibt die Shoppingszene in Bewegung.

Klar, findet man sie auch in Berlin zuhauf: die Malls mit den immergleichen Geschäften. Mehr als 70 große Einkaufscenter hat die Hauptstadt, ein weiteres wird gerade neben dem S-Bahnhof Warschauer Straße geplant. Spannender sind jedoch die kleineren Läden, die durch eine originelle Einrichtung und ein Sortiment überzeugen, das es nicht überall gibt – wie etwa die handbedruckten Shirts in der Zwölfer Siebdruckwerkstatt → **S. 126** oder die originellen Wohnaccessoires im Halleschen Haus → **S. 128**. Dass Einkaufen im besten Fall nicht nur ein bloßer Warenaustausch, sondern ein sinnliches Erlebnis ist, beweisen auch Delikatessengeschäfte wie Maître Philippe & Filles → **S. 133**. Wo sonst bekommt man schon Jahrgangssardinen zu kaufen? Bikini Berlin → **S. 138** wiederum hat am Bahnhof Zoo unter großem Medienecho eröffnet und befeuert den Trend, dass die Gegend rund um den Ku'damm wieder zu einer echten In-Gegend wird. Schon vorher hatten hier gleich mehrere große Shops eröffnet. Im Bikini finden sich auch Läden, die schneller ihren Standort wechseln, als man gucken kann. Der Trend zum Pop-up-Store zieht sich quer durch Berlin. Wo gerade einmal wieder ein Geschäft für ein paar Wochen eröffnet, steht online unter www.berlin.de/special/shopping/popup-stores.

ACCESSOIRES

AUS BERLIN

Der Name ist Programm. Ob Jutebeutel, Weinschorle, Hoodie oder Fernsehturm

Bei den Erfindern der Taschen aus Lkw-Planen im Freitag Store

zum Selberbasteln: Alle Produkte stammen aus Berlin. Auch wenn die Zielgruppe des Ladens vorrangig Touristen sind, können hier auch Einheimische Spezialitäten entdecken. Oder wollen Sie länger ohne das Original Berliner Atomkraftwerk-Quartett leben?

Mitte

Mo–Fr 10–19, Sa 10–20 Uhr | Karl-Liebknecht-Straße 9 | Tel. 030 97 00 56 40 | www.ausberlin.de | S-/U-Bahn Alexanderplatz (240 C2)

CAPT'N CROP

ÖKO Wer schon immer mal ein altes Sofa auf dem Kopf tragen wollte, ist hier richtig. Aus Dingen, die das Team auf dem Flohmarkt findet, macht es Hüte, Taschen und Rucksäcke. Jedes davon ein Unikat. Auf Wunsch wird auch

aus Omas alter Bluse ein Zylinder geformt. Diese sind sogar waschbar und kosten 120 Euro. Die Technik hat Ateliergründer Moritz Wolfgruber selbst entwickelt. Taschen gibt es ab 70 Euro.

Neukölln

Di–Fr 15–19, Sa 14–18 Uhr | Reuter Str. 52 | Tel. 030 31 16 39 09 | www.captn-crop.com | U 7, 8 Hermannplatz (247 F2)

FREITAG STORE

Angefangen hat alles 1993, als die Schweizer Brüder Markus und Daniel Freitag nach einer funktionalen und wasserdichten Tasche für Fahrradfahrer suchten. Die Lösung fuhr in Form von Schwerlastern quasi direkt vor ihren Augen vorbei. Heute sind die Taschen und Accessoires aus gebrauchten Lkw-Planen längst Kult und haben einen stolzen Preis.

Mitte

Mo–Fr 11–20, Sa 11–19 Uhr | Max-Beer-Str. 3 | Tel. 030 24 63 69 61 | www.freitag.ch | U 8 Weinmeisterstraße (240 C1)

SNUGGERY

Die Kombination aus Café und Laden ist wie ein begehbares Dawanda. Kein Wunder, handelt es sich doch um den Concept Store der Onlineplattform, auf der Selbermacher ihre Handyhüllen, Frühstücksbrettchen und Ohrringe verkaufen. Donnerstags gibt es INSIDER TIPP kostenlose Workshops. Anmeldung über die Internetseite.

Neukölln

Mo–Fr 9–19 Uhr, Sa/So 10–19 Uhr | Windscheidstraße 19 | Tel. 030 54 46 91 10 | de.dawanda.com/snuggery | S 5, 7, 75 Charlottenburg (237 D5)

INSIDER TIPP SÜPER STORE

All die schönen Dinge! Man findet sie im Süper Store. Der Laden hat gut gemachte Alltagsgegenstände wie Filzpantoffeln, Taschen, Tücher, Kosmetik und

Küchenutensilien im Sortiment. Die beiden Inhaberinnen sind selbst Modedesignerinnen und haben einen Blick für ausgefallene, stilvolle Dinge.

Kreuzberg

Di–Fr 11–19, Sa 11–18 Uhr | Dieffenbachstr. 12 | Tel. 030 98 32 79 44 | www.sueperstore.de | U 8 Schönleinstraße (247 E1)

THE STORE

Vor der Hotelrezeption abbiegen und hinein in einen der angesagtesten Läden der Stadt! Raue Betonwände, Holzfußboden, Samtsofas – die Einrichtung ist sehr lässig. Verkauft werden luxuriöse Mode und Accessoires von Jil Sander, Linda Farrow, Eytys oder Yohji Yamamoto, dazu Beautyprodukte, etwa von REN oder Dr. Jackson's, sowie Designgegenstände und Magazine. Ein kleiner Beautysalon und eine Pizzeria sind auch integriert.

Mitte

Mo–Sa 10–19 Uhr | Torstr. 1, im Hotel Soho House Berlin | www.thestores.com | U 2 Rosa-Luxemburg-Platz (234 C6)

TAUSCHE TASCHEN

Bunte Taschen aus Polyestergewebe mit austauschbaren Deckeln sind das Erfolgsrezept der Berliner Firma. Jeder Kunde kann sich zwei Deckel pro Korpus aussuchen, auch das Innenleben der abwaschbaren Lastenträger lässt sich individuell gestalten. Edel: die Variante aus Leder. Taschen gibt's ab 45 Euro, zusätzliche Deckel ab 15 Euro.

Prenzlauer Berg

Mo–Fr 10–20, Sa 10–18 Uhr | Raumerstr. 8 | Tel. 030 40 30 17 70 | www.tausche.de | Tram 12 Raumerstraße (235 E3)

AUSGEFALLENES

DEKO BEHRENDT

Falsche Schnurrbärte, bunte Perücken und Kostüme für Matrosen, Bären oder Cheerleader: Hier gibt es das ganze Jahr, was man sonst nur an Karneval braucht. Auch Zaubereibedarf und Scherzartikel sind vorrätig. Ein absoluter Stöbertraum.

Schöneberg

MARCO POLO HIGHLIGHTS

★ Blush

Alles begann mit einer kleinen Kollektion, jetzt wird die feine Wäsche auch im KaDeWe und in den Galeries Lafayette verkauft → **S. 127**

★ Hallesches Haus

Das schönste Sammelsurium an Kerzen, Handschuhen und Küchenmessern. Dazu gibt es Frühstück → **S. 128**

★ Dr. Kochan Schnapskultur

Hochprozentiges zum Schnuppern, Probieren und natürlich Kaufen, ausgewählt von Dr. Schnaps → **S. 132**

★ Andreas Murkudis

Ein Besuch in diesem Laden lohnt sich schon allein, um zu sehen, wie die edlen Klamotten namhafter Designer hier präsentiert werden → **S. 135**

★ Zeha Berlin

Edle Retro-Sneaker, mit denen einst die DDR-Olympioniken ins Stadion liefen → **S. 145**

★ Sometimes Coloured

Der Secondhand-Laden, der auch den Ansprüchen echter Fashionistas gerecht wird → **S. 146**

Auf ins Bastelvergnügen: Modulor macht kreative Träume wahr

Mo–Fr 10–19, Sa 10–16 Uhr | Hauptstraße 18 | Tel. 030 7814906 | www.dekobehrendt-berlin.de | U 7 Kleistpark (245 D2)

MODULOR

Über 7000 ungewöhnliche Deko- und Modellbauartikel warten auf fantasievolle Kundschaft. Wer Spaß am Gestalten hat, wird hier sein Paradies entdecken. Von Pappwabenplatten über Lochbleche bis hin zu Folien und Schläuchen in vielen Farben ist alles vorhanden. Verleih von Modellbaumaschinen und Werkzeugen. Es gibt auch eine große Zuschnittabteilung.

Günstig: die Restposten und Bastelmaterialien für Kinder.

Kreuzberg

Mo–Fr 9–20, Sa 10–18 Uhr | Prinzenstr. 85 | Tel. 030 690360 | www.modulor.de | U 8 Moritzplatz (241 D5)

INSIDER TIPP ZWÖLFER SIEBDRUCKWERKSTATT UND LADEN

Dass mithilfe des standardisierten Siebdruckverfahrens nicht nur Massenware, sondern auch Unikate gefertigt werden können, beweist die preisgekrönte Architektin und Künstlerin Anna von Gwinner. Im Trend liegen vor allem ÖKO Taschen und T-Shirts aus Fair-Trade-Biobaumwolle, die mit der Blume, dem Tier oder dem Vogel des Jahres bedruckt werden. Kunden können der Designerin dabei direkt im Ladenatelier über die Schulter schauen und auch an Workshops teilnehmen.

Prenzlauer Berg

Di, Do/Fr 13–19, Mi 13–18, Sa 11–16 Uhr | Oderberger Str. 56 | Tel. 030 70226112 | www.zwoelfer.eu | U 2 Eberswalder Straße (235 E3)

BEAUTY

AESOP

Aesop ist eine Kultkosmetikmarke aus Australien. In der Alten Schönhauser Straße hat das Label seinen ersten deutschen Signature-Store eröffnet. Hier – genau wie in Down Under – zeichnet sich der Laden durch cooles Design aus. In Stahlregalen und vor grünen Kacheln werden die Produkte in dunklen Gläsern in Apothekeroptik präsentiert. Ein Handbalm kostet 29, ein Pflegetrio aus Reiniger, Tonic und Creme um die 90 Euro.

Mitte

Mo–Sa 11–19 Uhr | Alte Schönhauser Str. 48 | Tel. 030 28 09 65 60 | www.aesop.com | U 2 Rosa-Luxemburg-Platz (234 C6)

THE ENGLISH SCENT

ÖKO Bekannt für eigenwillige Düfte, die sonst kaum eine Parfümerie zu bieten hat. Viele davon stammen von englischen Hoflieferanten und beruhen auf Traditionsrezepturen. Ausgewählte Rasierartikel, Aftershaves und englische Zahncreme werden mit typisch englischer Höflichkeit verkauft.

Charlottenburg

Di, Do/Fr 10–14, Sa 10–15 Uhr | Goethestr. 15 | Tel. 030 3 24 46 55 | www.english-scent.de | S 5, 7, 75 Savignyplatz (237 F4)

ROTE LIPPEN NATURKOSMETIK

ÖKO Der Fußboden ein Natursteinmosaik, die Wände voller Naturkosmetik – hier ist alles natürlich. Zudem gibt es ein großes Angebot an Behandlungen, von Tiefenreinigung bis zur hawaiianischen Lomo Lomo Massage.

Kreuzberg

Mo–Fr 10–19.30, Sa 10–20 Uhr | Oranienstr. 12 | Tel. 030 6 15 81 12 | www.rote lippen-naturkosmetik.de | U 1 Görlitzer Bahnhof (241 E5)

STRANDBAD

ÖKO Erlesene Seifen, Öle und viel Zubehör machen den kleinen Eckladen zum Paradies für Wellnessfreunde. Hier bekommen Sie auch Bademäntel, Pantoffeln und Strandmode von ausgesuchten Designern für Ihren nächsten Urlaub.

Prenzlauer Berg

Mo–Fr 10.15–19, Sa 10–19 Uhr | Wörtherstr. 12 | Tel. 030 70 72 79 22 | www.strandbad-berlin.com | U 2 Senefelderplatz (235 D5)

TIARÉ NATURKOSMETIK

ÖKO Kompetente Beratung, eine große Auswahl an Naturkosmetik und Pflegebehandlungen zu fairen Preisen (90 Min. Tiaré Klassik-Behandlung mit Gesichtspeeling und Rückenmassage ab 69 Euro): eine Biodrogerie, wie man sie sich wünscht. Tiaré ist übrigens der Name eines Blütenöls aus Tahiti, das es im Laden in fünf verschiedenen Duftrichtungen gibt.

Prenzlauer Berg

Mo–Fr 10–19.30, Sa 10–18 Uhr | Stargarder Str. 68 | Tel. 030 4 45 56 99 | www.tiare.de | Tram 12 Stargarder Straße

DESSOUS

BERLINER MIEDERMANUFAKTUR

Hier muss alles schön stramm sitzen und wirkt dadurch sehr sinnlich: Edle Mieder und Korsagen aus Seide und bestickten indischen Stoffen werden auch als Einzelanfertigungen hergestellt. In dieser Werkstatt wird noch Maß genommen, Beratung ist also selbstverständlich.

Neukölln

Mo, Mi, Fr 12–15, Di, Do 12–19 Uhr u. nach Vereinbarung | Schillerpromenade 5 | Tel. 030 49 78 61 08 | www.berliner-miederma nufaktur.de | U 8 Boddinstraße (247 E4)

BLUSH ★

Feinste französische Spitze, Babydolls und Schlafbrillen, die auch Doris Day in Verzückung versetzt hätten: Blush wurde in die Top Ten der schönsten Wäscheläden der Welt gewählt. Im Flagshipstore in Mitte werden auf 100 m² die weichen, verführerisch knisternden, seidig glänzenden Stücke verkauft.

Auch ein Atelier für die eigene Kollektion gibt es. Blush-Produkte sind u. a. auch im KaDeWe und in den Galeries Lafayette erhältlich.

Mitte

Mo–Sa 12–19 Uhr | Rosa-Luxemburg-Str. 22 | Tel. 030 28 09 35 80 | www.blush-berlin.com | U 2 Rosa-Luxemburg-Platz (241 D1)

DOPPEL D

Klingt nach enormen Brüsten, ist aber eine durchschnittliche BH-Größe. Deren Trägerinnen werden in herkömmlichen Läden gerne mit Omas Fleischfarbenem abgespeist. Nicht so hier, wo es auch noch in Größe J Spitzenprodukte gibt. Ein zweiter Laden ist in Charlottenburg. *www.doppel-d.eu*

Mitte

Di–Fr 11–19 Uhr, Sa 11–18 Uhr | Joachimstr. 17a | Tel. 030 60 94 00 08 | U 8 Rosenthaler Platz (234 C6)

Charlottenburg

Mo–Fr 11–19 Uhr, Sa 11–18 Uhr | Knesebeckstr. 8 | Tel. 030 36 41 21 20 | U 2 Ernst-Reuter-Platz (237 F4)

HAUTNAH

Lack, Latex und Leder spielen in dem dreistöckigen Kaufhaus mit Weinkeller die Hauptrolle. Die Auswahl an extravaganter Fetisch- und Erotikmode sowie High Heels ist groß. Mieder, Korsetts und BHs gibt es hier in den erstaunlichsten Formen und Farben.

Wilmersdorf

Mo–Fr 12–19, Sa 12–16 Uhr | Uhlandstr. 170 | Tel. 030 8 82 34 34 | www.hautnahberlin.de | U 1 Uhlandstraße (244 A1)

SUPERSCHLÜPFER

Tiger of Sweden, Frank Dandy, Björnvin, Verve, Diesel und Superschlüpfer heißen die Labels, die für Männer und Frauen das passende Untendrunter liefern. Die Farben sind manchmal schrill, die Schnitte meist klassisch, Rüschen und Schleifchen sucht man vergebens. Slips, Tops und Unterhosen werden hübsch übersichtlich an den Wänden präsentiert. Die Bedienung hilft gern weiter und sucht die passende Größe raus. Anprobieren ist erwünscht.

Friedrichshain

Mo–Fr 11–20, Sa 11–18 Uhr | Wühlischstr. 25 | Tel. 030 83 03 01 52 | www.superschluepfer.de | U 1, S 5, 7, 75 Warschauer Straße (248 C1)

EINRICHTEN

EXEDRA

Robuste Möbel aus Massivholz sowie vielerlei Einrichtungsbedarf im skandinavischen Stil. Wer bunte Möbelknäufe, metallene Hängelampen und Esstische aus recyceltem Teakholz mag, wird hier fündig. So heimelig muss es in Astrid Lindgrens Bullerbü ausgesehen haben.

Moabit

Mo–Fr 10–19, Sa 10–18 Uhr | Alt-Moabit 110 | Tel. 030 39 80 63 61 | www.exedra-berlin.de | S 5, 7, 75 Bellevue (238 C1)

EXTRATAPETE

Hochwertige Fototapeten bringen Natur- oder Städteimpressionen ins traute Heim. Auch die Borten mit z. B. der Berliner oder Pariser Skyline sind eine Zier für jede Wohnung. Oder wie wäre es mit grünen Gräsern?

Kreuzberg

Mo–Sa 10–18 Uhr | Prinzenstr. 85a | Tel. 030 2 61 57 29 | www.extratapete.de | U 8 Moritzplatz (241 D5)

HALLESCHES HAUS ★

All diese Dinge, die man nicht zwangsläufig braucht, die das Leben aber viel schöner machen, findet man in diesem

Gemischtwarenladen mit Produkten im angesagten Vintagedesign: Küchenutensilien, Accessoires, Blumentöpfe, Werkzeug und vieles mehr. Zudem werden Frühstück, Lunch und Tea Time serviert – mit Sandwiches, Muffins und auch frisch geröstetem Kaffee.

Kreuzberg

Mo–Fr 9–19, Sa 11–16 Uhr | Tempelhofer Ufer 1 | Tel. 0176 84 13 87 77 | www.hallescheshaus.com | U 1, 6 Hallesches Tor (240 B6)

KIPPIS

Finnisches Design in Form von Vasen, Whiskygläsern und Möbeln ist etwas für Liebhaber schlichter Eleganz und erinnert an die Formgebung der 1950er-Jahre. Klassische Vintage-Labels wie Iittala und großartige Designer wie Alvaa Aalto sind hier zu finden.

Mitte

Mo–Fr 11–18, Sa 11–16 Uhr | Torstr. 147 | Tel. 030 27 59 49 12 | www.kippis-design.de | U 8 Rosenthaler Platz (234 C6)

POLLI ÜBERALL

ÖKO Aus einer Schublade wird ein Regal, und aus einem Stück Fußbodendiele ein Schlüsselbrett: So kreativ und gleichzeitig auf den Recycling-Gedanken bedacht ist selten eine Designerwerkstatt. Dazu gibt es Tapeten mit Retromustern, die nicht geklebt, sondern aufgehängt werden, und kreative Tischdeko für Feste.

Kreuzberg

Mo/Di, Do/Fr 11–19, Mi 13–19, Sa 11–16 Uhr | Körtestr. 3 | Tel. 0179 3 70 37 93 | www.polli-ueberall.com | U 7 Südstern (231 D5)

ELEKTRONIK

APPLE STORE

Für viele Handy- oder Tabletbesitzer sind die Geräte mit dem angebissenen Apfel Kult. Im Store in der ehemaligen Filmbühne Wien bekommt man darüber hinaus alle Apple-Notebooks und -Rechner sowie jede Menge Zubehör. Pluspunkte: das mehrsprachige Personal sowie die

Hautnah ist der Klassiker in Berlin, wenn es um Latex- und Fetischmode geht

auch für Kinder und Jugendliche angebotenen INSIDER TIPP Workshops.

Wilmersdorf

Mo–Sa 10–20 Uhr | Kurfürstendamm 26 | Tel. 030 5 90 09 00 00 | www.apple.de | U 1 Uhlandstraße (238 A5)

HIFI IM HINTERHOF

Keine Sorge, der Name deutet nicht etwa auf vom Laster gefallene oder eingeschränkt funktionierende Ware hin. Vielmehr finden Soundgenießer hier hochwertige, edle Heimkino-Anlagen, High-End-Stereogeräte und komplette Multi-Room-Installationen. Neben Hörproben gibt es natürlich auch individuelle Beratung.

Kreuzberg

Mo–Fr 10–19, Sa 10–16 Uhr | Großbeerenstr. 65 | Tel. 030 2 53 75 30 | www.hifi-im-hinterhof.de | U 6, 7 Mehringdamm (246 A1)

KAMERA SERVICE OSTKREUZ

In dem Meisterbetrieb werden seit 1964 mechanische Kameras, Digitalkameras und Projektoren wieder einsatzfähig gemacht. Spezialisiert ist das Geschäft auf Reparaturen aller Praktica- und Pentacon-Modelle sowie der Produkte von Rollei, Leica und Hasselblad.

Friedrichshain

Do–Di 10–13 , 14–18 Uhr | Neue Bahnhofstr. 6 | Tel. 030 2 91 36 26 | www.kameraservice-ostkreuz.de | S-Bahn Ostkreuz (249 D2)

FABRIKVERKAUF & OUTLET

B5 DESIGNER OUTLET

Das Einkaufscenter bietet reduzierte Markenkleidung. Schnäppchenjäger ergattern um bis zu 70 Prozent reduzierte Mode, z. B. von Armani, Joop oder Boss. An verkaufsoffenen Sonntagen *(Termine s. Internet)* pendelt ein Gratis-Shuttle zwischen Bahnhof und Center.

Wustermark

Mo–Sa 10–20 Uhr | Alter Spandauer Weg 1 | Tel. 033234 90 40 | www.mcarthurglen.com | Bahn RE 2 bis Elstal, dann Bus 662 bis Designer Outlet (252 A3)

BAHLSEN FABRIKVERKAUF

Süßwaren gibt es hier palettenweise sowie als Bruchware im 5-kg-Eimer. Einen Einrichtungspreis gewinnt der Laden in einer alten Fabrikhalle nicht. Dafür stimmt der Preis.

Tempelhof

Mo–Fr 9–18, Sa 9–14 Uhr | Oberlandstr. 52 | Tel. 030 7 59 50 | bahlsen.de | Bus 264, M 46 Oberlandstr./Germaniastr. (246 C6)

Lichtenberg

Mo–Fr 9–18, Sa 9–13 | Coppistr. 11 | U 5 Magdalenenstaße (249 E1)

Wittenau

Mo–Fr 9–18, Sa 9–14 Uhr | Oranienburgerstr. 173 | S 1, 2, 85, U 8 Wittenau (230 C1)

ZALANDO OUTLET STORE

Europas größten Mode-Onlinehändler Zalando gibt es auch als Laden mit großem Schnäppchenangebot. Wer auf die Jagd nach Markenklamotten gehen will, muss sich vorher online registrieren und eine Zalando Card beantragen. Wenn Sie diese zusammen mit einem Lichtbildausweis am Eingang vorzeigen, können Sie eintauchen und Schuhe, Bekleidung oder Accessoires erbeuten.

Kreuzberg

Mo–Sa 10–20 Uhr | Köpenicker Str. 20 | Tel. 0800 9 90 03 33 | www.zalando-outlet.de | S 5, 7, 75 Ostbahnhof (248 A1)

FLOHMÄRKTE

TRÖDELMARKT AM 17. JUNI

Der Oldtimer unter den Berliner Flohmärkten mit vielen professionellen Antiquitäten- und Tonträgerhändlern. Neben Ständen, die teure Sammlerstücke verkaufen, gibt es Trödler mit jeder Menge Schnäppchen. Nebenan befindet sich ein großer Kunst- und Kunsthandwerkermarkt.

Tiergarten

Sa/So 10–17 Uhr | Straße des 17. Juni, zwischen Charlottenburger Tor und S-Bahn Tiergarten | Tel. 030 26 55 00 96 | www.berlinertroedelmarkt.com | S 5, 7, 75 Tiergarten (238 B3–4)

FLOHMARKT ARKONAPLATZ

DDR-Nostalgiker finden hier Relikte aus längst vergangenen Zeiten. Bücher, Schallplatten und Hausrat sind Schwerpunkte des Angebots am Arkonaplatz. Das Publikum gibt sich jung und urban gestylt. Wer nichts kauft, kommt her, um Freunde zu treffen und in einem der Cafés in der Nähe zu frühstücken. Kinder verkaufen ihre Sachen auf Decken oder toben auf dem großen Spielplatz.

Mitte

So 10–16 Uhr | Arkonaplatz | Tel. 0171 710 16 62 | www.troedelmarkt-arkonaplatz.de | U 8 Bernauer Straße (234 B5)

FLOWMARKT NOWKOELLN

Szeneflohmarkt am Maybachufer, unter anderem mit schicken Shirts von Kreuzköllner Designern, Retro-Trödel und weiterem Schnickschnack, den das hippe Volk in seinen Wohnküchen gebrauchen kann. Mit Livemusik und Wurstgrill.

Neukölln

März–Nov. alle 14 Tage So 10–18 Uhr | Maybachufer | www.nowkoelln.de | U 8 Schönleinstraße (247 E1)

INSIDER TIPP KREUZBOERG FLOWMARKT

In den Prinzessinnengärten unter hohen Bäumen wird Trödel von Privatleuten, Musik, Kunst und Selbstgemachtes aus Kreuzberg verkauft. Dazwischen spielen immer wieder auch Bands. Sehr ent-

Berlin ist die Hauptstadt der Flohmärkte, hier der Trödelmarkt am 17. Juni

spannte Atmosphäre und nicht so bemüht hip wie andere neue Flohmärkte.
Kreuzberg
April–Okt. alle 14 Tage So 10–18 Uhr | Prinzenstr. 35 | www.kreuzboerg.de | U 8 Moritzplatz (241 D5)

FLOHMARKT RAW-GELÄNDE
Zwischen Ruinen, besprühten Backsteinmauern und unweit des megahippen Foodmarkts »Neue Heimat« wird der entspannte Flohmarkt auf dem RAW-Gelände veranstaltet. Zum Verkauf stehen neben jeder Menge Ramsch auch hochwertige Antiquitäten und Stücke aus Privathaushalten.
Friedrichshain
So 9–19 Uhr | Revalerstr. 99 | Tel. 0177 8 27 93 52 | www.raw-flohmarkt-berlin.de | U 1, S 5, 7, 75 Warschauer Straße (248 C1)

KULINARISCHES

DARUMA
Für alle, die gern japanisch kochen, eine der ersten Adressen der Stadt. Sushi-Köche finden hier alle nötigen Zutaten: Fisch, Klebreis, Seetang in Scheiben, Reisessig, außerdem Wasabi, Daikon oder Nori. Wer nicht weiß, was das ist, dem hilft die Bedienung gerne weiter. Auch Rezepte und Saucenschälchen für das authentische Sushi- oder Sashimi-Dinner sind erhältlich. Mit japanischem Imbiss und leckerem Mittagstisch.
Wilmersdorf
Di–Fr 12–20, Sa 12–18 Uhr | Uhlandstr. 61 | Tel. 030 8 73 61 31 | short.travel/bfb8 | U 3 Hohenzollernplatz (244 A1)

DR. KOCHAN SCHNAPSKULTUR ★
Thomas Kochan hat tatsächlich einen Doktortitel in Schnaps, erworben mit einer Arbeit in Ethnologie über die Kulturgeschichte des Alkohols in der DDR. Entsprechend versiert erfolgt die Beratung, welcher Gin zu welchem Tonic passt. Wie es sich in Prenzlauer Berg gehört, sind manche der Spirituosen natürlich bio.
Prenzlauer Berg
Mo–Fr 12–20, Sa 11–17 Uhr | Immanuelkirchstraße 4 | Tel. 030 34 62 40 76 | www.schnapskultur.de | Tram M 2 Knaackstraße (235 E5)

EAT BERLIN
Kreative Berliner Erfinder machen auch vor Essen nicht halt. In kleinen Hinterhofmanufakturen fertigen sie alles von der Currywurst to go über Berliner Gin bis hin zu einer Backmischung namens Alexander Plätzchen. Verkauft wird alles versteckt im Hof 7 in den Hackeschen Höfen.
Mitte
Mo–Sa 11.30–19.30 Uhr | Rosenthaler Str. 40 | Tel. 030 52 28 32 60 | www.eatberlinstore.de | S 5, 7, 75 Hackescher Markt (240 C1)

FRISCHEPARADIES LINDENBERG
Treffpunkt für Gourmets und Profiköche, die gerne auch mal zu Trüffeln greifen oder Meeresalgen und französisches Freilandgeflügel verarbeiten. Beste Auswahl auch an Weinen, Ölen, Wurst und Käse. Mit Bistro. Am ersten Montag im Monat gibt es alles 15 Prozent günstiger!
Charlottenburg
Mo–Fr 8–20, Sa 8–18, Bistro Di–Sa 11.30–15.30 Uhr | Morsestr. 2 | Tel. 030 39 08 15 23 | www.frischeparadies.de | U 2 Ernst-Reuter-Platz (237 F2)
Prenzlauer Berg
Mo–Fr 8–20, Sa 8–18 Uhr | Hermann-Blankenstein-Str. 48 | Tel. 030 3 90 81 50 | S 8, 9, 41, 42, 85 Storkower Straße (231 E3)

JUTE BÄCKEREI
ÖKO In Berlins Bäckereien wird oft nur aufgebacken. Hier ist das anders. Doch

nicht nur das macht die Brötchen von Bäckermeister Guido Tauer so jut. Sie sind auch bio und glutenfrei. Allergiker können hier bedenkenlos zuschlagen.

Prenzlauer Berg
Di–Sa 8.30–19, So 10–15 Uhr | Schönhauser Allee 52a | Tel. 030 68 00 65 58 | www.jute-baeckerei.de | U 2 Eberswalder Str. (235 D3)

DAS KOCHHAUS

ÖKO Einkaufen mit System: Für die wöchentlich wechselnden Gerichte, die die Ladeninhaber vorschlagen, werden (Bio-)Zutaten zu Themeninseln zusammengestellt. So bekommen Sie alles, was Sie brauchen, damit das Essen gelingt. Abends finden Kochkurse statt. Zudem gibt es Lieferservice und Rezept-Abo.

Schöneberg
Mo–Sa 10–21 Uhr | Akazienstr. 1 | Tel. 030 57 70 89 100 | www.kochhaus.de | S 1 Julius-Leber-Brücke (245 E3)

Prenzlauer Berg
Mo–Sa 10–21 Uhr | Schönhauser Allee 46 | Tel. 030 57 70 89 100 | www.kochhaus.de | U 2 Eberswalder Straße (235 D3)

Kreuzberg
Mo–Sa 10–21 Uhr | Bergmannstr. 94 | Tel. 030 57 70 89 100 | www.kochhaus.de | U 6 Mehringdamm (246 B2)

MAÎTRE PHILIPPE & FILLES

Ja, es gibt sie, diese Jahrgänge: Champagner oder Weine, die sich besonders auszeichnen. Aber nicht nur Rebsäfte werden mit der Zeit besser, sondern auch INSIDER TIPP **Jahrgangssardinen.** Das wissen unsere kulinarisch bewanderten Nachbarn, die Franzosen, schon lange. Tatsächlich sind die hübsch anzusehenden Sardinendosen, die bei Maître Phillippe verkauft werden, frisch. Doch es lohnt sich, sie ein wenig liegen zu lassen, bis das hochwertige Olivenöl und die Aromen aus Zitrone und Weißwein dafür sorgen, dass die kleinen Fische mürbe und besonders schmackhaft werden. Verkauft werden in dem französischen Feinkostgeschäft aber auch noch andere Köstlichkeiten.

Wilmersdorf
Di–Fr 10–19, Sa 10–14 Uhr | Emser Str. 42 | Tel. 030 88 68 36 10 | www.maitrephilippe.de | U 3 Hohenzollernplatz (244 A1)

NAH UND GUT

ÖKO Hier finden Sie nicht nur die weltweit erste Dönerbratwurst, sondern auch spanischen Pata-Negra-Schinken oder französischen Trüffelbrie zum relativ günstigen Preis. Große Käseauswahl und Fleischtheke mit Produkten von ausgesuchten brandenburgischen Bauernhöfen, z. B. Schnitzel vom Havelländer Apfelschwein und Biofleisch. *www.delikatessendiscounter.de*

Wilmersdorf
Mo–Fr 8–20, Sa 8–16 Uhr | Güntzelstr. 40 | Tel. 030 86 39 19 310 | U 3 Hohenzollernplatz (244 A1)

MEINE STADT

▶ Sie sind Großstädter, aber das heißt noch lange nicht, dass die Berliner kein selbst angebautes Gemüse essen wollen. Der Urban-Gardening-Boom ist ungebrochen. Wer noch Anschluss sucht, kann diesen etwa bei den Mauergärtnern im Mauerpark oder beim Allmende-Kontor finden. Bei Meine Ernte gibt es zum gemieteten Garten auch fachliche Beratung dazu. Mehr Infos unter *www.mauergarten.net | www.allmende-kontor.de | www.meine-ernte.de.*

Waren zum Selbstabfüllen hat Original Unverpackt

Mo–Fr 8–20, Sa 8–16 Uhr | Düsseldorfer Str. 74 | Tel. 030 86 3919510 | U 3 Hohenzollernplatz (244 A2)

Zehlendorf

Mo–Fr 8–20, Sa 8–18 Uhr | Breisgauer Str. 20 | Tel. 030 8 03 37 21 | S 1 Schlachtensee (252 C4)

OU – ORIGINAL UNVERPACKT

ÖKO Die Gurken eingeschweißt, das Müsli dreifach verpackt, Gewürze in Einweggläsern – das muss doch nicht sein, dachten sich Milena Glimbovski und Sara Wolf und gründeten diesen Laden. Hier werden überwiegend gesunde Bioprodukte wie Tofu, Quinoa, Hanfsamen oder Kürbiskerne verkauft. Im Sortiment sind mehr als 400 Artikel. Das Wichtigste: Alle sind weitestgehend unverpackt. OU ist ein Supermarkt, der auf Einwegverpackungen verzichtet, verkauft wird lose Ware. Beim sogenannten »Bulk Shopping« bestimmen die Kunden selbst, wie viel sie kaufen wollen – seine Gefäße bringt man am besten selbst mit oder kann sie sich im Geschäft borgen.

Kreuzberg

Mo–Sa 10–19.30 Uhr | Wiener Str. 16 | www.original-unverpackt.de | U 1 Görlitzer Bahnhof (248 A3)

POT AND PEPPER

ÖKO In Berlins einzigem Gewürzfachhandel dreht sich alles ums richtige Aroma. Mehr als 240 Gewürze und Kräuter stehen zur Wahl, darunter pakistanisches Kristallsalz, Macis oder Vanilleschoten aus Tahiti. In Sachen Schärfe gibt es diverse Pfeffer- und Chilisorten, perfekt erklärt von Inhaber Michael Stümpert.

Steglitz

Mo–Fr 11–19, Sa 11–16 Uhr | Kieler Str. 9 | Tel. 030 81 82 79 83 | www.potandpepper.de | U 9 Schloßstraße (230 C5)

VEGANZ

ÖKO Wer sich ohne tierische Produkte ernähren will und auch Schuhe oder Taschen aus Leder ablehnt, ist hier richtig: Europas erster veganer Supermarkt bietet pflanzliche, ökologisch produzierte Lebensmittel (frisch oder getrocknet) und Accessoires in Hülle und Fülle. Sogar vegane Tiefkühlpizza und Kosmetik werden verkauft. Sonntags von 10 bis 15 Uhr lädt ein Brunch im Café zum Testen der veganen Vielfalt ein. Hier zeigt sich: Veganismus hat nichts mit Verzicht zu tun.

www.veganz.de

Prenzlauer Berg
Mo–Sa 8–21, Bistro: So 10–18 Uhr | Schivelbeiner Str. 34 | Tel. 030 44036048 | U-/S-Bahn Schönhauser Allee (234 C2)
Friedrichshain
Mo–Sa 9–22 Uhr | Warschauer Str. 33 | Tel. 030 29009435 | U 1, S 5, 7, 75 Warschauer Straße (248 B1)
Kreuzberg
Mo–Fr 8–20, Sa 8–18 Uhr | Marheineke Markthalle (Marheinekeplatz/Bergmannstr.) | U 7 Gneisenaustraße (246 C2)

CONFISERIE WALD KÖNIGSBERGER MARZIPAN

Keine Konservierungsstoffe, aber Rosenwasser aus dem Iran und erlesene Bittermandeln kommen in eines der besten Marzipane aus Berlin, das in liebevoller Handarbeit zubereitet wird. Das Rezept stammt von den Großeltern von Gina Massey, die den Familienbetrieb heute in bewährter Tradition weiterführt. Eine Zutat allerdings bleibt für immer geheim, so wurde es der Großmutter versprochen.
Charlottenburg
Mo–Fr 10–18.30, Sa 10–15.30 Uhr | Pestalozzistr. 54 a | Tel. 030 3238254 | www.wald-koenigsberger-marzipan.de | U 1, 2 Sophie-Charlotte-Platz (237 D5)

MODE

14 OZ.

Die Mischung aus angesagten Marken und Style-Schnäppchen (Jeans!) ist auch eine weite Anfahrt wert. Betreiber des Shops ist Karl-Heinz Müller, der Initiator der Modemesse Bread & Butter → S. 222. Auf Wunsch können Sie auch INSIDER TIPP **in privater Atmosphäre einkaufen.** Müller hat im ersten Stock eigens dafür Zimmer herrichten lassen.
Mitte
Mo–Sa 11–20 Uhr | Neue Schönhauser Str. 13 | Tel. 030 28040514 | www.14oz-berlin.com | U 8 Weinmeisterstraße (240 C1)

ALLET RUND

Keine Massenware, keine Dumpinglöhne und vor allem schöne Schnitte auch jenseits von Größe 42. Einige Stücke haben Berliner Designer extra für den Laden entworfen. Zudem gibt's Accessoires und Kram, gute Beratung und handgeschöpfte Schokolade.
Kreuzberg
Mo–Fr 12–19, Sa 12–17 Uhr | Dresdener Str. 16 | Tel. 030 27014836 | www.alletrund.de | U 1, 8 Kottbusser Tor (241 E5)

ANDREAS MURKUDIS ★

Eine hohe, schlicht-weiße Halle, in der die Kollektionen optimal zur Geltung kommen: hochpreisige Röcke, Kleider, Schuhe, Jacken und Accessoires für Damen und Herren von namhaften Designern und Labels wie Isaac Reina, Kosta Murkudis, The Row, Au Jour le Jour oder Maison Margiela.
Tiergarten
Mo–Sa 10–20 Uhr | Potsdamer Str. 81e | Tel. 030 680798306 | www.andreasmurkudis.com | U 1 Kurfürstenstraße (239 E5)

ARIAN

Feine Strickmode kreiert Arian Schöner in ihrem kleinen Moabiter Ladenatelier. Die Garne kommen aus Italien, an der Spree werden sie zu federleichten Röcken, Kleidern und Pullovern verarbeitet. Manchmal ist der Laden geschlossen, dann ist die Designerin unterwegs auf einer Messe. Also am besten vor dem Besuch anrufen.
Tiergarten
Termine nach Vereinbarung | Elberfelder Str. 13 | Tel. 0179 2938246 | U 9 Turmstraße (238 B2)

SONNTAGS EINKAUFEN

BLUMENLÄDEN

Noch schnell ein buntes Sträußchen für den Kaffeenachmittag bei der Mutter oder ein duftendes Bouquet als Überraschung für die Ehefrau – in den größten Berliner Bahnhöfen finden Sie Blumenläden, die auch an Sonn- und Feiertagen geöffnet haben.

Charlottenburg
Der Rosenkavalier | So 10–12 Uhr | Goethestr. 65a (237 F4)

Friedrichshain
Green Queen Flower im Ostbahnhof, EG | So 8–20 Uhr (241 F3)

Kreuzberg
Blumen Dilek | tgl. 24 Std. | Oranienstr. 29 (241 D5)

Prenzlauer Berg
Floristik Marthashof | So/Feiertage 10–16 Uhr | Schwedter Str. 37 (234 C5)

Reinickendorf
Der Rosenkavalier | So 10–12 Uhr | Ernststraße 74 (230 C1)

FLUGHÄFEN UND BAHNHÖFE

Ob Krawatten, Zeitschriften oder Lebensmittel – wer dringend sonntags etwas braucht, kann auch zum Flughafen fahren und in den Shops, die sich vor der Sicherheitskontrolle befinden, einkaufen.

Schönefeld
Drei Shops (Blumen, Bücher, Telefonkarten etc.) | So 4–24 bzw. 8–22 Uhr | www.berlin-airport.de | S 9, 45 Flughafen Schönefeld (253 E5)

Tegel
Relay, Marc O'Polo, Esprit etc. | So 7–21 Uhr | www.berlin-airport.de | TXL Bus, Bus 128, 109, X 9 Flughafen Tegel (230 B2)

Bahnhof Zoologischer Garten
Ullrich | So 9–22 Uhr (238 B5)
Ostbahnhof
Lidl | So 8–22 Uhr
Rewe | So 7–24 Uhr (241 F3)
Bahnhof Gesundbrunnen (NE)
Denn's Biomarkt | So 8–21 Uhr (234 A3)
Bahnhof Lichtenberg
Edeka | So 8–22 Uhr (249 F1)
Bahnhof Friedrichstraße
Edeka | So 8–22 Uhr (240 A2)
Hauptbahnhof
Kaisers, 1. UG | So 8–22 Uhr (239 E1)
Bahnhof Südkreuz
Edeka | So 8–22 Uhr (245 E4)

MUSEUMSSHOPS

Wer sonntags noch ein Geschenk benötigt, findet in Berlins Museumsshops Schönes und Originelles wie Puzzles, Krawattennadeln in Form von Pommes-Piekern oder Kunstbildbände.

Kreuzberg
Berlinische Galerie → **S. 55** *| Mi–Mo 10–18 Uhr | Alte Jakobstr. 124–128* (240 C5)
Dt. Technikmuseum | Sa/So 11.30–18 Uhr | Trebbiner Str. 9 (239 F6)
Jüdisches Museum → **S. 58** *| tgl. 10–20 Uhr | Lindenstr. 9–14* (240 B–C5)
Mitte
Deutsches Currywurstmuseum → **S. 57** *| tgl. 10–18 Uhr | Schützenstr. 70* (240 B4)
Museum für Naturkunde → **S. 63** *| Sa/So 10–18 Uhr | Invalidenstr. 43* (233 F6)
Tiergarten
Dalí Museum | So 10–20 Uhr | Leipziger Platz 7 (239 F4)

SPÄTKAUF UND VERKAUFSOFFENER SONNTAG

Sonntags und nach Ladenschluss hat der »Späti«, was man braucht: Doch die Berliner Institution ist bedroht, seitdem ein paar übergenaue Nachbarn auf die Einhaltung der Ladenöffnungszeiten pochen – und nach diesen ist der Verkauf am Sonntag nun einmal verboten. Noch geben sich Ordnungsamt und Polizei aber Mühe, beide Augen zuzudrücken. Die Suche nach dem nächsten Laden erleichtert der Spätifinder (www.spaetifinder.de).

An acht Terminen im Jahr ist zudem verkaufsoffener Sonntag. Dazu gehören 2016 der 6. Nov., 4. Dez. und 18. Dez. Weitere Termine unter www.berlin.de

BIKINI BERLIN

Eine Mall mit besonderem Konzept: Statt der altbekannten und überall vertretenen Shops wurden die Läden hier handverlesen. Vertreten sind beispielsweise die Modelabel Anna Kraft und Gant, die Brillenmanufaktur Mykita, der Schuhfilialist Riccardo Cartillone und der Kreuzberger Gestalten-Verlag. Gleich eine eigene Entwicklungsabteilung hat der Lautsprecherbauer Teufel im Bikini-Haus untergebracht. Beeindruckend ist besonders die Aussicht auf den Zoologischen Garten von der 7000 m² großen, begrünten Dachterrasse aus.

Tiergarten

Shops & Boxes Mo–Sa 10–20 Uhr, Mall 9–21 u. So 12–18 Uhr | Budapester Str. 38–50 | Tel. 030 55 49 64 54 | www.bikiniberlin.de | U-/S-Bahn Zoologischer Garten (238 C5)

Auf der Trendmeile Torstraße: der Happy Shop

CLASS OF BERLIN

Untergebracht ist Class of Berlin im angeblich ältesten Wohnhaus Berlins. Wer hier eintritt, begibt sich in die Vergangenheit, denn der in einem Innenhof versteckte Laden ist ein Tribut an den amerikanischen Glamour der 1930er- bis 1960er-Jahre. Es läuft Musik aus der Zeit von Eddie Cochran und Elvis Presley, während im Barbershop Tollen gekämmt werden. Dazu zieren Plakate mit Pin-up-Girls die Wände über den Regalen, die mit Klamotten gefüllt sind, an denen auch Betty Page Gefallen gefunden hätte. Neben ausgewählter Vintagekleidung zeigen auch Berliner Designer, z. B. der Labels Rock-a-Ticki und Marlenes Töchter, ihren Hang zum Rock 'n' Roll.

Mitte

Mo–Sa 12–20 Uhr | Große Hamburger Str. 19a | Tel. 030 43 73 97 60 | www.classofberlin.com | S 5, 7, 75 Hackescher Markt (240 C1)

COS

Gerade Schnitte, fließende Stoffe – das Design ist hier ganz auf das Wesentliche reduziert. Sehr chic, unverspielt und exklusiv. Besonders die Sachen für

Männer kommen in außergewöhnlichen Farben, Schnitten und Mustern daher. In Berlin gibt es vier Cos-Shops. *www.cosstores.com.*

Mitte

Mo–Sa 10–20 Uhr | Friedrichstr. 83 | Tel. 030 20 05 88 41 | U 6 Französische Straße **(240 B3)**

Tiergarten

Mo–Sa 10–20 Uhr | Kurfürstendamm 217 | Tel. 030 88 00 19 87 | U 1 Uhlandstraße **(238 A5)**

HAPPY SHOP

NEU Auf den ersten Blick ist es eine kreativ gestylte Bretterbude, auf den zweiten ein edler Laden mit Pullovern, Kleidern oder Hosen, die selten unter 300 Euro kosten. Ganz neu eröffnet wurde er im Mai 2015. Das Shop-in-Shop-Konzept bietet tolle Labels, das zieht viel internationales Publikum an.

Mitte

Mo–Fr 11–19, Sa 12–19 Uhr | Torstr. 67 | www.happyshop-berlin.com | Tel. 030 29 00 95 01 | U 2 Rosa-Luxemburg-Platz **(235 D6)**

PRACHT MÄDCHEN

Kleine Labels für alle, die wie echte, also hippe Friedrichshainer aussehen wollen. Mit »Prachtstück« gibt es eine eigene Accessoire-Linie mit Broschen, Ketten und Armbändern. Auch Jungs werden fündig.

Friedrichshain

Mo–Fr 11–20, Sa 11–16 Uhr | Wühlischstr. 28 | Tel. 030 97 00 27 80 | www.prachtmaedchen.de | Tram M 13 Wühlischstr. **(248 C1)**

UNIQLO

Der Name des japanischen Labels ist eine Kombination aus »unique« und »clothing« und steht für klassischen Schick zu kleinen Preisen. Anders als bei H & M oder Zara gibt es bislang in Deutschland nur drei Filialen, alle in Berlin. Außer Steppwesten und seriösen Blusen finden sich unter der Mode aus Hello Kittys Heimat auch ausgeflippte Shirts mit Comic-Aufdruck. *www.uniqlo.com*

Charlottenburg

Mo–Do 10–20.30, Fr/Sa 10–21 Uhr | Tauentzienstraße 7b/c | Tel. 030 29 02 82 60 | U 1, 2 Wittenberg Platz **(238 B5)**

Mitte

Mo–Sa 10–21 Uhr | Leipziger Platz 16 | Tel. 030 31 98 70 70 | S 1, 2, 25, U 2 Potsdamer Platz **(239 F4)**

Mitte

Mo–Sa 10–20 Uhr | Rosenthaler Str. 42 | S Hackenscher Markt **(240 C1)**

UPCYCLING

ÖKO Mode aus gebrauchten Materialien, das ist ein Trend im Bereich Ökomode. Hier zeigen Designer, was man aus alten Anzughosen, Hemden oder Kleidern Tolles zaubern kann. Sogar Schmuck entsteht aus ausgemusterten Krawatten oder Blusen. Der Fantasie sind keine Grenzen gesetzt; Stoffankauf auf Anfrage. Das Team gibt gern Auskunft über den nachhaltigen Hintergrund der Produkte.

Mitte

Mo/Di, Do/Fr 11–19, Sa 11–17.30 Uhr | Anklamer Str. 17 | Tel. 0162 6 12 80 64 | www.upcycling-fashion.com | U 8 Bernauer Straße **(234 B5)**

VOLKSFADEN

ÖKO Bunte Stoffe, unter anderem aus Biobaumwolle, reihen sich in Regalen bis zur Decke und machen Lust darauf, die Nähmaschine aus dem Keller zu holen. Ausgefallene Stoffmuster, hübsche Webbänder und andere Nähaccessoires geben dem neuen Kissen oder Kleid den letzten Pfiff. Auch wegen der Knopfsammlung lohnt sich ein Besuch. Sehr freundliche Beratung. Neu sind die INSIDER TIPP Nähkurse: Drei Stunden kosten 25 Euro.

Schöneberg

Di 10–15, Mi–Fr 12–18, Sa 11–16 Uhr | Crellestr. 17 | Tel. 030 72 29 70 57 | www.volksfaden.de | U7 Kleistpark (245 F2)

VOO STORE

In einem Hinterhof in Kreuzberg verbirgt sich einer der interessantesten Modeläden der Stadt, nicht nur, was die coole Architektur betrifft. Erlesene Kleider und Accessoires internationaler Labels, ausgewählte Bücher, Kerzen und Parfüms machen aus dem Loft eine Design-Wundertüte.

Kreuzberg

Mo–Sa 10–20 Uhr | Oranienstr. 24 | Tel. 030 69 57 97 27 10 | www.vooberlin.com | U 1, 8 Kottbusser Tor (241 D5)

WERTVOLL

ÖKO Biobaumwolle, recycelte Materialien oder Pinienfasern sind die Grundlage für modische und stylische Kleidungsstücke aller Art. Die hier vertretenen Labels wie People Tree, Alma & Lovis und Linda Mai Phung garantieren faire Herstellungsbedingungen und spenden den Erlös aus dem Verkauf zum Teil für wohltätige Zwecke. Zudem kennen sich die Besitzerinnen Monika Lesinski und Judith Finsterbusch in der nachhaltigen Modeszene bestens aus.

Prenzlauer Berg

Mo–Fr 10–20, Sa 10–18 Uhr | Marienburger Str. 39 | Tel. 030 25 56 77 26 | www.wertvoll-berlin.com | Tram M 2 Marienburger Straße (235 E5)

Neben ausgesuchten Kleidern und Schmuck gibt es im Voo Store auch Bücher und Magazine

MUSIK

COMEBACK-RECORDS

Dieses Vinylparadies am Hermannplatz suchen nicht nur DJs auf. Gebrauchte Platten von Jazz, Soul und Hip-Hop über Reggae und World bis hin zu Techno und Indiepop ziehen auch Sammler an – und natürlich alle, die auf der Suche nach dem Sound ihrer Jugend sind. CDs gibt's ebenfalls in großer Auswahl.

Kreuzberg

Mo–Fr 12–18, Sa 12–16 Uhr | Hasenheide 9 | Tel. 030 69 40 14 33 | U 7, 8 Hermannplatz (247 E2)

JUST MUSIC

Musiker und DJs befinden sich hier im Paradies. Fast alle Instrumente samt Equipment können ausprobiert werden, für Schlagzeuge, E-Gitarren, Keyboards und Co. gibt es Testkabinen. Gute Auswahl an Fachbüchern und Noten. Sehr kompetentes, freundliches Personal.

Kreuzberg

Mo–Fr 10–20, Sa 10–18 Uhr | Oranienstr. 140–142 | Tel. 030 88 77 55 00 | www.justmusic.de | U 8 Moritzplatz (241 D5)

Wilmersdorf

Mo–Fr 10–18.30, Sa 10–16 Uhr | Pariser Str. 9 | Tel. 030 88 77 55 88 | U 3, 9 Spichernstraße (243 F1)

STROMGITARRENWERKSTATT

Michi Hartmann verkauft nicht nur E-Gitarren samt Zubehör. Bei ihr können Sie sich auch INSIDER TIPP ein Instrument maßschneidern lassen. Vor allem für Frauen ist das interessant, denn die klassischen E-Gitarren sind für große Männerhände gemacht. Das Handwerk hat die gelernte Filmausstatterin sich selbst beigebracht. Durchgerockte Instrumente reparieren kann sie natürlich auch.

Prenzlauer Berg

Mo–Fr 14–19 Uhr | Choriner Str. 40 | Tel. 030 22 01 53 83 | www.krassegitarren.de | U 2 Eberswalder Straße (235 D4)

INSIDER TIPP VINYLSCHALLPLATTEN

Was bei der Elterngeneration noch im Schrank verstaubte, wird von den jungen Leuten wieder gehuldigt wie ein Heiligtum: Denn jeder Künstler, der etwas auf sich hält, bringt seine Alben auf Vinyl heraus. In Berlin gibt es großartige Läden und Plattenlabels, die sich diesen Produkten widmen:

BIS AUFS MESSER

Friedrichshain

Mo–Fr 11–20, Sa 11–18 Uhr | Marchlewskistr. 107 | Tel. 030 20 68 72 91 | www.bisaufsmesser.com | U 1, S 5, 7, 75 Warschauer Straße (248 B1)

MR DEAD & MRS FREE

Schöneberg

Mo–Fr 12–19, Sa 11–16 Uhr | Bülowstr. 5 | Tel. 030 2 15 14 49 | www.deadandfree.com | U 1, 2, 3, 4 Nollendorfplatz (239 D6)

VOPO RECORDS

Prenzlauer Berg

Mo–Fr 12–20, Sa 12–16 Uhr | Danziger Str. 31 | Tel. 030 4 42 80 04 | www.vopo-records.de | U 2 Eberswalder Straße, Tram M 10 Husemannstraße (235 D4)

SCHMUCK

IDEENREICH

Der Laden glänzt mit ausgefallenen Accessoires. Kaffeegenießer und Naschkatzen dürften an Antje Henkes Kollektion »Dollhouse goes Schmuck« Gefallen finden: An der Hand blinken kleine Kaffeetassen, Teller, Gabeln, Törtchen und Früchte. Für Liebhaber herzhafter Gerichte sind das »Spiegelei«, der »Meeresfrüchtesalat« oder der »Spargelteller« das Richtige. Auch wenn aus der Puppenstubenkollektion längst eine Miniserie geworden ist, bleiben die Ringe Unikate. Außer Fingerschmuck gibt es im Studio z. B. noch originelle Taschen und Krawattenröcke zu bestaunen.

Charlottenburg

Nur nach Vereinbarung | Goethestr. 2–3 | Anmeldung unter Tel. 030 88 72 79 22 | www.ideenreich-berlin.de | U 1, 2 Ernst-Reuter-Platz (237 F4)

PERLEREI

Hier werden nicht nur Ketten und Ohrringe verkauft – hier kann man sich seinen Schmuck selbst herstellen. Die offene Perlenwerkstatt ist sehr beliebt im Kiez. Unter professioneller Anleitung hat während der Öffnungszeiten jeder die Möglichkeit, seine eigenen Armbänder oder Fingerringe herzustellen.

Friedrichhain

Di–Fr 14–20, Sa 12–18 Uhr | Lenbachstr. 7 | Tel. 030 97 88 20 28 | www.perlerei.de | S-Bahn Ostkreuz (249 D1)

TUKADU

Eine Fundgrube für alle, die gerne Legosteine als Ohrringe tragen oder russische Matroschkas auf Armbänder fädeln. Es gibt sowohl ein riesiges Sammelsurium für Bastler als auch fertigen Schmuck aus Schallplatten, Kronkorken oder Glasperlen. Nichts für die Oscarverleihung, aber für Berlin gerade richtig.

Mitte

Mo–Sa 11–20 Uhr | Rosenthaler Str. 46 | Tel. 030 2 83 67 70 | www.tukadu.com | U 8 Weinmeisterstraße (240 C1)

SCHUHE

AVESU

ÖKO Stilvoll, modisch, bunt – und vegan. Im Avesu werden ausschließlich und mit großer Selbstverständlichkeit Schuhe verschiedener Labels verkauft, für die kein Tier leiden musste.

Prenzlauer Berg

Mo–Fr 11–20, Sa 11–18 Uhr | Schivelbeiner Str. 35 | Tel. 030 54 61 03 11 | www.avesu.de | U-/S-Bahn Schönhauser Allee (234 C2)

Friedrichshain

Mo–Fr 11–20, Sa 11–18 Uhr | Warschauer Str. 33 | Tel. 030 54 61 03 11 | U 1, S 5, 7, 75 Warschauer Straße (234 C2)

GOLDMARIE

Man hat die Tür zu dem kleinen Laden noch nicht hinter sich geschlossen, da ist man schon als »Süße« begrüßt worden und hat drei Paar Schule in alternativen Farben und Größen aus dem un-

endlichen Lager im Hinterzimmer gefischt bekommen. So herzlich und individuell ist Schuhekaufen selten. Die Modelle sind schick, aber niemals langweilig.

Prenzlauer Berg

Mo–Fr 11–20, Sa 10–20 Uhr | Stargarder Str. 78 | Tel. 030 44 71 62 00 | S-/U-Bahn Schönhauser Allee (235 D3)

LIEBLINGSSCHUH

In hoher Handwerkskunst entstehen unter diesem Label passgenaue Schuhe. Rahmengenähte Treter für Damen und Herren kann man hier genauso kaufen wie bequeme Babykrabbler.

Prenzlauer Berg

Mo–Fr 9–13 u. 13.45–18 Uhr | Schönfließer Str. 1 | Tel. 030 44 73 76 44 | www.lieblingsschuh.de | U-/S-Bahn Schönhauser Allee (234 C2)

OVERKILL

Der Himmel für alle, die auf bequemes Schuhwerk stehen. Intellektuelle wird die beeindruckende, bunte Sneaker-Wand an die Edition Suhrkamp erinnern. Hier werden auch diejenigen fündig, die ein außergewöhnliches Modell in Grashüpfergrün mit Neonstreifen suchen. Im ersten Stock gibt es zudem Streetwear und Sprayer-Bedarf.

Kreuzberg

Mo–Sa 11–20 Uhr | Köpenicker Str. 195a | Tel. 030 69 50 61 26 | www.overkillshop.com | U 1 Schlesisches Tor (248 B2)

RICCARDO CARTILLONE

Für Liebhaber edler und moderner Schuhmode ist Riccardo Cartillone die erste Adresse in Berlin. Unter seinem eigenen Namen lässt der Berliner Schuhhändler italienischer Herkunft seit nunmehr rund 15 Jahren Kollektionen fertigen. Mit großem Erfolg. In Charlottenburg gibt es insgesamt drei Filialen, in Mitte sogar vier und eine im Prenzlauer Berg.

www.riccardocartillone.de

Charlottenburg

Mo–Sa 10–20 Uhr | Savignyplatz 4 | Tel. 030 31 50 33 27 | U-/S-Bahn Zoologischer Garten, U 1 Uhlandstraße (238 A5)

Mitte

Mo–Sa 11–20 Uhr | Dircksenstr. 48 | Tel. 030 28 04 07 11 | U 8 Weinmeisterstraße (240 C1)

Prenzlauer Berg

Mo–Sa 11–20 Uhr | Prenzlauer Allee 215 | Tel. 030 34 39 14 09 | U 2 Senefelderplatz (235 E5)

SALOON BOOTS & STUFF

Eine Wassertränke für Pferde draußen vor der Tür gibt es zwar nicht, doch in diesem Laden können sich Cowboys und Biker fast wie im Wilden Westen fühlen. Von spitz bis eckig, einfarbig bis bunt werden hier rahmengenähte Lederstiefel und ebenso hochwertige Halbschuhe für jedes Abenteuer angeboten.

Kreuzberg

Mo–Fr 11–20, Sa 11–17 Uhr | Oranienstr. 4 | Tel. 030 6 12 54 76 | www.

MEINE STADT

▶ Berlin ist einzigartig? Nun ja, eigentlich nicht: Weltweit gibt es 118 Orte, die diesen Namen tragen.

▶ Berlin ist nicht mehr »arm, aber sexy«, sondern sexy und reich. Zumindest an Brücken (mehr als in Venedig), an Zootieren (mehr als jede andere Stadt Europas) und an Opernhäusern. Drei Stück leistet sich Berlin – so reich ist keine andere Stadt der Welt.

saloonboots.de | U 1 Görlitzer Bahnhof (241 E5)

ZEHA BERLIN ★

Wenn die Olympioniken der DDR ins Stadion einliefen, trugen sie an ihren Füßen Schuhe der Marke Zeha aus dem thüringischen Hohenleuben. Nach der Wende wollte niemand mehr die alten Treter sehen, doch 2002 entdeckte Alexander Barré sein Herz für deren Retro-Design. Er sicherte sich die Markenrechte und vertreibt mittlerweile nicht nur fast edel anmutende Turnschuhe, sondern auch Stiefel und Lederschuhe. *www.zeha-berlin.de*

Prenzlauer Berg
Mo–Fr 12–20, Sa 10–18 Uhr | Prenzlauer Allee 213 | Tel. 030 44 03 46 07 | Tram M 2 Marienburger Straße (235 E4)

Kreuzberg
Mo–Fr 11–19, Sa 10–18 Uhr | Friesenstr. 7 | Tel. 030 69 53 88 55 | U 7 Gneisenaustraße (246 C2)

Schöneberg
Mo–Fr 11–19, Sa 10–18 Uhr | Belziger Str. 21 | Tel. 030 78 95 09 93 | U 7 Eisenacher Straße (245 D2)

SECONDHAND

BAHAR BERLIN EDELTRASH

Ob es eine neue alte Levis oder ein Nierentischchen sein soll, hier werden Sie definitiv fündig. Bei Bahar gibt es sowohl Mode als auch Möbel zwischen schick und lässig. Wer selbst etwas loswerden möchte, was er lange nicht getragen hat, kann es in Kommission geben. 50 Prozent vom Gewinn bleibt allerdings im Laden.

Moabit
Mo–Fr 12–19, Sa 12–16 Uhr | Birkenstr. 19 | Tel. 0176 84 48 94 35 | www.edeltrash.com | U 9 Birkenstraße (232 C6)

Bahars Edeltrash ist eine Fundgrube

CHAIRS

Stühle aus den letzten 80 Jahren stapeln sich in dem Eckladen in großer Auswahl. Etliche Modelle sind Bauhausklassiker oder haben Retrowert, vor allem die 1950er-Jahre sind stark vertreten. Filmteams leihen sich hier des Öfteren Mobiliar aus, aber auch privat kann man für ein Event Sitzmöbel ordern.

Mitte
Mo–Fr 14–19, Sa 12–18 Uhr | Fehrbelliner Str. 25 | Tel. 030 44 35 57 23 | www.chairs-design.com | Tram M 1, 12 Zionskirchplatz (234 C5)

DAS NEUE SCHWARZ

Angefangen hat alles als Secondhand-Webshop. Heute können Kunden im realen Laden stöbern und wahre Designerschätze von Vivien Westwood oder Isabel Marant entdecken – Vintage vom Feinsten.

Gutes Angebot an Gemüse, Fleisch und Delikatessen: der Wochenmarkt auf dem Hackeschen Markt

Mitte
Mo–Sa 12–20 Uhr | Mulackstr. 38 | Tel. 030 27874467 | www.dasneueschwarz.de | U 2 Rosa-Luxemburg-Platz (240 C1)

MIMI
Hinter der Tür wartet eine Zeitreise. Die meiste Kleidung ist aus den 1920er- bis 1940er-Jahren, einige Schmuckstücke haben aber auch deutlich mehr Jahre auf dem Rücken. Gründerin Miriam Alexandra Grese hat an der Deutschen Oper Herrenmaßschneiderin gelernt und verlieh ihre Stücke sogar schon an Hollywoodproduktionen.
Schöneberg
Mo–Fr 12–19, Sa 11–16 Uhr | Goltzstr. 5 | Tel. 030 23638438 | www.mimi.berlin | U 7 Eisenacher Straße (245 D2)

SOMETIMES COLOURED ★
Aktuelle, angesagte Mode aus zweiter Hand: Der Ableger des Secondhand-Onlineshops webuyfashion.de setzt auf Gebrauchtware mit Qualität. Das zeigen auch Marken wie American Apparel, Kookaï, Marni oder Cheap Monday. Dank der guten Kontakte von Geschäftsinhaberin Ariane Bojadziu zu namhaften Boutiquen kommen viele hochwertige Stücke ins Haus, die oft kaum älter als zwei Jahre und gut erhalten sind.
Friedrichshain
Mo–Sa 12–19 Uhr | Grünberger Str. 90 | Tel. 030 29352075 | www.facebook.com/sometimescoloured | U 5 Samariterstraße (231 E3)

SOMMERLADEN
Von Armani-Lederjacken bis hin zu Boss-Blusen reicht die Auswahl an tragbaren, gut erhaltenen Klamotten und Schuhen in dem kleinen Souterrain-Laden. Ausgefallene Kostüme und Kleider zeugen vom extravaganten Geschmack der Nachbarschaft, die hier ihre aussortierten Outfits verkauft. Auch Männer werden fündig. Faire Preise, freundliche Beratung.
Mitte

Di–Fr 13–19, Sa 12–17 Uhr | Linienstr. 153, Ecke Tucholskystr. | Tel. 0177 2 99 17 89 | S 1, 2, 25 Oranienburger Straße (240 B1)

SPORT

FLYING COLORS

Wer gerne jonglieren lernen will, Drachen liebt oder einen neuen Satz Boulekugeln braucht, ist hier absolut an der richtigen Adresse. Hübsch zum Anschauen sind die bunten Fahnen und Windspiele, die jeden Balkon und Garten verschönern. Kinder mögen Waveboards und Bumerangs. Mit Onlineshop und Schnäppchenecke, zum Teil über 40 Prozent Rabatt auf Einzelstücke.

Schöneberg

Mo–Fr 11–19, Sa 11–17 Uhr | Eisenacher Str. 81 | Tel. 030 78 70 36 36 | www.flying-colors.de | U 7 Eisenacher Straße (245 D2)

LONG DISTANCE

Hier geht es um viel mehr als Turnschuhe, denn echte Läufer würden ja auch nicht vom »Joggen« sprechen. Eine vorherige Lauf- und Ganganalyse gewährleistet, dass Kunden hier den wirklich perfekt passenden Schuh finden. Und die funktionale Bekleidung dazu gibt es auch. Die Beratung machen Sportler, und direkt hinterm Laden kann man im Tiergarten gleich eine Proberunde drehen. Übrigens gibt es auch Laufkursprogramme und Marathonvorbereitungen.

Tiergarten

Mo–Fr 10–20, Sa 10–18 Uhr | Altonaer Str. 5–7 | Tel. 030 36 40 99 64 | www.longdistance.de | U 9 Hansaplatz (238 C3)

TITUS

Laden für Skateboarder und BMX-Radler. Eine riesige Auswahl an Modellen und Zubehör lässt die Herzen Heranwachsender und Berufsjugendlicher höherschlagen. Das Verkaufspersonal ist jung, kompetent und stammt aus der Szene. Großer Onlineshop und INSIDER TIPP Reparaturwerkstatt.

www.titus.de/shops/berlin

Mitte

Mo–Sa 10–20 Uhr | Karl-Liebknecht-Str. 9 | Tel. 030 30 87 53 44 | U-/S-Bahn Alexanderplatz (240 C2)

Charlottenburg

Mo–Sa 10–20 Uhr | Meinekestr. 2 | Tel. 030 32 59 32 39 | U 1 Uhlandstraße (238 A6)

YOGA 108

ÖKO Matten, Blöcke und passende Kleidung für alle Yogastile: Vieles im Laden ist aus nachhaltiger Produktion, u. a. aus Naturkautschuk. Spezielle Zehensocken stabilisieren den Fuß und sorgen so für besseren Halt auf der Matte. Es gibt auch Yogakurse.

Charlottenburg

Mo–Fr 11–19, Sa 11–16 Uhr | Bismarckstr. 39 | Tel. 030 34 09 28 68 | www.yoga108.de | U 2, 7 Bismarckstraße (237 D4)

WOCHENMÄRKTE

HACKESCHER MARKT

ÖKO Viele Delikatessen und Kunsthandwerk, aber auch Biogemüse, -fleisch und -obst sorgen dafür, dass sich eine bunte Mischung aus Touristen und Einheimischen samstags durch die engen Gassen zwischen den Marktständen schiebt. Mit Lakritz in großer Auswahl und arabischem Gebäck sind Naschkatzen aufs Beste versorgt. Donnerstags wird der mobile italienische Kaffeestand umlagert. Vor allem wegen des köstlichen hausgemachten Tiramisu!

Mitte

Do, Sa 9–18 Uhr | Hackescher Markt | S 5, 7, 75 Hackescher Markt (240 C2)

ÖKOMARKT CHAMISSOPLATZ

ÖKO Große Auswahl an Käse und Fleisch aus ökologischer Produktion, unter anderem gibt es Rindersalami vom Bauernhof Hochfeld. Am Stand der Brandenburger Ziegenzucht Ogrosen wird »Blauer Lausitzer« und frisches Zickleinfleisch angeboten. Üppiges Angebot an frischen Kräutern, Gemüse und Obst aus der Region.

Kreuzberg

Sa 9–15 Uhr | Chamissoplatz | Tel. 030 8 43 00 43 | www.oekomarkt-chamisso platz.de | U 6, 7 Mehringdamm (246 B2)

WINTERFELDTMARKT

ÖKO Samstagmittags ist fast kein Durchkommen. Dann hat sich die Schöneberger Gay- und Akademikerszene aus den Betten geschält und nimmt mit, was in die Küche passt. Parmaschinken, Biogemüse oder Eier von freilaufenden Hühnern etwa. So mancher Imbissstand verlockt an Ort und Stelle zum Essen. Biogemüse ist in großer Auswahl zu haben.

Schöneberg

Mi 8–14, Sa 8–16 Uhr | Winterfeldtplatz | winterfeldt-markt.de | U 1–4 Nollendorfplatz (239 D6)

WOCHENMARKT GENTER STRASSE

Eine Wassermelone für einen Euro, fünf Avocado für zwei Euro, und dazu der Klang türkischer Marktschreier im Ohr, die unbedingt ihre Berge an Auberginen und Tomaten an die Kundschaft bringen wollen: So international ist der Wedding. Dazwischen finden sich auch der ein oder andere Stand mit Elektrokram, Schlappen und Stoffen. Wenn Sie mit den Händlern um die Preise feilschen, kommt beinahe Urlaubsstimmung auf.

Wedding

Mi, Sa 7–16 Uhr | Genter-/Ecke Ostender Str. | Tel. 0177 2 59 93 32 | U 6, 9 Leopoldplatz (232 C3)

Üppiges Angebot von Blumen bis Salami auf dem Ökomarkt Chamissoplatz

Spaß für Kinder

Kübelweise Regen, Computerspiele, keine Lust? Na und, Berliner Kids werden eben kreativ und auch die Action kommt nicht zu kurz. Der Spaßfaktor? Ist so was von hoch!

Ängste überwinden, Mut beweisen und Spaß haben – dafür sind z. B. Klettergärten wie gemacht. Aber auch für Erkundungstouren ins Grüne mit Mama und Papa gibt es in Berlin und Umgebung die richtigen Adressen.

ACTION

BEACH MITTE

Bei den Knirpsen fängt alles mit dem Spielen im Sand an, größere Kinder können dann beim Beachvolleyball oder -soccer ihre Fitness und Geschicklichkeit trainieren – Spaß macht das Ganze auch noch. Hier haben Sie auf Anfrage auch die Möglichkeit, Kindergeburtstage zu feiern, z. B. mit Schatzsuche. INSIDER TIPP Strandpakete mit einer Spielzeit von 1,5 Stunden sind genau das Richtige für Kinder unter acht Jahren. Trainingstermine für Strandknirpse stehen unter *www.strandknirpse.de*.

Mitte

Sommer tgl. 10–22 Uhr | Courtmiete ab 14 Euro/Stunde | Caroline-Michaelis-Str. 8 | Tel. 0177 2 80 68 61 | www.beachberlin.de | S 1, 2, 25 Nordbahnhof (234 A5)

CABUWAZI

Im Zirkuszelt neben dem Spreewaldbad lernen Kinder und Jugendliche nicht nur Jonglieren, Akrobatik, Diabolokunststücke und Seiltanzen, sondern zeigen ihr Können wie erwachsene Zirkusdarsteller regelmäßig vor zahlendem Publikum. Beim offenen Training (*kostenlos*) können auch Anfänger mitmachen. In allen Schulferien werden Workshops angeboten. Weitere Cabuwazi-Zelte gibt's u. a. in Marzahn

Spielen und im Sand die Geschicklichkeit trainieren können Strandknirpse im Beach Mitte

(Otto-Rosenberg-Str. 2), Treptow *(Bouchéstr. 74)* und Friedrichshain *(Shake-Zirkuszelt, Am Postbahnhof 1)*. Ein fünftägiger Cabuwazi-Workshop in den Ferien *(Mo–Fr 10–15 Uhr)* kostet 140 Euro inklusive Mittagessen.

Kreuzberg

Wiener Str. 59h | Tel. 030 2 90 47 84 10 | www.cabuwazi.de | U 1 Görlitzer Bahnhof (248 A3)

CLIMB UP

Hier können Bäume mit dem Skateboard umkurvt werden, und eine Gondel gleitet 120 m von Wipfel zu Wipfel. Der Kletterparcours in Henningsdorf liegt in bis zu 6 m Höhe. Insgesamt gilt es, 15 Etappen zu bewältigen. Mutige können von Hängebrücken in die Tiefe schauen oder eine rasante Abfahrt von 180 m wagen. Der »Zwergen-Parcours« bietet sicheren Spaß für Kindergartenkinder.

Henningsdorf

Di–So 10–18 Uhr, im Sommer tgl. 10–19 Uhr | Zwergenparcours 9, Kinder bis 12 Jahre 13, Erwachsene 19 Euro | Ruppiner Chaussee 99 | Tel. 030 8 10 38 10 12 | www.climbup.de | S 25 Heiligensee (von dort 500 m Fußweg) (252 C2)

IRRGARTEN

In den Gärten der Welt faszinieren nicht nur Themengärten (unter anderem der größte chinesische Garten Europas), hier können Kinder sich auch verlaufen und es macht sogar Spaß! Wer den Weg ins Innere findet, wird mit einer Aussichtsplattform belohnt. Lustig ist auch das Bodenlabyrinth: Ziel ist es, den Weg auf den hellen Steinen in die Mitte des Kreises zu finden. Der christliche Garten lädt zum Ausruhen ein.

Marzahn

Tgl. ab 9 Uhr | Eintritt Sommer 5, Winter 3 Euro, erm. 1,50/1 Euro | Eisenacher Str. 99 | Tel. 030 7 00 90 66 99 | www.gruen-berlin.de/gaerten-der-welt | Bus 195 Erholungspark Marzahn (253 E3)

JUGENDFARM MORITZHOF

Berlin ist die Hauptstadt der Kinderbauernhöfe, jeder Bezirk hat mindestens einen. Einheimische Tiere warten etwa im Mauerpark darauf, gestreichelt und gefüttert zu werden. Jeden ersten und dritten Samstag von März bis November wird für Kinder unter sechs Jahren INSIDER TIPP Ponyreiten angeboten, von 15 bis 16 Uhr, ein Euro Unkostenbeitrag.

Prenzlauer Berg

Mo–Fr 12–18, Sa 13–18 Uhr | Eintritt frei | Schwedter Str. 90 | Tel. 030 44 02 42 20 | www.jugendfarm-moritzhof.de | U, S Gesundbrunnen (234 C2)

KINDERBAD MONBIJOU

Hier sind kleine Wasserratten in ihrem Element. In den beiden Kinderbecken wird kräftig geplanscht und vor Freude gekreischt. Die Kids proben stolz ihre ersten Schwimmzüge. Eltern, die nicht permanent am Beckenrand stehen wollen, können auf der grünen Wiese ihr Handtuch ausbreiten und entspannt sonnenbaden.

Mitte

Sommer Mo–Fr 11–19 Uhr, Sa/So 10–19 Uhr | Eintritt 5,50, erm. 3,50 Euro | Oranienburger Str. 78 | Tel. 030 2 82 86 52 | www.berlinerbaeder.de | S 1, 2, 25 Oranienburger Straße (240 B1)

KLETTERKEGEL ★

Mitten in Friedrichshain ragt die Eiger-Nordwand der Hauptstadt in die Höhe, eigentlich ein ehemaliger Bombenschutzbunker. Heute beweisen Kinder und Erwachsene an seinen steilen Wänden ihre Bergsteigerqualitäten. Die Klettergriffe an der Außenfassade des Bunkers werden regelmäßig umgesetzt, um neue Aufstiege und Herausforderungen zu bieten. Besonders Wagemutige können auch vertikale Routen mit Seillängen von bis zu fast 19 m wählen. Für Kinder ist die anliegende Boulderanlage empfehlenswert.

Friedrichshain

Di–Fr 8–23, sonst ab 10 Uhr | Eintritt 7, Kinder bis 12 Jahre 4 Euro | Revaler Str. 99 | Tel. 030 66 76 68 37 | www.derkegel.de | U 1, S 5, 7, 75 Warschauer Straße (248 C1)

OTTO-SPIELPLATZ

Der 5000 m² große Spielplatz wird vom Verein Moabiter Ratschlag pädagogisch betreut. Kinder zwischen fünf und 14 Jahren haben hier alle Möglichkeiten, sich auszutoben, zu experimentieren, zu lesen oder auch zu bauen. Es gibt eine eigene Werkstatt und eine Küche.

Moabit

MARCO POLO HIGHLIGHTS

★ Kletterkegel
Eine perfekte Illusion der alpinen Bergwelt bietet der ehemalige Luftschutzbunker in Friedrichshain, an dessen Wänden kleine und große Menschen emporklettern können → S. 152

★ Extavium Potsdam
Schall, Rauch, Magnete, Experimente und optische Täuschungen: Im Extavium wird die Neugier auf die Welt der Wissenschaft spielend geweckt → S. 154

★ Freizeitpark Germendorf
Unzählige Tiere, Spielplätze, Badeseen. Und Dinosaurier → S. 154

★ Zeiss-Großplanetarium
Einst ein DDR-Vorzeigeprojekt und heute das »modernste Wissenschaftstheater Europas« → S. 156

★ Atze Musiktheater
Von der Kreuzberger Hinterhofbühne zum größten Kinder-Musiktheater: Musikalische Frühförderung mal anders → S. 159

★ Kinderkünstezentrum
Hier geht es längst nicht nur um Bilder und Collagen. Im Zentrum wird auch geschnibbelt und gekocht, z. B. arabischer Eintopf, oder es werden Bienenwaben aus Keksteig gebacken → S. 159

Hoch hinaus geht es im Waldhochseilgarten in der Jungfernheide

Nov.–März Mo–Fr 14–18 Uhr, April–Okt. Mo–Fr 10–19 Uhr, Sa/So 14–18 Uhr | Alt-Moabit 34 | Tel. 030 3 98 35 730 | moabiter-ratschlag.de/otto-spielplatz | U 9 Turmstraße (238 B1)

WALDHOCHSEILGARTEN JUNGFERNHEIDE

Im Kletternetz wird geturnt, das Hängeseil schwingt und auf der Strickleiter herrscht Gedränge: Der Volkspark Jungfernheide ist ein Tummelplatz der Luftakrobaten. Der Kletterdschungel bietet verschiedene Routen für Erwachsene und Kinder, die 1,45 m hoch greifen können. Die Routen liegen in drei bis 17 m Höhe.

Charlottenburg

wechselnde Öffnungszeiten s. Website | Kinderparcours (ab 6 Jahren) ab 10 Euro, Klettern für Kinder bis 14 Jahre 13 Euro | Heckerdamm 260 | Tel. 030 34 09 48 18 | www.waldhochseilgarten-jungfernheide.de | U 7 Halemweg (230 C2)

AUSFLÜGE

BURG RABENSTEIN

Wo einst Minnesänger ihren Angebeteten etwas vorträllerten und August der Starke vom 28 m hohen Bergfried auf den Fläming schaute, übernachten heute Radler und Wanderer – die Burg als Herberge macht's möglich. An Ostern findet alljährlich ein großes Mittelalterfest mit Ritterturnier statt. Um 14.30 Uhr *(außer montags)* gibt es während der Sommersaison eine INSIDER TIPP Greifvogelschau mit Falkner Dirk Grabow.

Raben

Turmbesichtigung 1,50 Euro, Kinder 0,50 Euro, Greifvogelschau 6, Kinder bis 13 Jahre 3 Euro, Burgführung 4,50 Euro | Zur Burg 49 | 14823 Raben | Tel. 033848 6 02 21 | www.burgrabenstein.de | Anfahrt A 9 Richtung Leipzig, Abfahrt Rabenstein-Fläming | Regional-Express bis Belzig, dann Bus 582, 592 bis Rabenstein (0)

EXTAVIUM POTSDAM ★

Die spannende Welt der Naturphänomene können Kinder auch am neuen Ort mit doppelt so viel Ausstellungsfläche auf eigene Faust erkunden und etwa ihren Schatten einfrieren oder eine Vakuum-Glocke leer pumpen, bis der Schokokuss darin explodiert. Ein prima Mitmach-Museum, in dem auch Erwachsene ganz nebenbei eine Menge lernen. Es gibt INSIDER TIPP Paketangebote für Geburtstagsfeiern, Experimentierkurse inklusive: für 99 Euro (8 Pers.) und 169 Euro (12 Pers.).

Potsdam

Di–Fr 9–17 Uhr, Sa/So und in den Ferien 10–17 Uhr | Eintritt 6 Euro, Kinder 3–5 Euro | Am Kanal 57 | Tel. 0331 60 12 79 59 | www.extavium.de | Tram 93, 94, 99, Bus 692 Burgstraße/Klinikum (252 B5)

FREIZEITPARK GERMENDORF ★

Auf 69 ha finden sich im Park Spielplätze, Badeseen, zahllose Fahrgeschäfte, Imbissstände und Picknickplätze – und ein Urzeitpark. Hier sind 86 Dinosauriermodelle in Originalgröße zu bestaunen. Highlight für die kleinen Besucher sind allerdings die 650 lebenden Tiere im Tierpark. Neben den üblichen Verdächtigen im Streichelzoo gibt es u. a. Kängurus und Alpacas. In den INSIDER TIPP Wintermonaten können Kinder in einer beheizten Spielhalle toben.

Oranienburg

Tgl. April–Sept. 9–19, März, Okt. bis 18, Nov.–Feb. bis 17 Uhr | Erw. 4,50, Kinder bis 16 Jahre 2 Euro | An den Waldseen 1a | 16515 Oranienburg | Tel. 03301 33 63 | www.freizeitpark-germendorf.de | S 1 bis Oranienburg, Bus 824 Germendorf/Dorfstraße (0)

SCHLOSS DIEDERSDORF

Während die Großen in der Anlage Kunsthandwerk erwerben und anschließend in der Schmiede oder der Schlossbäckerei regionale Leckereien schlemmen, können sich die Kleinen im Schöller Spielschloss verausgaben. Der große Spielplatz ist ganzjährig geöffnet, außerdem haben die Steppkes hier die Chance, Kettcar zu fahren oder auf Ponys zu reiten. Eine Wanderung mit dem Förster ist ein echtes Erlebnis, genau wie die mit den Eltern über den kleinen Rundwanderweg.

Diedersdorf

Tgl. 7–24 Uhr | Tageskarte für Schöller Spielschloss, Hüpfblase u. Trampolin 7, 1 Std. 4 Euro | Kirchplatz 5/6 | Tel. 03379 3 53 50 | www.schlossdiedersdorf.de | S 2 Blankenfelde (253 D5)

BEI REGEN

LOXX

Eine der weltweit größten digital gesteuerten Modelleisenbahnen lässt Kinderherzen höherschlagen. Auf 4 km Schienenstrecke fahren ICE, Regionalzüge und S-Bahnen durch eine drollige Berliner Stadtlandschaft mit Brandenburger Tor, Flughafen und Steinbruch. Sogar Regen und Gewitter werden über der Anlage simuliert! Damit das Zuschauen nicht langweilig wird, dürfen die Besucher einige Züge auch selbst steuern. Das macht nicht nur Kindern mächtig Spaß.

Mitte

Tgl. 10–20 Uhr | Eintritt 12,90, Kinder 8 Euro, bis 1 m Körpergröße Eintritt frei, Familienkarte 33 Euro | Alexanderstr., im Alexa Shoppingzentrum (3. Stock) | Tel. 030 44 72 30 22 | www.loxx-berlin.de | U-/S-Bahn Alexanderplatz (241 D2)

MODELLPARK BERLIN-BRANDENBURG

Miniaturausgaben von 80 Berliner Sehenswürdigkeiten vom Brandenburger Tor bis zum Jüdischen Museum stehen auf 5 ha dicht beieinander. Idyllisch im

Volkspark Wuhlheide gelegen. Allerdings sollten Sie etwas Zeit für den Weg durch den Waldpark Wuhlheide *(rund 500 m ab Hegemeisterweg)* einplanen.
Oberschöneweide
April–Sept. tgl. 10–18, Okt. 10–17 Uhr | Eintritt 4,50, erm. 2,50–3 Euro | An der Wuhlheide 81 | Tel. 030 36 44 60 19 | www.modellparkberlin.de | Tram M 17, 21, 27, 37 Hegemeisterweg (253 E4)

RITTERLAND

Ins abenteuerliche Mittelalter führt diese Spielanlage ihre jungen Besucher. Die Ritter und Hofdamen können von Hüpfburg zu Hüpfburg springen, im Bällebad herumtollen, Klettertürme besteigen, Ballschussanlagen ausprobieren oder das Grusellabyrinth erkunden. Die Angebote sind für Kinder bis zehn Jahren geeignet.
Neukölln
Tgl. 10–19 Uhr | Eintritt 5 Cent/Min. bzw. Tageskarte 7 Euro | Buckower Damm 191 | Tel. 030 66 70 75 60 | www.ritterland berlin.de | U 7 Johannisthaler Chaussee (231 E5)

SCHWARZLICHT-MINIGOLF

Minigolf im Dunkeln? Mit Schwarzlicht und 3-D-Effekten an den Wänden ist das ein erstaunliches Erlebnis. Im Untergeschoss des Parkcafés im Görlitzer Park kann es die ganze Familie ausprobieren.
Kreuzberg
Mo–Do 14–22, Fr 14–24, Sa 10–24, So 10–22 Uhr | 1 Runde Minigolf 6,50, erm. 5,50 Euro | Görlitzer Str. 1 | Tel. 030 61 62 19 60 | www.indoorminigolf-berlin.de | U 1 Schlesisches Tor (248 B2)

SCIENCE CENTER SPECTRUM

Experimente – z. B. mit Eis –, Vorführungen einer Nebelkammer oder Workshops, z. B. zum Thema Datenströme: Im Science Center Spectrum können größere Kinder in die Welt der Wissenschaft hineinschnuppern und dabei staunen, anfassen und lernen. Die meisten Veranstaltungen sind kosten-

Mini-Berlin mit Gleisen: Im Loxx kann man auch Züge steuern

frei, nur die Workshops müssen bezahlt werden. Roboterbauen für Jungen und Mädchen zwischen 10 und 13 Jahren beispielsweise kostet zusätzlich zum Museumseintritt 3 Euro.

Anmeldung über die Website | Mitgliedschaft kostenlos | Straße zum FEZ 2 | Tel. 030 53 07 15 36 | www.spaceclub-berlin.de | S 3 Wuhlheide (253 E4)

Im Science Center Spectrum: herumprobieren, staunen und den Aha-Effekt erleben

Kreuzberg
Di–Fr 9–17.30 Uhr, Sa/So 10–18 Uhr | Eintritt 8, erm. 4 Euro | Möckernstr. 26 | 030 90 25 42 84 | short.travel/bfb9 | U 1, 7 Möckernbrücke (240 A6)

SPACECLUB_BERLIN IM FEZ

Unendliche Weiten – die können Kinder ab zwölf Jahren im FEZ erforschen. Der »Space Club«, ein gemeinsames Projekt des Deutschen Zentrums für Luft- und Raumfahrt (DLR) und des Raumfahrtzentrums orbitall, richtet sich an Wissenshungrige, die sich für Astronomie und Raumfahrt interessieren. Jeden zweiten Dienstag trifft sich der Club, tüftelt an Projekten und nimmt an bundesweiten Wettbewerben teil.
Köpenick

ZEISS-GROSSPLANETARIUM ★

NEU Nach einer zweijährigen Sanierung soll das Planetarium 2016 neu eröffnen. Die Sternenwarte im Prenzlauer Berg wurde 1987 eingeweiht, dank neuester Zeiss-Technik war es ein Vorzeigeprojekt der DDR. Mit der umfassenden Sanierung ging jetzt eine inhaltliche Neuausrichtung einher – womit die Sternenwarte zu den »modernsten Wissenschaftstheatern Europas« zählen wird.
Prenzlauer Berg
Öffnungszeiten und Eintritt bei Redaktionsschluss unbekannt, auf der Website oder tel. erfragen | Prenzlauer Allee 80 | Tel. 030 4 21 84 50 | www.sdtb.de/Zeiss-Grossplanetarium.25.0.html | S Prenzlauer Allee (235 E3)

BESONDERE ERLEBNISSE

AQUARIUM BERLIN

1913 eröffnet, 1943 durch einen Bombentreffer großteils zerstört, 1983 wiedereröffnet ist das Aquarium Berlin heute das größte Schauaquarium Europas. Nicht nur Haie und andere exotische Wassertiere können hier bestaunt werden, sondern auch Schlangen und Vogelspinnen. Es gibt viele spezielle Angebote für Kinder, unter anderem INSIDER TIPP Taschenlampentouren, bei denen auf Führungen durchs Dunkel die nachtaktiven Tiere entdeckt werden.

Charlottenburg

Tgl. 9–18 Uhr | Eintritt Erw. 14,50 Euro, Kinder 5–14 Jahre 7,50 Euro, Familien 39 Euro | Hardenbergplatz 8 | Tel. 030 25 40 10 | www.aquarium-berlin.de | S, U Zoologischer Garten (238 B4)

FREILANDLABOR BRITZ

In Ferienworkshops, auf Nachtwanderungen und bei Eltern-Kind-Events geht der Nachwuchs auf Entdeckungsreise ins Grüne. Es wird geschnuppert, betastet, beobachtet und experimentiert. Spezielle Touren wie die Natur-Rallye durch den Britzer Garten → **S. 25** erfreuen sich großer Beliebtheit bei angehenden Naturforschern. Oder die Kleinen verbringen den Kindergeburtstag auf den Wiesen des Tempelhofer Felds: Zwischen April und Oktober können sie dort unter Anleitung mit Kescher und Lupe nach Insekten suchen *(ca. 2 Std., 80 Euro)*.

Neukölln

Sangerhauser Weg 1 | Tel. 030 7 03 30 20 | www.freilandlabor-britz.de | Bus 179 Sangerhauser Weg (231 E5)

SPREEPARK

NEU »Neuer Rummel ab 2016« – schon allein bis zu dieser Ankündigung war es ein langer Weg. 1969 wurde der Vergnügungspark im Ost-Berliner Plänterwald eröffnet. Nach der Wende konnte er sich nicht mehr halten und musste 2002 geschlossen werden. 2014 kaufte das Land Berlin das Gelände. Nun soll ein Natur- und Erholungspark entstehen, der Raum für Abenteuer und Spiel lässt. Das markante Riesenrad z. B. soll nach den bisher bekannten Plänen erhalten bleiben.

Plänterwald

Öffnungszeiten und Eintritt bei Redaktionschluss noch offen | Kiehnwerderallee 1–3 | www.berliner-spreepark.de (private Unterstützerseite) | S 8, 9, 85 Plänterwald (249 F4)

ESSEN & TRINKEN

CAFÉ BLUME

Die große Holzrutsche im hinteren Zimmer ist der Hit. Nicht nur wenn es draußen regnet, können Eltern hier gemütlich frühstücken (sonntags Brunch), während die Kleinen toben.

Neukölln

Mo–Sa 10–22, So bis 20 Uhr | Fontanestr. 32 | Tel. 030 64 49 07 78 | www.cafe-blume-berlin.de | U 8 Boddinstraße (247 E3)

DRISS IM WUNDERLAND

Das rot-weiß gestaltete Eltern-Kind-Café bietet Unterhaltung auf zwei Ebenen. Erwachsene können sich oben mit einem Espresso oder einer marokkanischen Spezialität stärken. Das Erdgeschoss ist eine einzige Spielfläche mit Rutsche, kleiner Kletterwand, Schaukel, Kicker und weiteren Attraktionen für ältere Kinder. Wer das Brunch- oder Frühstücksbüfett bucht, zahlt nichts, alle anderen Familien müssen für die Spielraumnutzung 2 Euro entrichten.

Friedrichshain

Mi–Mo 10–19 Uhr, Sa/So 10 Uhr Familienbrunch mit Anmeldung | Sonntagstr.

Mama gönnt sich ein Heißgetränk, die Kurze erobert den »Fuhrpark« des Café Kreuzzwerg

26 | Tel. 030 85 01 27 89 | www.drissim-wunderland.de | S-Bahn Ostkreuz (249 D1)

EMMA & PAUL

Das Familiencafé legt Wert darauf, dass sich die ganze Familie wohlfühlt. Kinder können sich in einem eigenen Raum austoben, während die Eltern sich nebenan stärken. Montag bis Freitag gibt es einen Mittagstisch für 8,90 Euro, Getränk inklusive.

Schöneberg

Mo–Fr 9.30–18.30, Sa/So bis 19 Uhr | Gleditschstraße 47 | Tel. 030 23 62 83 68 | www.emma-paul.de | U 7 Kleistpark (245 D1)

CAFÉ KREUZZWERG

Der Park am Gleisdreieck ist nicht weit weg – und nach einem Spaziergang können Familien hier einkehren. Praktisch fürs Wochenende: Ab 10 Uhr gibt es hier ein Frühstücksbüfett, gerade im Winter sollte man allerdings reservieren.

Kreuzberg

Di–So 10–18 Uhr | Hornstr. 23 | Tel. 030 97 86 76 09 | www.cafe-kreuzzwerg.de | U 6, 7 Mehringdamm (246 A1)

SPIELZIMMER

Ein gemütliches Café, in dem die Eltern im Sommer das wuselige Treiben Prenzlauer Bergs, einem der kinderreichsten Stadtteile Berlins, an sich vorbeiziehen lassen können. Währenddessen verkleidet sich der Nachwuchs, malt, macht Musik und spielt mit den anderen Kindern. Zur Stärkung für die ganze Familie werden Eis, Kuchen, aber auch herzhafte Speisen angeboten. Für die Kids gibt es »Baby-Latte«.

Prenzlauer Berg

Tgl. 10–19 Uhr | Spielgebühr Kinder ab 2 Jahre 1 Euro | Schliemannstr. 37 | Tel. 030 44 03 76 35 | www.das-spielzimmer.net | S Prenzlauer Allee (235 D3)

ZUCKERSCHNUTE

Ein Kindercafé mit Kursangebot, Bastelstunden und Flohmarkt können Eltern hier gut gebrauchen. Hier tummeln sich so viele Knirpse, dass man Mühe hat, einen Platz zu ergattern.

Prenzlauer Berg

Di–So 10–18 Uhr | Spielgebühr 2 Euro | Rykestr. 15 | Tel. 030 92 25 27 84 | www.cafezuckerschnute.de | Tram M 2 Marienburger Straße (235 E5)

KULTUR FÜR KINDER

ATZE MUSIKTHEATER ★

1985 als Rockprojekt für Kinder in Kreuzberg gestartet, hat sich das Atze inzwischen zum größten Kinder-Musiktheater Deutschlands gemausert. Heute befindet sich die Spielstätte im Wedding, der Max-Beckmann-Saal bietet zwei Bühnen und knapp 500 Zuschauern Platz.

Wedding

Vorstellungen tgl. ab 10 Uhr | Eintritt 9,50 Euro, Familien 8,50 p.P. | Luxemburger Str. 20 | Tel. 030 81 79 91 88 | www.atzeberlin.de | U 9 Amrumer Straße (232 C4)

FIGURENTHEATER GRASHÜPFER

Das Puppentheater zum Anfassen findet je nach Wetterlage mal drinnen und mal draußen statt. Die Kinder dürfen selbst Fingerpuppen und Theatermasken fertigen. Märchenabende am Lagerfeuer sorgen in den Sommermonaten für besonderes Flair. Plätze für die Theatervorstellungen sollten telefonisch reserviert werden.

Treptow

Spielplan s. Website | Puschkinallee 16 a | Eintritt 7, ermäßigt 5 Euro | Tel. 030 53 69 51 50 | www.theater-grashuepfer.de | S-Bahn Treptower Park (249 D4)

FLIEGENDES THEATER

Seit über 35 Jahren eines der besten Figurentheater der Stadt mit einem großen Repertoire. »Die kleine Wolke« (ab Sept. 2016) oder »Josa mit der Zauberfidel« (ab Okt. 2017) sind Stücke, die mit fantastischen Figuren und wenigen Stilmitteln eine zauberhafte Welt entfalten. Die regelmäßigen INSIDER TIPP Märchenabende am Feuer in der Jurte sorgen auch bei Erwachsenen für heimelige Stimmung.

Kreuzberg

Kindertheater 8 Euro | Urbanstr. 100 | Tel. 030 6 92 21 00 | www.fliegendes-theater.de | U 7, 8 Hermannplatz (247 E2)

JIM – JUGEND IM MUSEUM

Skulpturen formen, Gemälde erschaffen oder Fotokunst produzieren. Der Verein Jugend im Museum bietet Kindern zudem die Möglichkeit, zu filzen, zu löten oder einen Film zu drehen. Mittwochs ab 15 Uhr kann jeder ins offene Atelier der Berlinischen Galerie kommen. Workshops siehe Website. Für Kinder aller Altersklassen, aber auch für Familien, werden diverse Kurse angeboten. Einige davon sind kostenfrei.

Schöneberg

Offenes Atelier Mi 15–18 Uhr | Genthiner Str. 38 | Tel. 030 2 66 42 22 42 | www.jugend-im-museum.de | U 1, 2 Kurfürstenstraße (239 E6)

KINDERKINO

Nein, dieser Filmlöwe brüllt nicht: Der blaue Theo Tintentatze zwinkert stattdessen freundlich. Er ist das Erkennungszeichen des Kinderkinos. In wechselnden Berliner Kinos wird jeweils der »Film des Monats« gezeigt.

verschiedene Stadtteile

Kartentelefon Mo–Fr 10–16 Uhr | Eintritt beim »Film des Monats« höchstens 3, Gruppen ab 4 Pers. 2 Euro | wechselnde Kinos | Karten-Tel. 030 23 55 62 51 | www.kinderkinobuero.de

KINDERKÜNSTEZENTRUM ★

Sonntags können Familien mit der Unterstützung von Kunstpädagogen gemeinsam kreativ werden und u. a. Puppen bauen, malen oder Masken herstellen. Jeder Sonntag hat einen anderen Schwerpunkt *(Themen s. Website)*. Ein Kursprogramm für Kita- und Grundschulgruppen (für Kinder bis 9 Jahre) füllt werktags die Vormittage.

Neukölln
So 11–18 Uhr, Kursprogramm s. Website | Eintritt 2,50, Familien 6 Euro | Ganghoferstr. 3 | Tel. 030 89 39 07 30 | www.kinder-kuenste-zentrum.de | U 7 Rathaus Neukölln (248 B6)

MACHMIT! MUSEUM FÜR KINDER

Museum, Abenteuerspielplatz und Theaterbühne in einem – hier steht das Mitmachen an erster Stelle. Spielerisch lernt der Nachwuchs in der Druckerei den Buchdruck kennen oder schult im Spiegelkabinett seine Orientierung. Außerdem werden Bastel- und Töpfer-Workshops angeboten. Mit Café.

Prenzlauer Berg
Di–So 10–18 Uhr | Eintritt 5,50, erm. 3,50 Euro | Senefelderstr. 5 | Tel. 030 74 77 82 00 | www.machmitmuseum.de | S-Bahn Prenzlauer Allee (235 E4)

MURKELBÜHNE

Ob auf oder vor der Bühne – Kinder und Jugendliche stehen hier im Vordergrund. Das ambitionierte Nachwuchstheater bietet neben vielen Schauspielkursen auch Workshops zum dramaturgischen Schreiben. Wer einfach nur zuschauen möchte, ist aber auch willkommen.

Prenzlauer Berg
Theaterkurs 55 Euro/Monat, Eintritt 6, erm. 4 Euro | Greifswalder Str. 88 | Tel. 030 4 48 33 54 | www.murkelbuehne.de | S-Bahn Greifswalder Straße (231 E2)

THEATER MORGENSTERN

Ein Theater, das vor allem für Kinder im Grundschulalter spielt. Auf die Bühne kommen oft klassische Stoffe, die kindgerecht und generationsübergreifend adapiert werden.

Friedenau
Spielplan u. Spielorte s. Website | Karten 10, ab 3 Pers. 9, ab 5 Pers. 8 Euro | Niedstr. 1 (Rathaus Friedenau) | Tel. 030 29 69 73 50 | www.theater-morgenstern.de | U 9 Friedrich-Wilhelm-Platz, S 1 Friedenau (244 B5)

TRAUMTÄNZER

An drei Standorten in Berlin, darunter Tempelhof und Charlottenburg, bietet die Tanzschule Kurse für Kinder zwischen drei und zwölf Jahren – neben Tanz und Ballett steht auch Hip Hop auf dem Programm. Für Kinder, die sich unsicher sind, gibt es kostenlose Probestunden. *www.kindertanz-berlin.info | Tel. 030 69 04 13 29*

Tempelhof
Mo–Fr 15–21, Sa 15–20, So 13–20 Uhr | Columbiadamm 8–10 | U 6 Halensee (246 B3)

Charlottenburg
Mo–Fr 17–22, Sa 18–0, So 16–20 Uhr | Westfälischen Str. 49 | S Westkreuz (243 D1)

SPIEL & ZEUG

INSIDER TIPP AMITOLA

Das Ladengeschäft mit angeschlossenem Café setzt auf Inklusion von Menschen mit Behinderung. In angenehmer Atmosphäre gibt es neue, aber auch Secondhand-Klamotten für Kinder. Und im Café hausgemachte Speisen.

Friedrichshain
Mo–Fr 10–18.30, Sa/So 9–18 Uhr | Krossener Straße 35 | Tel. 030 29 36 18 71 | www.amitola-berlin.de | U 5 Samariterstraße (249 D1)

DOLLYROCKER

Bunte Lätzchen, Strampler und Jäckchen füllen die Ladenregale bis zur Decke. Die Designerinnen Ina Langenbruch und Gabi Hartkopp sitzen hinter ihren Nähmaschinen im hinteren Teil des Ladens, kommen aber gerne hervor, wenn Beratung notwendig ist. ÖKO Fast alle Stücke sind aus Recyclingstoffen genäht.

Friedrichshain
Di–Fr 10–19, Sa 11–17 Uhr | Gärtnerstr. 25 | Tel. 030 54 71 96 06 | U 1, S 5, 7, 75 Warschauer Straße (248 C1)

KINDERKAUFHAUS

Möbel, Spielzeug und Mode sind die drei Warengruppen im Kinderkaufhaus. Die Produkte sind hochwertig und nicht ganz billig. Dafür bekommt man die skandinavischen Möbel, die französische Mode oder die in Familienbetrieben gefertigten Spielsachen nicht überall. Auch als Onlineshop.

Mitte
Mo–Sa 10–19 Uhr | Brunnenstr. 24 | Tel. 030 40 05 43 26 | www.kinderkaufhaus-berlin.de | U 8 Rosenthaler Platz (234 B5)

Mo–Fr 10–18.30, Sa 10–16 Uhr | Dunckerstr. 79 | Tel. 030 41 72 22 97 | www.lilalaemmchen.de | Tram M 10 Husemannstraße (235 E3)

NANOS

Blazer, Bolero, Ballerinas – wie Mini-Erwachsene können sich Kinder bis 14 Jahre bei Nano einkleiden. Das spanische Label hat nun auch in Berlin eine Dependance eröffnet. Das Sortiment reicht von klassischer bis verspielter Mode für Babys und Kinder.

Charlottenburg
Mo–Fr 10–19, Sa 11–18 Uhr | Kurfürstendamm 64 | Tel. 030 30 22 15 07 53 | www.nanos.es | U 7 Adenauerplatz (237 E6)

Das Beste fürs Kind: Bei den Produkten von Lila Lämmchen wird nur Natürliches verarbeitet

LILA LÄMMCHEN

ÖKO Hautverträglich und aus ökologischen Stoffen sind Lila Lämmchens Naturtextilien. Wer sein Baby nicht in Plastik und Zellulose hüllen möchte, wird in die Wissenschaft der Wollwindeln eingeführt.

Prenzlauer Berg

RASSELFISCH

Sie möchten mit Ihrem Kind auf ein Konzert gehen? Hier finden Sie die passenden Ohrschützer. Stundenlang kann man sich hier aufhalten und darüber staunen, dass es tatsächlich Dinge gibt, von denen man immer dachte, dass sie erst noch erfunden werden müssten. ÖKO Babytragen etc. auch in Bioqualität.

Kreuzberg
Mo–Fr 11–19, Sa 10.30–18 Uhr | Bergmannstr. 71/72 | Tel. 030 61 20 12 35 | www.rasselfisch.de | U 7 Zossener Straße (246 B2)

Neukölln
Mo–Fr 11–19, Sa 10.30–18 Uhr | Weichselstr. 22 | Tel. 030 60 03 45 98 | U 7, 8 Hermannplatz (248 A5)

Prenzlauer Berg
Mo–Fr 11–19, Sa 11–17 Uhr | Rykestr. 44 | Tel. 030 53 67 46 72 | U2 Senefelderplatz (235 E4)

SIEBENSCHÖN

Der Laden setzt auf Holzspielzeug, vor allem auf naturbelassenes. Das Sortiment reicht von unbehandelten Beißringen für Babys bis hin zu Puppen, Murmelbahnen und Holzautos für die Größeren. Ladenbetreiberin Jana Gunia legt Wert auf eine hochwertige Verarbeitung der angebotenen Spielsachen.

Friedrichshain
Mo–Sa 10–19 Uhr | Gärtnerstraße 26 | Tel. 030 74 07 88 33 | www.siebenschoen.de | Tram 21 Wismarplatz (248 C1)

WANDERUNGEN IN DER STADT

PINDACTICA

Auf die Interessen von Kindern abgestimmte Entdeckerheftchen führen die Steppkes an interessante Orte in der Stadt. So können der Volkspark Friedrichshain, das U-Bahnmuseum, die Kreuzberger Hasenheide oder auch die Gartenkolonie Grüne Aue mit Stift und Fragespielen erkundet werden. Die Entdeckerhefte sind für Kinder ab fünf oder ab acht Jahren geeignet, vor Ort erhältlich und kosten etwa 2,50 Euro. Die Rallyes dauern ca. zwei bis drei Stunden.

Prenzlauer Berg
Pappelallee 44 | Tel. 030 34 08 31 24 | www.pindactica.de | U-/S-Bahn Schönhauser Allee (235 D3)

RUCKSACKWALDSCHULE MISTKÄFER

Im Nordwesten Berlins ist die Rucksackwaldschule unterwegs: Da werden Wälder wie der Tegeler Forst mit allen Sinnen erkundet. Spuren suchen, fühlen, hören und den Waldpädagogen jede Menge Fragen stellen können die kleinen Teilnehmer. Hauptveranstaltung ist der mehrstündige Waldtag. Er wird gern von Kitas oder Schulklassen in Anspruch genommen, aber auch andere Besucher sind dazu willkommen. Kontakt über Jugend in Berliner Wäldern (JiBW); Startort der Touren nach Vereinbarung.

Reinickendorf
Terminvereinbarung per E-Mail | Teilnahme kostenlos | Büro: Stahnsdorfer Damm 3 | Tel. 0176 56 91 42 21 | waldschule-mistkaefer@jibw.de | www.jibw.de/rucksack-waldschule | Anfahrt Tegeler Forst: S 25 Berlin-Schulzendorf (252 C4)

STADT IM OHR

Ein Familienhörspiel zum Erkunden von Stadtteilen? Ja, das gibt es. »Zwischen den Welten« heißt es und führt die mit Audioguides ausgestattete Familie rund um die Oberbaumbrücke. Auch »Der Kater vom Helmholtzplatz« macht aus dem Kiezrundgang ein Abenteuer. Die Leihorte der beiden auf Kinder abgestimmten Audioguides liegen jeweils in der Nähe der Touren. Der »Kater vom Helmholtzplatz« etwa kann im Machmit!-Museum → **S. 160** ausgeliehen werden.

Prenzlauer Berg
Di–So 10–17 Uhr | Leihgebühr 6 Euro | Senefelderstr. 5 | Tel. 030 20 07 88 41 | www.stadt-im-ohr.de | S-Bahn Prenzlauer Allee (235 E4)

Wellness & Sport

Von der kuschligen Sauna im eigenen Kiez über Beauty für Körper und Seele zugleich bis hin zum knallharten Bootcamp unter freiem Himmel: Berlin geht an den Start.

Selbst wer Opern und Theater nicht mag, wird sich in Berlin nicht langweilen, denn das Angebot an Sportkursen, Stadtabenteuern und Wellness-Anwendungen ist riesig. Da gibt es ausgefallene Yogakurse, fernöstliche Kampfsportarten, große Kletterhallen, Trainings im Park oder Lauftreffs. Kurzum: In der Stadt findet jeder etwas für seine Ansprüche. In Sachen Schönheitspflege ziehen zudem seit Kurzem auch die Männer nach. In darauf spezialisierten Salons wird das alte Barbierhandwerk neu belebt – die Hipsterbärte wollen schließlich getrimmt werden!

BÄDER & SAUNEN

DAS BADESCHIFF

Ein gewässertes Schubschiff dient als Schwimmbad in der Spree. An sonnigen Tagen ist es trubelig auf den Stegen und am Sandstrand. Abends legen DJs auf.

Treptow

Mai–Sept. tgl. 8–24 Uhr | Eichenstr. 4 | Schwimmbad 5,50 Euro | Tel. 0162 5 45 13 74 | www.arena-berlin.de/portfolio/badeschiff | U 1 Schlesisches Tor (248 B2)

BEAUTY, BODY & SALT

Mineralien wie Jod, Magnesium, Calcium und Kalium zu inhalieren, beugt nicht nur Atemwegsinfektionen vor, sondern ist auch noch angenehm. Vor allem, wenn man bei 22 Grad unter den gemütlichen Decken der Saltero-Salzgrotte ruht. Entspannend sind die Salz-Peelings und Hot-Stone-Salzmassagen mit Lavendelöl (30 Min. 33 Euro). Eine 45-minütige Inhalationsanwendung (Einzelkarte) kostet 9,90 Euro.

Mitte

Die Spree ist zu ungemütlich? Im Badeschiff lässt sich auch Wassersport treiben

Di–Fr 11–19, Sa 12–18 Uhr, So nach Absprache | Auguststr. 89 | Tel. 030 53 08 42 49 | www.beautybodysalt.de | S 1, 2, 25 Oranienburger Straße (240 B1)

COWSHED RELAX IM SOHO HOUSE

Anders als der ebenfalls im Soho House untergebrachte hippe Privatclub steht das luxuriöse Cowshed Relax Spa auch Nicht-Mitgliedern offen. Hinter der im Stil der Neuen Sachlichkeit angelegten Fassade des denkmalgeschützten Baus verbirgt sich eine Wellness-Anlage mit finnischer Sauna, einem Hamam und Dampfbad. Besonders zu empfehlen sind die Massagen und verschiedenen Behandlungsangebote (z. B. Rückenmassage 30 Min. 50 Euro, Maniküre 45 Min. 50 Euro, Anti-Aging-Gesichtsbehandlung 75 Min. 95 Euro) sowie die ÖKO pflanzlichen Fair-Trade-Pflegeprodukte der Marke Cowshed. Manchmal schauen auch Stars wie George Clooney während ihrer Berlin-Aufenthalte hier vorbei.

Mitte

Mo–Fr 9–22, Sa/So 10–22 Uhr | Torstr. 1 | Tel. 030 4 05 04 41 30 | www.sohohouseberlin.com | U 2 Rosa-Luxemburg-Platz (235 D6)

FLOAT ★

Entspannung pur versprechen zwei Floatingbecken, in denen man sich bei einer Wassertemperatur von 36 Grad treiben lassen kann. Wie im Toten Meer ist der Magnesiumsulfat-Gehalt im Wasser besonders hoch, wodurch Hautstörungen heilen können. Gegen muskuläre Verspannungen hilft eine der vielen Massagen. 60 Minuten kosten 75 Euro, manchmal gibt es Spezialangebote.

Mitte

Mo–Sa 10.45–21 Uhr, So nach Vereinbarung | Hausvogteiplatz 11 | Tel. 030 20 14 37 97 | www.float.de/float-berlin-mitte-center.html | U 2 Hausvogteiplatz (240 B3)

KIEZSAUNA

Kein überdimensionierter Wellness-Tempel, sondern eine schnuckelige Nachbarschaftssauna. Zu finden ist sie in einer ehemaligen Wäscherei, gleich gegenüber vom Kino Kosmos. Vier Stunden Sauna kosten moderate 13,50 Euro, 60 Minuten Massage gibt es ab 55 Euro. Ein Tipp für den Besuch mit Kindern ist die INSIDER TIPP **Familiensauna am Samstag**, zu der in der 60-Grad-Sauna Märchen gespielt werden.

Friedrichshain

März–Sept. tgl. 15–24, sonst ab 12 Uhr | Graudenzer Str. 19 | Tel. 030 29 77 40 40 | www.kiezsauna.de | U 5 Frankfurter Tor (231 E3)

LIQUIDROM

Fast schwerelos treiben und den sanften Unterwasserklängen lauschen, während Farb- und Lichtspiele das Wasser in einen Regenbogen verwandeln. Abends legen am Rand des Solebeckens DJs auf, die Musikstile bewegen sich zwischen Klassik und Downbeat. Hin und wieder finden auch Livekonzerte und Lesungen statt. Das ganze Ambiente wirkt in seiner japanisch inspirierten Schlichtheit beruhigend.

Kreuzberg

So–Do 9–24, Fr/Sa 9–1 Uhr | Eintritt 2 Std. 19,50 Euro | Möckernstr. 10 | Tel. 030 2 58 00 78 20 | www.liquidrom-berlin.de | U 1, 7 Möckernbrücke (240 A6)

ONO SPA

Gediegen und luxuriös geht es im Ono Spa im Mandala Hotel zu. Vom elften Stock aus blickt man weit über das Zentrum Berlins. Das Angebot umfasst japanisch inspirierte Schönheitsrituale oder einen Fußreflexzonen-Rundgang auf der Spa-Terrasse – und das alles auf 600 m².

Tiergarten

Mo–Sa 9–22, So 9–20 Uhr | klassische Massage (60 Min.) 90 Euro | Potsdamer Str. 3 | Tel. 030 5 90 05 00 00 | www.onospa.de | U 2, S 1, 2, 25 Potsdamer Platz (239 F4)

STADTBAD NEUKÖLLN

So schön wie unter den neoklassizistischen Säulen der alten Volksbadeanstalt schwimmt es sich selten. Neben dem 50-m-Becken gibt es noch ein kleineres mit Nichtschwimmer-Bereich sowie eine architektonisch ebenfalls beeindruckende Sauna.

Neukölln

Mo–So, Öffnungszeiten auf der Website, da diese durch parallele Kursnutzung

MARCO POLO HIGHLIGHTS

★ Float
Entspannung wie am Toten Meer – hier kann man sich schwerelos im warmen, salzhaltigen Wasser treiben lassen → S. 165

★ Vabali Spa
Wem Bali zu weit ist, der geht einfach in das Spa nahe dem Hauptbahnhof: Auf 20 000 m² ist die Ferienresort-Illusion perfekt → S. 167

★ Skatehalle Berlin
Anfänger sollten sich nicht davon einschüchtern lassen, dass hier Europas größte Indoor-Halfpipe steht. Gemeinsam mit Fortgeschrittenen können sie hier ihre Technik verbessern → S. 175

★ Beach Mitte
Strand in der Stadt: Auf Europas größter Beachvolleyballanlage kommt Urlaubsstimmung auf, hier wird gebaggert und geschwitzt → S. 177

★ Nalani Supsurfing
Ein Meer zum Wellenreiten fehlt Berlin leider. Doch auf den vielen Gewässern der Stadt kann man sich ja auch stehend auf einem Brett fortbewegen, beim Stand-up-Paddeln nämlich → S. 182

★ Peace Yoga
Ein Kreuzberger Hinterhof, hohe Decken und ein vielseitiges Yoga-Angebot nach der Jivamukti-Schule. Für Yogis mit Trendbewusstsein → S. 184

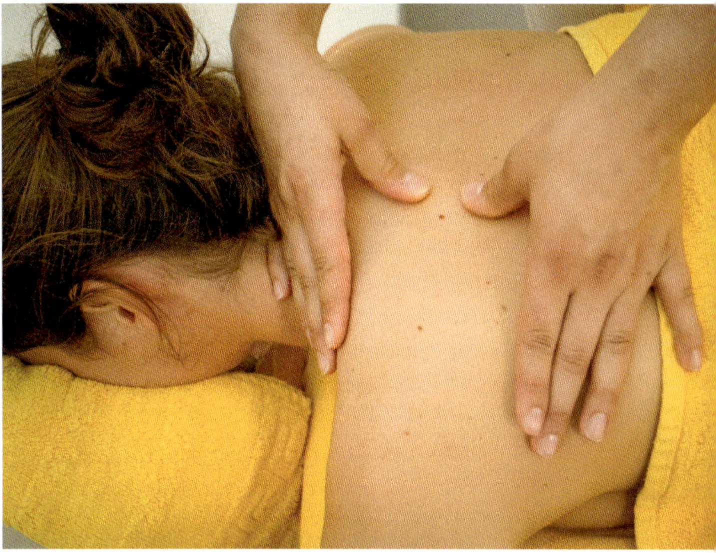

Im Vabali Spa bei balinesischen Anwendungen den Alltag vergessen

stark variieren | je nach Tageszeit 5–7 Euro | Ganghoferstraße 3 | Tel. 030 6 82 49 80 | www.berlinerbaeder.de | U 7 Karl-Marx-Straße (248 B6)

SULTAN HAMAM

Ein türkisches Dampfbad ist ein Ort der Entspannung, aber auch der Reinigung. Daher können Sie auch ein traditionelles, orientalisches Einseifen buchen. Die Prozedur, die an Frauentagen nur von weiblichen Angestellten durchgeführt wird, dauert etwa zehn Minuten und kostet 14 Euro. Der Eintritt für drei Stunden liegt bei 19 Euro, Massagen gibt es ab 55 Euro/60 Min.

Schöneberg

Damen Di–Do 11–22, Fr/Sa 11–23 Uhr, Herren Mo 14–23 Uhr, gemischt So 11–22 Uhr | Bülowstr. 56–57 | Tel. 030 21 75 33 75 | www.sultanhamamberlin.de | S 1, 2 Yorkstraße (245 E1)

VABALI SPA ★

Bali in Berlin: Nur 500 m vom Berliner Hauptbahnhof entfernt liegt ein Wellness-Resort, das es so sonst nur in Thailand oder in Indonesien gibt. Auf 20 000 m² bietet das Vabali gestressten Großstädtern traditionelle balinesische Spa-Anwendungen, Ayurveda-Behandlungen, Aromaölmassagen und extra Day-Spa-Suiten für ein bis zwei Personen.

Tiergarten

Tgl. 9–24 Uhr | Eintritt 2 Std. Mo–Fr 19,50, Sa/So 21,50 Euro | Seydlitzstr. 6 | Tel. 030 9 11 48 60 | www.vabali.de | U 55, S 5, 7, 75 Hauptbahnhof (239 E1)

BEAUTY & ENTSPANNUNG

ANANDA AYURVEDA

Übersetzt heißt Ayurveda so viel wie Lebensweisheit. Genau das bedeutet die aus Indien stammende, älteste Heilkunst der Welt auch für Michaela

Bietet Sauerstoffbehandlungen für eine frisch aussehende Haut: Beauty isn't Make-up

Mang, die in ihrem Studio neben Ayurveda auch klassische Massagen durchführt, u. a. mit Schokolade. Als Ernährungsberaterin bietet sie auch Kochkurse auf Ayurveda-Basis an.

Kreuzberg

Termine nach telefonischer Vereinbarung | Ganzkörpermassage 60 Min. 50 Euro | Mittenwalder Str. 18 | Tel. 030 34 08 67 77 | www.ananda-ayurveda-berlin.de | U 7 Gneisenaustraße (246 C1)

BEAUTY ISN'T MAKE-UP

Bevor Kiki Viebrock mit ihrer Sauerstoffbehandlung beginnt, gibt es zunächst ein Beratungsgespräch inklusive einer Hautanalyse. Im Anschluss wird bei der absolut schmerzfreien Methode nahezu 100-prozentiger Sauerstoff mit hohem Druck unter die Haut gearbeitet. Mit dem Ergebnis einer jüngeren und aktiveren Haut. Im Studio können zudem die ÖKO pflanzlichen Pflegeprodukte der Firma Kanu erworben werden. Das Oxygen-Treatment 30 kostet 40 Euro, das Classic Treatment 60 gibt es für 60 Euro.

Prenzlauer Berg

Mo–Fr 12–18 Uhr sowie nach Vereinbarung | Lychener Str. 20 | Tel. 030 44 03 40 07 | www.beautyisntmakeup.com | U 2 Eberswalder Straße (235 D3)

BERLINAKUPUNKTUR

Mit ihren Akupunkturen stimulieren die Therapeuten um Roland Beissel nach dem Vorbild der klassischen chinesischen Medizin die Energieflüsse des Körpers. Feine Stiche helfen gegen Stress, Schmerzen, Verspannungen oder psychosomatische Störungen. Die Bezahlung erfolgt unkonventionell. INSIDER TIPP Nach eigenem Ermessen zahlt ein Patient zwischen 17 und 35 Euro. Termine auch online.

Kreuzberg

Mo 12–19, Di 9–14, Mi 14–19.30, Fr 9–14.30 Uhr, Termine nach Vereinbarung | Bergmannstr. 5 | Tel. 030 35 30 66 54 | www.berlinakupunktur.com | U 7 Gneisenaustraße (246 B2)

CHARITÉ-SEMINARZENTRUM FÜR PRÄVENTION UND INTEGRATIVE MEDIZIN

Leben im Hier und Jetzt, die Konzentration auf das Wesentliche – darum geht es beim Achtsamkeitstraining, einer Methode, die Ende der 1970er-Jahre an der

Universität Massachusetts entwickelt wurde und der Stressminderung dienen soll. An der Charité werden Kurse angeboten. Empfohlen sind acht Wochen mit mindestens acht Übungstreffen *(60–90 Min. kosten 60 bzw. 90 Euro).*

Mitte

Die aktuellen Termine finden sich auf der Website | genaue Preise auf Anfrage | Reinhardtstr. 29d | Tel. 030 4 50 52 90 83 | www.seminarzentrum-integrative-medizin.de | U-/S-Bahn Friedrichstraße (240 A2)

FUSSFETIFISCH

Hört sich erst mal nicht sehr lecker an, ist aber äußerst angenehm: Sehr kleine Fischchen knabbern tote Hautzellen von den Füßen. Das kitzelt, wenn die kleinen tierischen Helferlein Ihre in einem Aquarium baumelnden Füße pflegen.

Prenzlauer Berg

Di–Sa 12–20 Uhr, Anmeldung erforderlich | 20 Min. 12, 45 Min. 20 Euro | Danziger Str. 126 | Tel. 030 54 59 89 57 | www.fussfetifisch.de | Tram M 10 Husemannstraße (235 D4)

HAUT UND SEIN

Für Jana Pákozdi gehören Äußeres und Inneres zusammen. Bei der gelernten Kosmetikerin und Heilpraktikerin für Psychotherapie kann man eine klassische Gesichtsbehandlung, ein Coaching oder beides zusammen buchen. »Unter die Haut« heißt ihr Programm, bei der nicht nur das Gesicht professionell gereinigt, sondern auch nach der Ursache für Sorgenfalten und Stresspickel geforscht wird. 60 Minuten Gesichtbehandlung kosten ab 65 Euro.

Mitte

Termine telefonisch oder per E-Mail | Mulackstr. 32 | Tel. 0172 6 88 22 28 | www.hautundsein.de | U 2 Rosa-Luxemburg-Platz (234 C6)

LOMI LOMI SISTERS

Die Lomi Lomi Massage stammt aus Hawaii und markiert dort den Beginn eines neuen Lebensabschnitts. Vor einer Hochzeit kann sie schon mal eine ganze Nacht dauern. Die Schwestern Nadja und Julia Liebetrau bieten ihre vierhändige Synchronmassage zum Ausprobieren auch für eine Stunde (für 111 Euro inkl. Anfahrt) an. Sie kommen mit ihrer Massageliege nach Hause, haben aber auch einen eigenen Behandlungsraum und arbeiten in einer INSIDER TIPP Jurte im Strandbad Weißensee.

Weißensee

Mo–So 9–22 Uhr, Termin nur nach Voranmeldung | Bizetstr. 44 | 0176 50 77 11 07 | www.lomilomi-sisters.de | Tram 12, M 4, M 13 Antonplatz (231 E2)

NICKERCHEN

Kurze Ruhephasen während der Mittagspause bewirken bekanntlich Wunder. Das sogenannte Powernapping, also der Kurzschlaf, sorgt dafür, dass man wieder frisch und munter an die Arbeit gehen kann. Nickerchen hat sich genau darauf spezialisiert: Für 20 bis 40 Minuten bettet man sich hier auf orthopädische Matratzen und ruht zu entspannender Musik. Mit Aufweckservice. Massagen werden auch angeboten.

Kreuzberg

Mo 13.30–17, Di/Do/Fr 11.30–17, Mi 13–18 Uhr, unbedingt vorher anmelden | 20 Min. Powernap ab 5 Euro | Zimmerstr. 27 | Tel. 030 54 86 21 51 | www.nickerchen-berlin.de | U 8 Kochstraße (240 B4)

OSHO MEDITATION STUDIO

Stille, Achtsamkeit, Verstehen – im Osho Meditation Studio werden verschiedene Kurse angeboten, die den Teilnehmern helfen sollen, Stress abzubauen und gesünder zu leben. Das Programm umfasst Yoga, Pilates und Tanzkurse.

Osho Meditation: Stress abbauen in Yoga- und Pilateskursen

Kreuzberg
Kurszeiten s. Website | 1 Std. Kundalini Meditation 5 Euro, Kurs »Body Activation« 12 Euro | Schlesische Str. 38 | Tel. 0178 168 52 22 | www.oshomeditationstudio.com | U 1 Schlesisches Tor (248 B3)

REBALANCE – DIE HAUPTSTADTMASSEURE

Das Team der Hauptstadtmasseure kommt auf Wunsch nach Hause, zum Arbeitsplatz oder ins Hotel. Die selbstständigen Physio- und Wellness-Therapeuten haben ihre mobilen Massageliegen oder -stühle immer mit dabei.

mobil
Tgl. 9–20.30 Uhr, Termine nach Vereinbarung | Ganzkörpermassage 60 Min. 65 Euro, Arbeitsplatzmassage Mo–Fr 9–16 Uhr, ab 4 Pers. 15 Min. 20 Euro pro Pers. | Tel. 030 34 65 22 78 | www.rebalance-massage-berlin.de

SILENCE – JADETHERMALMASSAGE

Innere Zufriedenheit und Harmonie sind das Ziel der Jadethermalmassagen mit integrierter Akupressur. Chill & Go nennt sich diese Entspannungsmethode für Erholungssuchende mit wenig Zeit. Jade wurde übrigens schon im alten China eine heilende Wirkung nachgesagt. Daneben werden hier Ayurveda, Raindrop-Massagen, Chakra-Balancing, Lomi-Lomi-Nui, klassische Massagen und auch Seminare angeboten.

Kreuzberg
Mo/Mi/Fr/Sa 12–19, Di 10–17, Do 14–21 Uhr | Shiatsu Massage 30 Min. 35 Euro | Gneisenaustr. 81 | Tel. 030 61 20 32 85 | www.silence-jademassage.de | U 7 Gneisenaustraße (246 C1)

TIGERLILY & HER NAKED FRIENDS

Wer eine glatte Haut ohne Stoppeln an Armen, Beinen, Rücken und Po haben möchte, ist bei Tigerlily & Her Naked Friends an der richtigen Adresse. Hier wird professionell gewachst und enthaart. Der weniger schmerzhafte Geheimtipp des Studios stammt aus Down Under: Lycon-Wachs, das vor allem zur Intimhaarentfernung eingesetzt wird.

Charlottenburg

Mo–Fr 9–20, Sa 9–18 Uhr | Beinenthaarung mit Heißwachs 40, Achselhaare 12 Euro | Kantstr. 108 | Tel. 030 60 94 85 90 | www.tigerlily-waxing.de | U-/S-Bahn Zoologischer Garten, U 1, 9 Kurfürstendamm (238 A5)

YI-SPA

Day Spa mit Niveau. Im japanisch-indonesisch gestylten Wellness-Paradies mit ausschließlich asiatischem Personal vergessen die Gäste sofort, dass sie sich gerade noch im hektischen Mitte befanden. Massagen, bunte Lichter, wohlige Gerüche und schöne Entspannungslounges sorgen für Urlaubsstimmung in der Nähe des Hackeschen Markts. Da wünscht man sich, den Indischen Ozean vor der Tür zu haben oder wenigstens übernachten zu können. Alle Behandlungen ab 60 Minuten beinhalten ein Fußbad, exotische Softdrinks und einen Asia-Snack. Traditionelle Thai-Massage: 60 Minuten 79 Euro.

Mitte

Tgl. 12–20 Uhr | Monbijouplatz 3a | Tel. 030 28 87 96 65 | www.yi-spa.com | S 5, 7, 75 Hackescher Markt (240 B1)

FITNESS

ASPRIA SPA & SPORTS

Ein Fitness- und Wellness-Tempel der Superlative auf rund 16 000 m². Ein 25-m²-Pool, dazu einen Saunabereich, ein großes Kursangebot, Massagen und ein ausgefeiltes Kindersportprogramm machen den Club zu einem echten Renner im Berliner Westend. Außerdem ist ein Hotel angeschlossen.

Wilmersdorf

Mo–Fr 6–23, Sa/So 8–22 Uhr | Tageskarte ab 27 Euro | Karlsruher Str. 20 | Tel. 030 8 90 68 88 60 | www.aspria-berlin.de | U 7 Adenauerplatz (237 D6)

GREEN GYM BERLIN

ÖKO Tolle Idee: Energie, die beim Sport auf Fitnessgeräten gewonnen wird, einfach weiterverwenden und z. B. das Handy damit aufladen! Auf allen Fahrradergometern und Crosstrainern des Fitnesscenters haben Sie die Möglichkeit, sich einen Teil der erzeugten Energie mitzunehmen. An den Geräten ist eine Autosteckdose installiert, über die der selbst erzeugte Strom abgenommen werden kann. INSIDER TIPP Mit Kinderbetreuung auch für Kinder unter zwei Jahren.

Prenzlauer Berg

Mo–Fr 7–23, Sa/So 10–20 Uhr | Jahresmitgliedschaft ab 39 Euro | Immanuelkirchstr. 3–4 | Tel. 030 4 43 79 40 | www.greengymberlin.de | Tram M 2 Marienburger Straße (235 E5)

HARD CANDY FITNESS

Madonna höchstpersönlich eröffnete 2013 die erste deutsche Filiale ihrer Fitnessstudiokette in Zehlendorf. Möglichkeiten, dem durchtrainierten Popstar nachzueifern, gibt es hier genügend, etwa beim Yoga und Pilates oder in Strength-in-Heels-Kursen und bei Addicted-to-Sweat-Programmen. Letztere umfassen tänzerische Übungsabfolgen, die von Madonnas Personal Trainerin Nicole Winhoffer entwickelt wurden. Platz zum Austoben bietet ein großer Pool, Zeit zum Entspannen die Sauna oder die Sonnenterrasse. Mittlerweile gibt es neben diesem Club für Frauen und Männer in Berlin weitere Filialen nur für Frauen *(Schönhauser Allee, Kurfürstendamm, Bismarckstraße, Friedrichstraße, Bergmannstraße)*. Mitgliedsbeiträge auf Anfrage.

Zehlendorf

Mo–Fr 6–23, Sa/So 8–21 Uhr | Clayallee 171–177 | Tel. 030 84 78 81 70 | www.hardcandyfitness.de | U 3 Oskar-Helene-Heim (250 A4)

HOCHSCHULSPORT

Ein großes Sportangebot für den kleinen Geldbeutel bieten die drei Berliner Unis auch für Nicht-Studierende. Von Afrikanischem Tanz über Reiten und Windsurfen bis hin zu Zumba ist alles dabei. Und das Beste ist: Die Kurse sind zeitlich auf das Semester bzw. die Semesterferien begrenzt, sodass man alles ausprobieren kann.

Humboldt-Universität
Kurse unter www.hochschulsport.hu-berlin.de | ab 18 Euro für Externe | viele Angebote in Mitte sowie am Campus Adlershof

Freie Universität
Kurse unter www.hochschulsport.fu-berlin.de | ab 32 Euro | Berlinweit mit Schwerpunkt in Dahlem | Uni-eigenes Fitnessstudio, Kraftclub auf dem Campus Lankwitz kostet 30 Euro/Monat

Technische Universität
Kurse unter www.tu-sport.de | ab 38 Euro | v. a. rund um den Campus in Charlottenburg

NO EXCUSES

Zu müde? Zu spät? Lieber ins Kino? Solche Ausreden gelten hier nicht. In Kleingruppen mit bis zu acht Personen wird ein individueller Trainingsplan gestaltet, der sich aus Yoga, Gewichtheben und Turnen zusammensetzen kann. Zweimal in der Woche Trainieren kostet 80 Euro.

Mitte
Tgl. 7–21 Uhr | Friedrichstr. 123 | Tel. 0157 80 26 65 20 | www.noexcuses-berlin.de | U 6 Oranienburger Tor (240 A1)

THE URBAN SPORTS CLUB

Yoga, Klettern, Zumba oder doch Fußball? Nicht immer fällt es leicht, sich bei dieser Auswahl für einen Sportkurs zu entscheiden. Urban Sports bietet seinen Mitgliedern die Möglichkeit, berlinweit in verschiedenen Studios oder Sportgemeinschaften zu trainieren.

verschiedene Orte
Standorte u. Öffnungszeiten s. Website | Preise 59–99 Euro/Monat | Tel. 030 69 20 92 13 | www.urbansportsclub.com

FRISEURE & BARBIERE

BARBER'S

Waschen, schneiden, glatt rasieren: Hier widmet man sich der Schönheit und Pflege von Männern. Besondere Aufmerksamkeit wird dem Bart zuteil, der ja derzeit gern wieder etwas länger getragen wird.

Charlottenburg
Mo–Fr 9–19, Sa 9–17 Uhr | Glattrasur 8, Formrasur 13 Euro | Zillestr. 79 | Tel. 030 12 02 44 56 | www.barbers.berlin | U 2, 7 Bismarckstraße (237 D4)

BEARDY BOYS

Ein »Old school Herrenfriseur«, so die eigene Bezeichnung. Rasur und Bartpflege werden hier als Handwerk betrieben. In dem schön eingerichteten Laden

werden Männer nicht nur frisiert und verschönert, sondern können auch Bartöl und andere Pflegeprodukte erstehen.

Prenzlauer Berg
Mo–Fr 10–18 Uhr, Sa 10–15 Uhr | Rasur um 10 Euro | Gethsemanestr. 1 | Tel. 0152 52 13 40 47 | short.travel/bfb11 | S-Bahn Schönhauser Allee, Tram 12 Stargarder Straße (235 D2)

BORDEL!

Den Namen muss man sich erst mal trauen. Doch keine Sorge: Der Laden ist weder zwielichtig noch plüschig, dafür aber jederzeit gewillt, auch extravagante Frisuren zu schneiden. Der rote Iro ist aber keine Pflicht: Spitzenschneiden beherrscht das nette Team ebenso perfekt. Einen Haarschnitt für die Ladys gibt es ab 49 Euro, Färben ab 47 Euro.

Schöneberg
Di–Sa 10–20 Uhr | Hohenstaufenstraße 67 | Tel. 030 21 91 24 80 | www.salon-bordel.de | U 2 Nollendorfplatz (245 D1)

EIN FRISEUR

Andere Friseure heißen nach Sprachspielen mit Haaren: Haareszeiten. Kamm up. Ponyclub. Ein Friseur ist ein Friseur, und auch sonst mag es Oliver Giemza schlicht, aber erlesen. Als Stuhl dient der Sitz einer Limousine aus dem 1970ern. Statt in den Spiegel geht der Blick auf die Straße. Dazu läuft Musik vom Plattenspieler. Ach ja: Schneiden kann der Herr natürlich auch bestens. Schnitt ab 40 Euro.

Prenzlauer Berg
Termine auf Anfrage | Schwedter Str. 11 | Tel. 0170 9 46 91 23 | www.einfriseur.de | U 2 Senefelderplatz (235 D5)

PIERETTE RES CAPILLORUM

Ein romantischer Ort, um sich mal wieder in Kopfform zu bringen: Draußen rankt wilder Wein über dem Eingang, drinnen sorgen alte Möbel und der sehr persönliche Service für eine entspannte Atmosphäre. Chemie hat hier keinen Platz, alle Mittel, die verwendet werden, stammen aus ÖKO Bioproduktion. Sie werden von einer Heilpflanzenmanufaktur in Italien hergestellt.

Das Logo verrät es bereits: Im Barber's geht es um die Männer

Mitte

Di–Fr 10–13 u. 14–20, 1. u. 3. Sa im Monat 11–17 Uhr | Schnitt ab 65 Euro | Gormannstr. 14 | Tel. 030 2 85 95 78 | www.pierette.de | U 8 Rosenthaler Platz (234 C6)

SHAN RAHIMKHAN

Ein Besuch bei Shan Rahimkhan kann schon mal zum Erlebnis werden – sowohl in der 800 m² großen Dependance am Gendarmenmarkt als auch im Salon in der City West. Im großzügigen Frisier- und Kosmetikbereich der Charlottenburger Filiale werden die Augen mit der Aussicht auf den Ku'damm verwöhnt und die Gaumen mit Bio-Food »to go«. Während mit ÖKO Pflanzenhaarfarbe gefärbt wird *(ab 55 Euro)* oder eine Kundin einen neuen Haarschnitt bekommt *(Damen ab 80 Euro)*, kann sie auch frische Smoothies bestellen. Stars wie Catherine Deneuve oder Leonardo DiCaprio schwören auf die Künste des Deutsch-Iraners. Wer einen Termin beim Maestro selbst möchte, sollte jemanden kennen, der jemanden kennt, denn ohne Empfehlung von Stammkunden geht nichts. Im Casa-Shop neben der zweiten Filiale am Gendarmenmarkt warten stilvolle Lampen und Deko auf Käufer.

Charlottenburg

Mo 9–18, Di–Mi 9–19, Do–Fr 9–20, Sa 10–17 Uhr | Kurfürstendamm 195 | Tel. 030 88 71 79 00 | www.shanrahimkhan.de | U 1 Uhlandstraße (238 A5)

Mitte

Mo–Mi 10–19, Do/Fr bis 20, Sa bis 17 Uhr | Markgrafenstr. 36 | Tel. 030 2 06 78 90 | U 2 Hausvogteiplatz (240 B3)

INSIDER TIPP WHEADON

Ein Dreitagebart soll verwegen aussehen, aber eben auch gepflegt – darauf und auf Vollbärte oder Glattrasuren für Männergesichter versteht man sich in diesem Salon. Ein Haarschnitt kostet 38 Euro. Es gibt einen Beauty-Notdienst, der auch außerhalb der Öffnungszeiten zu Hilfe kommt – nach Vereinbarung zwischen 8 und 22 Uhr.

Mitte

Mo–Sa 12–19 Uhr | Dreitagebart-Rasur 20 Euro, Glattrasur 29 Euro | Steinstr. 17 | Tel. 030 52 66 06 21 | www.wheadon.de | U 8 Weinmeisterstraße (234 C6)

INDOOR

BERGWERK

Europas größter Indoor-Klettergarten ist in einem Kino-Center entstanden. Sie klettern durch mehrere alte Säle bis in 20 m Höhe, dabei ist alles schön dunkel, wie im Bergwerk eben. Ein bisschen erinnert das Ganze an eine Geisterbahn, allerdings mit Sicherheitsgurten und vielen Schweißperlen. Auf einer Streckenlänge von 660 m gibt es 74 Übungen aller Schwierigkeitsgrade.

Hellersdorf

Di–Mi 10–18, Do, Fr 14–21, Sa 10–21, So 10–20, Ferien tgl. ab 10 Uhr | Kletterpaket »No Limits XXL« 25 Euro | Stendaler Str. 25 | Tel. 030 99 27 43 73 | www.bergwerk-berlin.de | U 5 Hellersdorf (253 E3)

MAGIC MOUNTAIN

Einmal auf ein riesiges Stück Käse klettern: Auf dem Magischen Berg geht das, schließlich sieht er aus wie ein großes Stück Gouda. Das macht Spaß und schult die Kraft und die Kondition.

Wedding

Mo–Fr 13–23.30, Sa/So 10–22 Uhr | Tageskarte 17 Euro | Böttgerstr. 20–26 | Tel. 030 88 71 57 90 | www.magicmountain.de | U-/S-Bahn Gesundbrunnen (233 F2)

NEUE CITY BOWLING HASENHEIDE

Einzige Anlage mit Zuschauertribüne, weshalb hier häufig Meisterschaften ausgetragen werden. Auf 28 Bahnen wird um den Sieg gekämpft und natürlich auch gefeiert. Mittwochs um 20 Uhr können Sie für 15 Euro zwei Stunden Bowling-Unterricht nehmen. Nacht-Bowling wird jeden Freitag ab 23 und samstags ab 22 Uhr veranstaltet, mit Gewinnspielen.

Neukölln

Tgl. ab 10 Uhr | 2,20 Euro/Spiel, Sa/So 3,60 Euro | Hasenheide 108 | Tel. 030 6222038 | www.bowling-hasenheide.de | U 7, 8 Hermannplatz (247 E2)

OSTBLOC

Im Kontrast zur benachbarten herausgeputzten Reihenhaussiedlung steht die Boulderhalle auf einem alten Industriegelände an der Rummelsburger Bucht. Das hat Charme, was auch auf die freundliche Atmosphäre im hellen Innenraum zutrifft. In sieben verschiedenen Schwierigkeitsgraden kann hier nach Lust und Laune geklettert werden. Als Orientierung dient ein Farbsystem von gelb = leicht bis grau = extrem. Eine Kletterpartie an der INSIDER TIPP 50-m-Henkeltraverse trainiert die Ausdauer. Da der gesamte Boden mit etwa 30 cm hohen Niedersprungmatten bedeckt ist, kann im Ernstfall eigentlich nichts passieren. Zur Verpflegung hält die Bar Getränke und Kuchen bereit. Auch einfach nur zuschauen ist möglich, von der riesigen Indoorterrasse aus hat man einen tollen Blick auf das Geschehen in der Arena sowie auf die Spree.

Lichtenberg

Tgl. 10–23 Uhr | Eintritt 9 Euro | Hauptstr. 13 | Tel. 030 55499422 | www.ostbloc.de | S 3 Rummelsburg (249 E2)

SKATEHALLE BERLIN ★

Der 1. Berliner Skateboardverein e. V. ist Betreiber der 1200 m^2 großen Skatehalle in Friedrichshain mit Europas größter Halfpipe. Hier üben sich Anfänger, Fortgeschrittene und Profis jeden Alters in der Kunst des Brettsports. Internationale Skaterturniere und an-

Ein Highlight für Anfänger wie für Fortgeschrittene auf dem Rollbrett: Skatehalle Berlin

dere Events ziehen an den Wochenenden häufig viele Zuschauer an. Wer skaten lernen möchte, bucht einen Workshop.

Friedrichshain

Mo, Do 14–20, Di 14–22 Uhr, Mi, Fr 14–24 Uhr, Sa 13–24 Uhr, So 13–20 Uhr | Tagesticket 6 Euro | Revaler Str. 99 | Tel. 030 29 36 29 66 | www.skatehalle-berlin.de | U 1, S 5, 7, 75 Warschauer Straße (248 C1)

KAMPFSPORT

AIKIDO DOJO AM GLEISDREIECK

Erst im 20. Jh. entstand die japanische Kampfkunst Aikido. In diesem Studio lehrt Ulrike Serak, Sensei im achten Dan, die Kampfsportart, die größtmögliche Harmonie bringen soll. Beim Kenjutsu darf man neben den Händen auch ein Schwert benutzen. Es gibt Kinderkurse.

Kreuzberg

Stundenplan Kurse Mo, Mi, Fr 9–21.15, Di 16.45–21, Do 8–21.15, Sa 10–11 Uhr | Aikido-Monatskarte 70 Euro | Tempelhofer Ufer 36, 2. Hof, 1. OG | Tel. 030 2 61 45 64 | www.aikido-dojo-gleisdreieck.de | U 2 Gleisdreieck (239 F6)

CHIMOSA

In dem kleinen Studio wird fernöstliche Philosophie gelebt. Man kann Kampfkunst, Brazilian Jiu-Jitsu oder Meditation üben. Zudem treffen in speziellen Yogakursen Asanas auf Martial-Arts-Elemente. Unter anderem trainieren und lehren hier auch Martial-Arts-Stuntmen aus Film und Fernsehen.

Mitte

Kursplan s. Website | 10er-Karte ab 135 Euro | Linienstr. 127 | Tel. 030 33 85 55 88 | www.chimosa.de | S 1, 2, 25 Oranienburger Straße, U 6 Oranienburger Tor (240 B1)

GORILLA MMA

Auch wenn der Name anderes suggeriert: Hier wird Wert darauf gelegt, dass Kampfkunst nicht nur etwas für emotionslose Muskelberge ist, sondern für jeden, der sich selbst verteidigen können und fit halten will. Ein Schnuppermonat kostet 20 Euro.

Charlottenburg

Mo, Mi, Do 17–21, Di, Fr 11–21, Sa 11–15.30 Uhr | ab 35 Euro/Monat | Richard-Wagner-Str. 37 | Tel. 0176 22 25 72 60 | www.crazymonkeyberlin.de | U 7 Richard-Wagner-Platz (237 E3)

KYUDO DOJO

Bogenschießen als Geistesübung: Kyudo ist eine alte japanische Kunst, die einen zu sich selbst führen soll. Eleganz, Körperspannung, Präzision und ein klarer Kopf sind dabei gefragt.

Mariendorf

Mi 20–21.30, Sa 14–18 Uhr | Aufnahmegebühr 25, Monatsbeitrag 8 Euro | An der

Dorfkirche 5 | Tel. 0162 9 81 02 18 | www.kyudo-dojo-berlin.de | S 2 Buckower Chausee (231 D6)

MMA BERLIN

MMA steht für »Mixed Martial Arts« – hier werden verschiedene Kampfsportarten wie Thaiboxen, Judo, Sambo und Grappling gemischt trainiert. Für Grappling, Kick- und Thaiboxen können auch separate Kurse gebucht werden.
Zweimal Probetraining ist kostenlos.
Schöneberg
Öffnungszeiten/Kurse s. Website | Mitgliedschaft 56 Euro/Monat | Crellestr. 19–20 | Tel. 030 40 52 05 06 | www.mma-berlin.de | S 1 Julius-Leber-Brücke (245 E2)

OUTDOOR

BEACH MITTE ★

Die größte Beachvolleyballanlage Europas lockt im Sommer Tausende von Spielern auf das Gelände des ehemaligen Stettiner Bahnhofs. Auf 60 Feldern und im Biergarten mit Strandkörben, Grill und Liegestühlen tummeln sich während der Saison Sportler und Nachbarn. Dank der Flutlichtanlage kann sogar nachts gespielt werden. Zudem gibt es einen Hochseilgarten mit Trabi und Aussichtsplattform.
Mitte
Ende April–Sept. Beachvolleyball tgl. ab 10 Uhr, Hochseilgarten Mo–Fr 14–24, Sa/So ab 10 Uhr | Platz ab 14 Euro/Std., Klettern ab 21 Euro | Caroline-Michaelis-Str. 8 | Tel. 0177 2 80 68 61 | www.beachmitte.de | S 1, 2, 25 Nordbahnhof (234 A5)

DOWNHILL

Wahre Mountainbike-Freaks wollen in die Berge oder besser: die Steilhänge wieder hinunterbrettern. In den Köpenicker Müggelbergen haben Waghalsige Gelegenheit dazu. Jedes Wochenende treffen sich hier Kids und Teens für ihre Manöver.

Hier wird fernöstliche Philosophie ganzheitlich umgesetzt: Chimosa

Köpenick
Infos über Website | Müggelberge | www.downhillberlin.mixxt.de | S 3 Köpenick (253 E–F4)

EISSTADION NEUKÖLLN

In dem charmanten alten Stadion können Sie entspannt ein paar Runden drehen oder dem jugendlichen Publikum beim Eindruckschinden zusehen. Das Eis wird regelmäßig neu gemacht, was den Fahrspaß garantiert. Die Preise sind mit 3,60 Euro für Erwachsene und 1,60 Euro für Kinder gemäßigt. Schlittschuhe gibt's ab 2,50 Euro.

Neukölln
Okt.–März Mo–Sa 9–12, 15–18 u. 19.30–21.30 Uhr, So 9–12 u. 14–17 Uhr | Oderstr. 182 | Tel. 030 62 80 44 03 | www.eislaufen-berlin.de | S-/U-Bahn Hermannstraße (247 E5)

FLÄMING SKATE

Für Skater und Radfahrer ist er ein Traum: der Fläming Skate, mit 230 km Deutschlands längste Skatestrecke. Durch Wälder und vorbei an Wiesen führt die für Autos komplett gesperrte und überdies barrierefreie Route mitten durch die idyllische Natur Brandenburgs. Entlang der Strecke gibt es Badestellen, Gastronomieeinrichtungen und Übernachtungsmöglichkeiten. Ideal auch für Familien. Für weitere Fragen steht der Fremdenverkehrsverband Teltow-Fläming zur Verfügung.

Teltow-Fläming
Tgl. | Küstergasse 4 | Tel. 033204 6 28 70 | www.flaeming-skate.de | Regional-Express bis Luckenwalde (252 C5)

HOCHSEILGÄRTEN

Zwischen Bäumen klettern und in luftiger Höhe Sport treiben kann man mittlerweile in etlichen Parks – im Volkspark Jungfernheide etwa oder in der Wuhlheide. Auch der Kletterwald in Potsdam-Babelsberg ist eine Herausforderung.

Charlottenburg
Waldhochseilgarten Jungfernheide | März–Nov., Öffnungszeiten je nach Tageslicht | Eintritt 19–22 Euro | Volkspark Jungfernheide, Parkeingang Heckerdamm/Heilmannring | Tel. 030 34 09 48 18 | www.waldhochseilgarten-jungfernheide.de | U 7 Jakob-Kaiser-Platz (230 C3)

Wuhlheide
Kletterwald Wuhlheide | April–Nov. tgl. 10–19 Uhr, manchmal auch Di, Fr–So 10–18 Uhr | Eintritt 16–18 Euro | An der Wuhlheide 199 | Tel. 030 30 13 52 67 | www.kletterwald-wuhlheide.de | S 3 Wuhlheide (253 E4)

Potsdam
Abenteuerpark Potsdam | März–Okt. tgl. 10–spätestens 19 Uhr (je n. Jahreszeit u. Wetter früher) | Eintritt 22 Euro | Albert-Einstein-Str. 49 | Tel. 0331 6 26 47 83 | www.abenteuerpark.de | S 7 Potsdam (252 B5)

LAUFTREFFS

Wenn man sich mit Gleichgesinnten verabredet, klappt es gleich viel besser mit der Motivation. In Berlin gibt es viele Lauftreffs, für unterschiedliche Niveaus oder beispielsweise auch nur für Frauen.

Charlottenburg
Sport-Club Charlottenburg | Laufpläne u. -kurse s. Website | Mommsenstadion, Waldschulallee 34 | Tel. 030 3 01 60 68 | www.scc-berlin-leichtathletik.de | S 5 Messe Süd (242 A1)

Berlinweit
Lauftreff Mauerweg | jeden 2. So im Monat 9 Uhr | auf wechselnden Abschnitten | Tel. 030 53 14 16 70 | lgmauerweg.de/mauerweg-lauftreff

Neukölln
LC Stolpertruppe | Mi 16.30, Sa 14.15 Uhr | DeGeWo-Stadion, Lipschitzallee 29 | Tel. 030 74 37 68 18 |

www.stolpertruppe.de | U 7 Lipschitzallee (231 E5)

SCHWITZEN IM PARK

Angefangen hat es als ein Angebot für seine Freunde. Diese hatten Stoyan so lange in den Ohren gelegen, ob der Kampfsportler nicht auch mal mit ihnen trainieren könne, bis er sie sonntags morgens in den Schöneberger Volkspark bestellte. Mittlerweile ist die Gruppe angewachsen, die jede Woche eine Stunde unter Stoyans Anleitung Hampelmänner, Liegestütze und andere Kraftübungen macht. Jeder ist willkommen, und Stoyan will nicht einmal Geld dafür. Nur zu lange feiern sollten Sie am Abend vorher nicht. Wer nicht spätestens um zwei im Bett ist, kommt am nächsten Morgen nicht mehr mit.

Schöneberg

So 10.30 Uhr | Hirschbrunnen im Volkspark Schöneberg | www.facebook.com/SchwitzenImPark | U 4 Rathaus Schöneberg (244 C3)

SLACKLINING

In den Stadtparks ist es längst ein vertrauter Anblick: Ein Seil ist straff zwischen zwei Bäume gespannt und darüber balancieren ein, zwei Menschen. Trainiert zu sein, schadet bei dieser urbanen Sportart nicht, das hilft dabei, das Gleichgewicht zu halten. Echte Profis spannen ihre Seile nicht nur in niedrigem Abstand über den Boden, sondern z. B. auch über Wasser.

verschiedene Orte

Shop und Termine für Workshops: office@slackliner-berlin.de | Tel. 0178 198 79 13 | www.slackliner-berlin.de

TEMPELHOFER FREIHEIT

Aus dem Flugfeld des ehemaligen Flughafens Tempelhof ist ein Eldorado für Skater, Strandsegler und Sportler auf al-

Schön die Balance halten: Slacklining im Volkspark Friedrichshain

lem, was Rollen hat oder viel Platz braucht, geworden. Sobald im Winter genug Schnee liegt, wird eine INSIDER TIPP 10 km lange Loipe gespurt. Ski werden vor Ort verliehen.
Neukölln/Tempelhof
Tgl. von Sonnenauf- bis -untergang | Tel. 030 91 70 07 00 | www.thf-berlin.de | U-/S-Bahn Tempelhof (246 B5)

TRIMM-DICH-PFADE

Der gute alte Trimm-Dich-Pfad erlebt seine Wiedergeburt, allerdings in moderner Form: Auf den öffentlichen Sportparks mit stabilem Equipment, etwa Butterfly-, Ruder-, Twister- und Stepper-Geräten, turnen Menschen aller Altersklassen und stählen nebenbei die Muskeln. Die Geräte waren ursprünglich für Senioren gedacht, werden aber auch von vielen jungen Sportlern benutzt.
Charlottenburg
Lietzensee Nordufer | U 2 Sophie-Charlotte-Platz (236 C5)
Friedrichshain
Volkspark Friedrichshain | Tram M 10 Paul-Heyse-Str. (231 E3)
Moabit
Fritz-Schloss-Park | Bus 123 Birkenstr./Rathenower Str. (239 D1)

TANZEN

BEBOP

Standard, Latein, Tango und Rueda werden hier für die unterschiedlichen Tanzniveaus angeboten. Dreistündige Workshops in Swing, Slowfox oder Quickstepp kosten 40 Euro.
Kreuzberg
Kurszeiten s. Website | Pfuelstraße 5 | Tel. 0176 31 49 02 57 | www.bebop-berlin.com | U 1, S 5, 7, 75 Warschauer Straße, U 1 Schlesisches Tor (248 B2)

CLÄRCHENS BALLHAUS

Der Berliner Klassiker, denn geschwoft wird hier schon seit über 100 Jahren. Am frühen Abend werden bis heute Tanzkurse angeboten – sowohl für

Trimm-Dich-Pfade bieten unterschiedliche Herausforderungen für Jung und Alt

Spontane zum einfach Vorbeikommen als auch mit längerer Laufzeit. Sonntagnachmittag gibt es den guten alten Tanztee. Regelmäßig spielt auch eine Liveband auf. Den Hunger nach dem Tanzen stillt das angeschlossene Restaurant mit deftiger Küche.

Mitte

Tägl. ab 11 Uhr | Kurse s. Website | Kurs ab 5 Euro, 10er-Karte ab 80 Euro | Auguststr. 24 | Tel. 030 2 82 92 95 | www.ballhaus.de | S 1, 2, 25 Oranienburger Straße (234 B6)

FLYING STEPS ACADEMY

Unterricht bei den Meistern des Breakdance: Die Flying Steps sind weltberühmt und betreiben eine eigene Schule. Dort kann man nicht nur Locking und Popping lernen, sondern auch Hip-Hop, African Dance oder Powermoves tanzen. Kurse gibt's für Kinder, Jugendliche und Erwachsene.

Kreuzberg

Mo–Fr 14–22 Uhr | Einzeltanzstunde 12, 10er-Karte 100 Euro | Lobeckstr. 30–35/Ritterstr. | Tel. 030 34 66 71 90 | www.flying-steps-dance-academy.de | U 8 Moritzplatz (241 D5)

TANZ SUITE

Die Tanzkurse in Standard und Latein sind schon sehr gut, aber nichts gegen den Ausblick aus der INSIDER TIPP Panoramabar, die zur Tanzschule gehört. Diese liegt im obersten Stock eines Stalin-Baus direkt am Strausberger Platz. Dort werden auch Hochzeitskurse angeboten für diejenigen, die vor dem wichtigen Fest ihren langsamen Walzer noch einmal aufpolieren wollen.

Friedrichshain

Kursplan s. Website | Monatsbeitrag 39 Euro | Strausberger Platz 1 | Tel. 030 5 25 15 22 | www.tanzsuite.de | U 5 Strausberger Platz (241 F2)

TAP BEAT

Wer Stepptanz lernen möchte, ist bei Cristina Delius im Tap Beat – Internationales Steptanz Zentrum Berlin genau richtig. Es gibt Klassen für Anfänger und Profis, die hier ihre Schuhe kunstvoll übers Parkett klappern lassen können. Kostenlose Probestunde; Teilnahme mit oder ohne Vertrag möglich. Ein Sechs-Monats-Abo mit einer Trainingsstunde pro Woche kostet z. B. 51 Euro im Monat.

Kreuzberg

Kurszeiten s. Website | Dieffenbachstr. 33 | Tel. 030 88 62 41 58 | www.stepptanz-berlin.de | U 8 Schönleinstraße (247 E1)

WASSERSPORT

KAJAK BERLIN TOURS

Vom Wasser aus sieht Berlin völlig anders aus. Das lernt, wer einmal mit dem Kajak von Kreuzberg Richtung Osthafen oder durchs abendliche Neukölln ge-

Mit dem Kajak durch Berlin

paddelt ist. Die Touren kosten ab 21 Euro und sollten rechtzeitig gebucht werden. Wer lieber ein Stand-up-Paddelboard probieren möchte, kann das am Strand des Badeschiffs am Osthafen ausleihen.

Kreuzberg

März–Okt. | die meisten Touren starten am Carl-Herz-Ufer 7 neben dem van Loon Restaurantschiff | Tel. 030 99 54 80 18 | www.kajakberlintours.de | U 1 Prinzenstraße (241 D6)

NALANI SUPSURFING ★

Erfunden wurde das Stand-up-Paddeln, bei dem man sich aufrecht stehend auf einem Board fortbewegt, auf Hawaii. Auch wenn die hiesigen Temperaturen etwas kühler sind, macht dieser Wassersport in und um Berlin mindestens genauso viel Spaß. Auf dem Müggelsee etwa. Ein Board zu leihen kostet 10 Euro pro Stunde, eine dreieinhalbstündige Tour mit Ausrüstung, z. B. durch die Altstadt von Köpenick, 25 Euro. Für einen zweistündigen Kurs beträgt der Preis 20 Euro.

Köpenick

April, Okt. 14–18, Mai 10–20, Juni–Aug. 10–21, Sept. 10–19 Uhr, im März auf Anfrage u. bei gutem Wetter | Seebad Friedrichshagen | Müggelseedamm 216 | Tel. 0160 96 38 70 17 | www.nalani-supsurfing.com | S 3 Friedrichshagen (253 E4)

RUDERVEREIN ASTORIA

Schon für 40 Euro können Sie beim viertägigen Schnupperkurs im Ruder-

Training muss sein: Bei der Segelschule Große Freiheit findet das auf dem Wannsee statt

boot über den Wannsee gleiten. Wer daran Gefallen findet, kann für 360 Euro plus 20 Arbeitsstunden Mitglied werden – die Boote wollen schließlich instand gehalten werden. An Land wird auch Kraft- und Ausdauertraining angeboten. Zudem eignet sich das idyllische Grundstück am Bootshaus zum Ausspannen.

Wannsee

Mi, Sa, So sowie nach Absprache | Bismarckstr. 68 | Tel. 030 2 13 64 30 | www.astoria-rudergemeinschaft.de | S 1, 7 Wannsee (252 C4)

SEGELSCHULE GROSSE FREIHEIT

Eine Adresse für alle, die steife Vereinstradition nicht mögen. Trainiert wird mit Flying-Cruisern auf dem Wannsee. 65,5 Stunden (17,5 Std. Theorie, 48 Praxis) sind für den Segelscheinkurs angesetzt, der kostet 530 Euro, die Ergänzung für den Motorbootbinnenschein noch 165 Euro. Das INSIDER TIPP After-Work-Segeln für 13 Euro lockt werktags von 16.30 bis 19.30 Uhr ohne Anmeldung.

Wannsee

Büro Mo–Fr 9–13 Uhr | Fidicinstr. 3 | Tel. 030 69 04 09 43 | www.segelschule-grosse-freiheit.de | U 6 Platz der Luftbrücke (252 C4)

SEGELSCHULE HERING

Wer sich für einen Segelgrundkurs entscheidet, zahlt 200 Euro. Auffrischungs-, und Kinderkurse sowie solche in astronomischer Navigation und Wetterkunde sind ebenfalls möglich. Gesegelt wird auf der Havel »Am Großen Fenster«. Ein Surfkurs kostet 150 Euro.

Wilmersdorf

Büro Mo–Fr 13–19 Uhr | Forckenbeckstr. 9–13 | Tel. 030 8 61 07 01 | www.segelschule-hering.de | U-/S-Bahn Heidelberger Platz (243 E4)

WINDANNA WINDSURFING

Nicht nur das Windsurfen kann man hier auf dem Wannsee lernen – auch wenn einmal Flaute ist, muss niemand auf ein Board verzichten. Denn die Surfschule bietet auch Stand-up-Paddling-Kurse an. SUP-Schnupperkurse immer samstags um 15.30 Uhr. Mitgliedsgebühr 215 Euro/Jahr.

Wannsee

Trainingszeiten s. Website | Wannseebadweg 46 | Tel. 030 80 19 67 30 | www.windanna.de | S 1, 7 Nikolassee (252 C4)

YOGA

ACADEMIA JANGADA

Unterrichtet wird in zwei großen Sälen (100 und 120 m²). Neben Tanz finden Kurse statt, bei denen die sportliche »Power-Yoga«-Variante unterrichtet wird. Athletisch geht es auch beim sogenannten »Aerial Yoga« zu – dabei hängen die Teilnehmer in einem Tuch, um den Raum neu zu erleben.

Mitte

Kurse s. Website | Probestunde 15 Euro, Vertrag über drei Monate mit 1x Training pro Woche ab 39 Euro/Monat | Schönhauser Allee 36, Aufgang 11a | Tel. 030 4 49 57 38 | www.jangada.com | U 2 Eberswalder Straße (235 D4)

BERLINER LACHSCHULE

Lachen ist gesund, aber nicht jeder hat etwas zu lachen. Was tun? Beim Lachyoga lernen Sie, grundlos zu lachen. Psychologin Susanne Maier zeigt, wie das geht. Wie von Geisterhand fallen alle Spannungen ab, man fühlt sich quasi befreit. Klingt komisch – ist es auch!

Hermsdorf

Termin u. Preis nach Vereinbarung | Lachtreff Do 17.30–18.30 Uhr: 8 Euro | Burgfrauenstr. 69 | Tel. 030 40 58 44 38 |

www.berliner-lachschule.de | S 1 Hermsdorf (252 C2)

BIKRAM YOGA

Beim Bikram-Yoga kommt jeder ins Schwitzen. Garantiert! Denn trainiert wird bei 40 Grad Celsius Raumtemperatur. Bei dieser sehr sportlichen Form des Yoga geht es vor allem um den Aufbau von Muskeln und um mehr Beweglichkeit. Das Schwitzen unterstützt zudem die Entgiftung des Körpers. Probeangebot: zehn Tage für 20 Euro.

Mitte

Mo, Di, Do 9.30–22, Mi 8–22, Fr 8–19.45, Sa/So 9.30–19.45 Uhr | Krausnickstr. 23 | Tel. 030 24 63 09 96 | www.bikram-berlin.de | S 1, 2, 25 Oranienburger Straße (240 B1)

PEACE YOGA ★

In einem Kreuzberger Hinterhof-Loft wird die aus den USA stammende Jivamukti-Methode gelehrt, eine Weiterentwicklung des Hatha-Yogas. Sonntags wird gemeinsam meditiert und Mantras gesungen. Zudem legt das Studio Wert auf ÖKO Nachhaltigkeit: Die Möbel sind aus recyceltem Holz, für Licht sorgt Ökostrom. Den Probemonat gibt es für 39 Euro, die 10er-Karte für 130 Euro.

Kreuzberg

Kursplan s. Website | Glogauer Str. 19 | Tel. 030 55 21 30 02 | www.peaceyoga.de | U 1 Görlitzer Bahnhof (248 A4)

MEINE STADT

▶ 80 Minuten verbringen die Berliner im Schnitt pro Tag unterwegs. Trotz der großen Entfernungen werden im Stadtzentrum die meisten Wege zu Fuß zurückgelegt. Auch das Rad wird immer beliebter – auch, weil seit Jahren das Radwegenetz ausgebaut wird. Das Auto hingegen ist auf dem Rückzug. Nicht einmal jeder zweite Haushalt besitzt noch eins. Gut für die Berliner Luft!

SPIRIT YOGA

In den Rosenhöfen am Hackeschen Markt trainieren über 20 verschiedene Yogaklassen. Bei der dynamischen Hatha-Yoga-Variante »Power Vinyasa Flow« werden Atmung und Bewegung auf ganz eigene Art in Einklang gebracht. Mittags gibt es eine Stunde lang INSIDER TIPP Powerlunch. Auch in Zehlendorf befindet sich ein Spirit-Yoga-Studio *(Martin-Buber-Str. 23)*, und in Charlottenburg hat eine Filiale mit Spa eröffnet *(Goethestr. 2–3)*.

Mitte

Kurse s. Website | 90 Min. 19 Euro, Power-Lunchkurs 15 Euro, 10er-Karte 150 Euro | Rosenthaler Str. 36 | Tel. 030 27 90 85 03 | www.spirityoga.de | S 5, 7, 75 Hackescher Markt (234 C6)

YOGIBAR

Morgenyoga, Schwangerenyoga, Kinderyoga oder Yoga auf Englisch, das Angebot des kleinen Studios nach der Schule des Hatha-Yogas ist groß. Für alle, denen eine Stunde nicht reicht, werden regelmäßig Yoga-Retreats angeboten, zu denen es ins brandenburgische Lychen, aber auch nach Bali geht. Wer mal einen neuen Stil kennenlernen möchte, kommt zur Communityclass, die auf Spendenbasis stattfindet. Eine Probestunde kostet 10 Euro, die 10er-Karte für 60-Min.-Stunden kostet 110 Euro.

Friedrichshain

Kursplan s. Website | Boxhagener Str. 31 | Tel. 0163 6 39 32 32 | www.yogibar.de | Tram 21 Niederbarnimstraße (248 C1)

Ausgehen

Szenige Bars, Kneipen mit Craft-Beer-Sortiment und Clubs in alten Nudelfabriken: Das Berliner Nachtleben ist so bunt wie eh und je. Und strahlt jetzt auch bis Marzahn.

BARS

BECKETTS KOPF

Wer sich von der verschlossenen Tür nicht abschrecken lässt, sondern klingelt, den erwarten verlässlich gute Drinks. Nicht ganz billig, dafür wissen die Mixer, was sie tun. Nur über die Namen der Getränke (»Mother in Law«, also Schwiegermutter?!) müsste man mal sprechen.

Prenzlauer Berg

Tgl. ab 20 Uhr | Pappelallee 64 | Tel. 030 44 03 58 80 | www.becketts-kopf.de | Tram 12 Raumerstraße (235 D3)

BILLY WILDER'S

Cocktail-Liebhaber kommen im Filmhaus mit dem Film- und Fernsehmuseum voll auf ihre Kosten. Denn zur Auswahl stehen mehr als 150 verschiedene Mixgetränke. Schickes Ambiente mit Art-déco-Elementen. Ideal nach einem Besuch in einem der Kinos oder Museen in der Nähe.

Tiergarten

Mo–Do ab 11, Fr–So ab 9 Uhr | Potsdamer Str. 2 (im Filmhaus) | Tel. 030 26 55 48 60 | www.billywilders.de | U 2, S 1, 2, 25 Potsdamer Platz (239 F4)

BONBON BAR ★

Über den eleganten Art-déco-Tresen werden feine Spirituosen gereicht, darunter etliche Klassiker, aber auch moderne Varianten wie Whisky Sour mit Holunder. Am besten bespricht man seine Trinkvorlieben mit dem kundigen Barpersonal. Regelmäßig legen auch DJs auf. Schönes Ambiente, guter Service.

Mitte

Tgl. ab 19 Uhr | Torstr. 133 | www.bonbonbar.de | U 8 Rosenthaler Platz (234 B6)

Crack Bellmer: eine gelungene Mischung aus Club und Bar

BRIEFMARKENWEINE

Was Briefmarken und Wein miteinander zu tun haben? Eigentlich nichts. Doch nun ist eine Weinbar in ein ehemaliges Briefmarkengeschäft eingezogen. Den großen grünen Schriftzug hat man an der Fassade des denkmalgeschützten Hauses gelassen. Drinnen gibt es erlesene Weine in sehr stilvollem Ambiente, und es wird genau ein einfaches, aber köstliches warmes Gericht serviert. Auch Oliven, italienischen Schinken und Käse kann man zum Wein knabbern.

Friedrichshain

Mo–Sa 19–24 Uhr | Karl-Marx-Allee 99 | Tel. 030 42 02 52 93 | www.briefmarkenweine.de | U 5 Weberwiese (231 E3)

BRYK BAR

Eine bessere Bar wird man im Moment im Prenzlauer Berg wohl kaum finden. Nicht nur das schummrige Ambiente

mit effektvoll eingesetztem Licht ist bestechend, auch die Kreationen sind so überraschend wie köstlich. Schon die Namen, etwa »Holy shit – is that Mary« (eine Bloody-Mary-Variante) oder »You choose wisely«, machen neugierig und überzeugen. Es gibt auch etliche spritzig-leichte Drinks und köstliches Alkoholfreies. Das Know-how der Barleute kann man sich auch nach Hause holen: Sie bieten INSIDER TIPP Außer-Haus-Workshops an.

Prenzlauer Berg

Tgl. ab 19 Uhr | Rykestr. 18 | Tel. 030 38 10 01 65 | www.bryk-bar.com | U 2 Eberswalder Straße (235 E4)

CORDOBAR

Wer wahre Rebenschätze sucht, ist hier genau richtig. In der Weinbar warten Hunderte Raritäten auf zahlungsfreudige Konsumenten, aber auch ausgewählte Alltagsweine aus Österreich und Deutschland werden ausgeschenkt. Die Wiener Weininstitution Willi Schlögl, Gerhard Retter, der einst Sommelier im Lorenz Adlon war, und Plattenlabelchef Christof Ellinghaus haben sich für die Cordobar zusammengetan. Auch großartige Snacks werden hier serviert. Monatlich wechselnde Karte.

Mitte

Di–Sa 18–2 Uhr | Große Hamburger Str. 32 | Tel. 030 27 58 12 15 | www.cordobar.net | S 5, 7, 75 Hackescher Markt, S 1, 2, 25 Oranienburger Straße (240 C1)

CRACK BELLMER

Die coole Mischung aus Club und Bar auf dem RAW-Gelände überzeugt. Am Wochenende werden hier bis zum Morgengrauen Drinks gemixt. Dem morbiden Charme der Umgebung sind die Besitzer treu geblieben, für Feingeister ist der Laden nichts. Kleine Tanzfläche, DJs.

Friedrichshain

Tgl. ab 19 Uhr | Revaler Str. 99, RAW-Gelände | Tel. 030 61 07 48 58 | www.crackbellmer.de | U 1, S 5, 7, 75 Warschauer Straße (248 C1)

CRACKERS

Das Cookies war einer der coolsten Clubs der Stadt. Jetzt heißt der Laden Crackers, ist sehr gediegen und statt zu tanzen, wird jetzt hier getafelt. Cool ist die Location aber immer noch. Küchenchef des Restaurants ist – wie im Cookies Cream → **S. 119** – der kreative Stephan Hentschel. An der Bar werden Cocktails mit Namen wie »Au Pear«, »Cognac Crusta« und »Tanzsaft« kredenzt. Letzterer nicht ohne Grund: Es legen immer noch DJs auf *(Fr/Sa)*.

Mitte

Tgl. ab 18 Uhr | Friedrichstr. 158 | Tel. 030 6 80 73 04 88 | www.crackersberlin.com | U 6 Französische Straße (240 A1)

LE CROCO BLEU ★

Das Maskottchen im Le Croco Bleu ist ein lebensgroßes blaues Krokodil. Tierisch geht es auch bei den Cocktailkreationen zu. Der »Frog« z. B. ist eine Mischung aus dem niederländischen Premiumvodka Ketel One und Île Four Limited Edition Sake – beides Top-Marken mit besonderem Charakter, die mit Gurken, getrocknetem Ingwer und Fever Tree Ginger Beer verfeinert werden. Kein Geringerer als Gregor Scholl, bekannt aus Berliner Kultinstitutionen wie der Paris Bar und dem Rum Trader, ist gemeinsam mit seinem Barchef Michael Hanke verantwortlich für dieses in der Hauptstadt bisher einmalige Getränkerepertoire.

Prenzlauer Berg

Do–Sa ab 18 Uhr | Prenzlauer Allee 242 | Tel. 0177 4 43 23 59 | www.lecrocobleu.com | U 2 Senefelderplatz (235 E5)

MARCO POLO HIGHLIGHTS

★ **Bonbon Bar**

Von außen ziemlich unscheinbar, innen aber ein Augenschmaus – und auch eine Wonne für den Gaumen, denn die Barleute verstehen ihr Handwerk → **S. 186**

★ **Le Croco Bleu**

Im Zeichen des blauen Krokodils: Verspielter Industriecharme im früheren Maschinenraum der Bötowbrauerei. Barchef Michael Hanke mixt ausgefallene Cocktails → **S. 188**

★ **Beate Uwe**

Zwischen den Plattenbauten an der Jannowitzbrücke wird hier wunderbar unaufgeregt zu Soul, Funk oder House getanzt → **S. 196**

★ **Musik und Frieden**

In den früheren Magnet ist dieser neue Club eingezogen: Tanzen und Konzerte für Fans von Death Metal bis Soul → **S. 199**

★ **Salon zur Wilden Renate**

Typischer Berliner Electroclub mit originell-bizarrer Einrichtung und einer Türpolitik, die manche als arrogant empfinden – aber beim Berghain war das schließlich auch der Legendenbildung zuträglich → **S. 200**

★ **Klunkerkranich**

Über den Dächern von Neukölln Cocktails schlürften, die mit Kräutern aus den angrenzenden Beeten verfeinert wurden. Eine Dachbar mit Charme → **S. 207**

Geschüttelt, nicht gerührt! Gute Cocktails findet man in vielen Berliner Bars

CSA
Beim Blick auf den schönsten Boulevard der Stadt und mit einem Gin Fizz in der Hand ist die Welt wieder in Ordnung. Am Abend herrscht hier angenehme Lounge-Atmosphäre mit bequemen Sitzhockern und DJ-Musik. Angesagte Clubs wie das Berghain liegen nicht weit entfernt.

Friedrichshain

Tgl. ab 20 Uhr | Karl-Marx-Allee 96 | Tel. 030 29 04 47 41 | www.csa-bar.de | U 5 Weberwiese (231 E3)

DEAN
Gute Drinks zu stolzen Preisen: Im Dean leisten die Barkeeper aber auch ganze Arbeit. Dazu wummert Musik aus den Boxen. Es darf getanzt werden. Das Publikum ist eher über 30 und chic mit Jackett oder Kleid.

Mitte

Do–Sa ab 22 Uhr | Rosenthaler Str. 9 | www.amanogroup.de/eat-drink/dean | U 8 Rosenthaler Platz (234 C6)

GALANDER
Hinter dem Schaufenster eines ehemaligen Rotlicht-Lokals findet sich die neue Bar von Dominik Galander. In gediegenen Ledersesseln lümmeln sich junge Menschen, die vorzugsweise Englisch oder Französisch sprechen, und es wird heftig geraucht. Mit den dunklen Holzvertäfelungen, der goldenen Strukturtapete und dem riesigen Kronleuchter lebt der Jugendstil wieder auf; sollte jeden Moment Max Reinhardt hereinspaziert kommen, würde man sich nicht wundern. Dazu ein rumhaltiges Getränk: perfekt!

Charlottenburg

Mo–So 18–2 Uhr | Stuttgarter Platz 15 | Tel. 030 36 46 53 63 | www.galander-berlin.de | U 7 Wilmersdorfer Straße, S 5, 7, 75 Charlottenburg (237 E5)

GEORGE R.
Eine ruhige Alternative zu den Partybars von Mitte und Neukölln, in der auch ungewöhnlichere Drinks wie der Gin Gin

Mule gereicht werden (Dry Gin, Minze, Ingwer Tonic, Zucker und Limettensaft – sehr lecker!). Dazu gibt es Knabbereien und für bodenständigere Genießer Guinness vom Fass. Namensgeber George Remus war Schwarzhändler während der Prohibition und taucht als Charakter in der Fernsehserie »Boardwalk Empire« auf.

Moabit

So–Do 19–2, Fr/Sa 19–3 Uhr | Wilhelmshavener Str. 57 | Tel. 030 52 66 69 33 | www.george-r.de | U 9 Birkenstraße (232 B6)

GIN CHILLA

Ein Hauch Anis. Ein bisschen Wald. Und wie sehr dieser Gin nach Rosmarin schmeckt, kommt erst durch Zugabe eines Hauchs von Orangenschale heraus. Philipp Danz ist Gin-Experte und gibt sein Wissen während seiner INSIDER TIPP Gin-Tastings, die regelmäßig stattfinden, auch gerne an seine Kunden weiter (20 Euro/Person). Ansonsten lässt sich hier entspannt auf alten Ledersofas herumlümmeln und durch die über 100 Gin-Sorten probieren. Für Gin-Fans, die ihr Getränk gerne in Kapuzenpullover und Sneakern einnehmen.

Friedrichshain

Tgl. ab 18 Uhr | Warschauer Str. 33 | Tel. 030 76 74 84 76 | www.gin-chilla-bar.de | S-/U-Bahn Warschauer Straße (248 B1)

HARRY'S NEW-YORK BAR

Vielfach ausgezeichnete Bar im Grand Hotel Esplanade, die mit exklusiven Cocktails und professionellem Service besticht. Lecker: die Liquid-Kitchen-Drinks mit rosa Pfeffer, Paprika oder auch Rosmarin. Passend untermalt wird die entspannte Atmosphäre durch dezentes Pianospiel.

Tiergarten

Mo–Do 17–2, Fr/Sa 17–3 Uhr | Lützowufer 15 | Tel. 030 2 54 78 86 33 | www.esplanade.de | U 1–4 Nollendorfplatz (239 D5)

JATZBAR

Je trister es draußen ist, desto anheimelnder empfindet man die Atmosphäre hier drinnen. In der kleinen Bar in Wedding mit 1970er-Jahre-Mobiliar und günstigen Drinks kann man getrost einen ganzen Abend verbringen und auch mal den einen oder anderen Cocktail probieren. Das Publikum ist jung und kommt nicht nur wegen der Preise hierher. Von Jazz bis Elektro wechselt die Musik häufig. Gut zu wissen: Hier ist Selbstbedienung angesagt.

Wedding

Tgl. 18–3 Uhr | Gottschedstr. 2 | Tel. 030 46 90 56 66 | www.jatz-bar.de | U 9 Nauener Platz (233 E2)

KEYSER SOZE

Der Lichtblick in der sehr auf Touristen ausgerichteten Gegend um die Oranienburger Straße. An den angeschrammelten Holztischen werden gute Cocktails, aber auch Frühstück und deutsche Spezialitäten von einer überschaubaren Karte serviert. Der Name erinnert übrigens an den mysteriösen Gangsterboss aus Bryan Singers Film »Die üblichen Verdächtigen«.

Mitte

Tgl. ab 7.30 Uhr | Tucholskystr. 66 | Tel. 030 28 59 94 89 | www.keyser-soze.de | S 1, 2, 25 Oranienburger Straße (240 B1)

LEBENSSTERN – BAR IM EINSTEIN

Die Bar über dem Café Einstein zieht Kenner an: Etwa 600 Sorten Rum und 200 Sorten Gin können Sie hier testen, manche Flaschen sind über 70 Jahre alt! Einst wohnte Stummfilmstar Henny Porten mit ihrem Mann in dem stattlichen Haus, heute feiern mitunter Männerrunden Geburtstag und frönen dem gepflegten Zigarrenrauchen. US-Regisseur Quentin Tarantino drehte hier Szenen seines Films »Inglourious Basterds« – und nahm auch ein paar Drinks.

Tiergarten

Tgl. ab 19 Uhr | Kurfürstenstr. 58 | Tel. 030 26 39 19 22 | www.lebens-stern.de | U 1–4 Nollendorfplatz (239 D5)

Je später der Abend, desto voller die Jatzbar im Wedding

LIMONADIER

Die Meister der Barkultur hießen früher Limonadiers, und hier ist der Name Programm, denn die Cocktailrezepte sind ursprünglich und erinnern mit ihren häufig selbst hergestellten Zutaten und Spirituosen bester Qualität an die guten alten Zeiten. Bücherfreunde dürfte allerdings schmerzen, dass die Wände mit aus Büchern ausgerissenen Seiten verkleidet wurden. Von 18–20 Uhr ist täglich Happy Hour!

Kreuzberg

Mo–Do 19–2, Fr/Sa 19–3 Uhr | Nostitzstr. 12 | Tel. 0170 6 01 20 20 | www.limonadier.de | U 6, 7 Mehringdamm (246 B1)

LOST IN GRUB STREET

Nachdem Whisky, Gin und Craft Beer die In-Drinks der letzten Jahre waren, will man in dieser Bar schon den Trend von übermorgen ausgemacht haben: den Punsch. Der ist an dieser Adresse keine billige Jahrmarktsvariante, sondern besteht aus komplexen Zutaten und Aromen wie grünem Tee, Cognac oder Arrak. Serviert wird das Getränk in edlen Silberschalen. Die Bar ist in einem eleganten silber-grau-türkisen Ambiente gehalten. Very british sind nicht nur Name und Punsch, sondern auch das Barfood: Es werden Pickles gereicht.

Mitte

Di–Sa ab 19 Uhr | Jägerstr. 34 | Tel. 030 20 60 37 80 | www.lostingrubstreet.de | U 2 Hausvogteiplatz (240 C3)

OH! CALCUTTA

Unter chinesischen Lampions sehr gute Longdrinks genießen. Die Einrichtung folgt der typischen Berliner Mischung aus alt, selbstgebaut (Europaletten!) und durchgestylt. Die regelmäßigen Livekonzerte werden auf Facebook angekündigt.

Gesundbrunnen

Di–Sa ab 20 Uhr | Koloniestr. 9 | Tel. 030 20 88 98 56 | www.ohcalcutta-berlin.de | U 8, 9 Osloer Straße (233 F1)

PAULY BAR

Sehr stilvolle Bar unterhalb der Michael Fuchs Galerie in der ehemaligen Jüdischen Mädchenschule. Hier sollte man nicht aufs Geld schauen müssen: Die Location bietet nicht nur eine Top-Auswahl an Spirituosen, sondern auch Top-Preise. Dafür wissen die Gäste, dass sie sich auf die Klasse des Publikums und der Getränke verlassen können.

Mitte

Tgl. ab 18 Uhr | Auguststr. 11–13 | Tel. 030 33 00 60 70 | www.paulysaal.com | S 1, 2, 25 Oranienburger Straße (240 B1)

PERRO LOCO

Tollwütig sieht die Bulldogge – *perro loco* bedeutet »tollwütiger Hund« – nicht aus. Dafür trägt sie den richtigen Namen für diese Lokalität: »Whisky« heißt sie und logiert in einem Whiskyfass. Die entsprechende Spirituose serviert man hier in Vintage-Kristallgläsern. Außerdem werden Longdrinks, Cocktails und erlesene Weine ausgeschenkt.

Friedrichshain

Di–Sa ab 18 Uhr | Sonntagstr. 5 | Tel. 030 58 86 24 35 | www.perroloco-berlin.de | S-Bahn Ostkreuz (249 D2)

PRINZIPAL KREUZBERG

Eine erlesene Ginauswahl, eine noch größere Whiskykarte und gut gemixte Cocktails wie »Bloody Betty« oder »Monroe's Kiss« – Namen, die gut zu den Burlesque-Events passen, die hier regelmäßig stattfinden. Das Publikum ist international.

Cocktails mit Burlesque-Hauch: Schon »A Date with Dita« im Prinzipal Kreuzberg probiert?

Kreuzberg
Mo–Sa ab 20 Uhr | Oranienstr. 178 | Tel. 030 61 62 73 26 | www.prinzipal-kreuzberg.com | U 1, 8 Kottbusser Tor, Bus M 29, 140 Adalbertstraße/Oranienstraße (241 E5)

INSIDER TIPP DIE TÄGLICHE CHAOSTHEORIE

ÖKO Barkeeper müssen sich immer wieder etwas einfallen lassen, erlesene Zutaten finden und neue Kreationen ersinnen. In der Täglichen Chaostheorie steht das Personal aber noch vor anderen Herausforderungen, denn dies ist die erste komplett vegane Cocktailbar der Stadt. Hier geht man die Sache fröhlich an: Zu den Hauscocktails, die »Pussys« heißen, werden auch Sandwiches serviert, Donnerstag ist »Dönerstag« und morgens gibt es ein Weißwurstfrühstück – alles streng vegan, versteht sich. Regelmäßig werden Cocktailschulungen angeboten.

Prenzlauer Berg
Tgl. ab 11 Uhr | Schliemannstr. 15 | Tel. 030 54 89 07 34 | www.chaostheorie.berlin | U 2 Eberswalder Straße (235 D4)

TIER

Fuchsbau, Haifischbar oder Goldfisch – gute Bars mit Tiernamen gibt es einige in der Stadt. In der Weserstraß hat man sich schlicht für den Oberbegriff entschieden. Gemeint könnte aber auch die Katze sein, die in einer Endlosschleife über den Schwarz-Weiß-Bildschirm über der Bar flimmert. Ein beruhigendes Szenario, bei dem man genüsslich bis in die Morgenstunden Cocktails schlürfen kann.
Neukölln
Tgl. ab 19 Uhr | Weserstr. 42 | Tel. 0178 2 33 95 13 | short.travel/bfb12 | U 7 Rathaus Neukölln (248 B5)

VICTORIA BAR

Ein langer Tresen, davor jede Menge Medienschaffende und Geschäftsleute mit Sinn für Whisk(e)y und gepflegte Mixgetränke. Die kompetenten Barkeeper arbeiten flink und gehen auch auf Sonderwünsche ein. Die beliebte Veranstaltungsreihe »Schule der Trunkenheit« klärt feuchtfröhlich über Spirituosen auf.
Tiergarten
So–Do 18.30–3, Fr/Sa 18.30–4 Uhr | Happy Hour 18.30–21.30 Uhr | Potsdamer Str. 102 | Tel. 030 25 75 99 77 | www.victoriabar.de | U 1 Kurfürstenstraße (239 E5)

CLUBS & DISKOS

ABOUT:BLANK

Der Club wurde lange illegal betrieben. Bis heute sieht das heruntergekommene Gebäude direkt am S-Bahnhof Ostkreuz nicht so aus, als beherberge es einen angesagten Club. Doch tatsächlich sind die elektronischen Nächte hier sehr lang.

PARTY-MEILEN

SCHLESISCHES TOR

Böse Zungen vergleichen die Gegend mit dem Ballermann. Das liegt aber nicht am großen Angebot an Sangria aus Eimern, sondern an der hohen Club- und Kleipendichte. Ob Indie oder Electro, für jeden Musikgeschmack ist ein Club dabei. Da die Party auch auf der Straße weitergeht, sind die Anwohner zunehmend genervt. Der guten Stimmung im Feiervolk tut das bislang aber keinen Abbruch.

U1 Schlesisches Tor

Kreuzberg

Bi Nuu (Konzerte, Club) → **S. 197** *| je nach Veranstaltung | Schlesische Str. 1, im U-Bahnhof Schlesische Tor (U 1)* **(248 B2)**

Chalet (Club, DJs) → **S. 197** *| ab 24 Uhr | Vor dem Schlesischen Tor 3* **(248 B3)**

Club der Visionäre (Bar, DJs, Live-Acts) | Mai–Sept. Mo–Fr ab 14, Sa/So ab 12 Uhr | Am Flutgraben 1 **(248 C3)**

Lido (Konzerte, Club, Partys) | Mo–So ab ca. 20 Uhr | Cuvrystr. 7 **(248 B3)**

Watergate (Club) | Mi, Fr/Sa ab 24 Uhr | Falckensteinstr. 49 **(248 B3)**

REVALER STRASSE

Clubs wie der Suicide Circus, R19 oder das mittlerweile geschlossene M.I.K.Z. haben die Revaler Straße als Technomeile bekannt gemacht. Doch in den alten Backsteingebäuden auf dem weitläufigen Gelände des ehemaligen Reichsbahnausbesserungswerks (RAW) finden auch Fans von Reggae-, Jazz- oder Hip-Hop-Musik den passenden Laden.

U 1, S 5, 7, 75 Warschauer Straße

Friedrichshain

Astra Kulturhaus (Konzerte, Partyreihen) | je n. Veranstaltung | Revaler Str. 99 (248 C1)
Badehaus Szimpla (Bar, Restaurant, Musik) → **S. 196** | je nach Veranstaltung | Revaler Str. 99 (248 C1)
Cassiopeia (Konzerte, Partys, DJs) | je n. Veranstaltung | Revaler Str. 99 (248 C1)
Crack Bellmer (Bar mit Garten u. Terrassen, DJs, Live-Acts) → **S. 187** | tgl. ab 19 Uhr | Revaler Str. 99 (248 C1)
Emma Pea (Restaurant, Bar, Livemusik) → **S. 82** | Mi–Fr 17–23, Sa 16–23, So 14–23 Uhr | Revaler Str. 99 (248 C1)

ORANIENBURGER STRASSE

Die Oranienburger Straße in Mitte lebt vor allem von ihrem legendären Ruf, der noch aus den 1990er-Jahren herrührt. Seit der Schließung des Kunsthauses Tacheles ist hier allerdings eine neue Zeit angebrochen; die einst grell-laute Meile ist ruhiger geworden und entwickelt sich zum Geschäftsviertel. Noch immer gibt es in der Nähe aber einige nette Bars und angesagte Clubs wie das Aufsturz, die Hafenbar oder Clärchens Ballhaus.

Mitte

Aufsturz (Bar) | tgl. ab 12 Uhr | Oranienburger Str. 67 | U 6 Oranienburger Tor, S 1, 2, 25 Oranienburger Straße (240 B1)
Bellini Lounge (Bar) | So–Mi 18–1, Do 18–2, Fr/Sa 18–4 Uhr | Oranienburger Str. 42/43 | U 6 Oranienburger Tor, S 1, 2, 25 Oranienburger Straße (240 B1)
b-flat (Club, Konzerte) | So–Do ab 20, Fr/Sa ab 21 Uhr | Rosenthaler Str. 13 | U 8 Weinmeisterstraße, Rosenthaler Straße, S 5, 7, 75 Hackescher Markt (234 C6)
Bohannon Soul Club (Club, Konzerte) | Fr–Mo ab 23 Uhr, Do ab 23 Uhr Partyreihe »Timeless Thursday« | Dircksenstr. 40 | U-/S-Bahn Alexanderplatz, S 5, 7, 75 Hackescher Markt (240 C1)
Clärchens Ballhaus (Tanzen, DJs, Café, Bar) → **S. 180** | tgl. ab 11 Uhr | Auguststr. 24 | S 5, 7, 75 Hackescher Markt, S 1, 2, 25 Oranienburger Straße (240 B1)
Fire Bar (Bar, Club) | tgl. ab 19 Uhr | Krausnickstr. 5 | S 1, 2, 25 Oranienburger Straße (240 B1)
Keyser Soze (Restaurant, Bar) → **S. 190** | tgl. ab 7.30 Uhr | Tucholskystr. 33 | S 1, 2, 25 Oranienburger Straße (240 B1)

Wer sich an der abgerockten Umgebung nicht stört und mitmachen will, muss es allerdings erst einmal hineinschaffen – die Türpolitik ist übertrieben strikt.

Friedrichshain

Je nach Veranstaltung Mi–So ab 23 Uhr | Eintritt 10–15 Euro | Markgrafendamm 24c | www.aboutparty.net | S-Bahn Ostkreuz (248 C3)

BADEHAUS SZIMPLA MUSIKSALON

Diese Location besitzt einen ganz besonderen Charme. Wo sich früher Reichsbahner den Staub abbrausten, werden heute Snacks mit k.u.k-Charakter serviert. Ob Weine oder böhmisches Bier, Betreiber Attila Kiss importiert die Leckereien direkt aus seiner ungarischen Heimat. So auch den traditionellen Obstbrand Pálinka. Zudem gibt es Veranstaltungen, Lesungen, Partys und viel Livemusik. Die DJs spielen Funk, Soul, Swing oder Breakbeats. Es wird also nicht nur zu Balkanpop getanzt.

Friedrichshain

Mo–Fr ab 20, Sa/So ab 11 Uhr | Eintritt ca. 3–20 Euro | Revaler Str. 99 | Tel. 030 25 93 30 42 | www.badehaus-berlin.com | U 1, S 5, 7, 75 Warschauer Straße (248 C1)

Bassy Cowboy Club – Sixties lautet hier die Ansage

BASSY COWBOY CLUB

»Good Music – strictly before 1969«: Das Motto des Clubs ist eine Ansage. Wer herkommt, den erwarten Swing, Blues, Country, Rockabilly, Surf und Garage – Hauptsache Sixties. Bevor DJs Jive, Boogie-Woogie oder Twist auflegen, heizen meist internationale Livebands *(Mi u. Fr/Sa)* ein. Diese Partys dauern nicht selten bis zum nächsten Morgen.

Prenzlauer Berg

Mi, Fr/Sa ab 21 Uhr | Eintritt 5–15 Euro | Schönhauser Allee 176 a | Tel. 030 37 44 80 20 | www.bassy-club.de | U 2 Senefelderplatz (235 D5)

BEATE UWE ★

Angenehm, dass der Tanzabend hier schon vor Mitternacht beginnen kann. Musikanlage mit fettem Sound. Gespielt wird im wöchentlichen Wechsel immer freitags Soul, Funk oder Rock. Der Samstag ist Elektrosounds vorbehalten. Das Publikum ist nicht megajung; sehr entspannte Atmosphäre zwischen Jannowitzbrücke und Alexanderplatz.

Kreuzberg

Veranstaltungsabhängig, meist ab 23 Uhr | Eintritt 7–10 Euro | Schil-

lingstr. 31 | www.beate-uwe.de | U 8, S 5, 7, 75 Jannowitzbrücke (241 E2)

BERGHAIN
In dem stillgelegten Heizkraftwerk tummeln sich Minimal-Techno-Fans auf zwei Floors und tanken an den vier Bars auf, und das sogar bis zum Nachmittag des nächsten Tags. Beeindruckender Industrieflair mit 18 m hohen Decken. Von Musikzeitschriften wurde das Berghain mehrfach zum weltbesten Club erkoren. Doch es kommt nicht jeder am berühmten Türsteher Sven Marquard vorbei.
Friedrichshain
Clubnächte: Fr/Sa ab 24 (bis Mo 8–10 Uhr), Konzerte: Mi/Do ab 21 Uhr | Eintritt 12–16 Euro | Am Wriezener Bahnhof | Tel. 030 29 36 02 10 | www.berghain.de | S 5, 7, 75 Ostbahnhof (248 B1)

BI NUU
Im ehemaligen Kaufhaus Kato direkt im U-Bahnhof Schlesisches Tor dreht sich die Diskokugel u. a. zu Elektro und Indietronics. Regelmäßig finden Konzerte statt. Der Laden ist klein und daher schnell sehr voll. Nicht nur feiern, auch auflegen kann hier praktisch jeder. Denn die Betreiber vermieten den Club jede Woche neu an interessierte Veranstalter, dadurch gibt es auch keine festen Öffnungszeiten.
Kreuzberg
Veranstaltungsabhängig, Termine s. Website, Konzerte ab 20 Uhr | Eintritt 5–25 Euro | Im Schlesischen Tor | Tel. 030 69 56 68 40 | www.bi-nuu.de | U 1 Schlesisches Tor (248 B2)

BRICKS
NEU Im Keller des Hiltons am Gendarmenmarkt findet sich ein Club für den gehobenen Partygeschmack. Der Vorgänger Asphalt soll zu Madonnas Lieblingsclubs gehört haben. Da will das Bricks anknüpfen. Einmal pro Woche gibt es Livekonzerte.
Mitte
Do–Sa 23–6 Uhr | je nach Veranstaltung, Frauen oft vor 0.30 Uhr freier Eintritt | Mohrenstr. 30 | Tel. 0174 2 82 80 00 | www.bricks-berlin.club | U 2, 6 Stadtmitte (240 B3)

BRUNNEN 70
Im Keller werden Elektro, House und Techno aufgelegt. Industrieflair auf 600 m², auf denen vor allem junge Clubgänger tanzen. Das labyrinthartige Kellergewölbe erreicht man über einen Lastenaufzug. Brunnen 70 erinnert an einen typischen Berliner Club der 90er-Jahre. Hier finden auch Theateraufführungen, Ausstellungen und Kino statt.
Wedding
Do 23–6, Fr/Sa 23–8 Uhr | Eintritt 12 Euro | Brunnenstr. 70 | Tel. 030 89 06 42 41 | www.brunnen70.de | U 8 Voltastraße (234 B4)

CHALET
Der kleine, feine Tanzschuppen zwischen Flutgraben und Landwehrkanal bietet eine nette Location zum Tanzen und Leute kennenlernen. House und Elektro geben hier den Ton an. Die Einrichtung ist nicht so rau wie in anderen Clubs, sondern richtig gemütlich mit Sofas und Stehlampen. Toller Außenbereich mit verwunschenem Märchengarten. Im Sommer ab 16 Uhr Barbetrieb auf der Terrasse.
Kreuzberg
Di u. Do–So ab 24 Uhr | Eintritt 8–15 Euro | Vor dem Schlesischen Tor 3 | Tel. 030 69 53 62 90 | www.chalet-berlin.de | U 1 Schlesisches Tor (248 B3)

CZAR HAGESTOLZ
Schaut man sich vor einem Besuch die skurrile Homepage des Clubs an, ahnt

man, was einen erwartet. Und tatsächlich: An den Wänden hängen wundersame Dinge wie Puppen und Geweihe – alles bunt und etwas verrückt. Der ☀ Außenbereich wurde von ehemaligen Tacheles-Künstlern mitgestaltet. Gelegen auf dem Gelände der Alten Marzahner Börse, wo auch Künstlerateliers zu finden sind, sorgt der Club mit dafür, dass der alte Plattenbaubezirk nun auch regelmäßig Hipster zu Gast hat.

Marzahn

Fr/Sa ab 24 Uhr, Mi Konzerte | Marzahner Chaussee 51 | Tel. 030 69 56 68 40 | www.czar-hagestolz.de | S 5, 7, 75 Friedrichsfelde Ost (253 E3)

DUNCKER

Einer der wenigen Überlebenden des Berliner Clubsterbens! Seit über 30 Jahren ist der rote Backsteinbau an der S-Bahn-Brücke Anlaufstelle für Fans von Indie und Alternative. Am »Dark Monday« lauft zudem Gothic und Dark Wave.

Prenzlauer Berg

Mo, Do–Sa ab 22 Uhr | vor 24 Uhr Eintritt frei, danach ab 4 Euro | Dunckerstr. 34 | www.dunckerclub.de | Tel. 030 445 95 09 | S Prenzlauer Allee (235 E3)

GRETCHEN

Untergebracht in den ehemaligen Stallungen des preußischen 1. Garde-Dragoner-Regiments legen hier verlässlich-gute DJs auf. Die Leute zappeln zu angesagter Musik aus den Bereichen Dub, Elektro und Drum 'n' Bass. Ideal zum Tanzen nach einem stressigen Arbeitstag. Das sehr gemischte Publikum ist unaufgeregt, allerdings eher jünger – und kommt aus fast allen Ländern der Welt.

Kreuzberg

Fr/Sa ab 23.30 Uhr, Konzerte s. Website | Eintritt 8–15 Euro | Obentrautstr. 19–21 | Tel. 030 25 92 27 02 | www.gretchen-club.de | U 1 Hallesches Tor (240 B6)

GRIESSMÜHLE

Ein Club wie früher, auf einem alten Industrieareal (genauer: einer Nudelfabrik) mit großem Außengelände direkt am Neuköllner Schifffahrtskanal. Die Türpolitik ist so moderat wie die Preise; die Wochenendparty läuft von Freitagabend durch bis Sonntagnacht und verspricht Techno, House und Elektro.

Neukölln

Fr 22 bis So 24 Uhr, Programm unter der Woche s. Website | ab 5 Euro | Sonnenallee 221 | Tel. 030 20 63 96 50 | www.griessmuehle.de | U 2, 6 Sonnenallee (248 C6)

GRÜNER SALON

Seit 20 Jahren wird hier eine gute Alternative zum Theaterprogramm im selben Haus geboten. Neben Partys gibt es auch regelmäßig Konzerte und Lesungen.

Mitte

Wechselndes Programm s. Website | Eintritt 5–30 Euro | Rosa-Luxemburg-Platz | Tel. 030 24 00 93 28 | www.gruener-salon.de | U 2 Rosa-Luxemburg-Platz (235 D6)

HORNS & HOOVES

Von wegen im Prenzlauer Berg gibt es keine Clubs mehr: Im Horns & Hooves lässt man es im Keller krachen. Ein Club, der 30- bis 40-Jährige anspricht. Auf der Bühne werden Performances gezeigt, Feuerspucker und Burlesque-Tänzerinnen treten auf. Tanzen kann man hier zu Rock 'n' Roll-Musik.

Prenzlauer Berg

Do–Sa ab 22 Uhr | Eintritt 3 u. 8 Euro | Danziger Str. 1 | Tel. 030 24 33 84 53 | www.hornsandhooves.de | U 2 Eberswalder Straße (235 D4)

HUMBOLDTHAIN

Der Club am gleichnamigen Volkspark lädt regelmäßig Live-Acts und DJs aus den Bereichen Elektro, House, Techno, Acid, Deep und IDM in den Wedding. Der gute S-Bahnanschluss lässt erwarten, dass bald noch mehr Publikum aus anderen Bezirken anreisen wird. Im Sommer öffnet der dazugehörige ☀ Biergarten bereits ab 16 Uhr.

Wedding

Di ab 20, Fr/Sa ab 24 Uhr | Eintritt 0–10 Euro | Hochstr. 46 | Tel. 030 46 90 53 65 | www.humboldthain.com | S 1, 2, 25 Humboldthain (233 F3)

KLUB DER REPUBLIK

NEU Als der Klub 2012 in der Pappelallee einem Neubau weichen musste, war der Höhepunkt des Berliner Clubsterbens erreicht. Nun ist in einem alten Trafohäuschen auf dem Gelände der Willner-Brauerei → **S. 108** die Wiederauferstehung gelungen. Für Fans von Elvis bis Elektronisch.

Pankow

Do–Sa sowie veranstaltungsabhängig, s. Website | ab 1 Euro | Berliner Str. 80–82 | www.facebook.com/klub.derrepublik | Tram 50, M 1, M 12 Schönhauer Allee/ Bornholmer Straße (235 D1)

LIDO

Die selbsternannte Rock-Indie-Elektro-Pop-Wohnzimmercouch bietet regelmäßig Konzerte. Indie-Fans sind mit der Karrera-Klub-Partyreihe, die mehrmals im Monat im Lido gastiert, auf der richtigen Seite.

Kreuzberg

Öffnungszeiten und Eintritt programmabhängig, Partys ab 23 Uhr | Cuvrystr. 7 | Tel. 030 6956 68 40 | www.lido-berlin.de | U 1 Schlesisches Tor (248 B3)

Indie-Power im Lido

MUSIK UND FRIEDEN ★

NEU Im vergangenen Winter ist aus dem Indie-Tempel Magnet über Nacht ein neuer Club geworden. Beat Gottwald und Christopher Möller, die Künstler wie Kraftclub und Casper nach vorne gebracht haben, haben sich hier den Traum vom eigenen Haus erfüllt. Das Programm ist gemischt; fast täglich gibt es Konzerte von Death Metal bis Soul. Zur Partyreihe »Born in the UA« legt der Gründer der Russendisko, Yuriy Gurzhy, Balkansounds auf.

Kreuzberg

So–Do je nach Veranstaltung, Fr/Sa 23–7 Uhr | Eintritt je nach Veranstaltung | Falckensteinstr. 48 | Tel. 030 23 91 99 94 | www.musikundfrieden.de | U 1 Schlesisches Tor (248 B2)

QUASIMODO

Schon seit fast 40 Jahren spielen Jazzgrößen wie Jasper van't Hof öfter hier

Im Solar gibt es zu den Drinks die phänomenale Aussicht gratis dazu

und bringen in dem Kellerlokal das Publikum zum Toben. Die Besitzer haben aber auch ein offenes Ohr für Funk, Soul, Latin oder Blues. Die Band INSIDER TIPP Disko Inferno entführt regelmäßig in die Musikwelt der 1970er-Jahre. Gemütliche Atmosphäre wie in einer etwas größeren Kneipe.

Charlottenburg

Club bei Veranstaltungen ab 21 Uhr, Restaurant Mo–Fr ab 15.30, Sa/So ab 12 Uhr | Eintritt variiert je nach Programm | Kantstr. 12 a | Tel. 030 31 80 45 60 | www.quasimodo.de | U-/S-Bahn Zoologischer Garten (238 A5)

SALON ZUR WILDEN RENATE ★

Wer reingelassen wird – die Türpolitik gilt als hart –, ist mit Sicherheit begeistert. Liebevolle bis bizarre Einrichtung der einzelnen Räume, mehrere Dancefloors mit erstklassigen DJs und gute Drinks – gefeiert wird bis zum Morgengrauen.

Friedrichshain

Do–Sa ab ca. 24, So ab 12 Uhr | Eintritt 10 Euro | Alt-Stralau 70 | Tel. 030 25 04 14 26 | www.renate.cc | S-Bahn Treptower Park (249 D3)

SOLAR

Im 17. Stockwerk leckere Cocktails trinken und über die Stadt schauen – das macht Spaß, zumal die Fahrt mit dem verglasten Fahrstuhl an der Außenfassade bereits für das erste Bauchkribbeln sorgt. Mediterran essen können Sie im Restaurant ein Stockwerk darunter auch. Wer tanzen möchte, ist hier allerdings an der falschen Adresse. Mit Türsteher.

Kreuzberg

Club Fr/Sa 18–4, Restaurant So–Do 18–2 Uhr | Eintritt frei | Stresemannstr. 76 | Tel. 0163 7 65 27 00 | www.solarberlin.com | S 1, 2, 25 Anhalter Bahnhof (240 A5)

in Gang setzen und auf einem Quadratmeter abtanzen. Zwei Telediskos stehen fest im Kater Blau (nur zu den Öffnungszeiten des Clubs in Betrieb) sowie auf dem RAW-Gelände (immer geöffnet). Eine dritte ist mietbar.

Friedrichshain

Kater Blau: Holzmarkstr. 25 | S-/U-Bahn Jannovitzbrücke (241 E3), RAW-Gelände: Revaler Str. 99 | S-/U-Bahn Warschauer Straße (248 C1) | Tel. 030 20 84 83 42 | www.teledisko.com

TRESOR

ÖKO Der erste Club, der klimaneutrale Partys feiert, allerdings noch nicht in regelmäßigen Abständen. Im ehemaligen Heizkraftwerk legen internationale Techno-DJs auf. Zum Dancefloor im Keller führt ein 30 m langer Tunnel. Raues Industrieambiente, auch die Lautstärke ist nichts für sensible Gemüter. Das Publikum ist international. Die Merchandising-Artikel des Clubs gibt's auch online zu kaufen.

Mitte

Mo, Mi–Sa ab 24 Uhr | Eintritt 7–15 Euro | Köpenicker Str. 70 | Tel. 030 69 53 77 20 | www.tresorberlin.de | U 8 Heinrich-Heine-Straße (241 E3)

SUICIDE CIRCUS

Seit 20 Jahren gestaltet das Suicide Circus die Berliner Clublandschaft entscheidend mit. Neben Berliner Künstlern zieht es in erster Linie internationale DJs an. Der Club ist eine gute Adresse für minimalistischen Techno, dabei verfolgt Inhaber Ralf Brendeler einen hohen Anspruch – Newcomer, die den Einstieg in die Technoszene suchen: Fehlanzeige.

Friedrichshain

Club Mi–Sa ab ca. 23 Uhr | Eintritt 10 Euro | Revaler Str. 99, Eingang über Warschauer Str. | www.suicide-berlin.com | U 1, S 5, 7, 75 Warschauer Straße (248 C1)

INSIDER TIPP TELEDISKO

Für die einen ist es eine alte Telefonzelle, für die anderen die kleinste Disko der Welt! Wer zwei Euro einwirft, kann Musik, Diskokugel und Nebelmaschine

KNEIPEN

APOTHEKEN BAR

Uriger kann eine Kneipe nicht sein: Holzfußboden, dunkles Interieur und eine Bar, die aussieht wie ein alter Apothekentresen. Ein Höhepunkt auf der Getränkekarte ist der Trüffel Martini (Trüffel-Wodka, trockener Vermouth, Zitronen-Bitter). Hier gibt es klassische Rezepturen, ebenso gern wird aber auch Neues ausprobiert.

Kreuzberg

Mo 19–2, Di–Do 18–2, Fr/Sa 18–4 Uhr | Mariannenplatz 6 | Tel. 030 69 51 81 08 |

www.apothekenbar.de | U 1, 8 Kottbusser Tor, Bus 140 Mariannenplatz (241 E5)

BÖTZOW-PRIVAT

Klassische Eckkneipe, in der statt Rentnern aus dem Kiez junge Kreative auf ein hauseigenes Pilsener oder einen Wein einkehren. Das dunkle Holzmobiliar sorgt für eine schummrige Atmosphäre. In der Ecke gibt es eine gemütliche Holzbank mit einem Tisch für größere Runden. INSIDER TIPP Sehr gute Küche u. a. mit günstigen Schnitzeln (mittags zwei zum Preis von einem) und den besten Buletten im Kiez.

Mitte

Tgl. 12–1 Uhr | Linienstr. 113 | Tel. 030 28 09 53 90 | www.boetzow-privat.de | S 1, 2, 25 Oranienburger Straße (240 B1)

BOOZE BAR

Die Beschreibung Kneipe klingt fast zu abfällig für die Booze Bar. Andererseits sieht man das hier sicher nicht so eng, denn schließlich geht es in diesem Laden ums Wesentliche: das Trinken. Das Ambiente ist gemütlich, die Drinks sind hochwertig.

Friedrichshain

Tgl. ab 19 Uhr | Boxhagener Str. 105 | Tel. 030 95 59 11 45 | www.booze-bar.de | U 1, S 5, 7, 75 Warschauer Straße (248 B2)

E. & M. LEYDICKE

Stilvoller versacken lässt es sich nirgends. Angesichts des mächtigen Holztresens, der Flaschen mit geheimnisvollen Etiketten in den Regalen dahinter und des Nachtschwalbenpublikums aus der Nachbarschaft rundherum wird auch der einsamste Wolf gesellig. Seit 1877 ist die Brennerei eine gute Adresse für Fruchtwein und Likör, aber auch Biere und Weine.

Schöneberg

So–Fr 19–1, Sa ab 18 Uhr | Mansteinstr. 4 | Tel. 030 2 16 29 73 | www.leydicke.com | S 1, 2, 25 Yorckstraße (245 E1)

EX'N'POP

David Bowie und Iggy Pop sollen zu den Gästen des Ex'n'Pop gehört haben. Doch auch wenn diese Prominenz nie einen Fuß über die Schwelle gesetzt hat, lässt es sich hier gut versacken. Der Laden mit langer Geschichte ist heute Anziehungspunkt für ein internationales Publikum. Im Kinosaal werden Filme gezeigt, und bei den Luftgitarren-Weltmeisterschaften schwingen die Köpfe. Die Thekencrew stellt eigene Regeln auf, und die Musikrichtung des Abends ist nie festgelegt. Das rot-schwarze Ambiente hat offenbar schon ganze Epochen überdauert.

Schöneberg

Di–So 22–8 Uhr | Potsdamer Str. 157 | Tel. 030 21 99 74 70 | www.exnpop.de | U 2 Bülowstraße, U 7 Kleistpark (245 E2)

INSIDER TIPP HAUSBRAUEREI ESCHENBRÄU

Rustikale Gaststätte drinnen, gemütlicher Biergarten draußen. Das Bier kommt frisch gebraut, aber ungefiltert und damit ungewöhnlich trüb auf den Tisch. Dem Geschmack tut das keinen Abbruch, im Gegenteil. Sparfüchse bekommen die in Berlin wohl einmalige Erlaubnis, ihr Essen selbst mitzubringen. Sogar ganze Picknickkörbe sind erlaubt. Teller und Besteck können Sie vorbestellen. Wer spontan Hunger bekommt, kann einen der leckeren Flammkuchen ordern.

Wedding

Mai–Mitte Sept. tgl. ab 15, sonst ab 17 Uhr | Triftstr. 67 | Tel. 0162 4 93 19 15 | www.eschenbraeu.de | U 6, 9 Leopoldplatz (233 D4)

HOPS & BARLEY

Naturtrüb wie sonst nur der Apfelsaft kommt das selbst gebraute Hausbier daher. Besonders lecker ist der ebenfalls selbst gemachte Cider, zudem werden wöchentlich Spezialbiere gebraut. Dazu passt als handfestes Abendbrot Klappstulle mit Würstchen oder veganem Aufstrich. Wenn wieder einmal ein Fußballspiel auf Großbildleinwand übertragen wird, sollte man sich früh genug Plätze sichern.

Friedrichshain

Winter Mo–Do 17–2, Fr/Sa 17–3 Uhr, Sommer Mo–Fr ab 17, Sa/So ab 15 Uhr | Wühlischstr. 22/23 | Tel. 030 29 36 75 34 | www.hopsandbarley-berlin.de | Tram M 13 Wühlisch-/Gärtnerstraße (248 C1)

IRISH HARP PUB

Guinness vom Fass trinken und Fußball gucken – für Gäste des Irish Pubs ist das der Himmel auf Erden. 40 Whiskey-Sorten sowie die irischen Speisen lassen ebenfalls keine Langeweile aufkommen. Am Wochenende gibt's Livemusik.

Charlottenburg

Mo–Do ab 15, Fr–So ab 12 Uhr | Giesebrechtstr. 15 | Tel. 030 22 32 87 35 | www.harp-pub.de | U 7 Adenauerplatz (237 E6)

Im gemütlichen Irish Harp Pub lässt sich die irische Kneipenkultur genießen

PRINZINGER

NEU Ein weiteres untrügliches Zeichen, dass der alte Wedding immer hipper wird. Die Zille-Bilder an den Wänden und manche Holzvertäfelung erinnern noch an frühere Zeiten als Eckkneipe. Die schicken Lampen sind aber eindeutig neueren Datums und einem schlauen Innenarchitekten zu verdanken. Das Bier kommt von der Weddinger Brauerei Eschenbräu → **S. 202**. Eine gut sortiere Bar mit Hochprozentigem gibt es natürlich auch.

Gesundbrunnen

So–Do 17–2, Fr–Sa 17–3 Uhr | Prinzenallee 72/73 | Tel. 0177 2 44 78 19 | www.fa

Zur fetten Ecke: Hier passt die Außenfassade zur Empfehlung des Hauses – Waldmeisterlikör

cebook.com/prinzinger.bar | Tram M 13, 50 Osloer Str./Prinzenallee (233 F1)

PRIVATBRAUEREI AM ROLLBERG

ÖKO Hier kommt das Bier direkt aus dem Brauhaus ins Glas. Nur eine Scheibe trennt Braukessel und Kneipe. Früher wurde auf der riesigen urbanen Brache Berliner Kindl produziert. Heute braut hier der Neuköllner Wilko Bereit sein Biobier. Ob Helles, Rotes, Weizen oder Saisonbiere – köstlich sind sie alle. Im Sommer kann man auch bequem von draußen beim Brauen zuschauen.

Neukölln

Do 17–23, Fr/Sa 17–24 Uhr | Am Sudhaus 3 | Tel. 030 68 08 45 77 | www.rollberger.de | U 8 Boddinstraße (247 F3)

SALT N BONE

Eine beeindruckende Craft-Beer-Auswahl, leckeres, modernes Pub-Food mit regionalem Fleisch und selbst gemachten Würsten plus solides Cocktail-Angebot – was will man mehr? Ein Pub für den leicht gehobenen Geschmack. Nur Englisch sollte man können, denn die drei Gründer sind Iren und halten die Karte in ihrer Muttersprache.

Prenzlauer Berg

Di–So ab 17 Uhr, Küche bis 23 Uhr | Schliemannstr. 31 | Tel. 030 91 44 88 85 | www.saltnbone.de | U 2 Eberswalder Straße (235 E3)

SHERIFF TEDDY

Ob Lampen, Tische oder Regale, die Einrichtung hat hier einen schönen Retrolook im Stil der 1960er-Jahre. Das Sixtiesthema wird auch musikalisch einbezogen: Hier legen DJs Vinyl auf, allerdings ist es moderne Musik.

Friedrichshain

Mo–Sa ab 20 Uhr | Weserstr. 25 | Tel. 0176 35 87 14 66 | www.sheriff-teddy.de | U 5 Samariterstraße, Tram 21 Wismarplatz (247 F3)

WEINE & GEFLÜGEL

Wernesgrüner vom Fass oder ein gutes Glas Wein locken in das kunterbunt eingerichtete Ecklokal am Leopoldplatz. Auch ein gepflegtes Glas Bushmills Malt (Whisky) wird am Tresen (Selbstbedienung) serviert. Happy Hour ist täglich von 23 bis 24 Uhr. Donnerstags kostet das Hefeweizen nur 2,50 Euro. Einige Tische und Stühle kleben als Deko an der Decke. Es darf geraucht werden, was vor allem zu später Stunde zu nebulösen Verhältnissen führt.

Wedding

Tgl. 19–3 Uhr | Malplaquetstr. 43 | Tel. 030 53 09 23 22 | www.weineundgefluegel.de | U 6, 9 Leopoldplatz (233 D2)

WIRTSHAUS WUPPKE

Es ist wie eine Zeitreise ins alte West-Berlin: An den Kneipentischen haben schon Rio Reiser und namhafte 68er gesessen. Hier entstanden sogar viele Geschichten der Jerry-Cotton-Schmöker. Gutes Bier, ein Wirt mit offenem Ohr, urige Atmosphäre – so muss das sein!

Charlottenburg

Tgl. 11–3 Uhr | Schlüterstr. 21 | Tel. 030 31 50 92 17 | www.wirtshaus-wuppke.de | S 5, 7, 75 Savignyplatz (237 F5)

WÜRGEENGEL

Die Traditionsadresse steht seit Jahren für gehobene Barkultur. Über den Tresen gehen Cocktailklassiker, aber nebenbei wird an neuen Rezepten getüftelt. Der Gin Mare beispielsweise besteht aus sehr schwerem spanischen Gin, der mit Thymian, Basilikum, Zitronenschale und einem Rosmarinzweig kredenzt wird.

Kreuzberg

Tgl. ab 19 Uhr, Küche So–Do bis 24 Uhr, Fr/Sa bis 2 Uhr | Dresdener Str. 122 | Tel. 030 6 15 55 60 | www.wuergeengel.de | U 1, 8 Kottbusser Tor (241 E5)

ZUR FETTEN ECKE

Wechselnde DJs legen am Wochenende auf – von Punk bis Rock. Auf der Karte stehen 23 verschiedene Cocktails, nach wie vor sehr beliebt: Cuba Libre oder Mojito. Die Empfehlung des Hauses ist Waldmeisterlikör, pur oder mit Sekt aufgefüllt.

Kreuzberg

Tgl. ab 15 Uhr | Schlesische Straße 16 | Tel. 030 44 65 16 99 | www.zur-fetten-ecke.de | U 1 Schlesisches Tor (248 B3)

SELBER FEIERN

COSMIC KASPER

Bar, Bühne, Tanzfläche, und alles genau so szenig, wie man es für eine ordentliche Party braucht. Der Raum unter dem Haus am See wird für eine Umsatzgarantie, aber ohne zusätzliche Kosten vermietet.

Mitte

Torstr. 125 | Tel. 030 27 59 08 73 | www.cosmic-kaspar.de | U 8 Rosenthaler Platz (234 C6)

HABEL WEINKULTUR

Bereits 1779 gründeten die Gebrüder Habel diese Weinhandlung. Neben einer exzellenten Weinauswahl und den feinen Speisen punktet das Restaurant mit seiner zentralen Lage in Reichstagsnähe.

Mitte

Luisenstr. 19 | Tel. 030 28 09 84 84 | www.wein-habel.de | U 55 Bundestag, U-/S-Bahn Friedrichstraße (240 A2)

HAUPTSTADTFLOSS

Keine Sorge, es handelt sich hier nicht um ein Tom-Sawyer-Gedächtnis-Floß, sondern um ein schmuckes Holzboot, das sich für Feste mieten lässt. Bis zu 55 Personen haben Platz und können sich zu leckerem Essen und kühlen Getränken über die Berliner Wasserstraßen schippern lassen.

verschiedene Stadtteile

Tel. 030 55 49 41 20 | www.hauptstadtfloss.de (248 B2)

KUPPELRAUM FRANKFURTER TOR

Der südliche der beiden imposanten Türme am Frankfurter Tor bietet Raum

Hafenflair am Landwehrkanal: In der Ankerklause war schon Quentin Tarantino zu Gast

für Feiern im kleinen Kreis auf vier Ebenen. Das größte Highlight: Der Kuppelraum mit den hohen Fenstern und einem fantastischen Ausblick auf die Stadt.

Friedrichshain

Frankfurter Tor 9 | Tel. 030 8 60 09 00 | www.lounge-im-turm.de | U 5 Frankfurter Tor (231 E3)

LABSAAL LÜBARS

Viel prunkvoller kann man nicht feiern: Der Labsaal ist wunderschön. Er liegt in einem Gründerzeithaus, das um 1900 erbaut wurde. Speisen kann man bestens im benachbarten Alten Dorfkrug Lübars → **S. 109**, und drumherum liegt der idyllische Dorfanger. Wer nicht mit dem Auto kommt, nimmt die U 6 bis Tegel oder die S 1 bis Waidmannslust, dann den Bus 222.

Reinickendorf

Alt-Lübars 8 | Tel. 030 4 11 07 5 75 | www.labsaal.de | Bus 222 Alt-Lübars (231 C2)

LA LUZ

Nicht nur der Name erinnert hier an die Vergangenheit als Glühbirnenfabrik, auch der Industriecharme ist im La Luz erhalten geblieben. Die helle, große Location eignet sich für Seminare, Konzerte und Privatpartys.

Wedding

Oudenarder Str. 16–20 | Tel. 030 45 08 92 30 | www.laluz.de | U 6 Seestraße (233 D2)

SZENE

ANKERKLAUSE

Eine Hafenbar ohne Hafen? In Berlin am Landwehrkanal gibt es das. Bei Hausmannskost kann man den Ausflugsdampfern hinterherschauen oder in der hölzernen Kajüte Kuchen essen. Tagsüber gibt es die Jukebox, abends legen regelmäßig DJs auf. Quentin Tarantino war während der Dreharbeiten von »Inglourious Basterds« regelmäßiger Gast. Unbedingt INSIDER TIPP donnerstags herkommen, dann wird auf der winzigen Tanzfläche geschwoft.

Kreuzberg

Mo ab 16, Di–So ab 10 Uhr | Maybachufer 1 | Tel. 030 6 93 56 49 | www.ankerklause.de | U 1, 8 Kottbusser Tor, U 8 Schönleinstraße (241 E6)

THE BARN

So viel Theater um Kaffee wird nirgendwo sonst gemacht. Verunreinigung des Kaffees mit Milch wird daher sehr ungern gesehen. In die überregionale Presse hat es der Laden geschafft, weil er mit einem Poller Kinderwagen aussperrt, stillende Mütter rausgeworfen hat (wir sagten doch: keine Milch!) und Laptops in einen abgesperrten Bereich verbannt. Die einen finden das albern. Die anderen halten das für die Vollendung der Kaffekultur. Für den szenigen Einstieg, bevor die Bars öffnen.

Prenzlauer Berg

Mo–Fr 8.30–18, Sa/So 10–18 Uhr | Schönhauser Allee 8 | www.barn.bigcartel.com | U 2 Rosa-Luxemburg-Platz (235 D6)

KANTINE BERLINER ENSEMBLE

Groß- und kleinformatige Fotografien aus verschiedenen Epochen zeugen vom Ruhm des traditionsreichen Berliner Theaters. Die Kantine serviert solide Hausmannskost zu günstigen Preisen. Früher war Heiner Müller Stammgast, heute sitzen bekannte Theaterschauspieler des Berliner Ensembles → **S. 66** im bunt gemischten Publikum. Manchmal verbringen die Mimen hier sogar kostümiert und geschminkt die Pause bis zum nächsten Auftritt. Ganz entspannt und doch große Welt. Im Sommer ist der schöne Biergarten geöffnet.

Mitte

Mo–Sa 9–24, So 16–24 Uhr | Bertolt-Brecht-Platz 1 | Tel. 030 28 40 80 (Zentrale) | www.berliner-ensemble.de | U-/S-Bahn Friedrichstraße (240 A2)

KLUNKERKRANICH ★

Falls ein Häusermeer als Meer durchgeht, ist der Klunkerkranich die perfekte Strandbar. Zwischen Kräutergarten und gezimmertem Tresen kann man auf Holzplanken sitzen, Kaffee oder Cocktails genießen und auf die Stadt unter einem schauen. Wen der Hunger plagt, bekommt Frühstück oder Pasta. Nur finden muss man die Bar, die sich auf dem Dach der Neukölln-Arcaden versteckt hat. Wer schon oben am Parkdeck steht, ist auf dem richtigen Weg.

Neukölln

Do/Fr ab 16, Sa/So ab 12 Uhr (Achtung: individuelle Winterpause, s. Website) | Karl-Marx-Str. 66 | www.klunkerkranich.de | U 7 Rathaus Neukölln (248 A5)

LUTTER & WEGNER

Mit Blick auf den abends hübsch illuminierten Gendarmenmarkt kann man hier im Sommer schön draußen sitzen und sich ein bisschen wie in Paris fühlen. Das wissen auch Promis zu schätzen – ebenso wie das gute Essen im Restaurant und den Sekt, der dem Lokal seinen Namen gibt.

Mitte

Tgl. 11–3 Uhr | Charlottenstr. 56 | Tischreservierung unter Tel. 030 20 29 54 15 | www.l-w-berlin.de | U 6 Französische Straße (240 B3)

MONKEY BAR

Eine der coolsten Bars Berlins. Rundum deckenhoch verglast, blickt man von der elften Etage des 25hours Hotels fast über die ganze Stadt – und auf den Affenfelsen des Zoologischen Gartens. Der Fokus liegt auf Cocktails auf Gin- und Rumbasis. Hier kann man nach dem Shopping im Bikini-Haus bestens entspannen.

Charlottenburg

So–Do 12–1, Fr/Sa 12–2 Uhr | Budapester Str. 40 | Tel. 030 120 22 12 10 | www.25hours-hotels.com | U-/S-Bahn Zoologischer Garten (238 B5)

PAULE'S METAL ECK

Bier, Billard, Deppen-Apostroph. Hier stimmt alles. Dass die Gegend um die Simon-Dach-Straße zur Touristenmeile geworden ist, ist an der Kneipe fast spurlos vorübergegangen. Die Musik ist hart, das Licht schummrig, der Schnaps günstig, und das seit 20 Jahren.

Friedrichshain

Tgl. ab 19 Uhr | Krossener Str. 15 | Tel. 030 2 91 16 24 | www.facebook.com/paulesmetaleck | Tram M 13 Simplonstraße (248 C1)

WEINBAR RUTZ

Ein ganzes Meer an geschmacklich außergewöhnlichen Tropfen lagert in den Wandregalen der modern gestalteten Weinbar mit Galerie. Edel: der 2004er-Jahrgang Bollinger-Champagner »la grande année brut« für 436 Euro pro Flasche (1,5 l). Dazu mundet die Gourmetküche von Chefkoch Marco Müller.

Mitte

Di–Sa Weinbar ab 16, Restaurant ab 18.30 Uhr | Chausseestr. 8 | Tel. 030 24 62 87 60 | www.weinbar-rutz.de | U 6 Oranienburger Tor (234 A6)

ST. OBERHOLZ

Hier hat es angefangen mit den Freiberuflern, die samt Macbook den ganzen Tag im Café hocken, Projekte vorantreiben und sich wahlweise »Digitale Bohème« oder »Urbane Penner« nennen. Für 100 Euro kann man sich mittlerweile in den oberen Etagen einen Coworking-Platz mieten. Im Café sitzen, das freie WLAN nutzen und drei Stunden an einem Milchkaffee oder Bier nuckeln, ohne belästigt zu werden, geht aber weiterhin.

Mitte

So–Do 8–24, Fr 8–3, Sa 9–3 Uhr | Rosenthaler Str. 72a | Tel. 030 55 57 85 95 | www.sanktoberholz.de | U 8 Rosenthaler Platz (234 C6)

INSIDER TIPP WILLNER BRAUEREI

Noch gibt es das: Eine alte Brauerei, unsaniert, die von ein paar Kreativen aus der Nachbarschaft in Zwischennutzung genommen wird. Im Hof Emils Biergarten → S. 109, in dem historischen Gebäude Ateliers, Ausstellungsflächen, eine Pizzeria und der Klub der Republik → S. 199. Eine Erinnerung an den alten, szenigen Prenzlauer Berg im nun glattsanierten Stadtteil – als letzter Ort, wo man noch vor Ruinen Bier trinken kann, das keine 6 Euro kostet. Doch auch hier ist die große Freiheit begrenzt. Das Gelände gehört dem Investor Nicolas Berggruen, und der will hier irgendwann sanieren.

Pankow

Biergarten April–Okt. tgl. 15–22 Uhr, Veranstaltungen s. Website | Berliner Str. 80–82 | Tel. 030 47 37 63 73 | www.wbb-pankow.de | Tram 50, M 1, M 13 Schönhauer Allee/Bornholmer Straße (235 D1)

Land-partien

Die Auszeit auf der größten Picknickwiese der Stadt liegt gleich um die Ecke. Und wenn's mal weiter raus gehen darf: Wie wär's mit wandern, baden oder per Rad auf Mauertour?

AKTIVTOUREN

1 MAUERRADTOUR ★

Auf 160 km führt ein ausgeschilderter Weg rund um das ehemalige West-Berlin, wo früher die Mauer stand. An manchen Orten findet man noch Reste der bis 1989 von DDR-Soldaten bewachten Grenze. Doch zum Großteil hat sich außerhalb der Innenstadt die Natur den Mauerstreifen zurückerobert. Gedenktafeln erinnern unterwegs an Menschen, die auf ihrer Flucht erschossen wurden. Mit dem Rad sollten Sie die Strecke in drei Etappen fahren. Die interessanteste beginnt in Schönefeld am zukünftigen Flughafen und endet am Bahnhof Wannsee *(50 km)*. Fahren Sie mit der S-Bahn bis zum Flughafen. Vom alten Bahnhof aus führt der ausgeschilderte Mauerweg zum Dörferblick nach **Britz**, einem Trümmerberg mit guter Sicht über Feld und Flur, aber auch Neukölln. Nach Gropiusstadt führt die nächste Etappe. Dann verläuft die Route idyllisch vorbei an den Stadtteilen Lichtenrade und Marienfelde. Das dortige **Notaufnahmelager** für DDR-Flüchtlinge ist ganz in der Nähe. An der **Kirschbaumallee** (km 25) lässt sich gut ein Picknick unter Bäumen einlegen. Nach einigen weiteren Kilometern kommt der **Teltowkanal** in Sicht. Immer am Ufer entlang geht es bis zur Knesebeckbrücke, wo der Weg auf die andere Uferseite wechselt. Am **S-Bahnhof Griebnitzsee** können Pedalmüde die Tour bereits beenden. Wer zum Bahnhof Wannsee weiterradeln möchte, folgt den Schildern des Mauerwegs nach Klein-Glienicke. Bis zur **Glienicker Brücke**, berühmt geworden durch den Agentenaustausch, der dort stattfand, ist es nicht mehr weit. Die ehemalige Grenze verlief auf der Havel, weshalb der Mauerweg ab der **Pfaueninsel** **→ S. 212** quer durch den Wald zum Bahnhof Wannsee führt, obwohl die Mauer dort nicht stand. Wer noch die nächste Etappe fahren möchte, setzt in Wannsee mit der Personenfähre der BVG *(fährt stündlich)* nach Kladow über. **(230–231 A5–E6)**

Am Tegeler See sind Schwimmer, Wanderer und Segler gut aufgehoben

2 TELTOW-ROUTE (RR12)

Immer am Wasser entlang: Auf ehemaligen Treidelwegen führt diese 16,5 km lange Tour hinaus aus der Großstadt. Los geht's im Herzen Berlins, am **Humboldtforum** **→ S. 52**, wo das neue Berliner Stadtschloss Konturen annimmt. Von hier aus radeln Sie durch Mitte und Kreuzberg bis nach Schöneberg, vorbei u. a. an der Friedrichswerderschen Kirche, am Gendarmenmarkt und über die Monumentenbrücke. Über die Langenscheidtbrücke geht es weiter zum Schöneberger Rathaus. Der Innsbrucker Platz ist nicht unbedingt der schönste Teil der Strecke, doch bald schon erreichen Sie das beschauliche **Friedenau** mit seinen prächtigen Gründerzeitbauten. Über Feuerbachbrücke und Lauenburger Straße geht es an der Prinzregentenbrücke endlich an den **Teltowkanal**: Hier beginnt das idyllischste Stück der Tour. Der Kanal mit seinem grün bewachsenen Ufer ist insgesamt 38 km lang; er wurde 1906 von Kaiser Wilhelm II. eingeweiht. Elektrische Treidel-Lokomotiven zogen hier einst die Frachtschiffe. Auf der **Eugen-Kleine-Brücke** wechselt die Route zum Ostufer des Kanals. Die Landesgrenze nach Brandenburg ist nun nicht mehr weit. Dort endet die Teltow-Route und trifft auf den **Berliner Mauerweg**. Ein Radweg führt in die nette Altstadt von Teltow. Wer nicht mehr weiterradeln möchte, nimmt für den Rückweg die S25. (231 D3–230 B6)

3 UFERWANDERWEG NACH TEGELORT

Badesachen nicht vergessen! Hier laden unterwegs (Gesamtlänge ca. 6 km) sandige Uferstellen zum Sprung in den See ein. Start ist der U-Bahnhof Alt-Tegel *(U6)*. Bis zum **Tegeler See** sind es rund 500 m. Gehen Sie am Ufer nordwärts über die Brücke (»Sechserbrücke«) und dann links vorbei an Rudervereinen und Hochhäusern. Dort steht auf einer Halbinsel das Kunstwerk »Der archaische Erzengel von Heiligensee« von Siegfried Kühl zu Ehren der Dada-Künstlerin Hannah Höch, die in der Nähe gelebt hat. Weiter geht es immer am Ufer entlang bis zur **Villa Borsig**. Der Bau entstand 1911 bis 1913 und gehörte einst dem Industriellen Ernst von Borsig. Folgen Sie der Mauer rund um die Villa, bis Sie wieder Seeufer sehen. Nun kommt schon bald der erste lauschige Sandstrandplatz. Zum **Strandbad Tegel** *(Anfang Juni–Anfang Sept. tgl. 10–18 Uhr | Eintritt 5,50 Euro)* mit großem Spiel- und Sportgelände kommen Sie nach ca. 1 km. Hier gibt es auch eine Pommesbude und Eis. Gleich hinter dem Strandbad pendelt eine kleine Fähre zwischen Festland und der Insel **Scharfenberg** mit einem staatlichen Internat. Auch dort lädt eine schöne Badestelle zur Rast ein. Immer am Ufer entlang erreichen Sie ca. nach 1,5 km **Tegelort** mit vielen Villen, einigen Cafés und Restaurants. Von dort bringt Sie der Bus 222 *(fährt alle 10 Min.)* in 20 Minuten wieder zum Start zurück. (230 A–B2)

AUSFLÜGE

1 BRIESETAL

Durch dichten Mischwald und sumpfigen Untergrund plätschert der kleine Bach Briese rund 30 km nördlich von Berlin. Gut ausgebaute Wege zu beiden Seiten führen von **Borgsdorf** nach einer Stunde Fußmarsch zu einer Lichtung mit Überweg über die Briese, wo es sich schön picknicken lässt. Frösche quaken, Eisvögel fliegen umher und sogar Orchideen wachsen hier. Am Picknickplatz kehren Sie wieder um oder laufen noch weiter bis zur Landstraße von Summt nach Lehnitz, wo Sie ebenso auf die andere Bachseite wechseln können. Der Sumpf, durch den die Briese fließt, ist bis zu 4 m tief, also besser nicht querfeldein gehen! Im Sommer Mückenschutz einpacken. An der Kolonie Briese auf dem Weg zurück zur S-Bahn liegt der Waldimbiss **Briesekrug** *(tgl. 11–19 Uhr | www.briesekrug.de)*. Eine **Waldschule** *(www.waldschule-briesetal.de)* nahe der Kolonie informiert über das Biotop. *S1 Borgsdorf* (252 C1)

2 LÜBARS

Viele Pferdehöfe und -koppeln lassen Reiterherzen höherschlagen. Auf den Wiesen am Tegeler Fließ finden aber auch Zweibeiner ohne Reitambitionen Erholung. Ein Weg führt zwischen den Koppeln hindurch bis zu einigen Fischteichen. Hier kann man an Sommertagen rasten. Der mehr als 300 Jahre bestehende **Alte Dorfkrug** → S. 109 wartet hinterm Haus mit einem idyllischen ☀ Biergarten auf. Am besten ist das Dorf, das noch zu Berlin gehört, mit dem Bus zu erreichen. Oder Sie laufen vom S-Bahnhof Waidmannslust am Tegeler Fließ entlang bis Lübars *(ca. 4 km)*. *Bus 222 Alt-Lübars* (253 D2)

3 PFAUENINSEL

Idylle pur! Trotz des regen Ausflugsverkehrs auf die Insel findet man hier ein ruhiges (Schatten-) Plätzchen für ein ausgiebiges Picknick auf der Wiese. Oder wie wäre es mit einem Spaziergang rund um die Insel? Das weiße Schlösschen und die frei herumlaufenden Pfauen zeugen von der Zeit zu Beginn des 19. Jhs., als Friedrich Wilhelm III. hier einen kleinen Zoo mit exotischen Vögeln, Huf- und Raubtieren einrichten ließ. Daraus entstand der Zoologische Garten, nur die Pfauen blieben auf der Insel. Das **Schloss** *(April–Okt. Di–So 10–17.30 Uhr | Eintritt 6 Euro)* darf besichtigt werden. Am Fähranleger auf dem Festland lädt der lauschige Biergarten **Wirtshaus zur Pfaueninsel** *(Mi–So ab 10 Uhr | Tel. 030 8 05 22 25 | €–€€)* am Ufer der Havel ein. *Anfahrt: Bus 218 bis Rübezahlweg, dann Fähre* (252 C4)

BADESEEN

FREIZEIT- UND CAMPINGPARK HELENESEE

Die Helene, wie sie von Einheimischen genannt wird, liegt inmitten eines märkischen Kiefernwalds im Landschaftsschutzgebiet. Der Strand ist aus feinem weißen Sand, die Wasserqualität wird als eine der besten Brandenburgs gepriesen. Anfahrt zum Strandbad: Mit der Regionalbahn bis Frankfurt/Oder, dann mit dem Bus 984 (verkehrt nur nach tel. Voranmeldung, Tel. 0335 5 64 86 33!) oder der Tram 4 bis Markendorf Ost. Die letzten 3 km dann zu Fuß oder per Rad. Ab fünf Personen gibt es unter Tel. 0173 188 86 40 auch einen Abholservice. **Helenesee, südl. von Frankfurt/O.** *Tgl. 9–18 Uhr | Parken 3 Euro | www.helenesee.de* (0)

MARCO POLO HIGHLIGHTS

★ Mauerradtour
Entlang der alten Grenze zwischen Ost und West sind noch etliche Spuren aus Mauertagen zu entdecken → S. 210

★ Um Schlachtensee und Krumme Lanke
Das Grüne liegt so nah: In Berlins Südwesten gemütlich am Ufer wandern → S. 213

STRANDBAD AM RAHMERSEE

Manch ein Besucher dürfte sich hier an die Kindheit erinnert fühlen: Die Kioskhäuschen mit gestreiften Markisen des Strandbads am Rahmersee versprühen einen nostalgischen Charme, den die Betreiber gegen alle Modernisierungstrends verteidigen. Auf der Wasserrutsche können sich Kinder austoben, Eltern finden Entspannung auf der Liegewiese. Großer Pluspunkt für Kurzentschlossene: Mit dem Auto ist es nur eine halbe Stunde aus Berlins Zentrum bis zum Strandbad.

Rahmersee

Mai–Mitte Sept. bei schönem Wetter tgl. 9–20 Uhr | Tageskarte 3 Euro | nördl. von Berlin | www.strandbad-rahmersee.de | Anfahrt: S 1 bis Oranienburg, dann weiter mit dem Fahrrad (253 D1)

STRANDBAD WANDLITZSEE

Ins Grüne gelangt man etwa mit der klimatisierten Heidekrautbahn. Vom 1928 erbauten Bahnhof aus brauchen Sie nur die Straße zu überqueren, um sich im großzügigen Strandbad unter alten Bäumen zu erholen. Schwimmen, rutschen, Ruder- und Tretboot fahren oder Beachvolleyball spielen, das geht hier alles.

Wandlitz

Mai/Sept. 10–19 Uhr, Juni–Aug. 9–20 Uhr | Prenzlauer Chaussee 155 | Eintritt am Wochenende 3, sonst 2 Euro | www.wandlitz.de | Anfahrt: Heidekrautbahn (RB 27) ab S-Bf. Karow nach Wandlitzsee, zusätzl. einige Fahrten ab Berlin-Gesundbrunnen (253 D1)

LEICHTE WANDERUNGEN

1 UM SCHLACHTENSEE UND KRUMME LANKE ★

Die gemütliche, 8,5 km lange Route mit dem Start und Ziel S-Bahnhof Schlachtensee ist gut für Familien geeignet. Die Strecke wird auch gern von Joggern, Walkern und Radfahrern genutzt. Trotzdem hat man viel Ruhe und kann unterwegs das Grün genießen. Es geht immer entlang der ebenen, schattigen Uferwege, die sich um die Seen im Südwesten Berlins schlängeln. Vom S-Bahnhof Schlachtensee aus spazieren Sie am besten in Richtung Westen, bis sich die mächtigen Kiefern am Nordufer des Schlachtensees, das an den Grunewald grenzt, vor Ihnen erheben. Die beste Rastmöglichkeit bietet sich wenig später, am Scheitelpunkt des Rundwegs, im historischen Gasthaus **Fischerhütte** → S. 109, das direkt am Schlachtensee gelegen ist. Wanderer, die den Ausflug nach der Einkehr beenden möchten, nehmen den Weg entlang des südlichen Schlachtensee-Ufers zurück zum S-Bahnhof. Wer weiterwandert, erreicht den Uferweg der **Krummen Lanke** über die Zufahrt zur Fischerhütte. Vom südlichen Zipfel des Gewässers aus ge-

Schattige Uferwege führen um den Schlachtensee

langt man dann entlang des Schlachtensees entweder zurück zur S-Bahn – oder taucht am Ostufer noch für ein Bad in den herrlich kühlen See. Dauer der Tour ca. 1,5 bis 3 Stunden. (230 A5)

2 AM BARNIMHANG

Diese 7 km lange Wanderung bietet nicht nur Naturerlebnis, sondern führt auch in die Vergangenheit. So werden die historischen Dorfkerne von Alt-Biesdorf und Alt-Kaulsdorf durchquert, die im 13. Jh. gegründet wurden. Der Wanderweg beginnt am S-Bahnhof Biesdorf und endet am S-Bahnhof Mahlsdorf. Eine Besonderheit der Route ist der sogenannte **Berliner Balkon**, der unbebaute Übergang zwischen den beiden Stadtteilen Kaulsdorf und Mahlsdorf. Nirgendwo anders in Berlin ist der Höhenunterschied zwischen Berliner Urstromtal (42 m) und Barnimhochfläche (57 m) deutlicher sichtbar. Der Wanderweg quer über den östlichen Teil des Berliner Balkons wurde 2004 fertiggestellt. Von der Bockwindmühle, die von 1808 bis 1936 dort stand, zeugt heute ein **Holzkunstwerk**. Panoramablicke über die brandenburgische Landschaft, etwa auf die Kaulsdorfer Seen und die Müggelberge runden die Wanderung ab. (253 E4)

3 UM DEN SACROWER SEE

Zwischen Wäldern und Seen liegt der idyllische Potsdamer Ortsteil Sacrow mit seinen prächtigen Villen. Der gleichnamige See lässt sich in rund 3 Stunden (ca. 14 km) umrunden. Start- und Endpunkt der Wanderung ist das **Schloss Sacrow** *(Anfahrt Bus 697 Schloss Sacrow)*. Im Sommer legt nahe dem Potsdamer Hauptbahnhof auch das INSIDER TIPP Wassertaxi *(Ticket 7 Euro, ab 3,50 Euro | www.potsdamer-wassertaxi.de)* ab und fährt in rund 45 Minuten nach Sacrow (Haltestelle Heilandskirche Sacrow). Die Wanderroute führt zunächst um die Südspitze des Sees. Linker Hand liegen der Jungfern- und später der Krampnitzsee. Nach einigen Kilometern kommen Sie zur **Römerschanze**, einer 3000 Jahre alten Wehranlage. Auf dem Rotkehlchenweg gelangen Sie weiter durch Wälder zum Restaurant **Landleben Potsdam** *(Do–Di 12–22 Uhr | Tel. 033201 3 12 91 | €€)*. An der Nordseite des Sees gibt es auch einen kleinen **Badestrand**. Zurück nach Sacrow geht es dann am Ostufer entlang. *www.sacrow.com/sacrower-see* (252 A3–4)

PICKNICKPLÄTZE

INSEL DER JUGEND

Die kleine Insel im Treptower Park betritt man über die Abteibrücke, die mit Autogrammen lokaler Prominenter wie ein Walk of Fame gestaltet ist. Viele nutzen das dicht begrünte Eiland zum Picknicken oder Federballspielen. Wer keinen Proviant dabeihat, bekommt im *Inselgarten (im Sommer Mo–Fr ab 12, Sa/So ab 10 Uhr, außer bei Regen | €–€€)* Bratwurst oder Kuchen an einem schönen Platz unter hohen Bäumen. *S 8, 9 Plänterwald* (249 E4)

PICNIC BERLIN

Die größte Picknickwiese der Stadt ist definitiv das Tempelhofer Feld. Alles, was Sie für ein ausgiebiges Picknick dort brauchen, aber nicht selbst besorgen wollen, können Sie sich in dem rotweiß gestreiften Häuschen am Parkeingang Oderstraße abholen. Für 2/4 Personen ab 10/20 Euro für Korb, Porzellangeschirr, eine Zeitung sowie zum weiteren Zeitvertreib ein Speedminton-Set oder Brettspiel plus Speisen wie gewünscht. Gruppen ab fünf Personen sollten unter Tel. 0177 8 97 35 22 vorreservieren. Im Winter macht der Verleih Pause *(www.picnic-berlin.com)*. (247 E5)

Feste, Festivals & Events

Ballett oder Contemporary, Klassik oder Punk, Marathon laufen oder Fußball gucken – wie verschieden die Geschmäcker auch sind, wer sich in Berlin langweilt, ist selbst schuld.

BALLETT & TANZ

JANUAR 2017
TANZTAGE

Seit über 25 Jahren hebt sich an zehn Tagen im Januar in den Sophiensaelen der Vorhang für neue Talente und etablierte Choreografen. Das Festival gilt als experimentelles Labor für professionelle Ensembles. Frühzeitig reservieren.

Mitte
Kartentel. Mo–Fr 16–18 Uhr | Sophienstr. 18 | Tel. 030 2 83 52 66 | www.tanztage.de | U 8 Weinmeisterstraße (240 C1)

16.–20. FEBRUAR 2017
TANZOLYMP

Über 1000 junge Tänzer aus aller Welt kämpfen bei dem Festival um begehrte Plätze in Ballett-Akademien, Engagements sowie Geldpreise. Hier kann man die Stars von morgen bei ihren ersten Schritten sehen. Die Zehn- bis 21-Jährigen treten in Kategorien wie Klassischer Tanz, Jazz und Stepptanz an. Highlight ist die Abschlussgala mit den Besten des Wettbewerbs im Theater des Westens.
www.tanzolymp.com

Wilmersdorf
Haus der Berliner Festspiele | Schaperstr. 24 | Tel. 030 25 48 90 | U 3, 9 Spichernstraße (238 A6)

Charlottenburg
Theater des Westens | Kantstr. 12 | S/U Zoologischer Garten (238 A5)

17./18. JUNI 2017
SUMMER DANCE FESTIVAL

Ob Standard oder Latein – bei diesem Festival gleiten junge Tänzer in feinen Roben formvollendet übers Parkett und kämpfen um Preise und Plätze.

Prenzlauer Berg
Max-Schmeling-Halle | Tageskarte 13 Euro | Falkplatz 1 | Tel. 030 44 04 84 04 | www.summer-dance-festival.de | U 2 Eberswalder Straße (234 C3)

MITTE–ENDE AUGUST 2017
TANZ IM AUGUST

Zum Festival des zeitgenössischen Tanzes bittet das HAU Hebbel am Ufer als Veranstalter alljährlich von Mitte bis Ende August namhafte Choreografen, einige der besten Tänzer der Welt und aufstrebende Newcomer an und auf die Bühne.

Kreuzberg
Kasse Mo–Sa 15–19 Uhr im Hau 2 | Hallesches Ufer 32 | Hau 1: Stresemannstr. 29 | Hau 3: Tempelhofer Ufer 10 | Tel. 030 25 90 04 27 | www.hebbel-am-ufer.de | U 1, 6 Hallesches Tor (240 B6)

FILM

25. NOVEMBER–4. DEZEMBER 2016
AROUND THE WORLD IN 14 FILMS

An zehn Tagen werden 14 herausragende Werke des jungen Weltkinos zum ersten Mal in Berlin zu sehen sein. Zuvor wurden die Beiträge auf den führenden Filmfestivals in Cannes, Locarno, San Sebastián oder Venedig diskutiert und gefeiert.

Prenzlauer Berg
Kino in der Kulturbrauerei | Schönhauser Allee 36 | Tel. 030 28 83 39 55 | www.14films.de | U 2 Eberswalder Straße (235 D4)

JANUAR 2017
GREEN ME ★

ÖKO Beim Green Me, einem der jüngsten Filmfestivals der Stadt, laufen »grüne« Spiel- und Dokumentarfilme.

Tiergarten
Sony Center | Potsdamer Str. 4 | Tel. 030 66 00 64 80 | www.greenme.de | U 2, S 1, 2, 25 Potsdamer Platz (239 F4)

9.–19. FEBRUAR 2017
BERLINALE
Die Zentrale der Filmfestspiele befindet sich im Theater am Potsdamer Platz mit seinem zum Premierenkino umfunktionierten Musicaltheater.
Tiergarten
Internationale Filmfestspiele | Karten ab 9 Euro, am letzten Tag 7 Euro | Potsdamer Str. 5 | Tel. 030 25 92 00 | Programm unter www.berlinale.de | U 2, S 1, 2, 25 Potsdamer Platz (239 F4)

9.–19. FEBRUAR 2017
BODDINALE
Parallel zur Berlinale präsentiert das Neuköllner Filmfest Kurz- und Kunstfilme, die mit kleinem Budget entstanden sind.
Neukölln
Loop | Eintritt frei | Boddinstr. 60 | www.boddinale.com | U 7 Rathaus Neukölln (248 A5)

20. MÄRZ–2. APRIL 2017
TOO DRUNK TO WATCH – PUNKFILMFEST BERLIN
Im Moviemento sind schon zum sechsten Mal Dokumentationen, Spielfilme, Kurzfilme und Musikvideos zur und aus der Punkszene zu sehen. Begleitet wird das Fest von Konzerten.
www.toodrunktowatch.de
Kreuzberg
Moviemento | Kottbusser Damm 22 | Tel. 030 692 47 85 | U 7, 8 Hermannplatz, U 8 Schönleinstraße (247 E1)
Mitte
Freiluftkino im Haus Schwarzenberg | Rosenthaler Str. 39 | Tel. 030 28 59 99 73 | U 8 Weinmeisterstraße (240 C1)

19.–26. APRIL 2017
ACHTUNG BERLIN
Bietet die beste Übersicht über das Schaffen der örtlichen Filmszene, denn die über 80 Spiel- und Dokumentarfilme sowie Mittellang- und Kurzfilme wurden alle in Berlin und Brandenburg gedreht oder produziert.
www.achtungberlin.de
Mitte
Babylon | Rosa-Luxemburg-Str. 30 | Tel. 030 242 59 69 | U 2 Rosa-Luxemburg-Platz (235 D6)
Prenzlauer Berg
Filmtheater am Friedrichshain | Bötzowstr. 1–5 | Tel. 030 42 84 51 88 | Tram M4 Am Friedrichshain (235 F6)

APRIL/MAI 2017
JÜDISCHES FILMFESTIVAL BERLIN UND POTSDAM
Seit über 20 Jahren gibt es dieses wichtige Festival, das sich auf die Fahnen geschrieben hat, »Filme ohne Klischee« zu zeigen. Diese werden über zwei Wochen in verschiedenen Kinos und Theatern in Berlin und Umgebung gezeigt.
verschiedene Orte
Es gelten die Eintrittspreise der Kinos | Programm unter www.jffb.de

FÜR KINDER

3.–20. NOVEMBER 2016
BERLINER MÄRCHENTAGE ★
Unter dem Motto »Dornröschen erwacht …!« liegt der Schwerpunkt diesmal auf der Rolle von Mädchen und Frauen in Märchen, die weit mehr können, als sich von Prinzen küssen zu lassen.
verschiedene Orte
Infos: Berliner Märchentage | Spreeufer 5 | Tel. 030 34 70 94 78 | www.berliner-maerchentage.de

13.–20. NOVEMBER 2016
KUKI INTERNATIONALES KINDER- UND JUGEND-KURZFILMFESTIVAL
100 internationale Kurzfilme müssen sich dem harten Urteil der Kinder-Jury stellen.

Prenzlauer Berg
Filmtheater am Friedrichshain | Eintritt 3 Euro | Bötzowstraße 1–5 | Tel. 030 42 84 51 88 | www.interfilm.de | Tram M4 Am Friedrichshain (235 F6)

DEZEMBER 2016
ADVENT IM FEZ
In der Adventszeit bietet das FEZ Gelegenheit, jeden Tag verschiedene Werkstätten zu besuchen und dort Geschenke zu basteln. Zudem Konzerte und Puppenspieler.
Köpenick
FEZ Wuhlheide I An der Wuhlheide 197 I Tel. 030 53 07 10 | www.fez-berlin.de I S 3 Wuhlheide (253 E4)

25.–30. APRIL 2017
AUGENBLICK MAL!
Ein Kindertheaterfestival, das dem jüngsten Publikum eine Woche lang mit Stücken und Veranstaltungen viel Spaß bietet. Vorführungen werden u. a. im Theater an der Parkaue, im Grips Theater und im Theater Rambazamba gezeigt.
Lichtenberg
Eintritt ab 8 Euro | Info: Theater an der Parkaue | Parkaue 29 | Tel. 030 5 59 63 16 | www.augenblickmal.de (231 F3)

JULI–AUGUST 2017
FEZITTY, HAUPTSTADT DER KINDER
In FEZitty können Kinder Stadtrat, Modedesigner oder Straßenfeger sein. Sie arbeiten oder studieren und verdienen ihr eigenes Geld, die Wuhlis.
Köpenick
FEZ Wuhlheide, s. o. | Mo–Fr 10–17 Uhr | Tel. 030 53 07 12 06 | www.fezitty.de

KLASSIK & NEUE MUSIK

18.–22. JANUAR 2017
ULTRASCHALL – FESTIVAL FÜR NEUE MUSIK
Mit mehreren Uraufführungen, Werken der jüngsten Vergangenheit sowie Klassikern der Moderne zeigt das Festival, wie facettenreich die Musik der Gegenwart ist. Veranstalter sind das Deutschlandradio Kultur und das Kulturradio des RBB.
www.ultraschallberlin.de
Friedrichshain
Radialsystem V | Holzmarktstr. 33 | Tel. 030 2 88 78 85 88 | www.radialsystem.de | S 5, 7, 75 Ostbahnhof (241 F3)
Kreuzberg
Kasse Mo–Sa 15–19 Uhr im Hau 2 | Hallesches Ufer 32 | Hau 1: Stresemannstr. 29 | Hau 3: Tempelhofer Ufer 10 | Tel. 030 25 90 04 27 | www.hebbel-

MARCO POLO HIGHLIGHTS

★ Green Me
Nachhaltig und ökologisch: ein Filmfestival, das sich mit grünem Lifestyle befasst → S. 216

★ Berliner Märchentage
Das größte Märchenfestival der Welt → S. 217

★ Klassik Open Air
Große Musik im großartigen Ambiente des Jagdschlosses Grunewald → S. 219

★ Lange Buchnacht in der Oranienstraße
Die älteste unabhängige Literaturveranstaltung Berlins → S. 221

am-ufer.de | U 1, 6 Hallesches Tor (240 B6)

Westend

RBB | Masurenallee 8–14 | Tel. 030 979 93 21 71 | www.rbb-ticketshop.de | U 2 Theodor-Heuss-Platz (236 A5)

17.–26. MÄRZ 2017

MAERZMUSIK

Das größte Festival für Neue Musik der Stadt, mit Opern, Konzerten, szenischen Performances und Klanginstallationen. Verschiedene Aufführungsorte, u. a. im Haus der Berliner Festspiele.

Wilmersdorf

Schaperstr. 24 | Tel. 030 25 48 91 00 | www.berlinerfestspiele.de | U 3, 9 Spichernstraße (238 A6)

3.–5. JUNI 2017

KLASSIK OPEN AIR ★

In dieser Reihe veranstaltet das Jagdschloss Grunewald jährlich zu Pfingsten Konzerte vor spektakulärer Kulisse am Grunewaldsee.

Schmargendorf

Hüttenweg 100 | Tel. 030 83 00 91 11 | www.openair-grunewald.de | S 41, 42, 46 Halensee (242 A6)

1. JULI 2017

SAISONABSCHLUSS BERLINER PHILHARMONIKER

Ihren letzten Auftritt vor der Sommerpause absolvieren die Berliner Philharmoniker traditionell an der frischen Luft in der Waldbühne. Robert Schumann und Richard Wagner stehen diesmal auf dem Programm. Dazu Picknick mitzubringen ist ebenso willkommen wie zum Abschluss zur »Berliner Luft« mitzupfeifen.

Westend

Waldbühne | Glockenturmstr. 1 | Karten 23–70 Euro | www.berliner-philharmoniker.de | S 5 Pichelsberg (230 A3)

JULI 2017

CLASSIC OPEN AIR AUF DEM GENDARMENMARKT

Märchenhaft illuminierte Freiluftbühne, auf der Meisterwerke der europäischen Klassik, Filmmusik und Opern, aber auch Popstars Tausende Besucher anlocken.

Mitte

Karten 39–102 Euro | Gendarmenmarkt | Tel. (*) 01806 999 00 06 06 | www.classicopenair.de | U 2, 6 Stadtmitte (240 B3)

JULI–AUGUST 2017

YOUNG-EURO-CLASSIC

Das Festival füllt die Sommerpause im Konzerthaus am Gendarmenmarkt mit klassischer Musik von herausragenden europäischen Jugendorchestern.

Mitte

Konzerthaus Berlin | Gendarmenmarkt | Karten 14–25 Euro | Tel. 030 84 10 89 09 | www.young-euro-classic.de | U 2, 6 Stadtmitte (240 B3)

2. SEPTEMBER 2017

FEUERBLUMEN UND KLASSIK OPEN AIR

Klassische Musik, Gartenkunst und Feuerwerk bilden die genussvolle Melange von »Feuerblumen und Klassik Open Air«, das traditionell im Britzer Garten stattfindet, 2017 bereits zum 19. Mal.

Neukölln

19.30 Uhr | Karten 18–32 Euro | Eingang Mohriner Allee | www.gruen-berlin.de | U 6 Alt-Mariendorf, Bus 181 Rotkopfweg (231 E5)

SEPTEMBER 2017

MUSIKFEST BERLIN

25 Orchester, Solisten, Instrumental- und Vokalensembles nehmen an diesem Festival u. a. im Haus der Berliner Festspiele, der Philharmonie und deren Kammermusiksaal teil.

Wilmersdorf

Haus der Berliner Festspiele | Schaperstr. 24 | Kasse Mo–Sa 14–18 Uhr | Karten 15–115 Euro | Tel. 030 25 48 91 00 | www.berlinerfestspiele.de | U 3, 9 Spichernstraße (238 A6)

KULTURELLE EVENTS

OKTOBER 2016/OKTOBER 2017

BERLIN LEUCHTET UND FESTIVAL OF LIGHTS

Lichtkünstler setzen verschiedene Bauwerke in Szene. Illuminiert werden Bahnhöfe, öffentliche Gebäude oder Sehenswürdigkeiten vor allem in Mitte, Friedrichshain, Kreuzberg und Charlottenburg.

verschiedene Orte

www.berlin-leuchtet.com | www.festival-of-lights.de

5.–13. NOVEMBER 2016

JÜDISCHE KULTURTAGE

Nach einem Jahr Zwangspause kommen die jüdischen Kulturtage mit einem neuen Verantwortlichen zurück. In der ganzen Stadt laden Konzerte, Ausstellungen und Lesungen Besucher ein, jüdisches Kulturgut kennenzulernen. *Verschiedene Orte, etwa in der Synagoge Rykestraße:*

Prenzlauer Berg

Rykestr. 53 | Tel. 030 88 02 82 54 | www.jg-berlin.org | Tram M 2 Knaackstraße (235 D4)

1./2. APRIL 2017

DESTILLE BERLIN 6. CRAFT SPIRITS FESTIVAL

Feinste Brände und beste Tropfen werden auch beim 6. Craft Spirits Festival wieder präsentiert. Wodka, Gin, Whisky und Obstler von über 70 internationalen Brennereien stehen zur Verkostung und zum Verkauf.

Kreuzberg

Magazin in der Heeresbäckerei | Tickets ab 8 Euro | Köpenicker Str. 16/17 | www.destilleberlin.de | U 1 Schlesisches Tor (248 A2)

28. APRIL–1. MAI 2017

GALLERY WEEKEND

Mehr als 1000 Gäste und 50 teilnehmende Galerien sprechen für sich. Die Sammler kommen sogar aus den USA, China und Russland. Schon in den vergangenen Jahren ein voller Erfolg.

verschiedene Orte

Fr 18–21, Sa/So 11–19 Uhr | Tel. 030 70 03 87 71 | www.gallery-weekend-berlin.de

23.–25. JUNI 2017

48 STUNDEN NEUKÖLLN

Das Kunstfestival fragt mit bildender Kunst, Literatur, Musik und Tanz: Was passiert hier im Kiez? Viele der beteiligten Künstler irritieren gern, auch indem sie Orte mit ihren Arbeiten auf skurrile Weise umgestalten.

Neukölln

Info Point: Kulturnetzwerk Neukölln e. V. | Karl-Marx-Str. 131 | Tel. 030 68 24 78 21 | www.48-stunden-neukoelln.de | U 7 Karl-Marx-Straße (248 B6)

JUNI 2017

PRIDE FESTIVAL

Europas größtes schwul-lesbisches Kulturfestival mit mehr als 200 Veranstaltungen im gesamten Stadtgebiet. Höhepunkt ist wie jedes Jahr die bunte CSD-Parade durch die City-West.

Schöneberg

Infos zu Routen u. Zeiten auf www.csd-berlin.de | Bülowstr. 106 | Tel. 030 2 16 80 08 | U 1–4 Nollendorfplatz (239 D4)

JULI 2017

BOTANISCHE NACHT

Spektakulär illuminierte Gewächshäuser, Showküchen, Handwerksdarbietungen, Vorträge und Führungen im Botanischen Garten und Museum.

Dahlem

Freie Universität Berlin | 17–2 Uhr | Tickets 35 Euro | Königin-Luise-Str. 6–8 | Tel. 01806 57 00 00 | www.botanische-nacht.de | S 1 Rathaus Steglitz, U 3 Dahlem-Dorf (250 C2)

AUGUST 2017

LANGE NACHT DER MUSEEN

Zum 20. Mal laden über 80 Berliner Einrichtungen nachts ins Museum. Für den Transport sorgen Shuttle-Busse.

verschiedene Orte

18–2 Uhr | Eintritt 18 Euro | Tickets u. a. an allen BVG- und S-Bahn-Automaten | Tel. 030 24 74 97 00 | www.lange-nacht-der-museen.de

LITERATUR

JANUAR 2017

GESCHICHTEN IN JURTEN

In den traditionellen Zelten der mongolischen Nomaden lesen Autoren an vier Tagen für jeweils 30 Minuten aus ihren Büchern und Texten. Und das schon regelmäßig seit mittlerweile 15 Jahren.

Der Eintritt für alle 100 Lesungen ist frei. Rechtzeitig Plätze sichern!

Tiergarten

Sony Center | Potsdamer Str. 4 | Tel. 030 26 06 62 60 | www.sonycenter.de | U 2, S 1, 2, 25 Potsdamer Platz (239 F4)

MÄRZ 2017

LITERATUR: BERLIN

Ein Festival mit Lesungen, Konzerten und Filmbeiträgen auf dem Gelände der Kulturbrauerei und u. a. im Georg Büchner Buchladen am Kollwitzplatz.

Prenzlauer Berg

Knaackstr. 97 | Tel. 030 405 04 73 10 | www.literatur.berlin | U 2 Eberswalder Straße (235 D4)

APRIL 2017

READ! BERLIN

Das jüngste Literaturfestival hat die Stadt, in der es stattfindet, selbst zum Thema. Widersprüche, Spannungen, Gegenwart und Geschichte: Täglich werden Onlinegeschichten präsentiert, die in Berlin spielen, es gibt Gesprächsreihen und literarische Spaziergänge. Das Festival findet rund um die Torstraße statt.

Mitte

Torstraße | Tel. 030 27 57 76 63 | www.read.berlin | U 8 Rosenthaler Platz (235 C6)

MAI 2017

LANGE BUCHNACHT IN DER ORANIENSTRASSE ★

Älteste unabhängige Literaturveranstaltung Berlins mit Lesungen in Buchhandlungen, Cafés, Museen und Clubs rund um die Oranienstraße.

Kreuzberg

Eintritt frei | Oranienstraße | Tel. 030 6 15 88 10 | www.lange-buchnacht.de | U 1, 8 Kottbusser Tor (241 E5)

SEPTEMBER 2017

INTERNATIONALES LITERATUR-FESTIVAL BERLIN

Namhafte Gäste sowie neue Autorentalente lesen im Haus der Berliner Festspiele und an anderen Orten der Stadt. Das Kinder- und Jugendprogramm bietet zudem spannende Lesungen und Werkstattprojekte.

Wilmersdorf

Schaperstr. 24 | Tel. 030 25 48 91 00 | www.literaturfestival.com | U 3, 9 Spichernstraße (238 A6)

MESSEN

16.–20. NOVEMBER 2016

BAZAAR BERLIN

Ein Gang über die bunte Konsummesse mit Kunsthandwerk und internationalen

Ethno- und Naturprodukten ist wie eine kleine Weltreise.

Charlottenburg

Messegelände am Funkturm | www.bazaar-berlin.de | U 2 Kaiserdamm (236 B–C 5)

26./27. NOVEMBER 2016

HELDENMARKT UND VEGGIEWORLD

ÖKO Die Aussteller präsentieren auf den beiden parallel stattfindenden Messen nachhaltig produzierte Waren, energieeffiziente Herrstellungsstechniken und vegane Lebenswelten. Außerdem: Vorträge, Workshops und ein Kinderprogramm.

Kreuzberg

Station Berlin | Karten 10 Euro | Luckenwalder Str. 4–6 | www.heldenmarkt.de | U 1, 2 Gleisdreieck (239 F6)

15.–18. DEZEMBER 2016

HIPPOLOGICA

Internationale Fachmesse rund um den Reitsport.

Charlottenburg

Messegelände am Funkturm, s. o. | www.hippologica.de

20.–29. JANUAR 2017

INTERNATIONALE GRÜNE WOCHE

Die jährliche Schau der Landwirtschaft. Viele Probierstände und Informationen rund ums Thema Essen.

Charlottenburg

Messegelände am Funkturm, s. o. | www.gruenewoche.de

19.–21. JANUAR 2017 UND JULI 2017

BREAD & BUTTER

Nach der Übernahme durch den Mode-Versandhändler Zalando gastiert Berlins Fachmesse für Urban- und Streetware nun in der Arena.

Treptow

Arena Berlin | Eichenstr. 4 | www.breadandbutter.com | S Treptower Park (248 C3)

3.–5. FEBRUAR 2017

COUNTRY MUSIC MEETING

Yee Haw!!! Den Schlachtruf aller Countryfans und jede Menge Livemusik kann man auf dieser Messe hören. Aussteller bieten Hüte, Stiefel, Instrumente und weitere Wildwest-Accessoires.

Wittenau

Fontane Haus | Eintritt ab 20 Euro, 3 Tage 55 Euro | Wilhelmsruher Damm 142c | Tel. 0177 4128800 | www.country-music-meeting.de | U 8, S 1 Wittenau (230 C1)

24.–26. FEBRUAR 2017

WEIN- UND DELIKATESSENMESSE

Im Tegeler Palais am See dreht sich im Februar alles um Wein. Reisen, Feinkost, Literatur rund um das Thema werden angeboten. Vor Ort sind Aussteller aus aller Welt.

Tegel

Palais am See | Wilkestr. 1 | Tel. 030 99008302 | www.wein-messe.de | U 6 Alt-Tegel (230 B1)

8.–12. MÄRZ 2017

ITB

Die größte Tourismusmesse der Welt findet jedes Jahr statt.

Charlottenburg

Messegelände am Funkturm, s. o. | www.itb-berlin.de

1.–6. SEPTEMBER 2017

IFA

Weltgrößte Messe für Consumer Electronics. Großes Unterhaltungsprogramm mit vielen Fernsehshows und -stars!

Charlottenburg

Messegelände am Funkturm, s. o. | www.ifa-berlin.de

OPER

AB 13. NOVEMBER 2016 (PREMIERE)
DIE HUGENOTTEN
Charlottenburg
Deutsche Oper | Kasse Mo–Fr 11–18, Sa–So 10–16 Uhr | Karten ab 18 Euro | Bismarckstr. 35 | Tel. 030 34 38 43 43 | www.deutscheoperberlin.de | U 2 Deutsche Oper (237 E4)

AB 4. DEZEMBER 2016 (PREMIERE)
MANON LESCAUT
Charlottenburg
Staatsoper im Schiller-Theater | Kasse tgl. 12–19 Uhr | Karten 14–230 Euro | Bismarckstr. 110 | Tel. 030 20 35 45 55 | www.staatsoper-berlin.de | U 2 Ernst-Reuter-Platz (237 F4)

AB 28. JANUAR 2017 (PREMIERE)
PETRUSCHKA
Mitte
Komische Oper | Kasse Mo–Sa 11–19 Uhr, So 13–16 Uhr | Karten 10–159 Euro | Kartenvorverkauf an der Opernkasse: Unter den Linden 41 | Behrenstr. 55–57 | Tel. 030 47 99 74 00 | www.komische-oper-berlin.de | U 6 Französische Straße (240 A–B3)

AB 19. FEBRUAR 2017 (PREMIERE)
EDWARD II.
Charlottenburg
Deutsche Oper, s. o.

7.–16. APRIL 2017
FESTTAGE STAATSOPER
Die Staatsoper bietet erstklassige Inszenierungen und Konzerte großer Stars im Schiller-Theater und in der Philharmonie.
Charlottenburg
Staatsoper im Schiller-Theater, s. o. | Karten 65–260 Euro
Tiergarten
Berliner Philharmonie | Kasse Mo–Fr 15–18, Sa/So 11–14 Uhr | Herbert-von-Karajan-Str. 1 | Tel. 030 25 48 89 99 | www.berliner-philharmoniker.de | U 2, S 1, 2, 25 Potsdamer Platz (239 F4)

AB 28. APRIL 2017 (PREMIERE)
IL TEMPO SOSPESO DEL VOLO
Charlottenburg
Staatsoper im Schiller-Theater, s. o.

AB 7. MAI 2017 (PREMIERE)
DER FLIEGENDE HOLLÄNDER
Erstaufführung in einer Inszenierung von Christian Spuck.
Charlottenburg
Deutsche Oper, s. o.

AB 21. MAI 2017 (PREMIERE)
MEDEA
Eine Oper in zwei Teilen in einer Inszenierung von Aribert Reimann.
Mitte
Komische Oper, s. o.

AB 17. JUNI 2017 (PREMIERE)
BORIS GODUNOW
Charlottenburg
Deutsche Oper, s. o.

AB 18. JUNI 2017 (PREMIERE)
ZOROASTRE
Tragédie lyrique, auf Französisch.
Mitte
Komische Oper, s. o.

11.–16. JULI 2017
KOMISCHE OPER FESTIVAL
An sechs Tagen haben Zuschauer die Gelegenheit, die Neuproduktionen der Spielzeit noch einmal Revue passieren zu lassen. Musikalisches und kulinarisches Rahmenprogramm mit Einführungsvorträgen und Diskussionen.
Mitte
Komische Oper, s. o.

ROCK, POP, JAZZ & CO.

1.–6. NOVEMBER 2016
JAZZFEST BERLIN
Schöner Abschluss eines jeden Jazzjahres. Abwechslungsreiches Programm an sechs Tagen u. a. im Haus der Berliner Festspiele oder im Quasimodo. Seit 2015 ist Richard Williams künstlerischer Leiter.
verschiedene Orte
Info und Tickets: Berliner Festspiele | Tel. 030 25 48 91 00 | www.jazzfest-berlin.de

27. JANUAR–5. FEBRUAR 2017
CTM-FESTIVAL
Das Festival elektronischer Musik findet bereits zum 18. Mal statt – an verschiedenen Locations, etwa im Berghain und im HAU Hebbel am Ufer.
www.ctm-festival.de
Friedrichshain
Berghain | Am Wriezener Bahnhof | Tel. 030 29 36 02 10 | www.berghain.de | S 5, 7, 75 Ostbahnhof (248 B1)
Kreuzberg
HAU | Kasse Mo–Sa 15–19 Uhr im Hau 2 | Hallesches Ufer 32 | Hau 1: Stresemannstr. 29 | Hau 3: Tempelhofer Ufer 10 | Tel. 030 25 90 04 27 | www.hebbel-am-ufer.de | U 1, 6 Hallesches Tor (240 B6)

30. MÄRZ–1. APRIL 2017
OUT OF LINE WEEKENDER
Elektromusik im Astra Kulturhaus, veranstaltet vom Szene-Plattenlabel »Out of Line«.
Friedrichshain
Astra Kulturhaus | Revaler Str. 99, RAW-Gelände | Tel. 030 61 07 48 58 | www.weekender.berlin | U 1, S 5, 7, 75 Warschauer Straße (248 C1)

7.–9. APRIL 2017
PUNK & DISORDERLY
Punkrock-Festival.
Friedrichshain
Astra Kulturhaus, s. o. | www.punk-disorderly.de

APRIL 2017
DESERTFEST
Viel härter geht es kaum: Schnelle Gitarren und heftige Beats ertönen bei diesem Heavy-Metal-Festival.
Friedrichshain
Astra Kulturhaus, s. o. | www.desertfest.de

MAI 2017
BERLIN FESTIVAL
Nach einer Kreativpause 2016 wird das Festival, das sich zu einem Aushängeschild der Berliner Festivalszene entwickelte, in diesem Jahr hoffentlich zurückkehren.
Treptow
Arena-Gelände | Eichenstr. 4 | www.berlinfestival.de | S-Bahn Treptower Park (248 C3)

3.–7. MAI 2017
XJAZZ BERLIN
Zeitgenössischer Jazz, vor allem aus der Berliner Szene. Hier lebende und arbeitende Künstler sind in einmaligen Konstellationen zu erleben. An verschiedenen Locations rund um den Lausitzer Platz wie dem Bi Nuu *(Im Schlesischen Tor)*.
Kreuzberg
Veranstaltungsorte und -zeiten s. Website | Tel. 030 69 56 68 40 | www.xjazz.net | U 1 Schlesisches Tor (248 B2)

21. JUNI 2017
FÊTE DE LA MUSIQUE
Party auf allen Straßen ist seit 1995 jedes Jahr am 21. Juni angesagt: Bands und Musiker aller Genres treten an vielen Orten der Stadt auf. Umsonst und draußen.

verschiedene Orte
Tel. 030 41 71 52 89 | www.fetedelamusique.de

JULI 2017
WATERGATE OPEN AIR
Elektronische Musik am Wasser. Den ganzen Sommer über gibt es überall in der Rummelsburger Bucht verschiedene Veranstaltungen.
Lichtenberg
Rummelsburger Bucht | www.watergate.de | S-Bahn Ostkreuz (249 D2)

SPORT ZUM MITMACHEN

25. SEPTEMBER 2016
BMW BERLIN-MARATHON
Größter deutscher Marathon, mehr als 40 000 Athleten aus über 100 Nationen nehmen alljährlich teil.
Mitte
Start: Brandenburger Tor | U 55, S 1, 2, 25 Brandenburger Tor (240 A3)
Infos: SSC e. V., s. o.

2. APRIL 2017
37. BERLINER HALBMARATHON
30 000 Jogger, Inlineskater, Rollstuhlfahrer und Power-Walker absolvieren eine 21,5 km-Runde durch die Stadt.
Mitte
Start: Karl-Marx-Allee | U-/S-Bahn Alexanderplatz (241 D2)
Infos: SSC e. V. | Hanns-Braun-Straße/ Adlerplatz | Tel. 030 30 12 88 10 | www.scc-events.com

JULI 2017
ADIDAS RUNNERS CITY NIGHT
Der Ku'damm gehört an diesem Abend seit 25 Jahren den Skatern, Läufern, Power-Walkern und Rollstuhlfahrern.
Charlottenburg
Anmeldung online | www.berliner-citynacht.de | U-/S-Bahn Zoologischer Garten

SPORT ZUM ZUSCHAUEN

26.–31. JANUAR 2017
BERLINER SECHS-TAGE-RENNEN
Profi-Rennradradeln rund um die Uhr im Berliner Velodrom bei volksfestähnlicher Atmosphäre mit Bierausschank und Bands.
Prenzlauer Berg
Velodrom | Landsberger Allee | Infos u. Tickets Tel. 030 44 30 44 30 | www.sechstagerennen-berlin.de | S 41, 42 Landsberger Allee (231 E3)

27. MAI 2017
DFB-POKALFINALE
Die beiden besten deutschen Fußballclubs treffen sich zum DFB-Pokalfinale im Olympiastadion. Zentrum der inoffiziellen Feierlichkeiten ist der Breitscheidtplatz.
Charlottenburg
Olympiastadion | S 5 Olympiastadion (230 A3)
Infos: Berliner Fußball-Verband | Tel. 030 89 69 94-0 | www.berliner-fussball.de

SEPTEMBER 2017
DKB-ISTAF
Traditionsreiches Berliner Leichtathletik-Stadionfest mit internationalen Weltklasse-Athleten. Seit zwei Jahren findet jährlich zusätzlich im Februar ISTAF Indoor in der Mercedes-Benz Arena statt.
Charlottenburg
Olympiastadion, s. o.
Infos: ISTAF Berlin | www.istaf.de | Tel. 030 2 43 19 90

THEATER

AB SEPTEMBER 2016
DIE GRIECHEN
Das Stück feierte im September seine Uraufführung. Regie von Manfred Karge.
Mitte

Berliner Ensemble | Kasse Mo–Fr 8–18, Sa/So 11–18 Uhr | Karten 5–30 Euro | Bertolt-Brecht-Platz 1 | Tel. 030 28 40 81 55 | www.berliner-ensemble.de | U-/S-Bahn Friedrichstraße (240 A2)

AB 3. OKTOBER 2016 (PREMIERE)
DER VATER
Charlottenburg
Renaissance-Theater Berlin | Kasse Mo–Fr ab 10.30, Sa ab 10, So ab 13 Uhr bis jeweils 1 Std. vor Vorstellungsbeginn | Karten 15–48 Euro | Knesebeckstr. 100, Eingang: Hardenbergstraße | Tel. 030 3 12 42 02 | www.renaissance-theater.de | U 2 Ernst-Reuter-Platz (237 F4)

AB 14. OKTOBER 2016 (PREMIERE)
IPHIGENIE AUF TAURIS
Mitte
Deutsches Theater | Kasse Mo–Sa 11–18.30, So 15–18.30 Uhr | Karten 5–50 Euro | Schumannstr. 13a | Tel. 030 28 44 12 25 | www.deutschestheater.de | U-/S-Bahn Friedrichstraße (240 A1)

AB 12. NOVEMBER 2016 (PREMIERE)
DER UNTERGANG DES EGOISTEN JOHANN FATZER
Mitte
Deutsches Theater, s. o.

26. NOVEMBER 2016 (PREMIERE)
DANTONS TOD
Regie führt Peter Kleinert.
Wilmersdorf
Schaubühne am Lehniner Platz | Kasse Mo–Sa 11–18.30, So ab 15 Uhr | Karten 7–43 Euro | Kurfürstendamm 153 | Tel. 030 89 00 23 | www.schaubuehne.de | U 7 Adenauerplatz (237 D6)

AB DEZEMBER 2016 (PREMIERE)
PROFESSOR BERNHARDI
Wilmersdorf
Schaubühne am Lehniner Platz, s. o.

AB 20. JANUAR 2017 (PREMIERE)
DAS FEST
Mitte
Deutsches Theater, s. o.

AB 26. JANUAR 2017 (PREMIERE)
LESBOS – BLACKBOX EUROPA
Mitte
Deutsches Theater, s. o.

FRÜHJAHR 2017
100° BERLIN FESTIVAL – LANGES WOCHENENDE DES FREIEN THEATERS
Im Stundentakt werden rund 120 Produktionen aller Genres gezeigt.
Mitte
Sophiensaele | Sophienstr. 18 | Kartentel. tgl. 9–17 Uhr | Tel. 030 28 09 27 93 | www.sophiensaele.com | U 8 Weinmeisterstraße (240 C1)
Kreuzberg
Kasse Mo–Sa 15–19 Uhr im Hau 2 | Hallesches Ufer 32 | Hau 1: Stresemannstr. 29 | Hau 3: Tempelhofer Ufer 10 | Tel. 030 25 90 04 27 | www.hebbel-am-ufer.de | U 1, 6 Hallesches Tor (240 B6)
Prenzlauer Berg
Ballhaus Ost | Pappelallee 15 | Tel. 030 44 04 92 50 | www.ballhausost.de | U 2 Eberswalder Straße (235 D3)

APRIL 2017
F.I.N.D.
Das von der Schaubühne veransteltete Festival Internationale Neue Dramatik bietet spannende Gastspiele aus aller Welt.
Wilmersdorf
Schaubühne am Lehniner Platz, s. o. | Eintritt je nach Veranstaltung

5.–21. MAI 2017
THEATERTREFFEN
Morgens, abends und nachts werden Bars und Bühnen zum Schauplatz spannender Inszenierungen, Diskussionen und Workshops.

Wilmersdorf
Schaperstr. 24 | Tel. 030 25 48 91 00 | www.berlinerfestspiele.de/theater treffen | U 3, 9 Spichernstraße (244 A1)

JUNI 2017
AUTORENTHEATERTAGE
Das Deutsche Theater will junge Autoren ermutigen und voranbringen. Unter dem Motto »Die beste und nachhaltigste Autorenförderung ist die Aufführung eines Textes« gibt es jedes Jahr beim Festival mehrere Uraufführungen.
Mitte
Deutsches Theater, → **S. 226** *| Eintritt je nach Veranstaltung*

25. JUNI–14. JULI 2017
INFEKTION! FESTIVAL FÜR NEUES MUSIKTHEATER
Zeitgenössisches Musiktheater ist zwei Wochen lang in der Staatsoper und der Schaubühne zu hören und zu sehen. Das Festival bietet frische Perspektiven zum Verständnis Neuer Musik.
Charlottenburg
Staatsoper im Schiller-Theater
→ **S. 223**
Wilmersdorf
Schaubühne am Lehniner Platz
→ **S. 226**, *Eintritt je nach Veranstaltung*

VOLKSFESTE

ENDE NOVEMBER–DEZEMBER 2016
WEIHNACHTSMÄRKTE
Spandau
23. Nov.–27. Dez. 2016 | Mo–Do 11–21, Fr 11–22, Sa 10–22, So 10–21 Uhr | Altstadt Spandau | U 7 Rathaus Spandau (230 A3)
Charlottenburg
23. Nov.–26. Dez. 2016 | Mo–Do 14–22, Fr–So 12–22 Uhr | Schlossplatz | www.wvdsc.de | S 41, 42 Westend (236 C3)
Mitte
21. Nov.–26. Dez. 2016 | tgl. 10–22 Uhr | Alexanderplatz | U-/S-Bahn Alexanderplatz (241 D2)
Mitte
21. Nov.–31. Dez. 2016 | tgl. 11–22, 24. u. 31. Dez. 11–18 Uhr | Gendarmenmarkt 1 | U 2, 6 Stadtmitte, U 6 Französische Straße (240 B3)

NOVEMBER/DEZEMBER 2016
MARKT DER KONTINENTE
In den Museen Dahlem kulinarisch und kulturell die Welt erkunden: Mit Konzerten und vielem mehr werden Europa und die Welt *(19./20. Nov.)*, Asien *(26./27. Nov.)*, Amerika *(3./4. Dez.)* und Afrika *(10./11. Dez.)* präsentiert.
Dahlem
Markt Sa/So 11–19, Öffnungszeiten Museen s. Website | Eintritt 8 Euro | Lansstr. 8 | Tel. 030 8 30 14 38 | www.marktderkontinente.de | U 3 Dahlem Dorf (251 D2)

APRIL/MAI 2017
NEUKÖLLNER MAIENTAGE
Der Hit auf dem alljährlichen Rummel mit Schaustellergeschäften und Bühnenprogramm ist die Castingshow »Neukölln sucht das Multi Kulti Süper Talent«.
short.travel/bfb1
Neukölln
Eingang Hasenheide: U 7 Südstern (247 D2) *| oder Columbiadamm: Bus 104 Sommerbad Neukölln* (247 D3)

1. MAI 2017
MYFEST
Riesiges Straßenfest in Kreuzberg mit Essen aus aller Welt, vielen Bands und Theater auf diversen Bühnen.
Kreuzberg

Eintritt frei | Oranien-/Mariannenplatz | Tel. 030 9 02 98 23 01 | www.myfest36.de | U 1, 8 Kottbusser Tor, Bus M 29 Oranienplatz (241 E–F5)

MAI/JUNI 2017

STEGLITZER FESTWOCHE

Im Park am Teltowkanal, zwischen Krahmer- und Bäkestraße stehen Buden und Karussells, es gibt Rockkonzerte, Kinderprogramm und Volkslauf.

Steglitz

Krahmer- u. Bäkestr. | Tel. 030 2 13 32 90 | www.schaustellerverband-berlin.de | Bus 186, 380 Boothstraße, Promenadenstraße (251 F6)

JUNI 2017

DEUTSCH-RUSSISCHE FESTTAGE

Literatur, Theater, Unterhaltung und Kulinarik – an drei Tagen wird russische Kultur an der Trabrennbahn Karlshorst präsentiert. Der Eintritt ist frei.

Karlshorst

Trabrennbahn Karlshorst | Treskowallee 129 | Tel. 030 20 60 55 33 | www.drf-berlin.de | S 3 Karlshorst (253 E4)

JUNI 2017

KUNSTFEST PANKOW

Familienfest im Pankower Schlosspark Schönhausen mit Konzerten und Kunsthandwerkermarkt. Das Kinderprogramm: u. a. Akrobaten, Seillaufen und Basteln.

Pankow

Eintritt 2 Euro | Ossietzkystraße | Tel. 0651 4 63 68 45 | www.kunstfest-pankow.de | S 2, 8, 9 Pankow (231 E2)

JUNI/JULI 2017

25. LESBISCH-SCHWULES-STADTFEST

Das bunte Fest wird rund um den Kiez Nollendorfplatz/Motzstraße mit Konzerten und vielen Prominenten gefeiert. Ein Höhepunkt ist die Verleihung des Rainbow Awards, der Menschen ehrt, die sich um lesbisch-schwule Belange verdient gemacht haben.

Schöneberg

Infos: www.regenbogenfonds.de | U 1–4 Nollendorfplatz

JUNI/JULI 2017

DEUTSCH-FRANZÖSISCHES VOLKSFEST

Berlins größtes Volksfest. Am Familientag (Mi) kosten alle Fahrgeschäfte nur die Hälfte. Auch am 14. Juli, dem französischen Nationalfeiertag, gibt es viele Vergünstigungen im französischen Dorf.

Tiergarten

Zentraler Festplatz | Eintritt 2 Euro | Kurt-Schumacher-Damm 207 | Tel. 030 213 32 90 | www.volksfest-berlin.de | U 7 Jakob Kaiser Platz, U 6 Kurt-Schumacher-Platz (230 C2)

AUGUST/SEPTEMBER 2017

SCHOLLENFEST

Kiezfest mit Rummel, Funkenmariechen-Parade, Festumzug und Fackellauf durch die Siedlung Freie Scholle.

Mittwochs ist Familientag auf dem Rummel, mit ermäßigten Preisen.

Waidmannslust

Waidmannsluster Damm | www.schollenfest.de | S 1 Waidmannslust (230 C1)

4.–6. AUGUST 2017

BERLINER BIERFESTIVAL

2000 Sorten Bier aus aller Welt bieten rund 300 Stände auf dem Biermeile genannten Volksfest. Jährlich finden sich 800 000 Besucher auf der Karl-Marx-Allee zwischen Strausberger Platz und Frankfurter Tor ein, um ungewöhnliche Gebräue, z. B. aus Vietnam oder Wedding, Livemusik und Grillgut zu genießen.

Friedrichshain

Fr 12–24, Sa 10–24, So 10–22 Uhr | Eintritt frei | Karl-Marx-Allee | Tel. 030 65 76 35 60 | www.bierfestival-berlin.de | U 5 Strausberger Platz (241 F2)

Cityatlas

Damit Sie sehen, wo sich eine Adresse befindet, haben wir alle Einträge mit Koordinaten versehen, die sich auf den Cityatlas beziehen. Im Anschluss finden Sie das Straßenregister.

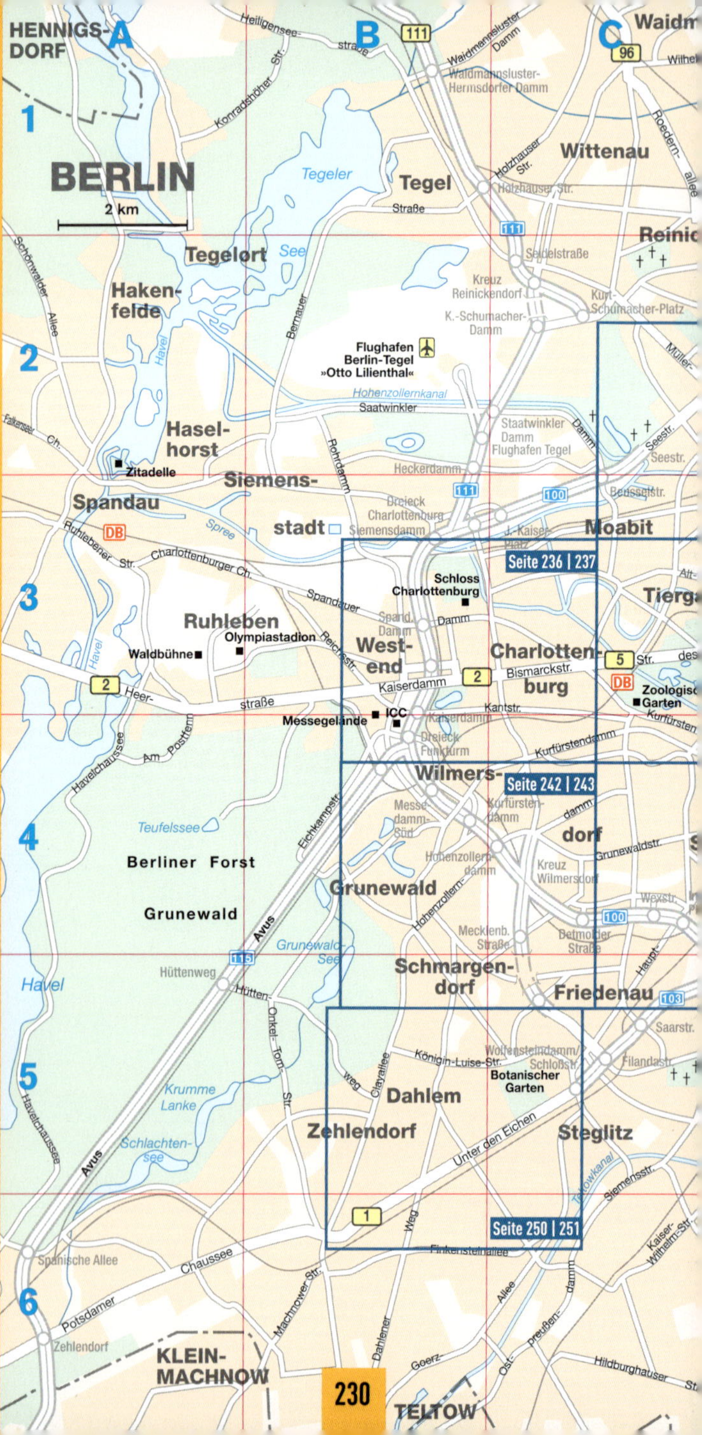
HENNIGS-DORF
A
B
C
1
2
3
4
5
6
BERLIN
2 km
Waidm
Wilhel
Heiligensee-straße
Konradshöher Str.
111
96
Waidmannsluster Damm
Waldmannsluster-Hermsdorfer Damm
Tegeler See
Tegel
Straße
Wittenau
Holzhauser Str.
Holzhauser Str.
Roedern-allee
Reinic
Seidelstraße
Kreuz Reinickendorf
Kurt-Schumacher-Platz
K.-Schumacher-Damm
Tegelort
Haken-felde
Schönwalder Allee
Havel
Bernauer
Flughafen Berlin-Tegel »Otto Lilienthal«
Hohenzollernkanal
Saatwinkler
Müller-
Staatwinkler Damm
Flughafen Tegel
Damm
Seestr.
Seestr.
Falkenseer Ch.
Hasel-horst
Zitadelle
Siemens-stadt
Rohrdamm
Heckerdamm
Beusselstr.
Spandau
DB
Spree
Dreieck Charlottenburg
Siemensdamm
J.-Kaiser-Platz
100
Moabit
Ruhlebener Str.
Charlottenburger Ch.
Spandauer
Seite 236 | 237
Schloss Charlottenburg
Alt-
Tierg
Spand. Damm
Damm
Ruhleben
Olympiastadion
Reichsstr.
West-end
Charlotten-burg
Bismarckstr.
5
Str.
des
Waldbühne
Zoologis Garten
Kaiserdamm
Heer-straße
Messegelände
ICC
Kantstr.
Kaiserdamm
Kurfürsten
Am Postfenn
Havelchaussee
Dreieck Funkturm
Kurfürstendamm
Wilmers-dorf
Seite 242 | 243
Messe-damm-Süd
Kurfürsten-damm
damm
Teufelssee
Eichkampstr.
Grunewaldstr.
Berliner Forst
Grunewald
Hohenzollern-damm
Hohenzollern-
Kreuz Wilmersdorf
Grunewald
Wexstr.
Avus
Mecklenb. Straße
Detmolder Straße
Grunewald-See
115
Hüttenweg
Hütten-weg
Schmargen-dorf
Friedenau
103
Haupt-
Havel
Onkel-Tom-Str.
Saarstr.
Königin-Luise-Str.
Wolfensteindamm/Schloßstr.
Filandastr.
Clayallee
Botanischer Garten
Krumme Lanke
Dahlem
Zehlendorf
Steglitz
Unter den Eichen
Schlachten-see
Havelchaussee
Avus
Teltowkanal
Siemensstr.
1
Seite 250 | 251
Weg
Kaiser-Wilhelm-Str.
Finkensteinallee
Spanische Allee
Chaussee
Potsdamer
Machnower Str.
Allee
damm
Zehlendorf
Ost-preußen-
KLEIN-MACHNOW
Dahlener
Goerz-
Hildburghauser St.
TELTOW

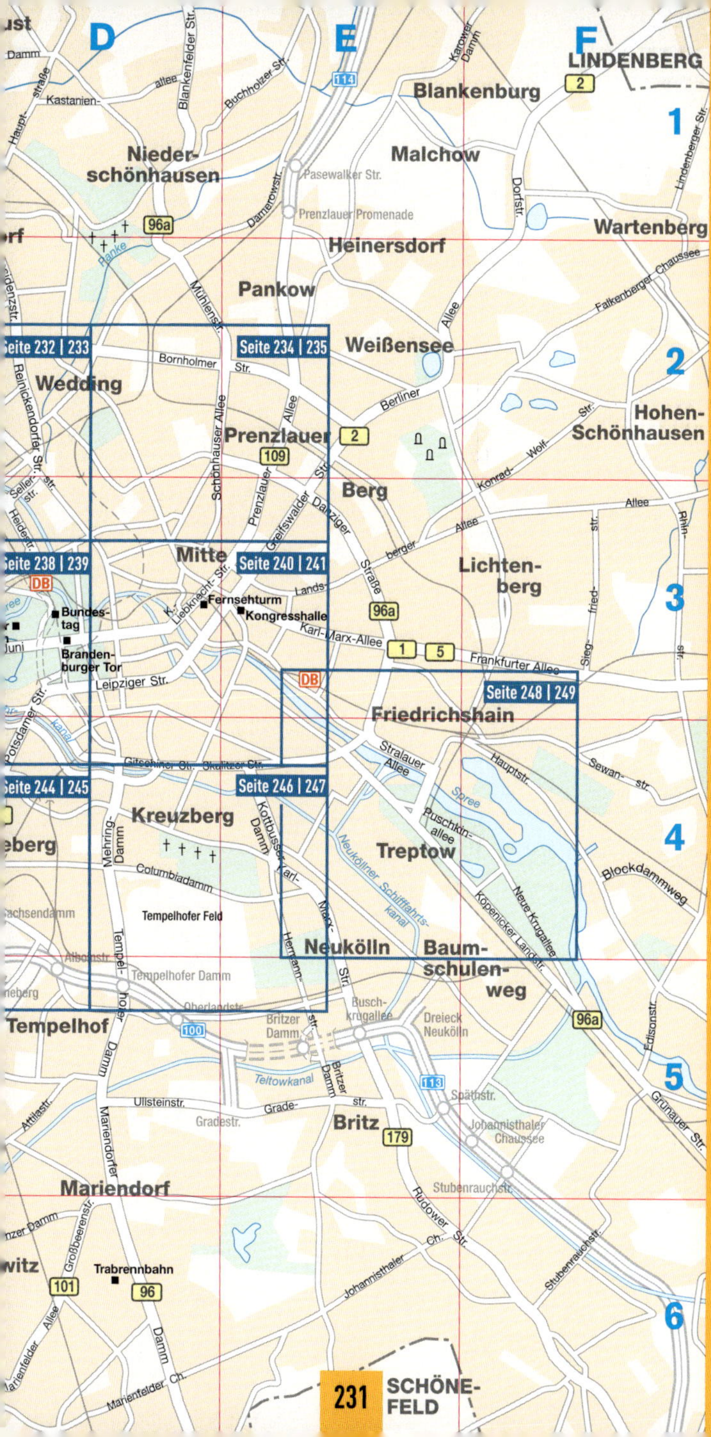
D
E
F
LINDENBERG
Blankenburg
Malchow
Nieder-
schönhausen
Heinersdorf
Pankow
Wartenberg
Weißensee
Wedding
Prenzlauer
Berg
Hohen-
Schönhausen
Mitte
Lichten-
berg
Fernsehturm
Kongresshalle
Bundes-
tag
Branden-
burger Tor
Friedrichshain
Kreuzberg
Treptow
Tempelhofer Feld
Neukölln
Baum-
schulen-
weg
Tempelhof
Britz
Mariendorf
Trabrennbahn
Dreieck
Neukölln
Seite 232 | 233
Seite 234 | 235
Seite 238 | 239
Seite 240 | 241
Seite 244 | 245
Seite 246 | 247
Seite 248 | 249
1
2
3
4
5
6
Blankenfelder Str.
Buchholzer Str.
Karower Damm
Kastanien-
allee
Pasewalker Str.
Prenzlauer Promenade
Dorfstr.
Lindenberger Str.
Damerowstr.
Mühlenstr.
Falkenberger Chaussee
Bornholmer Str.
Schönhauser Allee
Berliner Allee
Reinickendorfer Str.
Prenzlauer Allee
Greifswalder Str.
Danziger Straße
Konrad-Wolf-Str.
Landsberger Allee
Karl-Marx-Allee
Frankfurter Allee
Leipziger Str.
Potsdamer Str.
Liebknecht-Str.
Stralauer Allee
Hauptstr.
Sewan-str.
Puschkin-allee
Spree
Neuköllner Schifffahrts-kanal
Kottbusser Damm
Karl-Marx-Str.
Mehring-Damm
Columbiadamm
Gitschiner Str.
Skalitzer Str.
Blockdammweg
Köpenicker Landstr.
Neue Krugallee
Hermannstr.
Tempelhofer Damm
Oberlandstr.
Britzer Damm
Buschkrugallee
Teltowkanal
Späthstr.
Johannisthaler Chaussee
Stubenrauchstr.
Ullsteinstr.
Gradestr.
Grade-str.
Mariendorfer Damm
Großbeerenstr.
Rudower Str.
Johannisthaler Ch.
Marienfelder Allee
Marienfelder Ch.
Edisonstr.
Grunauer Str.
Rhin-str.
Siegfriedstr.
Albrechtstr.
Sachsendamm
Panke
DB
114
2
96a
109
1
5
100
113
179
101
96
231
SCHÖNE-
FELD

A
B
C
1
2
3
4
5
6
300m
Afrikanische Str.
Müller-
U6
Sonntags-
freude
Auto-
busbetr.-
hof (BVG)
Dom-
kirchhof II
Kap.
Kirchhof
Kita
Jugend-
wohnhm.
Senioren-
Schiller-
park
St.
Aloysius-K.
OSZ
Schwyzer
Bristol-
Oxforder
Windsorer
Centre
Francais
Londoner
Themse-
Liverpooler
Edin-
Dubliner
Glas-
gower
Schöningstr.
Lessing-
Obersch.
Jug.-
club
Sport-
pl.
Turnh.
Integr.
Sch. am
Schiller-
park
Korneliusk.
Kita
Fr.-
Ebert-
Siedl.
Ghana
Swakopmunder Str.
Moha-
sistr.
Togostr.
Damarastr.
Windhuker
Spielpl.
Afrikanische
Str.
Usambara-
str.
allee
Nach-
tigal-
platz
Kolonie
Enten-
pfuhl
Sperling-
see
Spiel-
pl.
Peters-
Kita
Kinder-
zentr.
Grundsch.
Möwensee
Sporth.
Bibl.
Freilicht-
bühne
Möwen-
see
Kol. Klein-
Afrika
Tanzpl.
Rehberge
Fasanerie
Sport-
pl.
Tennis-
plätze
Stadion
Rehberge
Tennis-
plätze
Volkspark
Große
Spielwiese
Carl-Leib-Weg
Rodelbahn
Wildschwein-
gehege
Rehberge
Dohnagestell
Schomburgk-
Transvaal-
Togo-
Kol.
Weg 15
Weg 14
Weg 2
Weg 3
Weg 4
Weg 5
Weg 6
Weg 13
Weg 12
Weg 11
Weg 10
Weg 9
Weg 7
Weg 8
Rehberge
Otawi-
straße
Sen.-
freiz.
Lüderitz-
str.
Kita.
Barfus-
straße
Otener
Sambesi-
str.
Sansibar-
Transvaal-
Guinea-
Kon-
go-
Togo-
Sport-
platz
Anna-Lindh-
Grundsch.
Kita
P.-Gerhardt-
Stift
Tür-
ken-
burger
str.
U-Bahn
Hauptwerkst.
Sport-
platz
Straße
St.-Pl
Apost
Kirchho
Kap.
Ungarn-
Lüderitzstr.
Seestr.
Wedding
(Bez.MITTE)
Kapernaumk.
Sen.-
freizeitst.
Genter
Antwerpener
E.-
Schering-
Obersch.
Lütticher
Inst.f.
Lebens-
mitteltechn.
Anti-
kriegs-
mus.
Zucker-
mus.
Brüsseler
Kol.
Lüttich
Spielpl.
Kita
Tennis-
pl.
Ostender
Limbur-
ger
M.-
Beckmann-
Saal
Hs.Gauß
Tennis-
pl.
Kita
Kol.
Kame-
run
Kameruner
Dualastr.
Senegalstraße
Uganda-
str.
Tangastr.
Goethe-
park
Kita
St.-
Paul-Kirch-
hof
Sporth.
Amrumer
Str.
Straßen- u.
Grünflächen-
amt
Inst.f.
Mikrobiologie
Brauerei- u.
Biotechnologie
Friedhof am
Plötzensee
Plötzen-
see
Hans-
Freibad
Plötzensee
Tennis-
plätze
Sport-
pl.
Nazareth-
Kap.
Jugend-
freizeithm
kirchhof I
Inst.f.
Getreidetechn.
St.-Johannis-
Kirchhof II
Inst. f. Arzneimittel
Sch. in der
Charité
Augustenbgr.
Dt. Herz-
zentr.
Luxemburg
Trift-
Amrumer Str.
Charité Campus
Virchow-Klinikum
Zahnklinik
Föhrer Str.
Fehmarner
Str.
Torf-
str.
Promenade
gestell
Dohna-
Kinderheim
Frohsinn
Spielpl.
Jugend-
gästehs.
See-
Sylter
Eckern-
förder Pl.
Hohenzollern-
kanal
Saatwinkler Damm
Brückenmeist.
Seestraßen-
insel
Nördl.
Seestraßenbr.
Nord-
ufer
Robert-
Koch-Inst.
Buchstr.
Nord
Torf-
straßen-
steg
Hafen
Spennrath-
br.
Justizvollzugs-
krankenhs.
See-
H.-Maass-
Br.
Südliche
Seestraßenbr.
Berlin-
Föhrer
Br.
Friedr.-
Krause-
Ufer
Bewag
Bürg
Auslän
Goerdeler-
dammbr.
Anschlussst.
Seestr.
Ludw.-
Hoffm.-
Br.
Westhafen
Becken II
Becken I
Staatsbibliothek
zu Berlin
(Zeitungsabt.)
BEHALA
Zentrale
Westhafen
West-
hafenstr.
An der
U9
Westhafen
Kraftwerk
Moabit
Putlitzbr.
Westhafen
Eppstein-
Ag.f.Arbeit
Außenstelle
Beusselstr.
Ringbahn
Str.
Ellen-
Obdachl.-
heim
Quitzow-
Integr.
Sek.-sch. i.d.
Stephanstr.
Stephan-
Stephan-
pl.
Rathenower
Bundesamt f.
Ernährung u.
Forstwirtsch.
Beussel-
br.
S41,S42
Samuel-
Quitzow-
str.
Moabiter
Stadtgarten
Unionpl.
Sporthalle
Putlitz-
str.
Salzwedeler
Stendaler
Havelberger
Str.
RE4
Erna-
Beusselstraße
Siemens-
straße
Unionstr.
Birkenstr.
Stephan-
str.
Kiga
Sickingen-
straße
Ros-
tocker
Reform.-
k.
straße
Str.
2.Gemein-
schaftssch.
in Mitte
(Filiale)
Spielpl.
Kita
Straße
Bir-
ken-
str.
Sen.-
hm.
Büch.
Hl.-Geist-
K.
Ag.f.
Arbeit
Büch.
Wittstocker
Wiclef-
Spielpl.
Wiclef-
str.
Jugendclub
Sen.-
heim
Birken-
Med.
Vers.zentr.
Klinik f.
Geriatrische Betr.
Tadschikistan
LA GeSo
Bandel-
Moabit
Berlichingen-
Senioren-
heim
Spiel-
pl.
Kita
Walden-
1 = Math.-J
Sen.
hm.
Verkehrs-
garten
Wilhelmshavener
Mosam-
bique
Strom-
straße
Perleberger
Lübecker
Str.
Diakonie
St.-
Laurentius-K.
C.-Bolle
Zwinglistr.
238

D
E
F
96
1
2
3
4
5
6
Osloer Straße
Osloer Str.
Kol. Nordkap
Jüdisches Krkhs.
Haus d. Gesundh.
Ev. Geriatriezentrum Berlin
Reinickendorfer Str.
Nauener Pl.
Oudenarder Str.
Seestraße
Malplaquetstr.
Liebenwalder Str.
Gottschedstr.
Amtsgericht Wedding
Brunnenplatz
Pankstr.
Prinzenallee
Badstr.
Exerzierstr.
Sportpl.
Ringbahn
RE3,RE5,S41,S42
Humboldthain
Wedding
Gerichtstr.
Müllerstr.
Ravenéstr.
Schönwalder Str.
Urnenfriedhof
Leopoldpl.
Reinickendorfer Str.
Chausseestr.
Scharnhorststr.
Schwartzkopffstr.
BND
(in Bau/2016)
MITTE
Naturkundemuseum
Logistikzentrum Nord
Heidestr.
Nordhafen
Schifffahrtskanal
Perleberger Str.
Lehrter Str.
Invalidenstr.
Bundeswehr-Krankenhaus
Bundesmin. f. Wirtsch. u.Techn.
Invalidenfriedhof
Poststadion
Stadtbad Tiergarten
Schloss-Park
Fritz-Schloss-Park
Kirchh. d. Berl. Domgem.
Dorotheenstadt II
Hussitenstr.
Ackerstr.
1=Am Nordbahnh
239

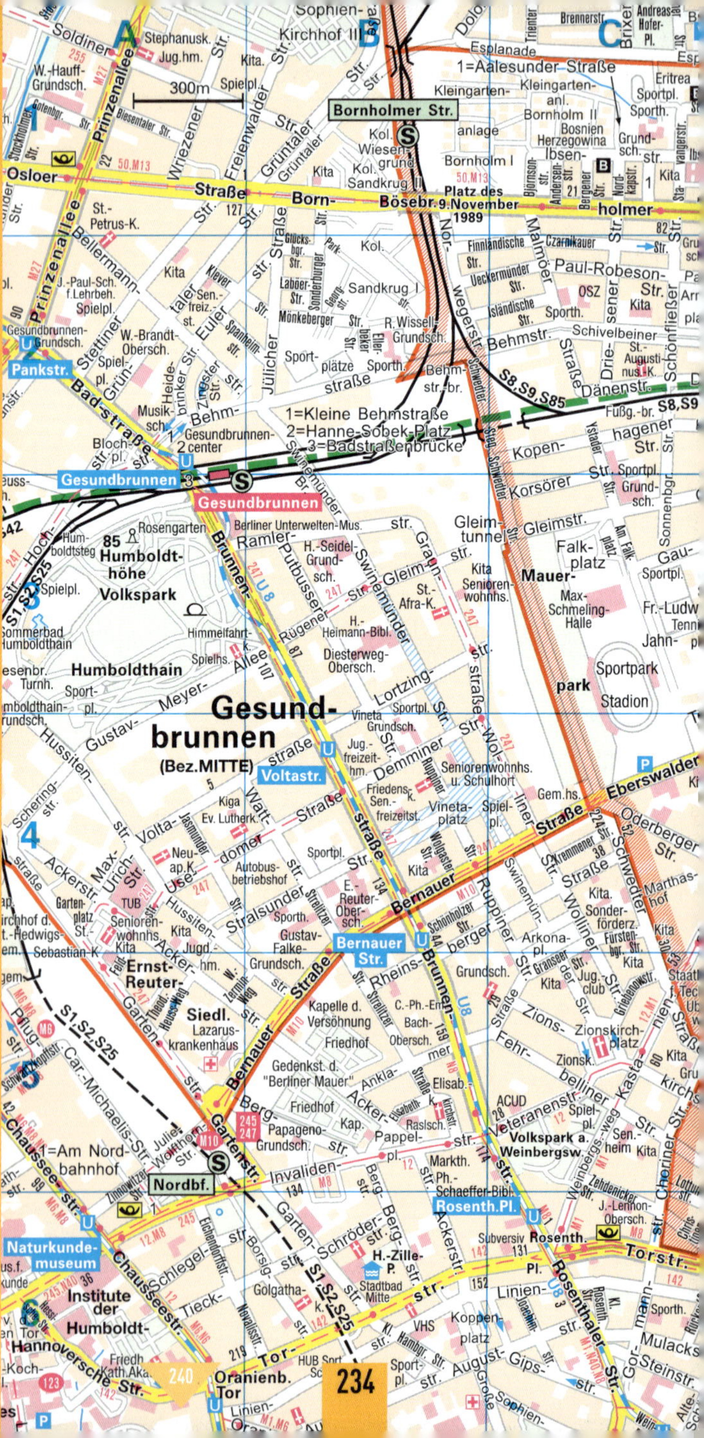
A
B
C
1
2
3
4
5
6
300m
Bornholmer Str.
Gesundbrunnen
Pankstr.
Voltastr.
Bernauer Str.
Rosenth.Pl.
Nordbf.
Naturkunde-museum
Oranienb. Tor
Gesund-brunnen
(Bez.MITTE)
Humboldthain
Humboldt-höhe
Volkspark
Osloer Straße
Bornholmer Straße
Prinzenallee
Soldiner Str.
Bad-straße
Brunnen-straße
Bernauer Straße
Schwedter Str.
Eberswalder Straße
Gleimstr.
Behmstr.
Hussitenstr.
Ackerstr.
Gartenstr.
Chausseestr.
Invalidenstr.
Torstr.
Rosenthaler Str.
Sophien-Kirchhof III
Esplanade
1=Aalesunder Straße
Platz des 9.November 1989
1=Kleine Behmstraße
2=Hanne-Sobek-Platz
3=Badstraßenbrücke
Berliner Unterwelten-Mus.
Sportpark
Stadion
Max-Schmeling-Halle
Mauerpark
Gedenkst. d. "Berliner Mauer"
Kapelle d. Versöhnung
Siedl. Lazarus-krankenhaus
Ernst-Reuter-Siedl.
1=Am Nordbahnhof
Institute der Humboldt-Universität
Volkspark a. Weinbergsw.
S8,S9,S85
S1,S2,S25
U8
240

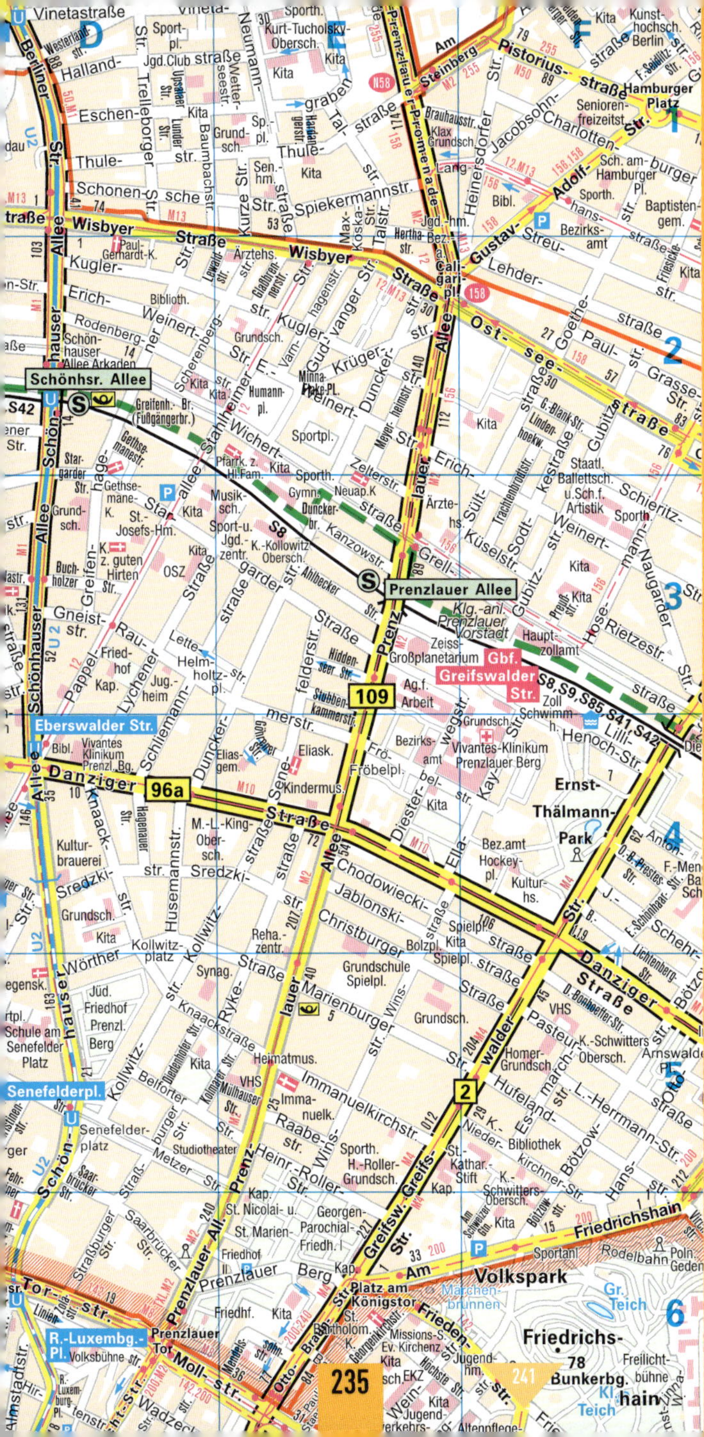

D
E
F
1
2
3
4
5
6
Vinetastraße
Berliner Str.
Schönhauser Allee
Halland-
Eschen-
Thule-
Schonen-
Wisbyer Straße
Kugler-
Erich-
Rodenberg-
Schönhauser Allee Arkaden
Schönhsr. Allee
S42
Greifenh.- Br. (Fußgängerbr.)
Gethsemanestr.
Stargarder Str.
Gethsemane-K.
St.-Josefs-Hm.
Greifenhagener Str.
Buchholzer Str.
Gneist-str.
Pappel-allee
Friedhof
Lychener
Jug.-heim
Eberswalder Str.
Danziger Straße
96a
Kulturbrauerei
Sredzki-
Knaackstraße
Kollwitz-platz
Wörther
Jüd. Friedhof Prenzl. Berg
Schule am Senefelder Platz
Senefelderpl.
Senefelder-platz
Saarbrücker Str.
Metzer Str.
Straßburger Str.
Tor-str.
R.-Luxembg.-Pl.
Volksbühne
Prenzlauer Tor
Moll-str.
Otto-Braun-Str.
Prenzlauer Allee
Prenzlauer Berg
Platz am Königstor
Märchenbrunnen
Volkspark Friedrichshain
Friedenstr.
Gr. Teich
Kl. Teich
Bunkerbg.
78
Freilichtbühne
Rodelbahn
Sportanl.
Greifsw. Str.
Georgen-Parochial-Friedh. I
St. Nicolai- u. St. Marien-Friedhof
Immanuelkirchstr.
Heinr.-Roller-Str.
Marienburger Str.
Christburger
Jablonski-
Chodowiecki-
Heimatmus.
Immanuel-K.
Rykestraße
Synag.
Sredzkistr.
Kindermus.
Fröbelpl.
Diesterwegstr.
Vivantes-Klinikum Prenzlauer Berg
Ernst-Thälmann-Park
Hockey-pl.
Kultur-hs.
Greifswalder Str.
Danziger Straße
Hufeland-
L.-Hermann-Str.
Bötzow-
Pasteur-
Esmarchstr.
Arnswalder Pl.
Ostseestraße
Gubitzstr.
Rietzestr.
Naugarder
Hosemannstr.
Hauptzollamt
Gbf. Greifswalder Str.
S8,S9,S85,S41,S42
Zeiss-Großplanetarium
Prenzlauer Allee
Kanzowstr.
Grellstr.
S8
Lettestr.
Helmholtz-pl.
Schliemann-
Husemannstr.
109
Sültstr.
Küselstr.
Erich-Weinert-
Staatl. Ballettsch. u.Sch.f. Artistik
Paul-Grasse-Str.
Goethe-
Lehder-
Streu-
Gustav-Adolf-Str.
Hamburger Platz
Charlotten-
Jacobsohn-
Pistoriusstraße
Steinberg
Prenzlauer Promenade
Am Steinberg
Heinersdorfer
Talstr.
Spiekermannstr.
Kurt-Tucholsky-Obersch.
Jgd.Club
Trelleborger Str.
Baumbachstr.
Wichertstr.
Humannpl.
Sportpl.
Krüger-
Duncker-
Zelterstr.
Kopenhagener
Stahlheimer Str.
Pfarrk. z. Hl.Fam.
Musik-sch.
K.-Kollwitz-Obersch.
Kollwitzstr.
Belforter Str.
Studiotheater
Zoll
Schwimmh.
Henoch-Str.
Lilli-
Anton-
Kita

241

A
B
C
300m
Siemensstichkanal
Rohrdamm-br.
Kol. Tiefer Grund II
Fürstenbrunner Weg
Fürstenbrunner Br.
Kol. Tiefer Grund I
Kol. Schlackenloch
Kol. Spreewiesen
Kol. Spreeufer
Nonnendamm
Kol. Bleibtreu II
Schleuse Charlottenburg
Kol. Schleusenland
Spree
Rudolf-Wissell-Brücke
S41,S42
Schlossgarten
Belvedere
Karpfenteich
Charlottenburg
Mausoleum
Orangerie
Sportpl.
Kaiser-Wilh.-Ged.-Kirchhof
Kap.
Gärtnerei
Sportplätze Westend
Kol. Bismarcksruh
Kol. Braunsfelde
Kol. Wasserturm
Kol. Roß-trappe
Kol. Birkenwäldchen
Kol. Gesundheitspflege
Luisenkirchhof III
Neuer Fürstenbrunner Weg
ehemaliger Gbf. Charl.-bg.
Pulsstift
Pulsstr.
Europ. Wirtsch.-hochsch.
Seniorenheim
Charité Universitätsklinik
Schlossparkklinik
Mollwitzstr.
Pumpwerk
Heubnerw.
Sophie-Charlotten-Str.
Kita
Seniorenheim Wilhelm-Stift
Ernst-Bumm-W.
Bezirksverw.
Wasserwerk
DRK Kliniken Westend
AS Spandauer Damm
Spandauer Damm
Spandauer-Damm-Br.
Sen.-hm. St. Elisabeth
Universitätsklinikum Benjamin Franklin der FU
Rep. Tansania
Anneliese-u.-Georg-Groscurth-Platz
Ahornplatz
Armenien
LKG Westend
Leistikowstr.
Kollatzstr.
Crusiusstr.
Soorstr.
THW
Senatsverw. Strahlenmeßst.
Ag.f.Arbeit
Luisenfriedhof
Westend
Klausenerplatz
Gardes-du-Corps-Str.
St. Kamillus-K.
Danckelmannstr.
Christstr.
Nehringstr.
Neufertstr.
Seelingstr.
Nehring Grundsch.
Sportb.
Spielpl.
P.-Jordan-Schule
S46
100
AS Kaiserdamm
Eichenallee
Branitzer Pl.
Westend
Eschenallee
Max-Bürger-Zentr.
Tunesien
Nambia
Kita
R.-Otto-Grundsch.
Nelson-Mandela Schule
Musikschule
Evang. Krkhm.
G.-Keller-Str.
Deutsche Rentenvers.
Haeselerstr.
Berufsförderungswerk
Epiphanienkirche
Knobelsdorffstr.
Knobelsdf.-br.
Horstweg
OSZ Recht
Wundtstr.
Vereinsweg
Reichsstr.
Heinz-Bergruen-Obersch.
Kastanienallee
Stormstr.
Lindenallee
Halmstr.
K.-Groth-Str.
Hölderlinstr.
Kath. Schule Liebfrauen
Fredericastr.
Königin-Elisabeth-Str.
Stülpnagelstr.
Rognitzstr.
Philippistr.
Kaiserd.-br.
Kaiserdamm
U2
Witzleben-pl.
Lietzensee
Landesschulamt
Th.-Heuss-Pl.
Heerstr.
Fernsehzentr. RBB
Fin.amt f. Körpersch.
Bredtschneiderstr.
Dresselsteg
AS Kaiserd.-Süd
Lietzenseeufer
Messe Nord ICC
Masurenallee
Hs. d. Rundfunks RBB
ZOB
Hammarskjöldpl.
Eingang Nord
Palais
Messedamm
Neue Kantstr.
Ostpr. br.
Dernburgstr.
Herbartstr.
Lietzenseebr.
K.-Fischer-Str.
P.-Ustinov-Schule
Witzlebenstr.
Alemannenallee
Karolingerpl.
Langobardenallee
Thüringerallee
Burk. Faso
Ubierstr.
Frankenallee
Spielpl.
Wandalenallee
Tennispl.
Messe-Sommergarten
Messegelände
Rundfunk-mus.
Eing. Ost
Funkturm
ICC Internat. Congress Centrum (geschlossen)
Jap. Gart.
Lietzenseepark
Dt. Telekom-Niederl.
Kuno-Fischer-Platz
Kirche am Lietzensee
J.-Wolff-Sen.-whs.
AS Messedamm
Kol. Rönnestr.
Suarezstr.
Westkreuz
RE1,RE7,RE2,RB14
S5
Kol. Ausstellung
Kol. Lützenstr.
Kol. Wasserturm
Lützenstr.
Wilhelm-Str.
Katharinenstr.
Heilbronner
Brücke am Heiligentalhügel
Eingang Süd
Mommsenstadion
CityCube
Jafféstr.
S3,S75
Nordkurve
Tank-u. Rastanl. Avus
Dr. Funk
Halenseestr.
Am West kreuz
Halenseestraßenbr.
Friedhof Grunewald
242

D
E
F
1
2
3
4
5
6
Gaswerk Charlottenburg (stillgelegt)
Charlottenburger Verbindungskanal
Mierendorff-pl.
Kaiserin-Augusta-Allee
Mierendorffpl.
Stadtreinigung
Pretoria
Kraftwerk Charlottenburg (stillgelegt)
Spree
Landwehrkanal
Schloßbr.
Am Spreebord
Siemenssteg
Röntgenbr.
Caprivibr.
Charlottenburger Ufer
Otto-Suhr-Allee
Alt-Lietzow
Lietzow
Richard-Wagner-Pl.
Stadtbad
Dt. Oper
Bismarckstr.
Ernst-Reuter-Platz
E.-Reuter-Pl.
Hardenbergstr.
Marchstr.
Dovestr.
Helmholtzstr.
Guerickestr.
Fraunhoferstr.
Phys.-Techn.-Bundesanstalt
Kaiser-Friedrich-Str.
Leibnizstr.
Wilmersdorfer Str.
Schillerstr.
Goethestr.
Goethepark
Charlotten-burg
(Bez.CH-WI)
Pestalozzistr.
Kantstr.
Wilmersd. Straße
Savignyplatz
Charl.bg.
S75
RB10
RE1
Stuttgarter Platz
Mommsenstr.
Niebuhrstr.
Sybelstr.
Giesebrechtstr.
Kurfürstendamm
Adenauerpl.
Lietzenburger Str.
Olivaer Platz
Lewishamstr.
Dahlmannstr.
Damaschkestr.
Lehniner Pl.
Finanzamt Wilmersdorf
237
243

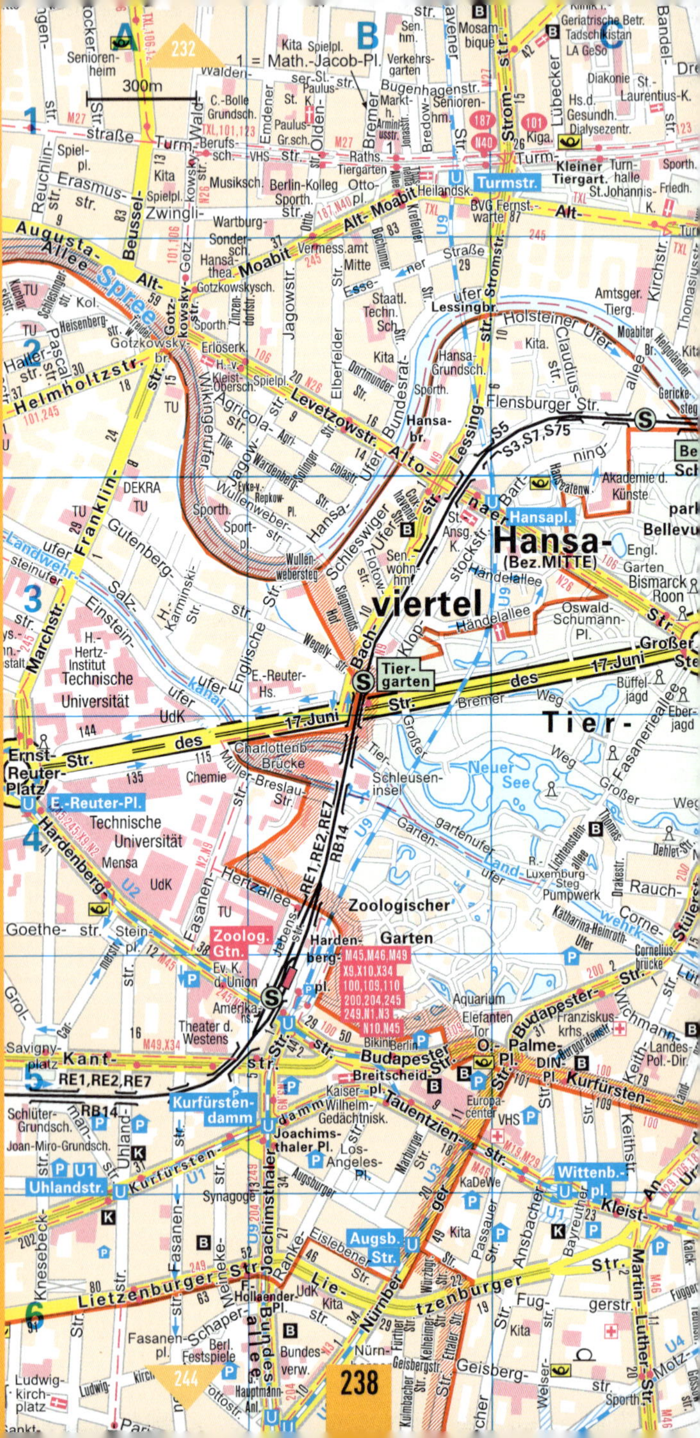
A
B
C
1
2
3
4
5
6
300m
1 = Math.-Jacob-Pl.
Turmstr.
Alt-Moabit
Moabit
Kleiner Tiergart.
St.Johannis-K.
Heilandsk.
Spree
Alt-Moabit
Augusta-Allee
Gotzkowskybr.
Levetzowstr.
Helmholtzstr.
Franklinstr.
Wikingerufer
Lessingbr.
Holsteiner Ufer
Flensburger Str.
Bundesrat-Ufer
Hansa-br.
Altonaer Str.
Hansapl.
Hansa-viertel
(Bez.MITTE)
Akademie d. Künste
Händelallee
Bellevue
Englischer Garten
Bismarck
Roon
Großer Stern
Landwehrkanal
Technische Universität
Einsteinufer
Salzufer
H.-Hertz-Institut
Straße des 17. Juni
Tiergarten
Tier-garten
Charlottenb. Brücke
Neuer See
Schleuseninsel
Ernst-Reuter-Platz
E.-Reuter-Pl.
Hardenbergstr.
Müller-Breslau-Str.
Hertzallee
Zoologischer Garten
Zoolog. Gtn.
Hardenbergpl.
M45,M46,M49
X9,X10,X34
100,109,110
200,204,245
249,N1,N3
N10,N45
Aquarium
Elefanten Tor
Budapester Str.
Lichtensteinallee
Rauch-
Corneliusbrücke
Katharina-Heinroth-Ufer
Goethestr.
Kantstr.
Savignyplatz
RE1,RE2,RE7
RB14
S3,S7,S75
S5
Theater d. Westens
Kurfürstendamm
Kaiser-Wilhelm-Gedächtnisk.
Breitscheidpl.
Tauentzienstr.
Europa-center
O.-Palme-Pl.
Kurfürstenstr.
Joachimsthaler Pl.
Los-Angeles-Pl.
Uhlandstr.
Kurfürstenstr.
KaDeWe
Wittenb.-pl.
Kleiststr.
Augsb. Str.
Lietzenburger Str.
Nürnberger Str.
Joachimsthaler Str.
Bundesallee
Fasanenstr.
Schaperstr.
Berl. Festspiele
Ludwigkirchplatz
Geisbergstr.
Martin-Luther-Str.
Motzstr.

232
244

D
E
F
233
Schloss-Park
Sportplatz
Friedhf. Geschichts-Park-Moabit
Kliniken des Campus Charité Mitte
Hauptbahnhof
Europapl.
U55
H.-Zille-Siedl.
Senatsverw. f.Gesundh. u.Soziales
Invaliden-str.
Seydlitz-str.
Alt-Moabit
Washington-platz
Tiergartentunnel
Kapelle-Ufer
Schumannstr.
Reinhardtstr.
S75
Kita Senioren wohnhs.
Carl-von-Ossietzky-Park
Moabiter Grundsch.
Bundesministerium des Inneren
Moltkebrücke
Schweiz
Otto-v.-Bismarck-Allee
M.-E.-Lüders-Haus
Dt.Bundestag (P.Löbe-Hs.)
Jakob-Mierscheid-Steg
Bundeskanzleramt
Paul-Löbe-Allee
Bundestag
Dt.Bundestag im Reichstag
Reichstagufer
Dorotheenstr.
Joachim-Karnatz-Allee
El Salvador
Guatemala
Nicaragua
Panama
Spree
Haus der Kulturen der Welt (Kongresshalle)
Tipi
Pl.d. Republik
Scheidemannstr.
John-Foster-Dulles-Allee
Zelterplatz
Sowjet. Ehrenmal
Pariser Pl.
Brandenburger Tor
Straße des 17. Juni
Platz d. 18. März
Bellevueallee
Kleiner Stern
Bremer Weg
Amazone
Löwen-denkm.
Ahornsteig
Behrenstr.
Holocaust Mahnmal
Musiker denkm.
Goethe
Straßen- u. Grünfl.-amt
Flora
Rosengarten
96
Tiergarten (Bez.MITTE)
Lortzing
Herkules mit der Lyra
Rousseauinsel
Lessing
In den Ministergärten
Ebertstr.
S1,S2,S25
Kemper-pl.
Lennéstr.
Voßstr.
Luiseninsel
Großer Weg
Sternallee
Spielpl.
Beisheim Center
Sony Center
Filmmus.
Potsdamer Pl.
Leipziger Platz
Tiergarten
Kunstgewerbe-mus.
Philharmonie
Österreich
Kulturforum
Gemäldegal.
Italien
Ägypten
Japan
Saudi-Arab.
Canisius-Kolleg
LV NRW
Ver.Arab. Emirate
Gedenkst.dt. Widerstand
Bundesmin. der Verteidigung
Hiroshimastr.
Hildebrandstr.
Stauffenbergstr.
Sigismundstr.
Matthäikirchpl.
Neue National-galerie
Marlene-Dietrich-Platz
Staats-bibliothek
Daimler-City
Linkstr.
Gabriele-Tergit-Prom.
Köthener Str.
Stresemannstraße
Reichpietschufer
Schöneberger Ufer
Pumpwerk
Lützowufer
Mendelss. Barth.-Park
G.-C.-Marshall-Brücke
Landwehrkanal
Senegal
Elisabeth-Krankenhs.
Magdeburger Platz
Arbeitsgericht
Integrationsbeauftragter Umspannw.
Lützowstr.
Ludgerus-K.
Fr.-Homberg-Grundsch.
Wintergarten
Berliner Buchhandelszentrum
Köthener Br.
Hallesches Ufer
Schönebgr. Br.
Tempelhofer Ufer
Franz Gymn.
Lycée Francais
College-Voltaire
Derfflingerstr.
Genthiner Str.
Kluckstr.
Pohlstr.
Potsdamer Straße
Körnerstr.
Flottwellstr.
Kurfürstenstr.
Apostel-K.
Zwölf-Apostel-K.
Senioren-wohnhs.
Jug.-cl.
Gleisdreieck
Nollendorfpl.
U3 U4
Bülowstr.
Frobenstr.
Sen.-wohnhs.
M.-E.-Lüders-Obersch.
Nelly-Sachs-Park
Lutherk.
Dennewitz-pl.
245
Dt. Technikmus.
Lok-schuppen
Spektrum Berlin
Park am Gleisdreieck
Wasserturm
Winterfeldtstr.
Alvenslebenstr.

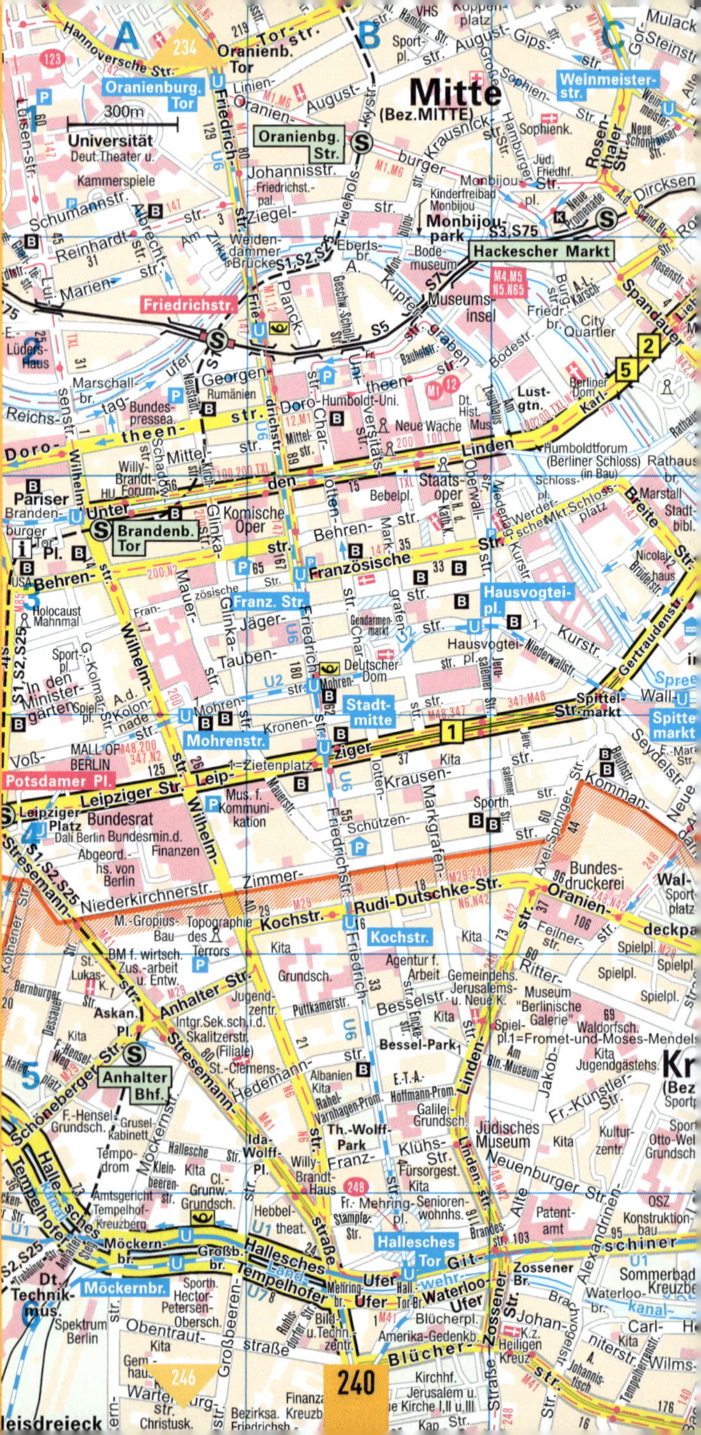
A
B
C
234
240
246
300m
Mitte
(Bez.MITTE)
Oranienburg. Tor
Oranienbg. Str.
Weinmeister-str.
Hackescher Markt
Friedrichstr.
Brandenb. Tor
Franz. Str.
Hausvogtei-pl.
Stadt-mitte
Mohrenstr.
Spittel-markt
Potsdamer Pl.
Kochstr.
Anhalter Bhf.
Möckernbr.
Hallesches Tor
Universität
Deut.Theater u. Kammerspiele
Schumannstr.
Albrecht-str.
Reinhardt-str.
Marien-str.
Luisen-str.
Hannoversche Str.
Tor-str.
Oranienb. Tor
Linien-str.
Oranien-burger Str.
August-str.
Johannisstr.
Friedrichst.-pal.
Ziegel-str.
Weiden-dammer Brücke
Krausnick-str.
Sophien-str.
Sophienk.
Jüd. Friedhf.
Gips-str.
Mulack-str.
Steinstr.
Monbijou-pl.
Kinderfreibad Monbijou
Monbijou-park
Neue Promenade
Dircksen-str.
Rosen-thaler Str.
Neue Schönhauser Str.
Bode-museum
Museums-insel
Kupfergraben
Burgstr.
Friedr.-br.
City Quartier
Spandauer Str.
Rosenstr.
Bodestr.
Lust-gtn.
Berliner Dom
Karl-Liebknecht-Str.
Rathausstr.
E.-Lüders-Haus
Marschall-br.
Reichstagufer
Bundes-pressea.
Georgen-str.
Rumänien
Neustädt. Kirchstr.
Doro-theen-str.
Humboldt-Uni.
Dt. Hist. Mus.
Neue Wache
Unter den Linden
Humboldtforum (Berliner Schloss) (in Bau)
Rathausbr.
Pariser Pl.
Branden-burger Tor
HU
Willy-Brandt-Forum
Mittel-str.
Schadow-str.
Wilhelm-str.
Glinka-str.
Komische Oper
Behren-str.
Bebelpl.
Staats-oper
Oberwall-str.
Niederlag-str.
Schloss-pl.
Werdersche Mkt.
Schloss-platz
Marstall
Stadt-bibl.
Breite Str.
Nicolai-haus
Brüderstr.
Französische Str.
Mauer-str.
Jäger-str.
Tauben-str.
Gendarmen-markt
Charlotten-str.
Markgrafen-str.
Kurstr.
Gertraudenstr.
Niederwallstr.
Jerusalemer Str.
Deutscher Dom
Mohren-str.
Kronen-str.
Leipziger Str.
Zietenplatz
Krausen-str.
Spree
Wall-str.
Seydelstr.
USA
Holocaust Mahnmal
Sport-pl.
In den Ministergärten
G.-Kolmar-Str.
A.d. Kolonnade
Voß-str.
MALL OF BERLIN
Leipziger Platz
Dali Berlin
Bundesrat
Bundesmin.d. Finanzen
Abgeord.-hs. von Berlin
Mus. f. Kommunikation
Schützen-str.
Sporth.
Kita
Axel-Springer-Str.
Kommandantenstr.
Bundes-druckerei
Zimmer-str.
Niederkirchnerstr.
Stresemann-str.
M.-Gropius-Bau
Topographie des Terrors
Rudi-Dutschke-Str.
Oranien-str.
Wal-platz
Feilner-str.
Ritter-str.
Lindenstr.
Köthener Str.
Bernburger Str.
Dessauer Str.
St.-Lukas-K.
BM f. wirtsch. Zus.-arbeit u. Entw.
Askan. Pl.
Anhalter Str.
Jugend-zentr.
Intgr.Sek.sch.i.d. Skalitzerstr. (Filiale)
St.-Clemens-K.
Grundsch.
Puttkamerstr.
Agentur f. Arbeit
Gemeindehs. Jerusalems- u. Neue K.
Besselstr.
Bessel-Park
Museum "Berlinische Galerie"
Spiel-pl.1=Fromet-und-Moses-Mendelssohn-pl.
Waldorfsch.
Kita Jugendgästehs.
Am Bln.-Museum
Jakob-str.
Hedemann-str.
Albanien
E.T.A.-Hoffmann-Prom.
Rahel-Varnhagen-Prom.
Galilei-Grundsch.
Fr.-Künstler-Str.
Schöneberger Str.
F.-Hensel-Weg
F.-Hensel-Grundsch.
Grusel-kabinett
Tempo-drom
Möckernstr.
Hallesche Str.
Klein-beeren-str.
Cl.-Grunw.-Grundsch.
Ida-Wolff-Pl.
Th.-Wolff-Park
Willy-Brandt-Haus
Franz-Klühs-Str.
Fürsorgest.
Jüdisches Museum
Kultur-zentr.
Otto-Wels-Grundsch.
Neuenburger Str.
Alte Jakobstr.
Amtsgericht Tempelhof-Kreuzberg
Hebbel-theat.
Fr.-Mehring-pl.
Senioren-wohnhs.
Stampfe-Str.
Patent-amt
OSZ Konstruktion-bau
Alexandrinenstr.
Halle-sches Ufer
Tempelhofer Ufer
Möckern-br.
Großb.-br.
Hallesches Ufer
Landwehrkanal
Mehring-br.
Hall. Tor-Br.
Waterloo-Ufer
Gitschiner Str.
Zossener Br.
Zossener Str.
Sommerbad Kreuzberg
Waterloo-br.
Dt. Technik-mus.
Spektrum Berlin
Obentraut-str.
Großbeeren-str.
Bild.-u.Techn.-zentr.
Blücherpl.
Amerika-Gedenkb.
Johanniterstr.
Carl-Herz-Ufer
Wilms-str.
Blücher-str.
K.z. Heiligen Kreuz
Kirchhf. Jerusalem u. Neue Kirche I,II u.III
Wartenburg-str.
Bezirksa. Friedrichsh.-Kreuzb.
Christusk.
Gleisdreieck
Tempelherrenstr.
Brachvogelstr.
Hollmannstr.
Friedrich-str.
Planck-str.
Universitätsstr.
Tucholsky-str.
Gr. Hamburger Str.

D
E
F
235
241
247
Prenzlauer Tor
Volksbühne
Mollstr.
Karl-Liebknecht-Str.
Wadzeckstr.
Alexanderpl.
Alexanderstr.
Otto-Braun-Str.
Berolina-str.
Rathaus Mitte
Weydemeyerstr.
Karl-Marx-Allee
Schillingstr.
Strausberger Platz
Pl. der Ver. Nationen
Friedenstr.
Friedrichshain
Bunkerbg.
Freilichtbühne
Teich
Strausberger Str.
Lebuser Str.
Neue Weberstr.
Blumenstr.
Singerstr.
Lichtenberger Str.
Andreasstr.
Andreasplatz
Koppenstr.
Holzmarktstr.
Jannowitzbr.
Spree
Märkischer Park
Märk.Mus.
Klosterstr.
Grunerstr.
Rathausstr.
Littenstr.
Stralauer Str.
Brückenstr.
Köpenicker Str.
Heizkraftwerk
Michaelkirchstr.
1 = Mehlbeerenweg
Am Ostbahnhof
Ostbahnhof
Stralauer Pl.
Schillingbr.
Engeldamm
FRIEDRICHS-HAIN
Heinrich-Heine-Str.
H.-Heine-Str.
Annenstr.
Schmidstr.
Melchiorstr.
St.-Michael-Kirche
Heinrich-Heine-Pl.
Bethaniendamm
Mariannenplatz
Köpi
Waldemarstr.
Wrangelstr.
Muskauer Str.
Moritzplatz
Moritzpl.
Oranienplatz
Oranienstr.
Adalbertstr.
Dresdener Str.
Manteuffelstr.
Pücklerstr.
Eisenbahnstr.
Markthalle
Lausitzer Platz
Görlitzer Bhf.
Skalitzer Str.
Reichenberger Str.
Kottbusser Tor
Kottbusser Str.
Wiener Str.
Spreewaldpl.
Gitschiner Str.
Wassertor
Böcklerpark
Urbanhafen
Planufer
Paul-Lincke-Ufer
Maybachufer
Landwehrkanal
Fraenkelufer
Admiralbr.
Ohlauer Str.
Forster Str.
Vivantes Klinikum Am Urban
Kreuzberg

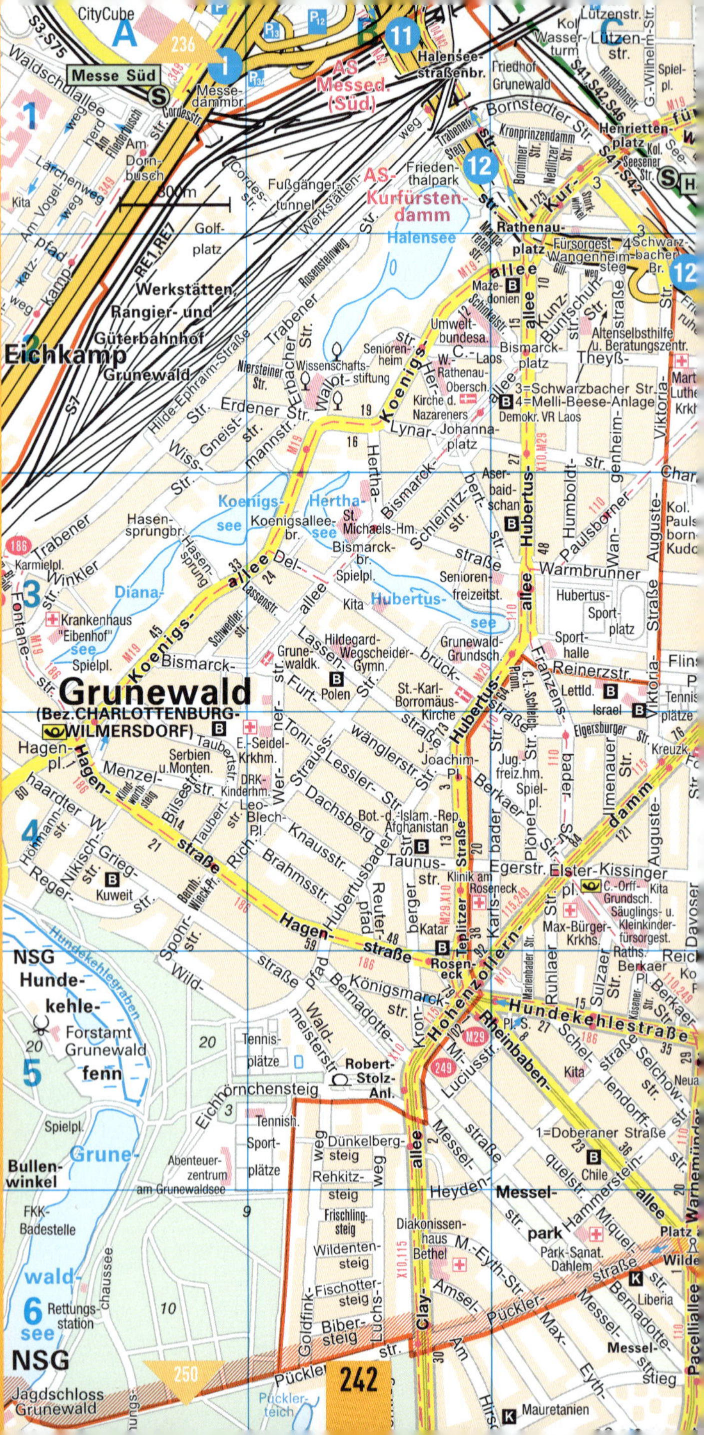

CityCube
A
236
B
C
Messe Süd
Waldschulallee
Messedammbr.
AS Messed. (Süd)
Halenseestraßenbr.
Friedhof Grunewald
Lützenstr.
Lützen-str.
Koll. Wasserturm
G.-Wilhelm-Str.
Spielpl.
Henriettenplatz
Bornstedter Str.
Kronprinzendamm
Trabener Steg
Friedenthalpark
AS-Kurfürstendamm
Halensee
Fußgängertunnel
Werkstätten-Str.
Cordesstr.
Am Dornbusch
Lärchenweg
Am Vogelherd
Katzkampweg
Golfplatz
300 m
RE1, RE7
Werkstätten, Rangier- und Güterbahnhof Grunewald
Eichkamp
Rosensteinweg
Trabener Str.
Erbacher Str.
Niersteiner Str.
Hilde-Ephraim-Straße
Erdener Str.
Gneiststr.
Wissmannstr.
Wissenschaftsstiftung
Walter-Seniorenheim
Koenigsallee
Lynar-
Johannaplatz
Rathenau-platz
Fürsorgest.
Wangenheim-steg
Schwarzbacher Br.
Mazedonien
Umweltbundesa.
C.-Laos
W.-Rathenau-Obersch.
Kirche d. Nazareners
Bismarckplatz
Theyß-
Altenselbsthilfe u. Beratungszentr.
3=Schwarzbacher Str.
4=Melli-Beese-Anlage
Demokr. VR Laos
Herthastr.
Bismarckallee
Hubertusallee
Humboldtstr.
Wangenheimstr.
Paulsborner
Auguste-Viktoria-Str.
Koenigssee
Herthasee
Koenigsalleebr.
St. Michaels-Hm.
Bismarckbr.
Spielpl.
Aserbaidschan
Schleinitzstr.
Warmbrunner Straße
Seniorenfreizeitst.
Hubertussee
Hubertus-Sportplatz
Sporthalle
Hasensprungbr.
Hasensprung
Trabener
Karmielpl.
Winkler Str.
Dianasee
Krankenhaus "Eibenhof"
Fontanestr.
Lassenstr.
Schwedlerstr.
Delbrückstr.
Kita
Hildegard-Wegscheider-Gymn.
Grunewald-Grundsch.
Grunewald (Bez. CHARLOTTENBURG-WILMERSDORF)
Bismarck-
Grunewaldk.
Polen
St.-Karl-Borromäus-Kirche
Reinerzstr.
Lettld.
Israel
Franzensbader Str.
Elgersburger Str.
Tennisplätze
Kreuzk.
Hagenpl.
Serbien u. Monten.
Taubertstr.
E.-Seidel-Krkhm.
DRK-Kinderhm.
Toni-
Lessler-Str.
Wernerstr.
Wänglerstr.
Joachim-Pl.
Menzelstr.
Klindworthsteig
Bisestr.
Leo-Blech-Pl.
Dachsberg
Bot.-d.-Islam.-Rep. Afghanistan
Berkaer Str.
Jug.-freiz.hm.
Spielpl.
Hagenstraße
Haardter W.
Höhmannstr.
Nikischstr.
Griegstr.
Kuweit
Regerstr.
Richard-Strauss-Str.
Knausstr.
Brahmsstr.
Hubertusbader Str.
Taunusstr.
Teplitzer Straße
Klinik am Roseneck
Egerstr.
Elster-Kissinger
C.-Orff-Grundsch.
Kita
Säuglings- u. Kleinkinderfürsorgest.
Max-Bürger-Krkhs.
Spohrstr.
Wildpfad
Reuterpfad
Kissingen
Katar
Roseneck
Karlsbader
Plöner Str.
Ruhlaer Str.
Sulzaer Str.
Ilmenauer Str.
Hohenzollerndamm
Raths.
Berkaer Pl.
NSG Hundekehle-
Hundekehlegraben
Forstamt Grunewald
Hundekehlefenn
Hundekehlestraße
Königsmarckstr.
Bernadottestr.
Waldmeisterstr.
Tennisplätze
Robert-Stolz-Anl.
Eichhörnchensteig
Kronbergerstr.
Mecklenburgische Str.
Rheinbabenallee
Luciusstr.
Schelerstr.
Kita
Lentzeallee
Selchowstr.
Neua
Spielpl.
Tennis-Sportplätze
Abenteuerzentrum am Grunewaldsee
Bullenwinkel
Grunewaldsee
Dünkelbergsteig
Rehkitzsteig
Fischlingsteig
Wildentensteig
Fischottersteig
Biberstieg
Goldfinkweg
Luchsweg
Clayallee
Messelstraße
Heydenstr.
Messelpark
1=Doberaner Straße
Chile
Hammersteinstr.
Miquelstraße
Park-Sanat. Dahlem
Diakonissenhaus Bethel
M.-Eyth-Str.
Amselstr.
Pücklerstr.
Max-Eyth-Str.
Bernadottestr.
Liberia
Messelstieg
Platz
Wilde
FKK-Badestelle
Rettungsstation
NSG
250
Jagdschloss Grunewald
Pücklerteich
Am Hirschsprung
Mauretanien
Pacelliallee
Warnemünder

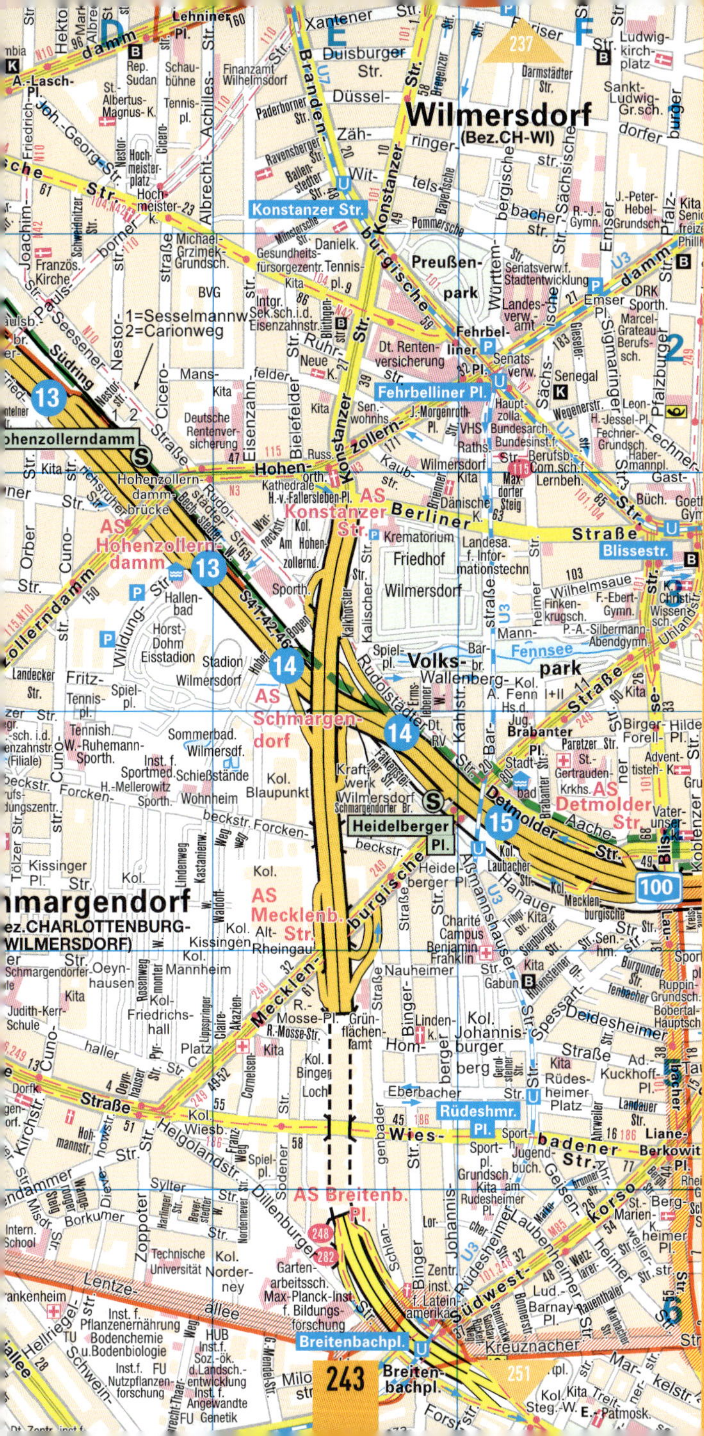

D
E
F
237
Wilmersdorf
(Bez.CH-WI)
Konstanzer Str.
Preußen-
park
Fehrbelliner Pl.
Hohenzollerndamm
1=Sesselmannw.
2=Carionweg
Südring
AS
Hohenzollern-
damm
AS
Konstanzer
Str.
Berliner
Straße
Blissestr.
Friedhof
Wilmersdorf
Volks-
park
Fennsee
Stadion
Wilmersdorf
Horst-
Dohm
Eisstadion
AS
Schmargen-
dorf
Heidelberger
Pl.
AS
Detmolder
Str.
Schmargendorf
(Bez.CHARLOTTENBURG-
WILMERSDORF)
AS
Mecklenb.
Str.
Rüdeshmr.
Pl.
AS Breitenb.
Pl.
Breitenbachpl.
Breiten-
bachpl.
Südwest-
Korso
Wiesbadener
Str.
Lentze-
allee
Technische
Universität
Max-Planck-Inst.
f. Bildungs-
forschung
Charité
Campus
Benjamin
Franklin
13
14
15
100
243
251
2

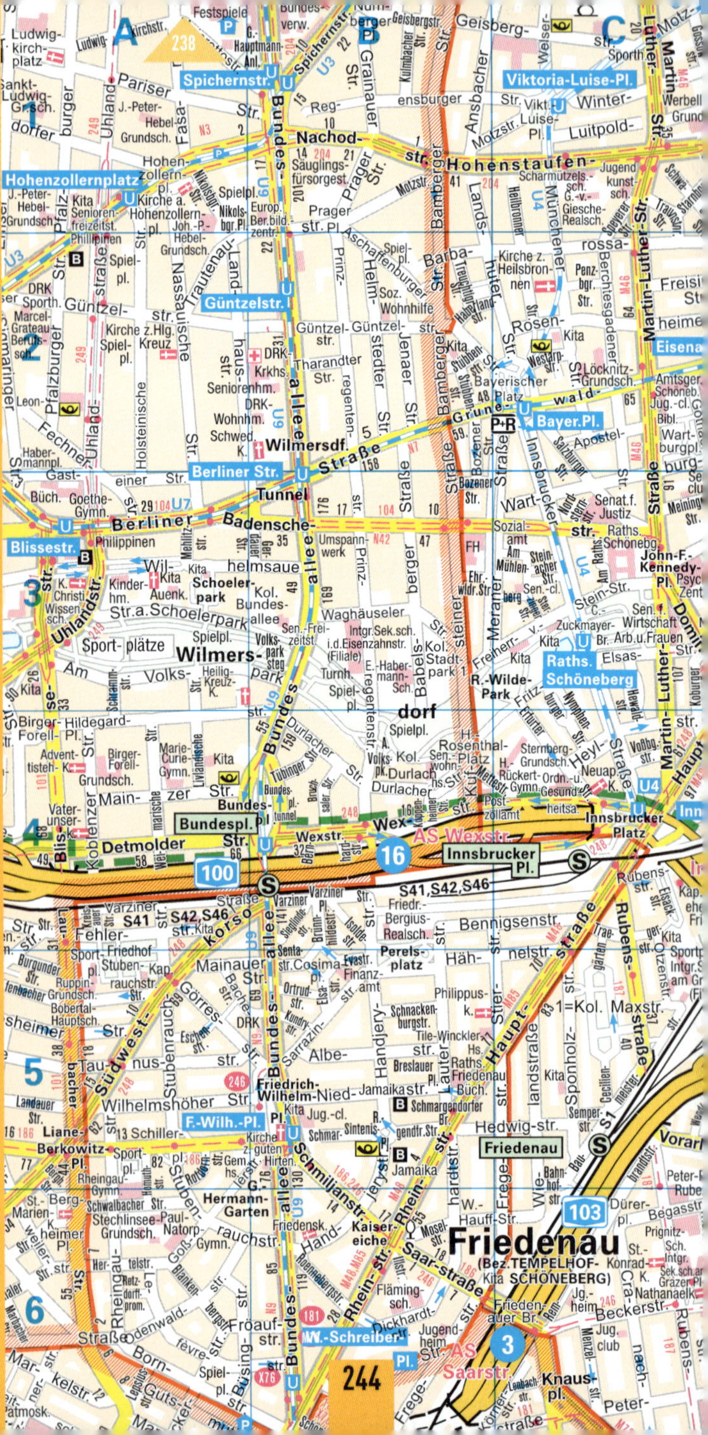

238
A
B
C
Festspiele
Ludwig-kirch-platz
Spichernstr.
Viktoria-Luise-Pl.
Geisberg-
Nachod-str.
Hohenstaufen-
Hohenzollernplatz
Güntzelstr.
Güntzel-str.
Prager Pl.
Barbarossa-
Rosen-
Bayerischer Platz
Bayer.Pl.
Grunewald-
Berliner Str.
Straße
Wilmersdf.
Tunnel
Blissestr.
Berliner
Badensche-
Martin-Luther-Str.
Eisena
Wilhelmsaue
Schoelerpark
Str.a.Schoelerpark
Sport-plätze
Wilmers-dorf
Volkspark
Raths. Schöneberg
Rudolf-Wilde-Park
Bundesallee
Uhlandstr.
Detmolder Str.
Bundespl.
Wexstr.
AS Wexstr.
Innsbrucker Pl.
Innsbrucker Platz
100
16
S41,S42,S46
Varziner Str.
Perelsplatz
Südwest-korso
Friedrich-Wilhelm-Nied-
F.-Wilh.-Pl.
Friedenau
Hauptstr.
Rheinstr.
Schmiljanstr.
Saarstraße
Kaiser-eiche
Hermann-Garten
103
W.-Schreiber-Pl.
AS Saarstr.
3
Friedenau
(Bez.TEMPELHOF-SCHÖNEBERG)
Knaus-pl.
Dickhardt-
Rheingau-
Odenwald-
Fröauf-str.
244

D
E
F
239
Park
am Gleisdreieck
Wasser-turm
1
2
3
4
5
6
300m
Winterfeldt-str.
Pallas-str.
Goeben-str.
Potsdamer Str.
Alvensleben-str.
Dennewitz-pl.
Kulmer Str.
Bülowstr.
Yorckstr. Großgörschenstr.
Yorckstr.
Yorck-str.
Heinr.-v.-Kleist-Park
Kammerger.
Verfassungs-gerichtsh.
Universität d. Künste
Großgörschenstr.
Willmanndamm
Kleistpark
Grunewald-str.
Goltz-str.
Vorbergstr.
Belziger Str.
Crellestraße
Hauptstraße
J.-Leber-Br.
Julius-Leber-Br.
Kaiser-Wilh.-Pl.
Kolonnen-str.
Monumenten-straße
St.-Matthäus-Kirchhof I
Kreuzberg-straße
Jesusk.
Katzbach-str.
Eylauer Str.
Duden-straße
Kolonnenbr.
DIBT
Dt.Inst.f. Bautech.
Elisabeth-K.
R.-Blum-Gymn.
Havelland-Grundsch.
Zwölf-Apostel-Kirchhof I
Schöneberg
(Bez.TEMPELHOF-SCHÖNEBERG)
Leuthener Str.
Leuthener Pl.
GASAG
Torgauer Straße
S41,S42
S46,S47
Südring
Naumannstr.
Wilhelm-Kabus-Str.
Pape-str.
R.-Koch-Institut
Kol. Papestr. Bl. I
Kol. Papestr. Bl. II
Bayern-
Boelcke-str.
Wüsthoff-str.
St.-Joseph-Krkhs.
Tempelherren
Südkreuz
S45
Sachsendamm
AS Sachsen-damm
Tempelhofer Weg
Sachsen-
Fr.-Gerlach-Br.
Zwölf-Apostel-Kirchhof II
Schönebg.
Hildegard-Knef-Pl.
Hedwig-Dohm-Str.
Lotte-Laser-Str.
1=Fritz-Bräuning-Promenade
2=Erika-Gräfin v. Brockdorff-Platz
Werner-
Voß-damm
Hoeppner-str.
Berliner Wasserbetriebe
Hansakorso
S41,S42,S45,S46
Südring
18
19
Kreuz Schöneberg
Vorarlberger Damm
Priesterweg
Tennispl.
Kol. Vorarlbg.
2=Suadicanistr.
Kol. Glück im Winkel
Kol. Luisen-gärten
Kol. Berg-frieden
Matthäifriedhofsweg
Reichart-Str.
Genest-str.
AS Alboinstr.
Schönebgr. Str.
Druckenm.-Br.
Deutsche Post AG Briefzentrum
Kol. Feld-schlößchen
Eresburg-str.
Burchard-str.
Alboin-straße
Magirus-str.
Friedrich-Ebert-Sportanlage
Gäßnerweg
TÜV
Egelingzeile
Hans-Baluschek-Park
NSG
RE3,RE4,RE5
S2,S25
Kol. Neue Zeit
Kol. Wieder-vereinigung
Kol. Kaninchen-farm
Kol. Sonnen-land
Kol. Buren-land
Kol. Heiterkeit
Kol. Sommer-hm.
Kol. Grünes Tal
Alt Schönebg.
Kol. Grüne Aue
Riemenschneider-
Kinder-heim
Kol. Canova

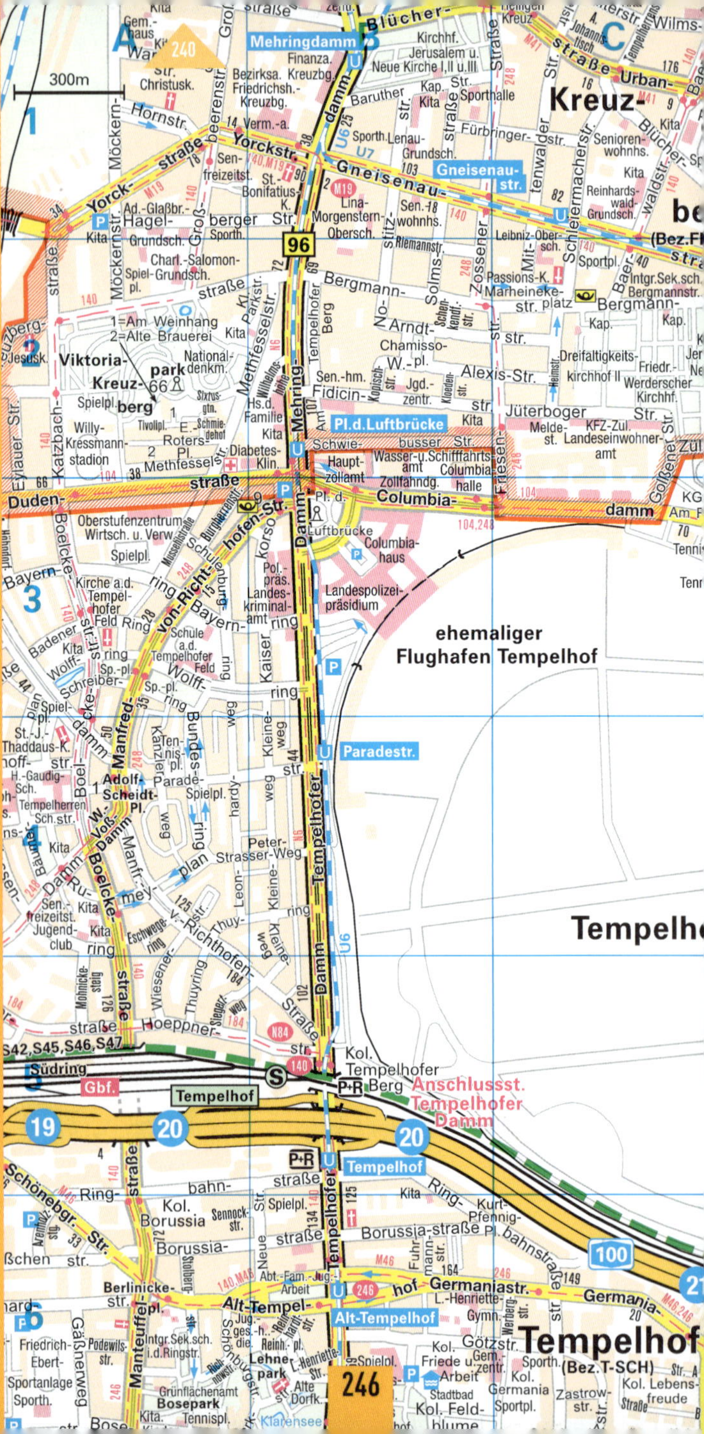

240
300m
Mehringdamm
Blücher-
Kirchhf. Jerusalem u. Neue Kirche I, II u. III
Finanza.
Bezirksa. Friedrichsh.-Kreuzbg.
Kreuzbg.
Christusk.
Hornstr.
Yorckstr.
Yorck-straße
Gneisenau-str.
Gneisenau-
Urban-straße
Kreuz-
Baruther str.
Sporthalle
Fürbringer-str.
Senioren-wohnhs.
Reinhards-wald-Grundsch.
Sen.-freizeitst.
St.-Bonifatius-K.
Lina-Morgenstern-Obersch.
Sen.-wohnhs.
Riemannstr.
Sporth.Lenau-Grundsch.
Möckernstr.
Ad.-Glaßbr.-str.
Hagel-berger Str.
Grundsch.
Sporth.
Charl.-Salomon-Spiel-Grundsch.
Großbeerenstr.
96
Bergmann-straße
Leibniz-Ober-sch.
Sportpl.
Passions-K.
Marheineke-platz
Intgr.Sek.sch. Bergmannstr.
(Bez.F
1=Am Weinhang
2=Alte Brauerei
Viktoria-park
Kreuz-berg
National-denkm.
Spielpl.
Willy-Kressmann-stadion
Tivolipl.
E.-Roters-Pl.
Methfesselstr.
Diabetes-Klin.
Hs.d. Familie
Kita
Mehring-damm
Tempelhofer Berg
Arndt-
Chamisso-pl.
Fidicin-
Jgd.-zentr.
Alexis-Str.
Dreifaltigkeits-kirchhof II
Friedr.-Werderscher Kirchhf.
Jüterboger Str.
Melde-st.
KFZ-Zul. Landeseinwohner-amt
Pl.d.Luftbrücke
Schwiebusser Str.
Haupt-zollamt
Wasser-u.Schifffahrts-amt
Zollfahndg.
Columbia-halle
Columbia-damm
Friesen-str.
Duden-straße
Eylauer Str.
Katzbach-str.
Oberstufenzentrum Wirtsch. u. Verw.
Pl. d. Luftbrücke
Columbia-haus
Pol.-präs.
Landes-kriminal-amt
Landespolizei-präsidium
ehemaliger Flughafen Tempelhof
Bayern-ring
Kirche a.d. Tempel-hofer Feld
Schule a.d. Tempelhofer Feld
von-Richthofen-Str.
Schulenburg-ring
Wolff-ring
Kaiser-ring
Paradestr.
Manfred-v.-Richthofen-str.
Adolf-Scheidt-Pl.
Parade-
Spielpl.
Peter-Strasser-Weg
Leon-
Kleine-weg
Tempelhofer Damm
U6
Tempelhof
Boelcke-straße
Thuyring
Wiesener-str.
Hoeppner-straße
Südring
S42, S45, S46, S47
Gbf.
Tempelhof
Kol. Tempelhofer Berg
Anschlussst. Tempelhofer Damm
19
20
100
Ring-bahn-straße
Kol. Borussia
Borussia-straße
Schöneberger Str.
Manteuffel-str.
Alt-Tempelhof
Germaniastr.
Germania-
Kurt-Pfennig-Pl.
Tempelhof (Bez.T-SCH)
Kol. Friede u. Arbeit
Kol. Germania
Sportpl.
Götzstr.
Intgr.Sek.sch. i.d.Ringstr.
Friedrich-Ebert-Sportanlage
Sporth.
Grünflächenamt Bosepark
Tennispl.
Alte Dorfk.
Kol. Lebensfreude
Stadtbad
Zastrow-str.
246

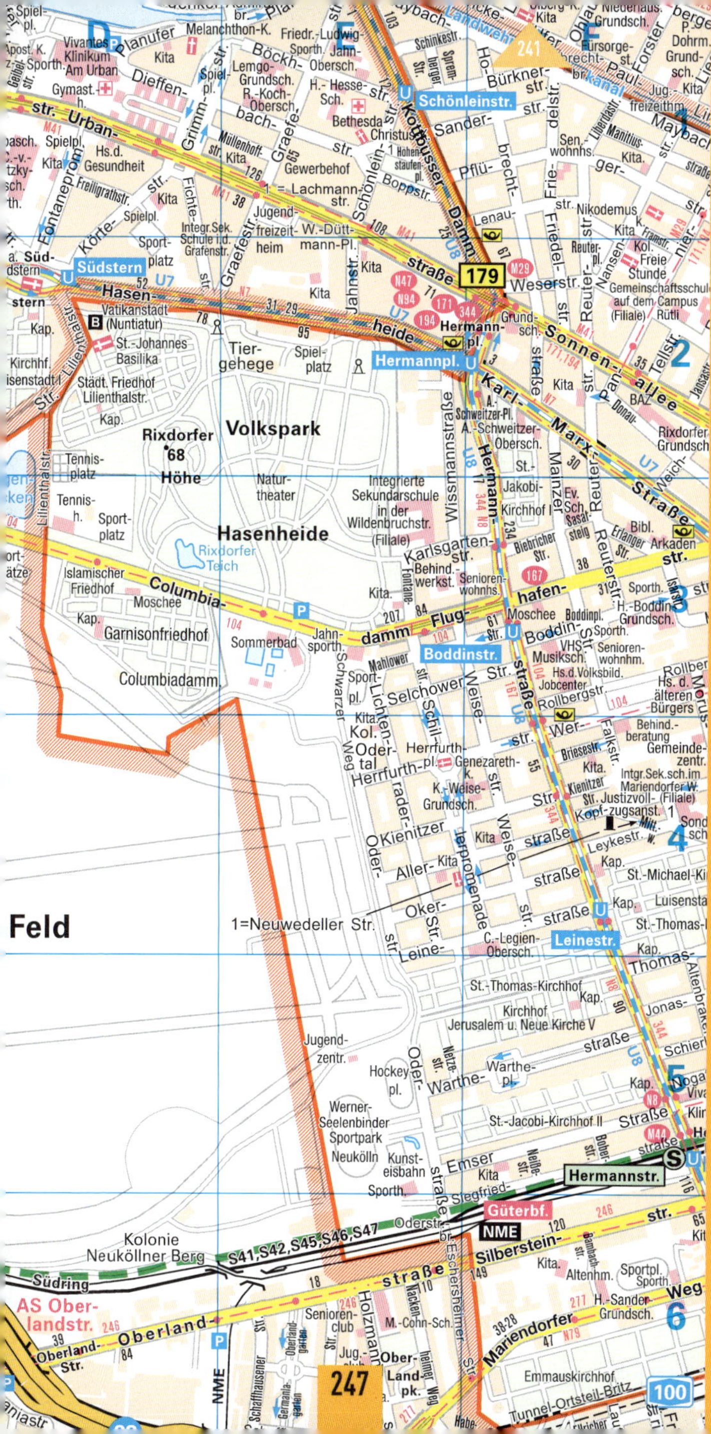
241
Planufer
Vivantes Klinikum Am Urban
Urban-str.
Dieffenstr.
Melanchthon-K.
Lemgo-Grundsch.
R.-Koch-Obersch.
Böckhstr.
Friedr.-Ludwig-Jahn-Sporth.
Jahn-Obersch.
H.-Hesse-Sch.
Bethesda
Christus
Kottbusser Damm
Schönleinstr.
Sanderstr.
Bürknerstr.
Landwehrkanal
Fürsorge-Grundsch.
Paul-Lincke-Ufer
Jug.-freizeitheim
Maybachufer
Hs.d. Gesundheit
Freiligrathstr.
Fontanepromenade
Körtestr.
Grimmstr.
Fichtestr.
Müllenhoffstr.
Graefestr.
Gewerbehof
1 = Lachmannstr.
Jugendfreizeitheim
W.-Düttmann-Pl.
Schönleinstr.
Boppstr.
Pflügerstr.
Lenaustr.
Friedelstr.
Nikodemus K.
Freie Stunde
Gemeinschaftsschule auf dem Campus Rütli (Filiale)
Südstern
Hasenheide
Vatikanstadt (Nuntiatur)
St.-Johannes Basilika
Städt. Friedhof Lilienthalstr.
Lilienthalstr.
Tiergehege
Spielplatz
Hermannplatz
179
Weserstr.
Sonnenallee
Karl-Marx-Straße
A.-Schweitzer-Obersch.
Rixdorfer Höhe 68
Volkspark Hasenheide
Naturtheater
Rixdorfer Teich
Integrierte Sekundarschule in der Wildenbruchstr. (Filiale)
Wissmannstraße
Hermannstraße
St.-Jakobi-Kirchhof I
Rixdorfer Grundsch.
Bibl. Arkaden
Erlanger Str.
Reuterstr.
Columbiadamm
Islamischer Friedhof
Moschee
Garnisonfriedhof
Sommerbad
Jahn-sporth.
Karlsgartenstr.
Flughafenstr.
Boddinstr.
H.-Boddin-Grundsch.
Schwarzer Weg
Lichtenrader Str.
Selchower Str.
Herrfurthpl.
Genezareth-K.
Rollbergstr.
Werbellinstr.
Briesestr.
Kienitzer Str.
Justizvollzugsanst.
Leykestr.
St.-Michael-Ki
Okerstr.
Allerstr.
Leinestr.
Weisestr.
Thomasstr.
St.-Thomas-Kirchhof
Jerusalem u. Neue Kirche V
Feld
1=Neuwedeller Str.
Jugendzentr.
Hockeypl.
Oderstr.
Warthestr.
Warthepl.
St.-Jacobi-Kirchhof II
Werner-Seelenbinder Sportpark Neukölln
Kunsteisbahn
Emser Str.
Siegfriedstr.
Hermannstr.
Güterbf.
NME
Silbersteinstr.
Kolonie Neuköllner Berg
S41,S42,S45,S46,S47
Südring
AS Oberlandstr.
Oberlandstraße
Oberlandstr.
Seniorenclub
M.-Cohn-Sch.
Eschersheimer Str.
Mariendorfer Weg
H.-Sander-Grundsch.
Emmauskirchhof
Tunnel-Ortsteil-Britz
100
2
3
4
5
6
D
E
F

FRIEDRICHSHAIN-KREUZBERG
Friedrichshain
(Bez.FR-KR)
Alt-Treptow
(Bez.TREPTOW-KÖPENICK)
NEUKÖLLN
Rixdorf
Ostbahnhof
Warschauer Str.
Schlesisches Tor
Görlitzer Bhf.
Görlitzer Park
Raths. Neukölln
Karl-Marx-Str.
Boddinstr.
Mercedes-Benz-Arena
East-Side-Gallery
Oberbaumbrücke
Osthafen
Spree
Landwehrkanal
Neuköllner Schiffahrtskanal
Stralauer Allee
Schlesische Str.
Puschkinallee
Am Treptower Park
Karl-Marx-Str.
Sonnenallee
Hermannstr.
Kiefholzstr.
Heidelberger Str.
Wiener Str.
Skalitzer Str.
Köpenicker Str.
Mühlenstraße
Warschauer Str.
Revaler Str.
Grünberger Str.
Kopernikusstr.
Krossener Str.
Boxhagener Pl.
Ostbahn
96a
179
Flughafenstr.
Bundesbehörde
Plaza San Rafael del Sur
Lessinghöhe
Thomashöhe
Schles. Busch
ARENA
Lohmühleninsel
Elsensteg
Treptower Br.

D
E
F
300m
Lichtenberg
Nöldnerpl.
Ostkreuz
Rummelsburg
Rummelsburg
(Bez. LICHTENBERG)
Stralau
Rummels-
burger
See
Spree
Treptower Park
TREPTOW-KÖPENICK
Treptower
Park
Karpfen-
teich
96a
Insel der
Jugend
Spreepark
Vergnügungs-und
Freizeitpark
(geschlossen)
Liebes-
insel
Kratzbruch
Köpenicker
Chaussee
Plänter-
LSG
wald
Plänterwald
Plänterwald
(Bez.TREPTOW-KÖPENICK)
1=Karlshorster Str.
2=Stadthausstraße
3=Clara-Grunwald-Str.
4=Lina-Morgenstern-Str.
5=Alice-u.-Hella-Hirsch-Ring
6=Paula-Fürst-Straße
7=Charlotte-Salomon-Hain
8=H.-Marcussohn-Str.
9=K.-Willker-Str.
10=Gisele-Freund-Hain
1 = Am Speicher
Hauptstraße
Lückstraße
Nöldnerstr.
Puschkin-allee
Am Treptower Park
Kiefholz-straße
Neue Krugallee
Sowjet.
Ehrenmal
Archenhold-
Sternwarte
Altes Eier-
häuschen
Waldschule
Kol.
Rathaus
Treptow
2
3
4
5
6

242

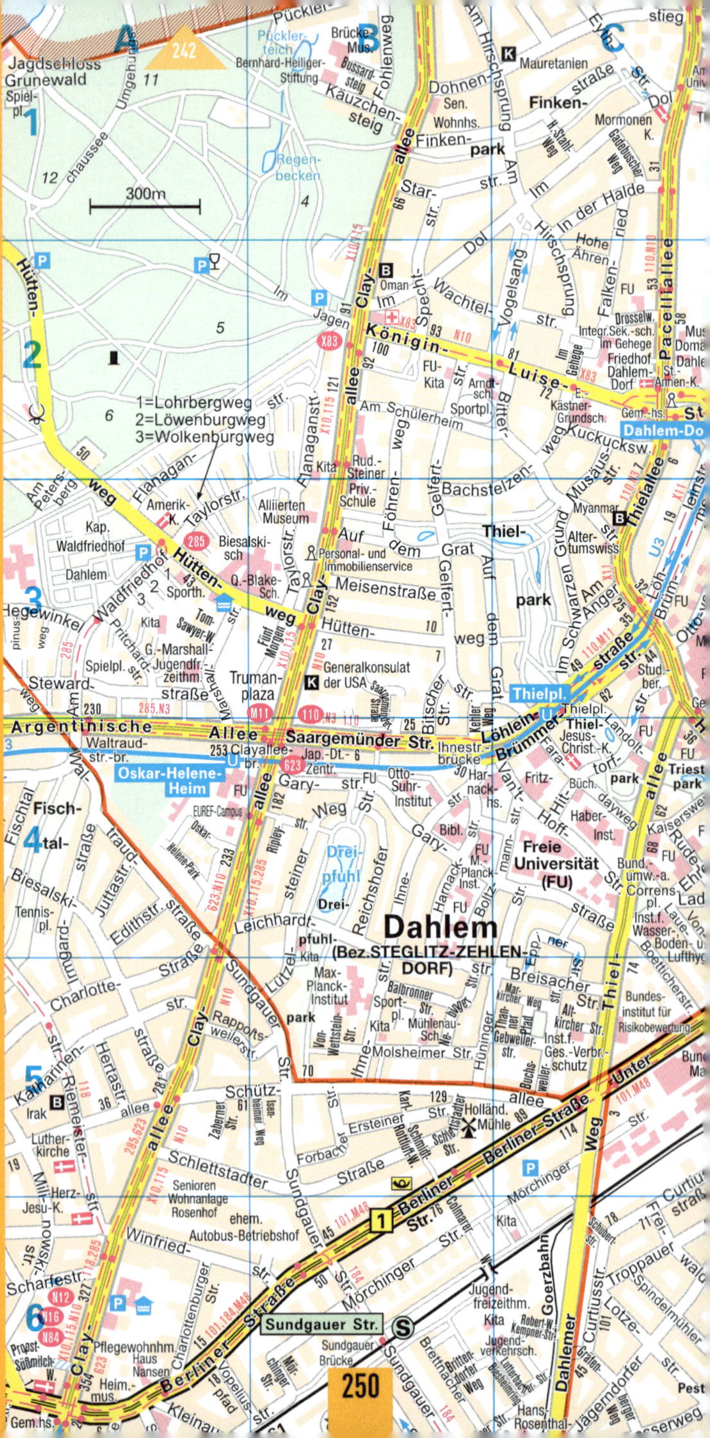
A
B
C
1
2
3
4
5
6
Jagdschloss Grunewald
Spielpl.
Umgehungs
chaussee
300m
Pückler-teich
Brücke-Mus.
Bernhard-Heiliger-Stiftung
Bussard-steig
Fohlenweg
Käuzchen-steig
Regen-becken
Am Hirschsprung
Mauretanien
Eythstr.
Dohnen-stieg
Sen. Wohnhs.
Finken-park
Finkenstraße
Mormonen K.
Dol
Clayallee
Star-str.
Im Dol
In der Halde
Hohe Ähren
Falkenried
Pacelliallee
Hüttenweg
Im Jagen
Oman
Specht-str.
Wachtel-str.
Vogelsang
Königin-Luise-Str.
Integr.Sek.-sch. Im Gehege
Friedhof Dahlem-Dorf
St.-Annen-K.
Drosselw.
FU-Kita
Arndt-sch.
Sportpl.
Bitter-str.
E.-Kästner-Grundsch.
Gem.-hs.
Dahlem-Dorf
Kuckucksw.
Am Schülerheim
Flanaganstr.
1=Lohrbergweg
2=Löwenburgweg
3=Wolkenburgweg
Flanagan-str.
Am Petersberg
Amerik-K.
Taylorstr.
Alliierten Museum
Kita
Rud.-Steiner Priv.-Schule
Föhrenweg
Gelfert-str.
Bachstelzenweg
Musäusstr.
Myanmar
Thielallee
Kap.
Waldfriedhof Dahlem
Biesalski-sch
Auf dem Grat
Personal- und Immobilienservice
Thielpark
Alter-tumswiss
Q.-Blake-Sch.
Meisenstraße
Sporth.
Im Schwarzen Grund
Am Anger
Löhleinstr.
Brümmerstr.
Hegewinkel
Waldfriedhof
Tom-Sawyer-W.
Hüttenweg
Gelfertweg
Pritchardstr.
G.-Marshall-Jugendfr.-zeithm.
Fünf Morgen
Generalkonsulat der USA
Truman-plaza
Spielpl.
Stewardstraße
Marshallstr.
Saargemünder Straße
Bitscher Str.
Stud.-ber.
Argentinische Allee
Saargemünder Str.
Thielpl.
Löhlein-Brümmerstr.
Waltraud-str.-br.
Clayallee-br.
Jap.-Dt.-Zentr.
Ihnestr.-brücke
Thiel-Jesus-Christ.-K.
Landoltweg
Oskar-Helene-Heim
Garystr.
Otto-Suhr-Institut
Harnackhs.
Fritz-Haber-Inst.
Faradayweg
Triestpark
Fischtal
Waltraudstraße
Ripleyweg
Dreipfuhl
Reichshofer Str.
Bibl.
Van't-Hoff-Str.
Freie Universität (FU)
Kaiserswerther Str.
EUREF-Campus
Oskar-Helene-Park
Ihnestr.
M.-Planck-Inst.
Bund.-umw.-a.
Corrensplatz
Biesalski-str.
Tennispl.
Juttastr.
Edithstr.
Leichhardtstraße
Dreipfuhlpark
Harnackstr.
Boltzmannstr.
Instf. Wasser-Boden-u. Lufthyg.
Laue-str.
Dahlem
(Bez.STEGLITZ-ZEHLENDORF)
Irmgardstraße
Charlottestraße
Sundgauer Str.
Lützelsteiner Weg
Max-Planck-Institut
Balbronner Str.
Sportpl.
Breisacher Str.
Boetticherstr.
Rappoltsweilerstr.
Hertastr.
Von-Wettstein-Str.
Mühlenau-Sch.
Markircher Weg
Thanner Pfad
Gebweiler-str.
Altkircher Str.
Inst.f. Ges.-Verbr.-schutz
Bundes-institut für Risikobewertung
Molsheimer Str.
Hüninger Str.
Buchsweiler Str.
Katharinenstr.
Riemeisterstr.
Irak
Schützallee
Zaberner Str.
Isenheimer Weg
Karl-Schmidt-Rottluff-W.
Schlettstadter Str.
Holländ. Mühle
Unter den Eichen
Luther-kirche
Forbacher Str.
Ersteiner Straße
Berliner Straße
Schlettstadter Straße
Mörchinger Str.
Milinowskistr.
Herz-Jesu-K.
Senioren Wohnanlage Rosenhof
ehem. Autobus-Betriebshof
Berliner Str.
Colmarer Str.
Kita
Curtiusstraße
Winfriedstr.
Scharfestr.
Charlottenburger Str.
Sundgauer Str.
Mörchinger Str.
Jugend-freizeithm.
Goerzbahn
Schubertstr.
Troppauer Str.
Frei-waldauer Str.
Spindelmühler Weg
Lotzestr.
Curtiusstr.
Pflegewohnhm. Haus Nansen
Propst-Süßmilch-W.
Heim.-mus.
Vopeliuspfad
Sundgauer Str.
Sundgauer Brücke
Mörchinger Str.
Brettnacher Str.
Jugend-verkehrsch.
Robert-W.-Kempner-Str.
Britten-dorfer Weg
Luther-biesheim
Hans-Rosenthal-Pl.
Gem.hs.
Kleinaustr.
Dahlemer Weg
Jägerndorfer Str.
Pest-

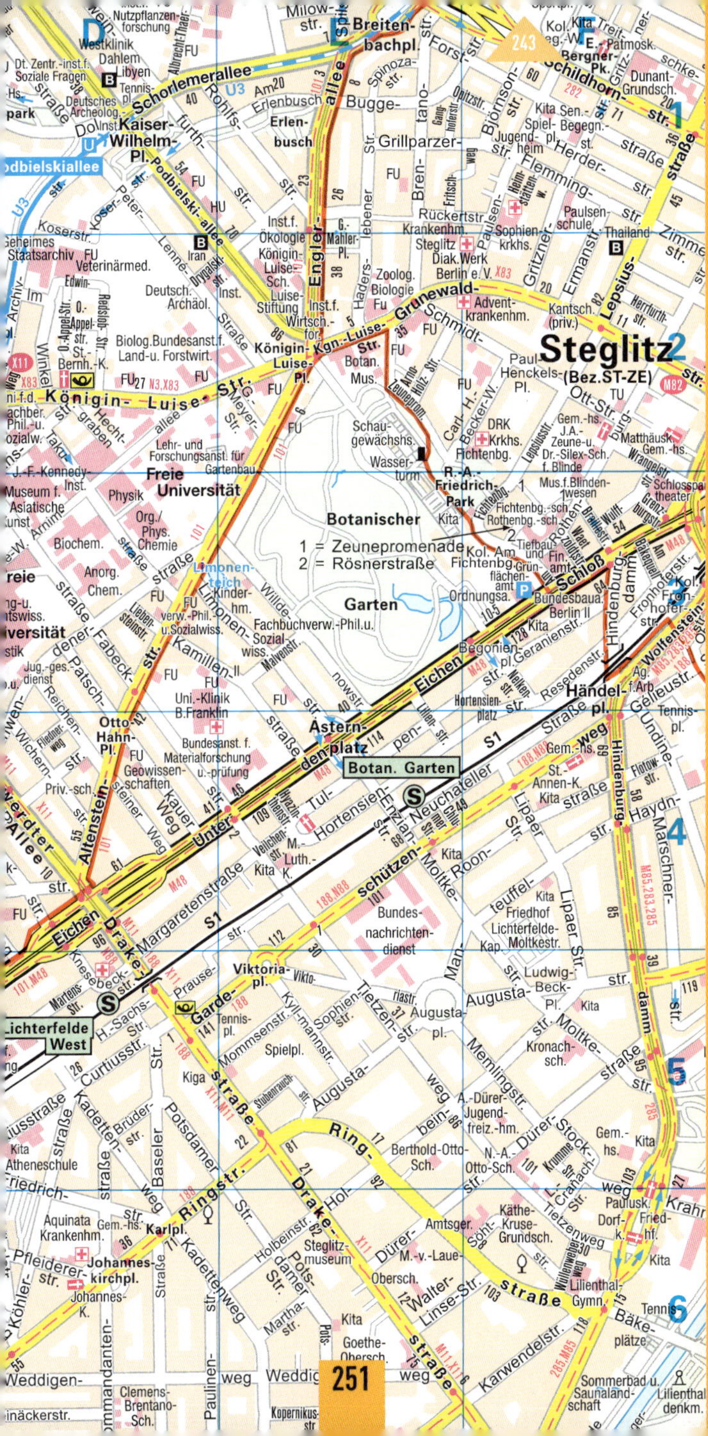
243
D
E
F
1
2
3
4
5
6
Nutzpflanzen-forschung
Westklinik Dahlem
Dt. Zentr.-inst.f. Soziale Fragen
Libyen
Tennis-pl.
Deutsches Archeolog.-Inst.
Schorlemerallee
Dol
Kaiser-Wilhelm-Pl.
Podbielskiallee
Podbielski-allee
Am Erlenbusch
Erlenbusch
Milow-str.
Breitenbachpl.
Spinoza-str.
Bugge-
Grillparzer-
Brentano-
Forst-str.
Bergner-Pk.
Schildhorn-str.
Dunant-Grundsch.
Kita Sen.-Spiel-Begegn.-pl.
Jugend-heim
Herder-str.
Flemming-str.
Paulsen-schule
Thailand
Zimme-str.
Björnson-str.
Opitzstr.
Fritsch-weg
Rückertstr.
Krankenhm. Steglitz
Diak.Werk Berlin e. V.
Sophien-krkhs.
Zoolog. Biologie
Inst.f. Ökologie
Königin-Luise-Sch.
Luise-Stiftung
Inst.f. Wirtsch.-for.
G.-Mahler-Pl.
Engler-allee
Geheimes Staatsarchiv
Veterinärmed.
Iran
Deutsch. Archäol. Inst.
Biolog.Bundesanst.f. Land-u. Forstwirt.
Königin-Luise-Pl.
Königin-Luise-Str.
Kgn.-Luise-Str.
Grunewald-
Advent-krankenhm.
Kantsch. (priv.)
Lepsius-
Steglitz
(Bez.ST-ZE)
Schmidt-
Paul-Henckels-Pl.
Botan. Mus.
Schau-gewächshs.
Wasser-turm
DRK Krkhs. Fichtenbg.
Matthäusk. Gem.-hs.
J.A.-Zeune-u. Dr.-Silex-Sch. f. Blinde
R.-A.-Friedrich-Park
Mus.f.Blinden-wesen
Schlosspark theater
Freie Universität
Lehr- und Forschungsanst. für Gartenbau
J.-F.-Kennedy-Inst.
Museum f. Asiatische Kunst
Physik
Org./Phys. Chemie
Biochem.
Anorg. Chem.
Botanischer Garten
1 = Zeunepromenade
2 = Rösnerstraße
Fichtenbg.-sch.
Rothenbg.-sch.
Tiefbau-u. Fin. amt
Grün-flächen amt
Ordnungsa.
Bundesbaua. Berlin II
Schloß
Hindenburg-damm
Limonen-teich
Kinder-hm.
Fachbuchverw.-Phil.u. Sozial-wiss.
verw.-Phil.-u.Sozialwiss.
Kamillen-
Fabeck-str.
Uni.-Klinik B.Franklin
Begonien-pl.
Geranienstr.
Resedenstr.
Händel-pl.
Gelleustr.
Tennis-pl.
Hortensien-platz
Eichen-
Astern-platz
Botan. Garten
Otto-Hahn-Pl.
Bundesanst. f. Materialforschung u.-prüfung
Geowissen-schaften
Unter den Eichen
Tul-pen-
Hortensien-str.
Neuchateller-
Gem.-hs.
St.-Annen-K.
Kita
Undine-str.
Haydn-
Marschner-
Lipaer Str.
Roon-str.
Moltke-
Schützen-str.
Bundes-nachrichten-dienst
Friedhof Lichterfelde-Moltkestr.
Kap.
S1
Margaretenstraße
Drake-str.
Altenstein-
Viktoria-pl.
Lichterfelde West
Garde-
Tennis-pl.
Mommsenstr.
Kyll-mannstr.
Sophien-str.
Tietzen-str.
Augusta-pl.
Augusta-str.
Ludwig-Beck-Pl.
Kronach-sch.
Spielpl.
Kiga
Curtiusstr.
Kadetten-
Potsdamer Str.
Ringstr.
Ring-str.
Drake-straße
Memlingstr.
A.-Dürer-Jugend-freiz.-hm.
Berthold-Otto-Sch.
N.-A.-Otto-Sch.
Dürer-
Gem.-hs.
Paulusk.
Dorf-k.
Fried-hf.
Käthe-Kruse-Grundsch.
Tietzenweg
Lilienthal-Gymn.
Tennis
Bäke-plätze
Aquinata Krankenhm.
Karlpl.
Johannes-kirchpl.
Johannes-K.
Pfleiderer-str.
Köhler-
Holbeinstr.
Steglitz-museum
M.-v.-Laue-Obersch.
Walter-Linse-Str.
Amtsger.
Goethe-Obersch.
Karwendelstr.
Sommerbad u. Saunaland-schaft
Lilienthal denkm.
Weddigen-
Clemens-Brentano-Sch.
Paulinen-
Baseler Str.
Kopernikus-str.
Kita
Atheneschule
Friedrich-
Krahn

Schlachtfeld
Quermahdenberg
Linum
Kremmen
ORANIENBURG
Draisinenbetrieb
Germendorf
Schloss
Nikolauskirche
Dechtow
Linumer Bruch
Flatow
Staffelde
Schwante
Kuhhorst
Groß-Ziethen
Ober-
Vehlefanz
Leegebruch
Bärenklau
Kreuz Oranienburg
5 km
Tietzow
Kremmen
Dreieck Havelland
Oberkrämer
Ländchen
Eichstädt
Karlsruh
Velten
Hohen Neuendorf
Ebereschenhof
Börnicke
krämer
Wolfslake
Marwitz
Hennigsdorf
Dt. Tonstr.
Stolpe
Hertefeld
Kienberg
Grünefeld
Wolfslake
Glien
Perwenitz
-Glien
Bötzow
Stolpe
Stolper Heide
Bergerdamm
Paaren im Glien
Pausin
Stolpe-Süd
Am Weinberg
Schönwalde-
Wansdorf
Hennigsdorf
Nauen
Falkensee
Havelkanal
Schönwalde
HERMSDORF
Schulz Str.
Lietzow
HEILIGENSEE
Schl. Tegel
Brieselang
Siedlung Schönwalde
Neukammer
Bredow
FALKENSEE
KONRADSHÖHE
Tegeler See
Holzhauser Str.
TEGELORT
Markee
Zeestow
Brieselang
Wernitz
Finkenkrug
SPANDAU
Flughafen Berlin-Tegel
Neugarten
Berlin-Spandau
Seegefeld
Wustermark
Elstal
Neurohrbeck
Zitadelle
Saatwinkel
Flughafen Tegel
Heckerdamm
Dallgow-
Dr. Charlottenbg.
Siemensdamm
Hoppenrade
Berlin-Spandau
-Döberitz
STAAKEN
CHARLOTTENBURG
Etzin
Buchow-Karpzow
Havelkanal
Priort
Olympia-stadion
Neu-Falkenrehde
Seeburg
Falkenrehde
Kartzow
Finkenberg
Dr. Funkturm
-Paaren
Potsdam-Nord
GATOW
Grunewald
Ketzin/Havel
Paretz
Uetz-
Satzkorn
Fahrland
Groß Glienicke
Luftwaffenmus.
Hüttenweg
Jagdschloss Gr.
Marquardt
KLADOW
Museum Dahlem
Sacrow-Paretzer Kanal
Neu Fahrland
Grunewald
ZEHLENDORF
Leest
Leest
Nedlitz
Sacrow
Wannsee
Spanische Allee
Töplitz
Grube
Schloss Cecilienhof
BORNIM
WANNSEE
Kr. Zehlendorf
Museumsdorf Düppel
Kleinmachnow
Phöben
Kemnitz
Golm
BORNSTEDT
Schloss Sanssouci
Schloss Glienicke
Derwitz
Phöben
Gr. Zernsee
Eiche
Neues Palais
Teltowkanal
Plessow
Wildpark West
Klein-machnow
Filmpark Babelsberg
Teltow
Neu-plötzin
Werder (Havel)
POTSDAM
Stahnsdorf
Glindow
Geltow
Kl.-Ravens-B.
Drewitz
P-Babelsberg
Ruhlsdorf
Glindowsee
Templiner See
Güterfelde
Plötzin
Petzow
Caputh
Rehbrücke
P-Drewitz
Bliesendorf
Bergholz-
Schenkenhorst
Philippsthal
Nuthe
Schwielowsee
Wilhelmshorst
Nuthe-tal
Nudow
Sputendorf
Krähen-B.
Schwielowsee
Saarmund
Glindow
Michendorf
Langerwisch
Saarmund
Ludwigsfelde-Ost
Ferch
Ferch
Fahlhorst
Ahrensdorf
Michendorf
Dreieck Nuthetal
Ludwigsfelde-West
Michendorf
Dreieck Potsdam
Neuseddin
Großer Seddiner See
Wildenbruch
Gröben
Ludwigsfelde
Siethen
Fichtenwalde
Seddiner See
Seddin
Kähnsdorf
Fresdorf
Tremsdorf
Gröbener See
Siethener See
Jütchendorf
Beelitz-Heilstätten
Beelitz Heilstätten
Kleinbeuthen
Borkwalde
Naturpark
Mietgendorf
Großinsee
Thyrow
Stücken
Blankensee
Beelitz
Nieplitz
Blankensee
Borkheide
Reesdorf
Körzin
Schönhagen
Trebbin
Beelitz
Schäpe
Schönefeld

Schmachtenhagen
Stolzenhagen
Wandlitzer See
Wandlitz
Biesenthal
Lanke
Schönholz
Sydower Fließ
Klobbicke
Tuchen
Grüntal
Sydow
Danewitz
Beerbaum
Dt. Tonstr.
Liepnitzsee
Lobetal
Rüdnitz
Zühlsdorf
Heidekrautbahn-Museum
Basdorf
Tempelfelde
Albertshof
Ladeburg
Mühlenbecker See
Summt
Mühlenbeck
Bernau-Nord
Bernau b. Berlin
Beiersdorf
Schönow
Gorinsee
Schönwalde
Befestigungsanlage
Schönfeld
Willmersdorf
Mühlenbecker Land
Mühlenbeck
Schönerlinde
Kolonie Röntgental
Zepernick
Börnicke
Panketal
Bernau-Süd
Weesow
Hirschfelde
Dreieck Pankow
Schildow
Elisenau
BUCH
Schwanebeck
Birkholz
Birkholzaue
Löhme
Oranier-Route
Schöner-linder Str.
Bucher Str.
Dreieck Barnim
Seefeld
Werneuchen
BLANKENFELDE
LÜBARS
NIEDER-SCHÖNHAUSEN
BLANKEN-BURG
Lindenberg
Neu Lindenberg
Blumberg
Berlin-Hohenschönhausen
Krummensee
Wegendorf
Pasewalker Str.
Brandenbg. Berlin
BERLIN
MALCHOW
Ahrensfelde
Mehrow
Buchholz
PANKOW
Prenzl. Prom.
WEISSENSEE
Altlandsberg
REINICKENDORF
Eiche
2018
Hönow
Berlin-Marzahn
Seeberg-Dorf
Bruchmühle
Festplatz
WEDDING
PRENZLAUER BERG
HOHENSCHÖNHAUSEN
Seeberg
Fredersdorf-
Planetarium
MARZAHN
Hoppegarten
Neuenhagen
Reichstag
Museumsinsel
LICHTENBERG
HELLERSDORF
Zoo
Brandenburger Tor
Gedenkst.
Gedächtniskirche
KREUZBERG
Tierpark
Dahlwitz
-Vogelsdorf
Dt. Technikmus.
MAHLSDORF
Münchehofe
Berlin-Hellersdorf
TREPTOW
KARLSHORST
Tempelhofer Park
2021
NEUKÖLLN
Bln. Parkeisenb.
Schöneiche
Schulzenhöhe
Rüdersdorf
Sachsend.
Grenzallee
OBERSCHÖNEWEIDE
Wuhlhde.
Tempelh. D.
Britzer D.
Kr. Schöneb.
Dr. Neukölln
Spree
Fichtenau
SCHÖNEBERG
TEMPELHOF
Oberlandstr.
Gradestr.
Späthstr.
JOHANNISTHAL
Schloss KÖPENICK
Gr. Müggelsee
RAHNSDORF
Woltersdorf
Schönblick
Kranichberge
MARIENDORF
Johannisth. Ch.
BUCKOW II
Stubenrauchstr.
Erkner
LANKWITZ
Adlershof
WENDENSCHLOSS
Müggelberge
MÜGGELHEIM
Britz. Mus.-eisenb.
RUDOW
ALT-GLIENICKE
GRÜNAU
G.-Hauptmann-Mus.
Karutzhöhe
LICHTENRADE
Großziethen
Schönefd.-N.
Dr. Treptow
BOHNSDORF
Langer See
Seddinsee
Gosen
Schönefeld
Schönefd.-S.
Flughafen B. Brandenbg.
Waldeck
Neu Zittau
Birkholz
Flugh. B.-Schönefeld
Schmöckwitz
Waßmannsdorf
Flugh. Berlin Brandenburg Willy Brandt (Eröffnung noch offen)
Waltersdf.
Waltersdorf
Schulzendorf
Eichwalde
Wernsdorf
Mahlow
Zeuthener See
Selchow
Waltersdf. Dr.
Kiekebusch
Zeuthen
Miersdorf
Messegelände
Diedersdorf
Glasow
Rotberg
Wildau
Dreieck Spreeau
Blankenfelde-
Groß Kienitz
Schönefelder Kreuz
Königs Wusterhsn.
Niederlehme
Dahlewitz
Brusendorf
Dannenreich
Bad Saarow 25 km
Rangsdorf
Neue Mühle
Zernsdorf
Am Fichtenplan
Diepensee
Niederlehme
Jühnsdorf
Krüpelsee
Kablow
Löwenbruch
Ragow
Senzig
Rangsdorf
Ragow
Schenkendorf
Königs Wusterhausen
Bindow
Groß Machnow
Zeesener
Bindow-Süd
Groß Schulzendorf
Mittenwalde
Drai-sinenbetr.
Zeesen
Körbiskrug
Gussow
Blossin
Heidesee
Glienick
Dabendorf
Telz
Gallun
Bestensee
Dolgenbrodt
Notte-kanal
Dolgensee
Nächst Neuendorf
Schünow
Pätz
Prieros
Horstfelde
Am Kahlberg
Heimatmuseum

A
Abbestraße 237/F3
Adalbertstraße 241/E5
Adenauerplatz 237/E6
Adolf-Scheidt-Platz 246/A4
Afrikanische Straße 232/A1
Agricolastraße 238/A2
Ahornallee 236/A5
Akazienstraße 245/D2
Albrecht-Achilles-Straße 243/D1
Albrechtstraße (Mitte) 240/A1
Albrecht-Thaer-Weg 251/D1
Alexanderplatz 241/D1
Alexanderstraße 241/D2
Alexanderufer 239/F1
Alexandrinenstraße 240/C6
Alice-Berend-Straße 239/D2
Almstadtstraße 241/D1
Alte Jakobstraße 240/C4
Altensteinstraße 251/D4
Alte Schönhauser Straße 234/C6
Alt Moabit 238/B1
Altonaer Straße 238/B2
Alvenslebenstraße 239/E6
Am Friedrichshain 235/E6
Am Köllnischen Park 241/D3
Am Kupfergraben 240/B2
Am Oberbaum 248/B2
Amrumer Straße 232/B3
Am Schillertheater 237/F4
Am Steinberg 235/E1
Am Treptower Park 248/C3
Amtsgerichtsplatz 237/D5
Am Volkspark 243/F3
Am Zeughaus 240/B2
An den Treptowers 248/C3
An der Putlitzbrücke 232/C5
An der Spandauer Brücke 240/C1
An der Urania 238/C6
Andreasstraße 241/F3
Anhalter Straße 240/A5
Anklamer Straße 234/B5
Annenstraße 241/D4
Ansbacher Straße 244/B1
Anton-Saefkow-Straße 235/F4
Apostel-Paulus-Straße 244/C2
Argentinische Allee 250/A4
Arnswalder Platz 235/F5
Aschaffenburger Straße 244/B1
Askanischer Platz 239/F5
Augsburger Straße 238/B5
Augustenburger Platz 232/C4
Auguste-Viktoria-Straße 242/C4
Auguststraße 234/B6
Axel-Springer-Straße 240/C4

B
Babelsberger Straße 244/B3
Bachstraße 238/B3
Badensche Straße 244/A3
Badstraße 233/F2
Baerwaldstraße 246/C2
Bamberger Straße 244/B2
Barbarossaplatz 244/C2
Barbarossastraße 244/B2
Barfusstraße 232/C2
Bautzener Straße 245/F2
Bayerischer Platz 244/B2
Bayerische Straße 243/E1
Bayernring 245/F3
Bayreuther Straße 238/C6
Bebelplatz 240/B3
Behmstraße 234/A2
Behrenstraße 239/F3
Bellermannstraße 233/F1
Bellevueallee 239/D3
Belziger Straße 244/C3
Bergmannstraße 246/B2
Berkaer Platz 242/C5
Berkaer Straße 242/B4
Berliner Straße (Wilmdf.) 243/E3
Berliner Straße (Zehldf., Dahl.) 250/A6
Bernadottestraße 242/B5
Bernauer Straße (Mitte, Gesnbr.) 234/A5
Bernburger Straße (Kreuzbg.) 239/F5
Besselstraße 240/B5
Bethaniendamm 241/E4
Beusselstraße 232/A6
Beuthstraße 240/C4
Bielefelder Straße 243/E2
Birkenstraße 232/B6
Bismarckallee 242/A3
Bismarckplatz 242/B2
Bismarckstraße (Charlbg.) 237/D4
Bleibtreustraße 237/F6
Blissestraße 243/F4
Blücherstraße 240/B6
Boddinplatz 247/F3
Boddinstraße 247/F3
Bodestraße 240/B2
Boelckestraße 245/F4
Bötzowstraße 235/F6
Bornholmer Straße 234/B1
Borsigstraße 234/B6
Borussiastraße 246/A6
Boxhagener Straße 248/C1
Brabanter Platz 243/F4
Brandenburgische Straße 243/E1
Bredowstraße 238/B1
Bregenzer Straße 243/E1
Breisacher Straße 250/C5
Breite Straße (Mitte) 240/C3
Breite Straße (Schmargdf.) 243/D5
Breitscheidplatz 238/B5
Brückenstraße 241/D3
Brüderstraße 240/C3
Brümmerstraße 250/C4
Brunnenstraße 234/A3
Buchberger Straße 249/E1
Budapester Straße 238/B5
Bülowstraße 239/D6
Bulgarische Straße 249/E5
Bundesallee 244/B4
Bundesplatz 244/A4
Bundesring 246/A3
Burggrafenstraße 238/C5

C
Calvinstraße 238/C2
Cambridger Straße 232/A1
Carl-Herz-Ufer 240/C6
Carmerstraße 237/F5
Cauerstraße 237/E3
Charitéstraße 240/A2
Charlottenburger Straße 235/F1
Charlottenburger Ufer 237/D2
Charlottenstraße 240/B2
Chausseestraße 234/A6
Choriner Straße 234/C6
Clayallee 250/A6
Columbiadamm 246/B3
Corinthstraße 248/C2
Crellestraße 245/E2
Cunostraße 243/D5

D
Dänenstraße 234/C2
Damaschkestraße 237/D6
Dammweg 249/E6
Danziger Straße 235/D4
Delbrückstraße 242/B3
Demminer Straße 234/B4
Dennewitzplatz 239/E6
Dernburgstraße 236/B5
Dessauer Straße 239/F5
Detmolder Straße 244/A4
Dircksenstraße 240/C1
Dolomitenstraße 234/B1
Dominicusstraße 244/C3
Donaustraße 247/F2
Dorotheenstraße 239/F2
Dovestraße 237/F3
Drakestraße 238/C4
Dresdener Straße 241/D4
Drontheimer Straße 233/F1
Droysenstraße 237/D6
Dudenstraße 245/F3
Düsseldorfer Straße 243/E1
Duisburger Straße 237/E6
Dunckerstraße 235/D4

E
Eberswalder Straße 234/C4
Ebertstraße 239/F4
Edinburger Straße 232/B1
Eichenallee 236/A3
Eichendorffstraße 234/A6
Einsteinufer 237/F3
Eisenacher Straße (Schbg.) 245/D2
Eisenzahnstraße 243/E2
Eislebener Straße 238/B6
Ellen-Eppstein-Straße 232/C5
Else-Lasker-Schüler-Straße 239/D6
Elsenstraße 248/B5
Emser Platz 243/F2
Emser Straße (Wilmdf.) 243/F2
Engeldamm 241/E4
Englerallee 251/E2
Englische Straße 238/A3
Erich-Lodemann-Straße 249/E6
Erich-Weinert-Straße 235/D2
Erkstraße 248/A5
Erna-Samuel-Straße 232/A6
Ernst-Reuter-Platz 237/F4
Esplanade 234/B1
Ettaler Straße 244/B1
Exerzierstraße 233/E2
Eyke-von-Repkow-Platz 238/A3
Eylauer Straße 245/F3

F
Fasanenplatz 238/A6
Fasanenstraße 244/A1
Fechnerstraße 243/F2
Fehmarner Straße 232/C4
Fehrbelliner Platz 243/E2
Fehrbelliner Straße 234/C5
Feilnerstraße 240/C4
Fennstraße 233/D5
Fischerinsel 240/C3
Flotowstraße 238/B3
Flottwellstraße 239/F6
Flughafenstraße 247/E3
Föhrer Straße 232/C4
Fontanestraße 247/E3
Forckenbeckstraße 243/D4
Franklinstraße 238/A3
Franzensbader Straße 242/C3
Französische Straße 240/B3
Fraunhoferstraße 237/F3
Fredericiastraße 236/B4
Fregestraße 244/B6
Friedenstraße (Friedhn.) 235/E6

Friedrichsberger Straße 241/F2
Friedrichstraße 240/A1
Friedrich-Wilhelm-Platz 244/B5
Friesenstraße 246/C3
Frobenstraße 239/D6
Fürstenberger Straße 234/C4
Fürstenbrunner Weg 236/A1
Fürther Straße 238/B6
Fuggerstraße 238/C6
Furtwänglerstraße 242/B3

G
Galvanistraße 237/E3
Gardeschützenweg 251/D5
Gartenstraße 234/B6
Geisbergstraße 244/B1
Gendarmenmarkt 240/B3
Genthiner Straße 239/D5
George-Grosz-Platz 237/F6
Georgenstraße 240/A2
Gerichtstraße 233/D3
Germaniastraße 246/B6
Gertraudenstraße 240/C3
Geschwister-Scholl-Straße 240/B2
Giesebrechtstraße 237/E5
Gipsstraße 234/C6
Gitschiner Straße 240/B6
Gleimstraße 234/B3
Glinkastraße 240/A3
Glogauer Straße 248/A4
Gneisenaustraße 246/B1
Goebenstraße 245/E1
Görlitzer Straße 241/F5
Goethestraße 237/E4
Goltzstraße 245/D2
Gontardstraße 241/D1
Gontermannstraße 245/F4
Gormannstraße 234/C6
Gotenstraße 245/E3
Grainauer Straße 238/B6
Granseer Straße 234/C5
Graunstraße 234/B3
Grazer Damm 245/D5
Greifswalder Straße 235/E6
Grellstraße 235/E3
Grieser Platz 242/C2
Grolmanstraße 237/F5
Großbeerenstraße 246/A2
Große Hamburger Straße 234/B6
Große Querallee 239/E4
Großer Stern 238/C3
Grünberger Straße 248/B1
Grüntaler Straße 234/A2
Grunerstraße 241/D2
Grunewaldstraße 244/B2
Güntzelstraße 243/F2
Guerickestraße 237/E3
Gürtelstraße 249/D1
Gustav-Adolf-Straße 235/F2
Gustav-Meyer-Allee 233/F4
Gustav-Müller-Platz 245/E3
Gutenbergstraße 238/A3

H
Habelschwerdter Allee 250/C4
Händelallee 238/B3
Händelplatz 251/F3
Hagenstraße 242/A4
Halenseestraße 236/B6
Hallesches Ufer 240/A6
Hamburger Platz 235/F1
Handjerystraße 244/B6
Hannah-Karminski-Straße 238/A3
Hannoversche Straße 233/F6
Hansa-Ufer 238/B3
Hardenbergplatz 238/B4
Hardenbergstraße 237/F4
Harzer Straße 248/B4
Hasenheide 247/D2
Hauptstraße (Lichtbg.) 249/D2
Hauptstraße (Schbg., Friedn.) 244/B5
Hausvogteiplatz 240/B3
Haydnstraße 251/F4
Hedemannstraße 240/A5
Heidelberger Platz 243/E4
Heidestraße 233/D5
Heilbronner Straße 244/C1
Heiligendammer Straße 242/C6
Heinersdorfer Straße 235/F1
Heinrich-Heine-Platz 241/D4
Heinrich-Heine-Straße 241/D5
Heinrich-von-Gagern-Straße 239/E3
Hektorstraße 237/D6
Helmholtzstraße 237/F2
Helmstedter Straße 244/B2
Henriettenplatz 242/C1
Herderstraße 237/F4
Hermannplatz 247/E2
Hermannstraße 247/F2
Herrfurthplatz 247/E4
Herrfurthstraße 247/F4
Hertzallee 238/A4
Hessenring 245/F4
Hessische Straße 233/F6
Hindenburgdamm 251/F4
Hirtenstraße 235/D6
Hobrechtstraße 241/F6
Hochmeisterplatz 243/D1
Hochstraße 233/F4
Hoeppnerstraße 245/F5
Hofjägerallee 238/C3
Hohenstaufenplatz 247/E1
Hohenstaufenstraße 244/B1
Hohenzollerndamm 242/B5
Hohenzollernplatz 244/A1
Holbeinstraße 251/E6
Holsteinische Straße 244/A2
Holtzendorffstraße 237/D5
Holzmarktstraße 241/E3
Hosemannstraße 235/F3
Hubertusallee 242/B4
Hundekehlestraße 242/C5
Hussitenstraße 233/F4
Huttenstraße 237/E1

I
Iburger Ufer 237/E3
Immanuelkirchstraße 235/E5
In den Ministergärten 240/A3
Ingeborg-Drewitz-Allee 239/D2
Innsbrucker Platz 244/C4
Innsbrucker Straße 244/C2
Inselstraße 241/D3
Invalidenstraße 239/D1

J
Jägerstraße 240/A3
Jafféstraße 236/A6
Jagowstraße 238/A3
Jebensstraße 238/B5
Jerusalemer Straße 240/C3
Joachim-Friedrich-Straße 243/D2
Joachim-Karnatz-Allee 239/D2
Joachimsthaler Platz 238/A5
Joachimsthaler Straße 238/B6
Joachimstraße 234/C6
Johannaplatz 242/B2
Johannisberger Straße 243/E6
Johannisstraße 240/A1
John-F.-Kennedy-Platz 244/C3
John-Foster-Dulles-Allee 239/D3
John-Schehr-Straße 235/F4
Jüdenstraße 241/D2

K
Kaiserdamm 236/A5
Kaiser-Friedrich-Straße 237/D3
Kaiserin-Augusta-Allee 237/E2
Kaiserkorso 246/B3
Kaiser-Wilhelm-Platz (Dahl.) 251/D1
Kaiser-Wilhelm-Platz (Schbg.) 245/D2
Kalckreuthstraße 238/C6
Kantstraße 238/A5
Karl-August-Platz 237/E5
Karl-Heinrich-Ulrichs-Straße 239/D5
Karl-Liebknecht-Straße 240/C2
Karl-Marx-Allee 241/D1
Karl-Marx-Platz 248/B6
Karl-Marx-Straße 247/F2
Karlplatz 251/D6
Karlsgartenstraße 247/E3
Karlshorster Straße (Lichtbg.) (1) 249/E2
Karlsruher Straße 243/D1
Kastanienallee 234/C5
Katharina-Heinroth-Ufer 238/C4
Katzbachstraße 245/F3
Keithstraße 238/C5
Kelheimer Straße 238/B6
Kemperplatz 239/E4
Kiefholzstraße 248/B3
Kienitzer Straße 247/E4
Kirchstraße 243/D5
Kleine Hamburger Straße 234/B6
Kleiner Stern (Tiergt.) 239/D3
Kleiststraße 238/C6
Klingelhöferstraße 239/D4
Klopstockstraße 238/B3
Klosterstraße 241/D2
Knaackstraße 235/D4
Knausplatz 244/C6
Knesebeckstraße 251/D4
Knobelsdorffstraße 236/B4
Kochstraße 240/A4
Königin-Elisabeth-Straße 236/B3
Königin-Luise-Straße 250/B2
Köpenicker Chaussee 249/F3
Köpenicker Landstraße 249/E5
Köpenicker Straße 241/D3
Körtestraße 247/D2
Kohlrauschstraße 237/F3
Kollwitzstraße 235/D5
Koloniestraße 233/F1
Kolonnenbrücke 245/F3
Kolonnenstraße 245/E2
Kommandantenstraße 240/C4
Konstanzer Straße 243/E2
Koppenplatz 234/B6
Koppenstraße 241/F3
Kottbusser Damm 247/E1
Kottbusser Straße 241/E6
Krausenstraße 240/B4
Krausnickstraße 240/B1
Kreuzbergstraße 245/F2
Kronenstraße 240/B4
Krumme Straße 237/E4
Kruppstraße 232/C6
Kulmbacher Straße 244/B1
Kulmer Straße 245/E2
Kurfürstendamm 238/A5
Kurfürstenstraße 239/D5
Kurstraße 240/C3
Kynaststraße 249/D3

L
Landgrafenstraße **238/C5**
Landhausstraße **244/A2**
Landshuter Straße **244/B1**
Langenscheidtstraße **245/E2**
Lange Straße **241/F3**
Langhansstraße **235/E1**
Laubacher Straße **244/A4**
Lausitzer Platz **241/F5**
Lausitzer Straße **241/F6**
Leberstraße **245/E4**
Lebuser Straße **241/F2**
Lehderstraße **235/F2**
Lehrter Straße **233/D5**
Leibnizstraße **237/E6**
Leipziger Platz **239/F4**
Leipziger Straße **240/A4**
Lennéstraße **239/F4**
Lepsiusstraße **251/F2**
Lessingstraße **238/B2**
Leuthener Platz **245/E3**
Leuthener Straße **245/E3**
Levetzowstraße **238/B2**
Lewishamstraße **237/D5**
Lichtenberger Straße **241/E3**
Lichtensteinallee **238/C4**
Liegnitzer Straße **241/F6**
Liesenstraße **233/F5**
Lietzenburger Straße **238/B6**
Lilienthalstraße **247/D3**
Lindenstraße **240/B5**
Linienstraße **234/C6**
Littenstraße **241/D2**
Löhleinstraße **250/B4**
Loewenhardtdamm **245/F3**
Lohmühlenplatz **248/B4**
Los-Angeles-Platz **238/B5**
Loschmidtstraße **237/E3**
Louise-Schroeder-Platz **233/D1**
Ludwigkirchplatz **237/F6**
Lückstraße **249/F2**
Lüneburger Straße **239/D2**
Lützowplatz **239/D5**
Lützowstraße **239/D5**
Lützowufer **238/C5**
Luisenplatz **237/D3**
Luisenstraße **233/F6**
Luxemburger Straße **232/C4**
Lynarstraße (Grwld.) **242/B2**
Lynarstraße (Wedd.) **233/D4**

M
Maaßenstraße **239/D6**
Märkischer Platz **241/D3**
Märkisches Ufer **241/D3**
Magdeburger Platz **239/D5**
Mainzer Straße **244/A4**
Malmöer Straße **234/C1**
Manfred-von-Richthofen-Straße **246/A4**
Manteuffelstraße (Kreuzbg.) **241/E6**
Manteuffelstraße (Lichtfde.) **251/E5**
Marburger Straße **238/B5**
Marchlewskistraße **248/B1**
Marchstraße **237/F3**
Margaretenstraße **251/D4**
Marheinekeplatz **246/B2**
Mariannenstraße **241/E6**
Marie-Elisabeth-Lüders-Straße **237/F4**
Marienburger Straße **235/E5**
Mariendorfer Weg **247/F6**
Marienstraße **239/F2**
Markgrafenstraße **240/B3**
Markstraße **233/E1**
Marktstraße **249/D2**
Martin-Luther-Straße **238/C6**
Masurenallee **236/A5**
Mauerstraße **240/B4**
Max-Beer-Straße **240/C1**
Maybachufer **241/E6**
Mecklenburgische Straße **243/E5**
Mehringdamm **246/B2**
Mehringplatz **240/B6**
Meierottostraße **238/A6**
Meinekestraße **238/A6**
Melanchthonstraße **238/C2**
Memhardstraße **241/D1**
Meraner Straße **244/B3**
Mergenthalerring **249/D6**
Messedamm **236/A6**
Metzer Straße **235/D5**
Mierendorffstraße **237/D2**
Milowstraße **243/E6**
Miquelstraße **242/B5**
Mittelstraße **240/A2**
Mittenwalder Straße **246/C2**
Modersohnstraße **248/C2**
Möckernstraße **246/A2**
Mohrenstraße **240/A3**
Molkenmarkt **241/D2**
Mollstraße **235/D6**
Mommsenstraße **237/E5**
Monbijouplatz **240/B1**
Monbijoustraße **240/B2**
Monumentenstraße **245/E2**
Moritzplatz **241/D5**
Motzstraße **244/B1**
Mühlendamm **240/C3**
Mühlenstraße (Friedhn.) **248/A2**
Müller-Breslau-Straße **238/A4**
Müllerstraße **232/A1**
Münchener Straße **244/C1**
Münzstraße **240/C1**
Mulackstraße **234/C6**

N
Nachodstraße **244/B1**
Nachtigalplatz **232/A1**
Nassauische Straße **244/A2**
Naumannstraße **245/E3**
Naunynstraße **241/E5**
Neue Bahnhofstraße **249/D2**
Neue Grünstraße **240/C4**
Neue Jakobstraße **241/D3**
Neue Kantstraße **236/B5**
Neue Krugallee **249/E5**
Neue Roßstraße **241/D3**
Neue Schönhauser Straße **240/C1**
Neumannstraße **235/E1**
Niebuhrstraße **237/E5**
Niederkirchnerstraße **239/F4**
Niederwallstraße **240/C3**
Nollendorfplatz **239/D6**
Nollendorfstraße **245/D1**
Nordufer **232/A4**
Nostitzstraße **246/B2**
Novalisstraße **234/A6**
Nürnberger Straße **238/B6**

O
Oberbaumstraße **248/B2**
Oberwallstraße **240/B2**
Ohlauer Straße **241/F6**
Olivaer Platz **237/E6**
Olof-Palme-Platz **238/B5**
Oranienburger Straße **234/A6**
Oranienburger Tor **234/A6**
Oranienplatz **241/D5**
Oranienstraße **241/E5**
Osloer Straße **233/E1**
Ostender Straße **232/C4**
Ostseeplatz **235/F2**
Ostseestraße **235/F2**
Otto-Braun-Straße **235/E6**
Otto-Suhr-Allee **237/E3**
Otto-von-Bismarck-Allee **239/E2**

P
Pacelliallee **250/C2**
Paderborner Straße **243/E1**
Pallasstraße **245/D1**
Pankstraße **233/E3**
Pannierstraße **247/F2**
Pappelallee **235/D3**
Pariser Platz **239/F3**
Pariser Straße **237/F6**
Passauer Straße **238/B6**
Paul-Löbe-Allee **239/E2**
Paulsborner Straße **242/C3**
Paulstraße **239/D3**
Pekinger Platz **232/C4**
Perleberger Straße **232/C6**
Pestalozzistraße **237/D5**
Petersallee **232/A2**
Pfalzburger Straße **237/F6**
Pflügerstraße **247/E1**
Pistoriusstraße **235/F1**
Planckstraße **240/B2**
Platz am Königstor **235/E6**
Platz der Vereinten Nationen **241/F1**
Platz des 18. März **239/F3**
Platz vor dem Neuen Tor **233/F6**
Podbielskiallee **242/C6**
Pommersche Straße **243/E1**
Poststraße **240/C2**
Potsdamer Platz **239/F4**
Potsdamer Straße **239/E4**
Prager Platz **244/B1**
Prager Straße **244/B1**
Prenzlauer Allee **235/D6**
Prenzlauer Berg **235/D6**
Prinzenallee **233/F2**
Prinzenstraße **241/D6**
Prinzregentenstraße **244/B2**
Pücklerstraße **241/F5**
Puschkinallee **248/C3**
Putlitzbrücke **232/C5**
Putlitzstraße **232/B6**

Q
Quitzowstraße **232/B5**

R
Ramlerstraße **234/A3**
Rankestraße **238/B6**
Rathausstraße **240/C2**
Rathenauplatz **242/C1**
Rathenower Straße **239/D1**
Regensburger Straße **244/B1**
Reichenberger Straße **241/D5**
Reichpietschufer **239/D4**
Reichstagufer **239/F2**
Reinhardtstraße **239/F2**
Reinickendorfer Straße **233/E1**
Reuterstraße **247/F2**
Revaler Straße **248/B1**
Rheinbabenallee **242/B5**
Rheinsberger Straße **234/B5**
Rheinstraße **244/B6**
Richard-Wagner-Straße **237/E4**
Ringbahnstraße **245/F6**
Ritterstraße **240/C5**
Robert-Koch-Platz **233/F6**
Rochstraße **240/C1**
Röntgenstraße **237/E3**

Rolandufer **241/D3**
Rosa-Luxemburg-Platz **235/D6**
Rosa-Luxemburg-Straße **241/D1**
Roseggerstraße **248/B6**
Roseneck **242/B5**
Rosenheimer Straße **244/C2**
Rosenstraße **240/C2**
Rosenthaler Platz **234/C6**
Rosenthaler Straße **240/C1**
Rubensstraße **244/C4**
Rudi-Dutschke-Straße **240/B4**
Rudolf-Wissell-Brücke **236/B2**
Rudolstädter Straße **243/D3**
Rüdersdorfer Straße **241/F2**
Rügener Straße **234/B3**
Rumeyplan **245/F4**
Rungestraße **241/D3**

S

Saargemünder Straße **250/B4**
Saarstraße **244/B6**
Saatwinkler Damm **232/A4**
Sachsendamm **245/D4**
Sächsische Straße **237/F6**
Saganer Straße **249/F3**
Salzufer **238/A3**
Sansibarstraße **232/B2**
Savignyplatz **237/F5**
Schaperstraße **238/A6**
Scheidemannstraße **239/E3**
Scheringstraße **233/F4**
Schildhornstraße **251/F1**
Schillerpromenade **247/E3**
Schillerstraße **237/D4**
Schillingbrücke **241/F4**
Schillingstraße **241/E2**
Schillstraße **238/C5**
Schlegelstraße **234/A6**
Schleiermacherstraße **246/C2**
Schlesische Straße **248/B3**
Schlichtallee **249/E2**
Schlossplatz **240/C3**
Schloßstraße (Charlbg.) **237/D3**
Schloßstraße (Stegl., Lichtfde.) **251/F3**
Schlüterstraße **237/F5**
Schmiljanstraße **244/B5**
Schöneberger Straße (Kreuzbg.) **239/F6**
Schöneberger Straße (Stegl.) **244/B6**
Schöneberger Straße (Tphf.) **245/F5**
Schöneberger Ufer **239/E5**
Schönhauser Allee **235/D6**
Schönhauser Tor **234/C6**
Schönwalder Straße **233/E4**
Schonensche Straße **235/D1**
Schorlemerallee **251/D1**
Schröderstraße **234/B6**
Schulstraße **233/D3**
Schulze-Boysen-Straße **249/E1**
Schulze-Delitzsch-Platz **241/D3**
Schumannstraße **239/F1**
Schwarzer Weg **237/E1**
Schwedenstraße **233/E1**
Schwedter Straße **234/C2**
Schweinfurthstraße **243/D6**
Sebastianstraße **241/D4**
Seesener Straße **243/D2**
Seestraße **232/A5**
Sellerstraße **233/E5**
Seydelstraße **240/C4**
Seydlitzstraße **239/D1**
Sickingenstraße **232/A6**
Siemensstraße **232/A6**
Sigmaringer Straße **243/F2**
Silbersteinstraße **247/F6**
Simplonstraße **248/C1**
Singerstraße **241/E2**
Skalitzer Straße **241/D6**
Sömmeringstraße **237/D2**
Solinger Straße **238/B3**
Sonnenallee **247/F2**
Soorstraße **236/B4**
Sophie-Charlotten-Straße **236/B2**
Sophie-Charlotte-Platz **237/D4**
Sophienstraße **251/E5**
Spandauer Damm **236/B3**
Spandauer Straße **240/C2**
Spenerstraße **239/D2**
Spichernstraße **244/B1**
Spittelmarkt **240/C3**
Spreewaldplatz **241/F5**
Spreeweg **238/C3**
Sprengelstraße **232/C4**
Sredzkistraße **235/D4**
Stahlheimer Straße **235/D2**
Stargarder Straße **235/D2**
Stauffenbergstraße **239/E5**
Steinplatz **238/A4**
Stephanplatz **232/C5**
Stephanstraße **232/C6**
Stettiner Straße **233/F2**
Storkower Straße **235/F4**
Stralauer Allee **248/B2**
Stralauer Platz **241/F3**
Stralauer Straße **241/D3**
Straße des 17. Juni **237/F4**
Strausberger Platz **241/E2**
Stresemannstraße **239/F4**
Stromstraße **238/B2**
Stülerstraße **238/C4**
Stuttgarter Platz **237/D5**
Suarezstraße **236/C6**
Südstern **247/D2**
Südwestkorso **243/E6**
Swinemünder Straße **234/B3**
Sybelstraße **237/D6**

T

Taubenstraße **240/A3**
Tauentzienstraße **238/B5**
Taunusstraße **242/B4**
Tegeler Straße **233/D4**
Tempelhofer Damm **246/B4**
Tempelhofer Ufer **239/F5**
Tempelhofer Weg **245/D4**
Teplitzer Straße **242/B5**
Teutoburger Platz **234/C5**
Theodor-Heuss-Platz **236/A5**
Thielallee **250/C5**
Thomasiusstraße **238/C2**
Thomasstraße **247/F5**
Thulestraße **235/D1**
Tieckstraße **234/A6**
Tiergartenstraße **239/D4**
Tile-Wardenberg-Straße **238/A2**
Togostraße **232/A1**
Torfstraße **232/C4**
Torgauer Straße **245/D4**
Torstraße **240/B1**
Transvaalstraße **232/A3**
Trautenaustraße **244/A2**
Treptower Straße **248/B6**
Triftstraße **232/C4**
Troppauer Straße **250/C6**
Tucholskystraße **240/B1**
Turiner Straße **233/D2**
Turmstraße **238/A1**

U

Uferstraße **233/E3**
Uhlandstraße **238/A5**
Universitätsstraße **240/B2**
Unter den Eichen **250/C5**
Unter den Linden **239/F3**
Urbanstraße **246/C1**
Usedomer Straße **234/A4**
Utrechter Straße **233/D3**

V

Veteranenstraße **234/C5**
Viktoria-Luise-Platz **244/C1**
Voltairestraße **241/D2**
Voltastraße **234/A4**
Von-der-Heydt-Straße **239/D5**
Vorarlberger Damm **245/D5**
Voßstraße **239/F4**

W

Waghäuseler Straße **244/B3**
Waldemarstraße **241/E5**
Waldmeisterstraße **242/B5**
Waldstraße **238/A1**
Wallstraße **241/D3**
Warmbrunner Straße **242/C3**
Warnemünder Straße **242/C6**
Warschauer Straße **248/B2**
Wartburgstraße **244/C3**
Washingtonplatz **239/E1**
Wassertorplatz **241/D6**
Wattstraße **234/B4**
Weichselstraße **247/F3**
Weigandufer **248/B4**
Weimarer Straße **237/E5**
Weinbergsweg **234/C6**
Weinmeisterstraße **240/C1**
Weitlingstraße **249/F2**
Welserstraße **238/C6**
Werbellinstraße **247/F4**
Werner-Voß-Damm **245/E4**
Westfälische Straße **242/C1**
Wexstraße **244/B4**
Wichertstraße **235/E2**
Wichmannstraße **238/C5**
Wiclefstraße **232/A6**
Wielandstraße **237/F6**
Wiener Straße **241/F5**
Wiesbadener Straße **243/E5**
Wiesenstraße **233/F3**
Wildenbruchstraße **248/B5**
Wilhelmshavener Straße **232/B6**
Wilhelmstraße **240/A3**
Willy-Brandt-Straße **239/E2**
Wilmersdorfer Straße **237/D3**
Wilsnacker Straße **238/C1**
Windscheidstraße **237/D4**
Winterfeldtplatz **239/D6**
Winterfeldtstraße **239/D6**
Wisbyer Straße **235/D1**
Wörther Straße **235/D5**
Wolfensteindamm **251/F3**
Wolliner Straße **234/B4**
Wrangelstraße **251/F2**
Württembergische Straße **243/F2**
Wullenweberstraße **238/A3**

X

Xantener Straße **237/E6**

Y

Yorckstraße **245/E1**

Z

Zähringerstraße **243/E1**
Ziegelstraße **240/A1**
Zillestraße **237/D4**
Zimmerstraße **240/A4**
Zoppoter Straße **243/D6**
Zossener Straße **246/B2**

KARTENLEGENDE

Autobahn mit Nummer Motorway with number Autoroute avec numéro	Hallenbad Indoor swimming pool Piscine couverte
Nummer der Autobahnanschlussstelle Motorway junction number Numéro d'echangeur d'autoroute	Kirche Church Église
Schnellstraße/ Bundesstraße Expressway/ Federal road Route express/ Route nationale	Krankenhaus Hospital Hôpital
Durchgangsstraße Main through road Grande route	Campingplatz/ Jugendherberge Camping site/ Youth hostel Camping/ Auberge de jeunesse
Übrige Straßen/ Weg Other roads/ Footpath Autres routes/ Sentier	Post Post office Bureau de poste
Straßen in Bau/ Planung Roads under construction/ projected Routes en construction/ en projet	Försterei Forester's lodge Maison forestière
Fußgängerzone/ Einbahnstraße Pedestrian zone/ One-way street Zone piétonnière/ Rue à sens unique	Einzelne Bäume Isolated trees Arbres isolés
Stadt- und Gemeindegrenze Town and communal boundary Limite de ville et commune	Wirtshaus/ Ausflugslokal Inn/ Excursion-Inn Auberge/ Café-Restaurant
Umweltzone Environmental zone Zone environnement	Sendeanlage/ Leuchtturm Transmitting station/ Lighthouse Station d'émission/ Phare
Eisenbahn mit Bahnhof Railway with station Voie ferrée avec gare	Denkmal/ Turm Monument/ Tower Monument/ Tour
Güter- und Industriebahn Freight and industrial railway Voie ferrée de marchandise et industrielle	Windmühle/ Windrad Windmill/ Windpower Moulin à vent/ Éolienne
S3 S3 S-Bahn mit Nummer und Station Rapid transit train with number and station Train en trafic suburbain avec numéro et gare	Tourist-Information Tourist information center Syndicat d'initiative
U U6 U6 U-Bahn/ Stadtbahn Underground/ Light Rail Métro/ Métro Léger	Konsulat/ Botschaft Consulate/ Embassy Consulat/ Ambassade
698 8 Bus/ Straßenbahn mit Endhaltestelle Bus/ Tramway with terminus Autobus/ Tramway avec terminus	Wald/ Park, Friedhof Forest/ Park, Cemetery Fôret/ Parc, Cimetière
Parkplatz/ Parkhaus/ Tiefgarage Car park/ Parking house/ Underground car park Parking/ Garage/ Parking souterrain	Weinberg Vineyard Vignoble
P+R Park+Ride/ Parkleitsystem Park+Ride/ Parking control system Park+Ride/ Système de signalisation	Heide/ Moor, Sumpf Heath/ Marsh, Swamp Lande/ Marais, Marécage

Register

Von A wie Abenteuerpark bis Z wie Zwölfer Siebdruckwerkstatt enthält dieses Register alle im Cityguide erwähnten Adressen, Objekte und Events in alphabetischer Reihenfolge.

5 – cinco by Paco Pérez 93
14 oz. 135
25hours Hotel Bikini 17
48 Stunden Neukölln 220
100° Berlin Festival 226
Abenteuerpark Potsdam 178
About:Blank 193
Academia Jangada 183
Ach! Niko Ach! 96
Achtung Berlin 217
ACUD Kunsthaus 14
Adidas Runners City Night 225
Admiralspalast 51
Advent im FEZ 218
Aesop 126
Aida 102
Aikido Dojo am Gleisdreieck 176
Al Andalos 111
Allet Rund 135
Allmende-Kontor 133
Al Mundo 111
Alpenstueck 74
Alt-Biesdorf 214
Alte Börse Marzahn 14
Alte Nationalgalerie 54
Alter Dorfkrug Lübars 109, 212
Altes Museum 54
Alt-Kaulsdorf 214
Alt Wien, Gasthaus 75
Amerika Haus 6, 34
Amitola 160
Ananda Ayurveda 167
Andreas Murkudis 135
Anita Berber 19
Ankerklause 207
Anne Frank Zentrum 54
Apotheken Bar 201
Apple Store 129
Aquarium Berlin 157
Arboretum 25
Arena Berlin 222
Arian 135
Around the World in 14 Films 216
Arsenal 1+2 46
Asador 114
Aspria Spa & Sports 171
Astor Film Lounge 47
Astra Kulturhaus 195, 224
Atze Musiktheater 159
Aufsturz 195
Augenblick mal! 218
Aus Berlin 122
Autorentheatertage 227
Avesu 142
Avril 118
B5 Designer Outlet 130
Babylon 47, 216, 217
Badehaus Szimpla Musiksalon 195, 196
Badeschiff 164
Bahar Berlin Edeltrash 145
Bahlsen Fabrikverkauf 130
Ballhaus Naunynstraße 66
Ballhaus Ost 226
Bandol sur mer 92
Barber's 172
Bar jeder Vernunft 43
Barnimhang 214
Bar Tausend 100
Base Flying 23
Bassy Cowboy Club 196
Bauhaus-Archiv – Museum für Gestaltung 55
Baumschule Späth 25
Bazaar Berlin 222
Beach Mitte 150, 177
Beakers 80
Beardy Boys 172
Beate Uwe 196
Beauty, Body & Salt 164
Beauty isn't Make-up 168
Bebop 180
Becketts Kopf 186
Bejte Ethiopia 79
Bellini Bar 195
Berghain 197, 224
Bergwerk 174
Berlinakupunktur 168
Berlinale 50, 217
Berliner Bierfestival 228
Berliner Ensemble 66, 207, 226
Berliner Festspiele 219, 221, 224, 227
Berliner Halbmarathon 225
Berliner Kiteschule 25
Berliner Kriminaltheater 66
Berliner Lachschule 183
Berliner Märchentage 217
Berliner Miedermanufaktur 127
Berliner Philharmonie 50, 219, 223
Berliner Sechs-Tage-Rennen 225
Berliner Stadtschloss 211
Berliner Unterwelten e.V. 28
Berliner Weiße 120
Berlin Festival 224
Berlinische Galerie 55, 137, 159
Berlin leuchtet 220
Berlin Musictours 27
B-flat 195
BikeSurfBerlin 11
Bikini Berlin 6, 138
Bikram Yoga 184
Billy Wilder's 186
Bimah 66
Bi Nuu 194, 197, 224
Bis aufs Messer 141
Bistro Bagdad 82
Bite Club 116
Black Box Kalter Krieg 56
Blain/Southern 33
Blaue Stunde 34
Blaue Tische 96
Blumencafé 84
Blush 127
Blutwurst-Manufaktur 105
BM Bar 112
BMW Berlin-Marathon 225
Boddinale 217
Bode-Museum 56
Bohannon Soul Club 195
Bonanza Coffee Roasters 84
Bonbon Bar 186
Booze Bar 202
Bordel! 173
Borgsdorf 211
Borriquito 99
Bosco 102
Botanische Nacht 220
Botanischer Garten und Museum 221
Bötzow-Privat 202
Brandenburger Tor 7, 225
Bread & Butter 135, 222
Bricks 197
Briefmarkenweine 187
Briesetal 211
Brio 19
Britz 210
Britzer Garten 25, 157, 219
Bröhan-Museum 56
Brooklyn Beef Club 114
Brunnen 70 197
Bryk Bar 187
Buddha Haus 119
Bullys Bakery 85
Buns Mobile 116
Buntspecht 86
Burg Rabenstein 153
B-Ware!Ladenkino 47
Cabuwazi 150
Café am Engelbecken 85
Café Blume 157
Café Kreuzzwerg 158
Café Paresüd 26
Café Tasso 81
Cafeteria Skyline TU 22
Café V 120
Camera Work 34
Candy on bone 17
Cantina im Tausend 100
Capt'n Crop 123
Car2Go 10
Carlos Caravela 99
Cassiopeia 195
Cevicheria 79
Chairs 145
Chalet 194, 197
Chamäleon Theater 44
Charité-Seminarzentrum für Prävention und integrative Medizin 168
Charly M. 44
Chén Chè 76

Chez Maurice 92
Chimosa 176
Chinesisches Kulturzentrum 52
Chupenga 97
Cinema Paris 48
Cinestar Original 48
Clärchens Ballhaus 180, 195
Classic Open Air 219
Class of Berlin 138
Climb up 151
Club der Visionäre 194
c/o Berlin 6, 34
Comeback-Records 141
Comeniusgarten 26
Companion Coffee 85
Cookies Cream 119
Cordobar 187
Cos 138
Cosmic Kaspar 205
Country Music Meeting 222
Cowshed Relax 165
Crack Bellmer 187, 195
Crackers 188
CSA 189
CTM-Festival 224
Curry Wolf 97
Czar Hagestolz 197
Daimler Contemporary 36
Dalí Museum 137
Daruma 132
Das neue Schwarz 145
DDR-Museum 56
Dean 189
Deckshaus 109
Deko Behrendt 124
Delphi-Filmpalast 48
Denkmal für die ermordeten Juden Europas 42
Desertfest 224
Destille Berlin Craft Spirits Festival 220
Deutsche Bank Kunst-Halle 14
Deutsche Oper 67, 223
Deutsches Currywurstmuseum 57, 137
Deutsches Historisches Museum 57
Deutsches Technikmuseum 58, 137
Deutsches Theater 67, 226, 227
Deutsch-Französisches Volksfest 228
Deutsch-Russische Festtage 228
Deutsch-Russisches Museum Berlin-Karlshorst 57
DFB-Pokalfinale 225
Distel 44
DKB-ISTAF 225
Dollyrocker 160
Doppel D 128
Downhill 177
Driss im Wunderland 157
DriveNow 10
Dr. Kochan Schnapskultur 132
Duncker 198
Eat Berlin 132
Eat the World 28
E-Bike-Touren 11
Ein Friseur 173
Eins 44 93
Eisbox 90
Eislabor 90
Eisstadion Neukölln 178
Eiszeit 14
Emils Biergarten 109
E. & M. Leydicke 202
Emma & Paul 158
Emma Pea 82, 195
e-motion e-Bike Welt Berlin 11
Engelbecken 75
Entrecôte 114
Erinnerungsstätte Notaufnahmelager Marienfelde 210
Ernst-Thälmann-Park 32
Erste Sahne – OTIVM 90
Eschenbräu 202
E.T.A Hoffmann 100
Eva Poll 36
Exedra 128
Ex'n'Pop 202
Extavium Potsdam 154
Extratapete 128
F40 Thikwa/etb 68
Fabrics 100
Facil 94
Fame Restaurant 16
Fernsehturm 7
Fesselballonfahrt 22
Festival of Lights 220
Festtage Staatsoper 223
Fête de la Musique 224
Feuerblumen und Klassik Open Air 219
FEZitty, Hauptstadt der Kinder 218
FEZ Wuhlheide 218
Figurentheater Grashüpfer 159
Filetstück Pigalle 114
Filmtheater am Friedrichshain 217
F.I.N.D. 226
Fire Bar 195
Fischerhütte am Schlachtensee 109, 213
Fischers Fritz 94
Fläming Skate 178
Fleischerei Bünger 105
Fleischerei Gottschlich 106
Fliegendes Theater 159
Flinkster 10
Float 165
Flohmarkt Arkonaplatz 131
Flohmarkt RAW-Gelände 132
Florian 86
Floßtour 23
Floß und los 24
Flowmarkt Nowkoelln 131
Fluchttunneltour 28
Flying Colors 147
Flying Steps Academy 181
Fontane Haus 222
Fotogalerie Friedrichshain 37
Francucci's 114
Fräulein Dickes 80
Freie Universität 172, 221
Freilandlabor Britz 25, 157
Freiluftkino Insel 49
Freitag Store 123
Freizeitpark Germendorf 154
Friedrichstadtpalast 45, 68
Frischeparadies Lindenberg 132
FSK am Oranienplatz 49
Fuchs & Fähe 16
Fußfetifisch 169
Galander 189
Galerie Aedes 37
Galerie der Romantik 56
Galerie im Turm 37
Galerie Max Hetzler 37
Galerie Peres Projects 37
Galeries Lafayette 8, 128
Galerie Thomas Fischer 37
Gallery Weekend 220
Gedenkstätte Berliner Mauer 42
Gedenkstätte Berlin-Hohenschönhausen 43
Gemäldegalerie 58
Gendarmerie 100
Georg Büchner Buchladen 221
George R. 189
Geschichten in Jurten 221
Gin Chilla 190
Glienicker Brücke 210
Glück to go 97
Godshot 85
Goldmarie 142
Goodies 119
Goodtime 76
Gorilla MMA 176
Gorki Park 112
Grace 101
Green Gym Berlin 171
Green Me 216
Gretchen 198
Grießmühle 198
Grips Theater 218
Grüne Aue 162
Grüner Salon 198
Grünfisch 103

Habel Weinkultur 205
Hackescher Markt 147
Hadigari 116
Hafenbar 195
Hain & Friedrichs 82
Hallesches Haus 128
Hamburger Bahnhof – Museum für Gegenwart 58
Hanns Eisler Musikhochschule 50
Happy Shop 139
Hard Candy Fitness 171
Harry's New-York Bar 190
Hasenheide 18, 162, 227
Hasir 116
HAU 68, 216, 224
Haubentaucher 18
Hauptstadtfloß 205
Haus am Kleistpark 38
Haus am Waldsee 38
Haus Berlin 87
Hausbrauerei 202
Haus der Kulturen der Welt 9, 52
Haus der Sinne 44
Haus Schwarzenberg 217
Hautnah 128
Haut und Sein 169
Hebbel am Ufer 68, 216, 224
Heimathafen Neukölln 68
Heldenmarkt 221
Helenesee 212
Henne 87
Hifi im Hinterhof 130
Himmelbeet 110
Hippologica 222
Hipster Escape Party 24
Hochschulsport 172
Hochseilgärten 178
Hokey Pokey 91
Honca 116
Hops & Barley 203
Horns & Hooves 198
Hot Dog & Burger World 83
Hugos 94
Humboldtforum 52, 211
Humboldthain 198
Humboldt-Universität 172
Hummus & Friends 106
Ideenreich 142
IFA 222
IGA 26
Imago Fotokunst 14
Industry Standard 101
Infektion! Festival für Neues Musiktheater 227
Inselcafé 214
Insel der Jugend 214
Internationale Gartenausstellung 26
Internationale Grüne Woche 222
Internationales Literaturfestival Berlin 221
International, Kino 49
Intimes 49
Irish Harp Pub 203
Irrgarten 151
ISTAF Indoor 225
ITB 222
Jagdschloss Grunewald 219
Jatzbar 190
Jazzfest Berlin 224
JIM Jugend im Museum 159
Jüdische Kulturtage 220
Jüdisches Filmfestival 217
Jüdisches Museum 58, 137
Jugendfarm Moritzhof 151
Jump Berlin 18
Just Music 141
Jute Bäckerei 132
KaDeWe 8, 128
Kahrmann's Own 85
Kajak Berlin Tours 181
Kamera Service Ostkreuz 130
Kammerspiele 67
Kantine Berliner Ensemble 207
Kantinenlesen 53
Kasbah 111
Käthe-Kollwitz-Museum 59
Keyser Soze 190, 195
Kienbergpark 26
Kienzle Art Foundation 39
Kiezsauna 165
Kimchi Princess 77
Kinderbad Monbijou 152
Kinderkaufhaus 161
Kinderkino 159
Kinderkünstezentrum 159
Kinodurchsfenster 49
Kippis 129
Klassik Open Air 219
Kletterkegel 152
Kletterwald Wuhlheide 178
Klub der Republik 199
Klunkerkranich 207
Kochhaus 133
Kolhoff Hochhaus 23
Komische Oper 68, 223
Komische Oper Festival 223
Komödie am Kurfürstendamm 71
Konak Grill 117
Konzerthaus Berlin 50, 219
Köpenicker Müggelberge 177
Kreuzboerg Flowmarkt 131
Krumme Lanke 213
Kuchenladen 86
Kudamm 195 83
KUKI Internationales Kinder- und Jugend-Kurzfilmfestival 217
Kulturbrauerei 8, 53, 221
Kulturring in Berlin e. V. 37
Kunstarchiv Beeskow 55
Kunstfest Pankow 228
Kunstgewerbemuseum 59
Kupferstichkabinett 59
Kuppelraum Frankfurter Tor 205
KW Institute for Contemporary Art 39
Kyudo Dojo 176
Labsaal Lübars 206
La Gourmetterie 79
La Käserie 93
La Luz 206
Landleben Potsdam 214
Lange Buchnacht Oranienstraße 221
Lange Nacht der Museen 221
La Pecora Nera 103
La Tia Rica 80
Lauftreffs 178
Lebensstern 190
Le Croco Bleu 188
Lesbisch-Schwules-Stadtfest 228
Lido 194, 199
Liebermann-Villa am Wannsee 60
Lieblingsschuh 144
Lila Lämmchen 161
Limonadier 191
Liquidrom 166
Literarisches Colloquium 53
Literarische Spaziergänge 28
Literatur: Berlin 221
Literaturhaus Berlin 53
Lomi Lomi Sisters 169
Long Distance 147
Loop 217
Lorenz Adlon Esszimmer 95
Lost in Grub Street 191
Loveco 18
Loxx 154
Lübars 212
Lucky Leek 119
Lutter & Wegner 207
Machmit! 160
Madame Tussauds Berlin 60
Maerzgalerie 39
Maerzmusik 219
Magazin in der Heeresbäckerei 220
Magic Mountain 174
Maître Philippe & Filles 133
Mal so Mal so 86
Mariona 99
Marjellchen 87
Markt der Kontinente 227
Markthalle Neun 116
Martha's 88
Martin-Gropius-Bau 60
Masel Topf 79
Mauerpark 133
Mauerradtour 210

Mauerweg 210, 211
Maultasche 106
Maxim Gorki Theater 69
Max-Schmeling-Halle 216
Me Collectors Room Berlin 39
Mehringhof Theater 44
Meine Ernte 133
Menschen Museum 61
Messegelände am Funkturm 222
Mey 117
Michelberger 106
Midtown Grill 115
Mies-van-der-Rohe-Haus 32
Mimi 146
Mindpirates 15
Miyaki 77
MMA Berlin 177
Modellpark Berlin-Brandenburg 154
Modulor 126
Momos 119
Mondo Sardo 103
Monkey Bar 208
Moviemento 217
Mr Dead & Mrs Free 142
Müggelsee 24, 110, 182
Multicity 11
Murkelbühne 160
Museen Dahlem 227
Museum Berggruen 61
Museum Blindenwerkstatt Otto Weidt 62
Museum der Unerhörten Dinge 62
Museum für Fotografie 63
Museum für Naturkunde 63, 137
Museum für Vor- und Frühgeschichte 56
Musikfest Berlin 50, 219
Musikinstrumenten-Museum 63
Musik und Frieden 199
Myfest 227
Nah und gut 133
Nalani Supsurfing 182
Namaskar 79
Nanos 161
Natur-Park Schöneberger Südgelände 26
Nazuna 107
Neni 17
Neue City Bowling Hasenheide 174
Neue Gesellschaft für bildende Kunst 15
Neues Museum 64
Neuköllner Maientage 227
Neuköllner Oper 69
Nextbike Berlin 11
Nickerchen 169
Nobelhart & Schmutzig 88
No Excuses 172
Nudo 103
Oh! Calcutta 191
Ohlàlà 120
Ojo de Agua 104
Ökomarkt Chamissoplatz 148
Ölweide Biobistro 107
Olympiastadion 225
Ono Spa 166
Open Sky Yoga 18
Original Bootcamps 18
Osho Meditation Studio 169
Osmans Töchter 117
Ostbloc 175
Ottenthal 75
Ottobock Science Center Berlin/Medizintechnik 64
OTTO-Spielplatz 152
OU – Original unverpackt 134
Out of Line Weekender 224
Overkill 144
Palais am See 222
Papier Tigre 18
Paris-Moskau 95
Park am Gleisdreieck 18, 26
Park Inn Hotel 23
Pasternak 113
Pastificio Tosatti 17
Paule's Metal Eck 208
Pauly Bar 192
Peace Yoga 184
Pergamonmuseum 65
Perlerei 142
Perro Loco 192
Pfaueninsel 210, 212
Pfefferbräu 88
Pförtner Café 17
Phönizier 112
Picnic Berlin 214
Pierette Res Capillorum 173
Pierogarnia 108
Pikilia 96
Pindactica 162
Plänterwald 157
Podium – Junges Europäisches Musikfestival 224
Pojangmacha 116
Polli Überall 129
Pot and Pepper 134
Pracht Mädchen 139
Prater 110
Pratirio 97
Pride Festival 220
Prime Time Theater 70
Prinz Charles 19
Prinzinger 203
Prinzipal Kreuzberg 192
Privatbrauerei am Rollberg 204
Punk & Disorderly 224
Quasimodo 199, 224
Quatsch Comedy Club 45
Querstadtein 28
Radialsystem V 70, 218
Rahmersee 213
Ramones Museum 65
Rasselfisch 161
Räucherei Glut & Späne 97
Raval, Bar 99
RAW-Gelände 6, 18, 49, 132, 187, 194, 224
RBB 219
Read! Berlin 221
Rebalance – die Hauptstadtmasseure 170
Rembrandt Burger 83
Renaissance-Theater 70, 226
Riccardo Cartillone 144
Ritterland 155
Römerschanze 214
Rosalux 39
Rote Lippen Naturkosmetik 127
Route 44 28
Ruben Carla 115
Rucksackwaldschule Mistkäfer 162
Ruderverein Astoria 182
Rummelsburger Bucht 225
Rundfunk-Orchester und -Chöre 51
Rutz 208
Rutz Restaurant 95
Sabor con Tradición 115
Sacrow 214
Sacrower See 214
Sage Restaurant 102
Saigon Today 78
Saisonabschluss Berliner Philharmoniker 219
Salon zur wilden Renate 200
Saloon Boots & Stuff 144
Salt'n' Bone 204
Sammlung Boros 40
Sammlung Hoffmann 40
Samowar 113
Sasaya 78
Sauvage 88
Scharfenberg 211
Schaubühne am Lehniner Platz 70, 226, 227
Schau Fenster 40
Schinkel Pavillon 40
Schlachtensee 213
Schleusenkrug 110
Schloss Biesdorf 55
Schloss Charlottenburg 6, 56
Schloss Diedersdorf 154
Schlosspark Schönhausen 228
Schloss Pfaueninsel 212
Schloss Sacrow 214
Schnitzelei 89
SchokoLaden Eis-Manufaktur 91

Schollenfest 228
Schwarz Contemporary 40
Schwarzlicht-Minigolf 155
Schwitzen im Park 179
Science Center Spectrum 155
Seebad Friedrichshagen 24
Segelschule Große Freiheit 183
Segelschule Hering 183
Shan Rahimkhan 174
Sheriff Teddy 204
Siebenschön 162
Sigismondo 104
Silence Jadethermalmassage 170
Skatehalle Berlin 175
Slacklining 179
Snuggery 123
Soho House 124, 165
Solar 200
Solarboottour 24
Sometimes Coloured 145, 146
Sommerladen 146
Sony Center 48, 216, 221
Sophiensaele 71, 216, 226
Soup Art 98, 108
Sowjetisches Ehrenmal im Treptower Park 43
Spaceclub_Berlin im FEZ 156
Spandauer Zitadelle 33
Spielzimmer 158
Spindler 95
Spirit Yoga 184
Sport-Club Charlottenburg 178
Spreearche 110
Spreepark 157
Staatsoper im Schiller-Theater 71, 223, 227
Stachelschweine 45
Stadtbad Neukölln 166
Stadterkundung mit Audioguide 29
Stadt im Ohr 162
Stadtmobil Berlin 11
Stammzellformation 45
Station Berlin 222
Steglitzer Festwoche 228
St. Oberholz 208
Strandbad 127
Strandbad am Rahmersee 213
Strandbad Tegel 211
Strandbad Wandlitzsee 213
Strandbad Weißensee 169
Street Art Workshop 24
Street Food auf Achse 116
Street Food Thursday 116
Stromgitarrenwerkstatt 141
Sudaka 104
Suicide Circus 201
Sultan Hamam 167
Summer Dance Festival 216
Supermarkt 40
Superschlüpfer 128
Süper Store 123
Synagoge Rykestraße 220
Tägliche Chaostheorie 193
Tanz im August 216
Tanzolymp 216
Tanz Suite 181
Tanztage 216
Tap Beat 181
Taschenlampenführung 25
Tausche Taschen 124
Tchoban Foundation 41
Technische Universität 172
Tegeler Fließ 212
Tegeler Forst 162
Tegeler See 211
Tegelort 211
Teledisko 201
Telefunkenhochhaus 22
Telha 99
Teltowkanal 210, 211, 228
Teltow-Route 211
Tempelhofer Feld 214
Tempelhofer Freiheit 25, 179
Theater an der Parkaue 218
Theater des Westens 46, 216
Theaterdiscounter 72
Theater Größenwahn 67
Theater im Nikolaiviertel 71
Theater Morgenstern 160
Theater Rambazamba 218
Theaterscoutings 46
Theatertreffen 226
Theater und Komödie am Kurfürstendamm 71
Theater unterm Dach 72
The Barn 207
The Bowl 118
The California Breakfast Slam 80
The English Scent 127
The Store 124
The Urban Sports Club 172
Thone Negron 18
Tiaré Naturkosmetik 127
Tier 193
Tigerlily & Her Naked Friends 170
Tilsiter Lichtspiele 49
Tin Tan 105
Tipi am Kanzleramt 46
Titus 147
Too Drunk To Watch 217
Topographie des Terrors 43
Trabrennbahn Karlshorst 228
Traumtänzer 160
Treptower Park 24, 214
Tresor 201
Trimm-Dich-Pfade 180
Trödelmarkt am 17. Juni 130
Tschüsch 108, 112
Tukadu 142
Txokoa 99
U-Bahn-Cabrio-Tour 29
U-Bahnmuseum 162
Ufa Fabrik 53
Uferwanderweg nach Tegelort 211
Ultraschall, Festival für neue Musik 218
Un autre voodoo 17
Uniqlo 139
Upcycling 139
Uqbar 41
Urban Gardening 133
Urban Spree 41
Vabali Spa 167
Van Loon 81
Vegan Berlin Tours 29
Veganz 134
Veggieworld 221
Velodrom 225
Verborgenes Museum 65
Viasko 81
Victoria Bar 193
Villa Borsig 211
Villa Rixdorf 111
Vino & Basilico 104
Vinylschallplatten 141
Volksbühne 72
Volksfaden 139
Volkspark Friedrichshain 7, 162
Volkspark Jungfernheide 153
Volkspark Pankow 26
Volkspark Prenzlauer Berg 27
Voo Store 140
Vopo Records 142
Wahrhaft Nahrhaft 86
Waldbühne 219
Waldhochseilgarten Jungfernheide 153, 178
Wald Königsberger Marzipan 135
Waldschule Briese 212
Watergate 194
Watergate Open Air 225
Waterlily 109
Weihnachtsmärkte 227
Weinbar Rutz 208
Weine & Geflügel 204
Weingalerie und Café Nö! 89
Wein- und Delikatessenmesse 222
Werkstatt der Kulturen 46
Wertvoll 140
Weyde3 20
Wheadon 174
White Trash Ballroom 20
Willner Brauerei 208
Wilmersdorfer Moschee 33
Windanna Windsurfing 183
Winterfeldtmarkt 9, 148
Wirtshaus Wuppke 205

Wirtshaus zur Pfaueninsel 212
Witty's Organic Food 98
Wochenmarkt Genter Straße 148
Wohnen um 1900 66
Wolff & Eber 112
Wolf Kino 16
Wolkenhain 26
Wonder Waffel 92
Wuhlheide 155
Würgeengel 205
XJazz Berlin 224
Yi-Spa 171
Yoga 108 147
Yogibar 184
Young-Euro-Classic 219
Yoyo Foodworld 120
Zalando Outlet Store 130
Zeha Berlin 145
Zeiss-Großplanetarium 156
Zenkichi 78
Zentraler Festplatz 228
Zionskirchturm 23
Zoo Palast Berlin 50
Zuckerschnute 158
Zur fetten Ecke 205
Zur letzten Instanz 90
Zwölfer Siebdruckwerkstatt 126

IMPRESSUM

14., aktualisierte Auflage 2017
© MAIRDUMONT, Ostfildern
Chefredaktion: Marion Zorn
Verlagsredaktion: Susanne Heimburger
Gesamtredaktionelle Betreuung: derschönstesatz (Lucia Rojas)
Lektorat: Doreen Reeck
Autoren: Juliane Wiedemeier, Thomas Trappe
Ko-Autoren: Cornelia Wolter, Marcus Klose, Christine Berger, Phillip Wilke
Bildredaktion: Gabriele Forst
Kartografie Cityatlas: © MAIRDUMONT, Ostfildern
Vermarktung: MAIRDUMONT MEDIA, media@mairdumont.com
Gestaltung Cover und Editorial: Carl Anders – Büro für Visual Stories, Hamburg
Innengestaltung: factor product münchen, Susan Chaaban

FSC www.fsc.org
MIX
Paper from responsible sources
FSC® C004599

BILDNACHWEIS

Titelbilder: Palme l. o. (iStock); Currywurst l. M. (gettyimages/westend61); Kaffeetasse l. u. (gettyimages/EyeEM) ; Trabbi r. u. (gettyimages: Frank Vandenbergh)

Fotos: Ralf Freyer (Klappe l., Klappe r., 7, 14/15, 16, 19, 22/23, 27, 47, 51, 57, 60/61, 74/75, 78, 81, 92/93, 102, 107, 117, 134, 150/151, 156, 158, 168, 170, 192/193, 196, 213);
Getty Images: Richard Nestead (10);
Welf Helm (210);
Michael Hughes (4 u., 32/33, 36, 82/83, 84, 87, 89, 108, 111, 113, 115, 118, 122/123, 136/137, 137, 148, 161, 164/165, 167, 176/177, 182, 186/187, 195, 204);
iStock: Piranka (266);
Regina Kelaita (194);
Der Klopp (38, 42, 48, 55, 62, 67, 70, 77, 94, 101, 129, 131, 138, 140/141, 146, 155, 175, 179, 191, 200/201, 203);
Ines Meier (45);
Benjamin Stein (69);
Thomas Trappe (4 M.);
Mario Weigt (8/9, 20, 28, 41, 52, 59, 64/65, 72, 83, 90/91, 96, 98, 105, 126, 145, 153, 172/173, 180, 181, 189, 199, 206);
Juliane Wiedemeier (4 o.)

SCHREIBEN SIE UNS!

LIEBE LESERIN, LIEBER LESER

Wir setzen alles daran, Ihnen möglichst aktuelle Informationen zu geben. Dennoch schleichen sich manchmal Fehler ein – trotz gründlicher Recherche unserer Autoren/-innen. Sie haben sicherlich Verständnis, dass der Verlag dafür keine Haftung übernehmen kann. Wir freuen uns aber, wenn Sie uns schreiben:

Marco Polo Redaktion, MAIRDUMONT, Postfach 31 51, 73751 Ostfildern, info@marcopolo.de

BERLIN DIGITAL

BERLIN.DE
Von B wie Bereitschaftsapotheke bis T wie Theaterprogramm – berlin.de bietet etliche Zahlen und Fakten zu Berlins Wirtschaft und lokaler Politik. Jeder Bezirk hat hier eine eigene Unterseite und informiert über Bürgeramtsöffnungszeiten und geplante Baumaßnahmen. Auch Tipps für Konzerte und andere kulturelle Veranstaltungen. Als App für iOS und Android kostenlos zum Download.
www.berlin.de
service.berlin.de/app

360°BERLIN – JUST BERLIN!
Virtuelle Touren durch die schönsten Kieze: Videos und 360-Grad-Panoramen. Empfehlungen für Läden, Bars und Restaurants. Kostenlos für iOS und Android.
www.360.berlin

FAHRINFO BERLIN
Der Routenplaner der BVG erstellt nicht nur die kürzeste Verbindung zum Ziel, mit der App kann das Smartphone auch als Fahrschein eingesetzt werden. Kostenlos für iOS und Android.
www.bvg.de/de/Fahrinfo
www.bvg.de/de/Fahrinfo/Jederzeit-mobil

TAXI BERLIN
Wo das nächste Taxi steht, erfährt man über diese App. Neben Rufnummern von Unternehmen bietet die Anwendunge auch eine Bestellfunktion. Kostenlos erhältlich für iOS und Android.
www.taxi-berlin.de/app

ABANDONED BERLIN
Schwimmbäder, Spreepark oder Bunker: Die Macher dieses Blogs widmen sich auf unterhaltsame Weise den verlassenen Orten der Hauptstadt. Auf Englisch.
www.abandonedberlin.com

APP: DIE BERLINER MAUER
Wie es früher entlang der Mauer aussah? Die App der Bundeszentrale für politische Bildung zeigt Verlauf, historische

Fotos und Audio-Aufnahmen. Mit Tourenvorschlägen. Für iOS und Android kostenlos erhältlich.
www.chronik-der-mauer.de/171305

NOTES OF BERLIN
Wellensittich entflogen, schöne Frau in der U-Bahn gesehen, Kängurus in der U-Bahn verboten: Wann immer Berliner einen Zettel absurden Inhalts schreiben und aufhängen, wird das hier dokumentiert.
www.notesofberlin.com

BERLIN – ICK VEGANE DIR
Ob Street Food, Klamotten oder Kosmetik – der Blog stellt die besten Restaurants, Shops und Veranstaltungen für Veganer vor. Die Berlinerin Fé und ihre Gastautorin Livia erkunden die Stadt auf der Suche nach den coolsten Trends.
berlinickveganedir.wordpress.com

BERLINER CLUBSTERBEN
Schneller Überblick, welche Clubs es noch gibt, und welche genervte Nachbarn schon weggeklagt haben.
www.berlinerclubsterben.tumblr.com

ART BERLIN
Sammlungen, Galerien, Festivals und Messen – diese Website lässt keine Fragen über Berliner Kunst offen. Regelmäßig werden Künstler vorgestellt, Interviews veröffentlicht, Bücher besprochen.
www.artberlin.de

FAIR LEIHEN
Sie brauchen eine Leiter oder einen Lockenstab, aber nur kurz? Dann leihen Sie es sich doch einfach aus! Auch als kostenlose App für iOS und Android.
www.fairleihen.de
blog.fairleihen.de/2014/09/24

GO.BERLIN
Was ist los in Berlin? Go.berlin, das gemeinsame Portal der Stadtmagazine tip und zitty, vereinfacht die Suche nach Restaurants und Bars, Partys und Kulturveranstaltungen in Ihrer Umgebung.
www.go.berlin

REISELAND BRANDENBURG
Das grüne Brandenburg lockt viele Berliner mit Erholung und frischer Landluft. Die besten Radtouren- und Ausflugstipps mit Unterkünften und Veranstaltungshinweisen hat das offizielle Tourismusportal.
www.reiseland-brandenburg.de

MARCOPOLO.DE/BERLIN
Gründlich planen und mehr erleben: marcopolo.de bietet viele Insidertipps, interaktive Karten und Planungs-Tools.
www.marcopolo.de/berlin

I HEART BERLIN
Partys, Politisches und Szenetipps jenseits des Mainstreams spürt dieser Blog auf. Auf Deutsch und Englisch.
www.iheartberlin.de

short.travel/hhj6j

DIGITAL MIT MARCO POLO UNTERWEGS
Egal ob online im Internet oder offline als App oder E-Book – MARCO POLO versorgt Sie auch unterwegs stets mit aktuellen Informationen und Tipps auf Ihrem PC, Smartphone, Tablet oder E-Reader.
short.travel/hhj6j

Berlin Liniennetz *Routemap*

S
- S1 — Wannsee ↔ Oranienburg
- S2 — Blankenfelde ↔ Bernau
- S25 — Teltow Stadt ↔ Hennigsdorf
- S3 — Erkner ↔ Ostkreuz
- S41 — Ring im Uhrzeigersinn
- S42 — Ring gegen Uhrzeigersinn
- S45 — Flughafen Berlin-Schönefeld ↔ Südkreuz (↔ Bundesplatz)
- S46 — Königs Wusterhausen ↔ Westend / Königs Wusterhausen ↔ Südkreuz
- S47 — Spindlersfeld ↔ Hermannstr. / Spindlersfeld ↔ Schöneweide
- S5 — Strausberg Nord ↔ Spandau
- S7 — Ahrensfelde ↔ Potsdam Hbf
- S75 — Wartenberg ↔ Westkreuz / Wartenberg ↔ Lichtenberg
- S8 — (Zeuthen ↔) Grünau ↔ Birkenwerder / Grünau ↔ Pankow (↔ Birkenwerder)
- S85 — (Grünau ↔) Schöneweide ↔ Waidmannslust (nur Mo-Fr) *(only Mon-Fri)*
- S9 — Flughafen Berlin-Schönefeld ↔ Pankow / Flughafen Berlin-Schönefeld ↔ Treptower Park

U
- U1 — Warschauer Straße ↔ Uhlandstraße
- U2 — Pankow ↔ Ruhleben
- U3 — Nollendorfplatz ↔ Krumme Lanke
- U4 — Nollendorfplatz ↔ Innsbrucker Platz
- U5 — Hönow ↔ Alexanderplatz
- U55 — Brandenburger Tor ↔ Hauptbahnhof
- U6 — Alt-Tegel ↔ Alt-Mariendorf
- U7 — Rathaus Spandau ↔ Rudow
- U8 — Wittenau ↔ Hermannstraße
- U9 — Osloer Straße ↔ Rathaus Steglitz

S+U-Bahn-Nachtverkehr
nur Fr/Sa ca. 0:30-5:30 Uhr
Sa/So und vor Feiertagen ca. 0:30-7:00 Uhr

S+U-Bahn nighttime traffic
Fri/Sat ca. 0:30 am-5:30 am
Sat/Sun and prior to holidays ca. 0:30 am-7:00 am